Fortune 500 companies
Working methods

世界500强工作法

累死你的不是工作，是工作方法

李金水◎著

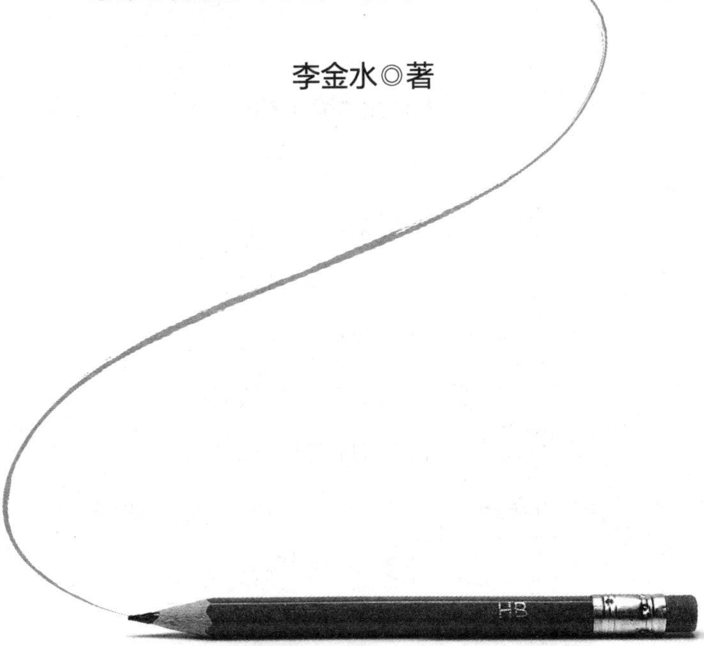

江西人民出版社
Jiangxi People's Publishing House
全国百佳出版社

图书在版编目（CIP）数据

世界500强工作法 / 李金水著. -- 南昌 : 江西人民出版社, 2017.2

ISBN 978-7-210-07506-6

Ⅰ. ①世… Ⅱ. ①李… Ⅲ. ①企业－职工－工作方法－世界 Ⅳ. ①F272.92

中国版本图书馆CIP数据核字(2016)第308533号

世界500强工作法

李金水 / 著

责任编辑 / 刘莉

出版发行 / 江西人民出版社

印刷 / 北京柯蓝博泰印务有限公司

版次 / 2017年4月第1版

2019年8月第4次印刷

720毫米×1000毫米　1/16　25.25印张

字数 / 399千字

ISBN 978-7-210-07506-6

定价 / 39.80元

赣版权登字-01-2016-926

前言
PREFACE

曾有一张万达集团董事长王健林的行程表在朋友圈流传，密集的工作安排让人咋舌。不少人表示，有人比你有钱还比你努力，而且这个人还是首富。但是起早贪黑真的是努力的唯一方式吗？对于我们普通大众来说，一天里的1440分钟，又能完成多少工作？在信息庞杂、竞争激烈的职场环境，我们如何在有限的时间内，简单高效地完成更多的事情？无疑，找寻最佳的工作方法是最好的应对之策。

“多算胜，少算不胜，何况无算乎？”这是《孙子兵法》里的一句话，意思是说，考虑周全，方法得当，成功率就高；考虑不当，筹划不足，成功率就低，更不要说不经考虑就想当然地做事了。行兵打仗如此，日常工作也是这样。只有学会周全考虑，找对了方法，工作效率才能明显提升。

许多人不愿意进行有条理的系统化工作，因为他们相信，这样的工作方法不适合创造性工作。这是一个广泛流传但完全错误的观点。实际上恰恰相反，那些真正具有创造精神的人，至少是那些成功的人，都掌握了系统完善的工作方法。

沃尔夫·施耐德在《冲出围困》一书中写道：“大多数成就大事的人的日常工作都是非常辛苦乏味的。”这本书以伟人和名人为主要写作对象，并集中阐述什么因素造成了他们的伟大和名望。从达·芬奇到托马斯·曼，从康德和巴尔扎克到舒伯特和保罗·克利，这些具体的实例极具说服力地证明：除了少数例外情况，这些人都在有条理地工作。非常重要的是，虽然他们的工作方法大不相同，但每个人都有自己的一套行之有效的工作方法。

工作方法并不完全决定成败，但没有好的工作方法，往往会导致失败。几乎没有别的什么东西能够像工作方法一样，直接而广泛地影响一个人的工作结果和成败。

托马斯·爱迪生在发明白炽电灯时，想要知道灯泡的容量，但由于手头工作多，就让助手帮他量一个没有上灯口的玻璃灯泡的容量。过了很长时间，爱迪生已经把手上的工作都做完了，但助手还没有把灯泡容量的数据送过来，于是，他便到助手的实验室，发现助手正在桌前忙碌地演算着，桌上堆满了很多演算用的稿纸。爱迪生便问他在干什么。助手回答："我刚才用软尺测量了灯泡的周长、斜度，现在正在用公式计算呢。"爱迪生笑了笑，对助手说："你可以用更简单的方法。"说着，便向灯泡里注满了水，然后交给助手说："你把灯泡里面的水倒在量杯里，这样就可以知道灯泡的容量了。"

把简单的事情复杂化，这就是找不到正确的工作方法导致的失败。常言说，"工欲善其事，必先利其器"。工作是做不完的，工作再累人，一点一滴做下去，劳逸结合，再辛劳总有限度，但如果工作的方法不当，则会事倍功半。有时，工作方法比工作的努力程度还重要。

爱尔兰著名剧作家萧伯纳曾经说过："世界上只有两种物质：高效率和低效率；世界上只有两种人：高效率的人和低效率的人。"而那些引领全球的精英人士，并不是才能更出众，而只是找到了适合他们的工作方法，从而提升了工作效率，这就是从优秀跨越到卓越的台阶。

本书全面解析了世界五百强通用的26种高效的工作方法，这些方法将让你的工作化繁为简，效率倍增。你若能够静下心来，认真学习本书中介绍的工作方法，然后在现实工作与生活中，结合具体情况灵活应用，就一定能够不断提高自己解决问题的能力与管理水平，会更简单、更高效地完成各项任务，让工作变得游刃有余，而你自己也会收获一个"简单工作、快乐生活"的人生。

目录
CONTENTS

第 4 章 找方法：让问题迎刃而解

第 5 章 走流程：按流程执行

第 6 章 多沟通：熟练运用金字塔原理

第 7 章 要事第一：排列事情按轻重缓急

第8章 落实细节：工作中无小事

第9章 工作日志：记忆会飞散，文字会永存

第10章 汇报工作：不懂汇报工作，还敢拼职场

第11章 开会之道：开会是门技术活儿

第 *15* 章　战胜拖延术：日事日清，今日事今日毕

第 *16* 章　管理时间：如何充分利用你的 24 小时

第 *17* 章　结果导向：不要只完成任务，更要重绩效

第 *1* 章

计划：没有计划，迟早会被计划掉

【职场七条致命思维】1. 目标“就是”当总裁；2. 能当好下属就能当好主管；3. 成功的关键在于运气；4. 做计划是企划部的事；5. 只有加班才能得到赏识；6. 由老板决定升迁的快慢；7. 改正了缺点才能得到升迁。

远离没有计划的日子

有成就的人都有极强的计划。一个善于利用计划的人必然善于对时间进行规划，他的工作、学习、运动、娱乐、吃饭、睡觉的时间，都是经过周密安排的。一个做事没有计划的人，必然是一个浪费时间的人。

除了制订计划外，坚持计划也是最终成功的一个关键要素。调查结果显示，那些坚持计划的人比那些中途改变计划的人成功概率高出许多。

凡事预则立，不预则废。制订一个周密的计划，可以在现有资源的基础上对未来的工作和发展做出一定的安排和调整，这样才能把事情办好。

没有任何东西比事前的计划更能促使你把时间更好地集中运用到有效的活动上来。你可以每周订个计划，也可以为你的每一天订出一个大概的工作计划与时间表，尤其要特别重视你当天应该完成的两三项主要工作。

1. 计划是成功的开始

米尔克是一家现代化大食品公司的技术总监。他的工作直接或间接地受到公司5000雇员中3000多人的影响，因此，他总是忙得不可开交。在一次时间管理研讨会上，他谈到了对工作和时间的看法。

米尔克说："现在我不再加班工作了。我每周工作50多个小时的日子已经一去不复返，也不用把工作带回家做了。我在较少的时间里做完了更多的工作。按保守的说法，我每天完成与过去同样的任务后还能节余1个小时。我使用的最重要方法是制订每天的工作计划。

"现在我根据各种事情的重要性安排工作顺序。首先完成第一事项，然后再去进行第二事项。过去则不是这样，我那时往往将重要事项延至有空的时候去做。我没有认识到次要的事项竟占用了我全部的时间。现在我把次要事项都放在最后处理，即使这些事情完不成我也不用担忧。我感到非常满意，同时，我能够按时下班而不会感到不安。"

有效合理的计划能帮助我们很好地理解工作的目的并达到工作要求，使自己能自觉地按照计划去进行更好的协作。

2. 关键是坚持计划

有个名叫约翰·戈达德的美国人，当他15岁的时候，就把自己一生要做的事情列了一份清单，被称作“生命清单”。在这份排列有序的清单中，他给自己定下所要攻克的127个具体目标，比如，探索尼罗河、攀登喜马拉雅山、读完莎士比亚的著作、写一本书等。在44年后，他以超人的毅力和非凡的勇气，在与命运的艰苦抗争中，终于按计划一步一步地实现了106个目标，成为一名卓有成就的电影制片人、作家和演说家。

看不到计划的重要性、进取心不足、懒惰以及没有掌握制订计划的方法，都有可能让事先做出的计划半途而废。拟定计划很容易，但要坚持按计划执行却不是一件容易的事。所以，为了实现任务的目标，要坚持不懈地按计划一步一步地去执行，这样的计划才有意义。

事前准备，事后少走弯路

工作就算再有方法和手段，如果没有计划性，也会手忙脚乱，顾此失彼。计划是一切工作的起点，没有计划就如同大厦没有坚固的根基。虽说计划赶不上变化，但有了计划，工作才能有条不紊，制订计划将进一步提高成功率。

做计划是一切工作的前提。只有充分地做好规划和准备，才能保证事情顺利进行。我们在每次解决问题之前，先要问自己：“我是否做好了准备？”“我还有哪些地方没有想到的？”“我所准备的方案是适合自己的吗，是最佳的方法吗，是否真正地切实可行？”弄清楚了这些问题，做起事来就不会因为仓促而手忙脚乱，也不会因为遗忘某个步骤而重复工作。做事之前先准备，既不会耽误时间，同时会获得事半功倍的效果。

很多人因为事先没做足准备工作而匆忙上阵，走了很多弯路，经过多次的尝试和修补才将事情沿着正确的轨道有序进行。也有很多人做事很勤奋，头脑也十分聪明，但效率很低，其中的原因也是缺少事前的谋划。做事勤奋是一个人的态度，而要想把事情做得妥善，还需要事先谋划的方法。只有把二者结合起来，才能减少失误，提高做事的效率。

凡事预则立，不预则废，前期的调查是十分重要的。要有针对性地对问题进行分析，如果缺乏周密的计划和安排仓促上马，很容易导致失败。只有先对问题有个清楚的了解，才能逐渐探讨出解决之道。

1. 把事情和问题先了解清楚再做

销售人员："如果这幢大楼要达到您所要求的智能化配备，您需要和几家设备及软件供应商联系呢？"

客户："5家。"

销售人员："我们公司提供的系统集成全面解决方案，包括您所需的各项硬件和软件，能妥善地使您得到更全面的服务，还能节省您很多时间和精力。"

客户："这个我知道，不过，这5家公司的产品在各自的领域都是出类拔萃的。"

销售人员："我同意他们的产品各有千秋。但是，由于他们都有各自的规格标准，容易产生互相排斥而不兼容的现象。也许还会造成软件使用上的障碍，影响到以后的使用。

客户："这种情况我们也考虑过。"

销售人员："我们可以从全局考虑，统一所有的标准和流程，能确保硬件和软件都能密切而完善地配合。您只要与我们一家公司打交道，问题就可以全部解决了。"

客户："听起来还真是有吸引力。那你们的费用是多少？"

销售人员："费用？哦，费用嘛，可能不会太小。"

客户："你说什么，到底多少钱？"

销售人员："没，没多少钱，我回去再算算。"

知己知彼，百战不殆。做事不但要清楚自己的条件和能力，还要掌握事情的方方面面才有助于事情的解决。

2. 为结果做足准备

原一平是日本著名的保险推销高手，也是全世界排名前十的保险推销员。他的销售秘诀之一就是：一个月有25天的时间在做准备，彻底了解顾客的背景。只有最后5天的时间去与客户交易，而这5天成交的量却是全日本第一。

有一次，原一平去拜访一位董事长，他不会见面就谈买保险的事，而是在董事长家附近徘徊。当他看到佣人帮董事长把衣服送到洗衣店以后，他马上跑进去问洗衣店的老板："请问一下，刚刚这套西服衬衫领带是不是那个陈董事长的？我能不能看一看品牌？我对这个服装很有兴趣，我想知道在哪里买的，我也去买一套。"老板把衣服拿给他看，他看完以后跑去买到了一样的服装、衬衫和领带。

原一平利用的一个心理学效应就是：人都喜欢像他自己的人。所以他要将自己的装扮尽量跟客户接近，这样让对方觉得很亲切，没有距离感。

他穿上那一套早已准备好的服装再去拜访那位董事长。董事长见到面前和自己的装束一模一样的人感到十分惊讶。原一平这才表明自己的身份："我是明治保险公司的业务员，今天专程来跟您讲解有关理财的方案，只需要占用你15分钟时间。"董事长看到这样一个很像自己的人，对他很有好感，立即热情地接待了他，最后还很爽快地买了一份保险。

做事情不能不顾结果，应该事先就想到可能出现的结果，而不是等到结束后才发出感叹："这个没做好，那个没想到。""如果开始这样或那样做，就不会出现这样的结果。"只有预先想到结果并制定相应的策略，才可以避免后悔。

3. 收集必备的信息资源

某地气象台预测翌年春节之后，当地将出现一段持续的低温阴雨天气。有一家公司的业务部经理从该地外事部门获悉，在此期间将有几个大型外国代表团来此地游览。业务部经理头脑灵敏，把两则消息联系起来分析，从中发现一笔有利可图的生意——卖雨具。

由于这次阴雨天气属反常现象，市场上的雨具销售还处于淡季，批发部门备货还不齐备。于是，业务部经理连同其他人员跟踪追击信息，专门走访外事部门，详细了解来团成员的消费心理和习惯，有针对性地从外地新进了一批式样新颖的雨具。当宾客来到时阴雨连绵，他们热情地送货上门，数万把雨伞很快销售一空，还受到了旅客的好评。

一味蛮干是不行的，必须在信息资源上做好充足的准备。比如，你在销售某个商品，就要先调查有关该商品的销售市场，预测市场空间有多大，能否挖掘更广阔的销售市场。这其中包括销售地点的选择、销售方法的运用以及潜在顾客的多少，只有这些全部调查清楚了，有了完备的信息资源，市场才会有保障。

信息是一种非常重要的资源。谁先掌握了信息，谁就迈出了取胜的第一步。处理问题之前必须提前把有关的信息和资料搜集全面，了解透彻。越是复杂的事情和难解决的问题，越要提前准备，做好多个方案以备应对不同步骤所出现的问题。

设定一个切实可行的目标

在工作中，目标就好像是一盏海上照明灯，指引着你前进的方向。而没有目标的人，就如同行走在黑漆漆的海面上，不知将生命之船开往何处。

有目标才会有结果，目标能够激发我们的潜能。设立目标是完成工作的手段，没有目标就没有前进的方向，没有尝试的乐趣，也就无法做出任何成绩来！目标是为了避免人性中得过且过的弱点所必须的。

究竟如何选择或是制定正确的目标呢？在选择或制定目标时应考虑两个方面：一是目标要符合自己的价值观，二是要了解自己目前的状况。

1. 设立目标的三要素

事实上，随波逐流、缺乏目标的人，永远不能竭尽全力地发挥自己的潜能。因此，只有选择做一个目标明确的人，我们的生活才有意义。然而现实往往是说得容易做起来难，多数人对自己的目标仅有一点模糊的构想，只有少数人会采取行动来实现自己所设计的宏伟蓝图。

既然设立目标这么重要，那么在设立目标之前一定要明确目标设立的要素。

目标必须具备下列三项要求，缺一不可：

（1）目标要有可信性

再重复一次，目标必须要有可信性。那么目标应当对谁有可信性呢？当然是你自己。别人信不信不重要——你自己不相信，就无法实现。

（2）清楚界定目标

看着吧，我一定要买那辆宝马车！然后驾着它环游世界！

哈哈，那你打算什么时候买下它？不会是老得不能环游世界的时候吧？

如果你的目标含混不清，等于没有目标，只是愿望而已。目标必须明确，愈清楚愈好。不要写“我要赚大钱”，而要明确“我要赚（数额）”。加上期限，比方“年底前”或“2016年”。这样才是明确的目标。至于如何赚，赚到钱后要买什么……统统要写清楚。

（3）需要有强烈达到目标的欲望

不只是想要，而是有“热切”的欲望。如何让自己拥有热切的欲望呢？

生动地想象目标达成后的情形。能生动地想象到，则目标已达成了一半了，多次练习，它就成为你的掌中物了。

2. 记录并管理你的目标

如果要将自己的目标与梦想化为力量，那么就在你的记事本上画出自己的人生金字塔，也就是自己在工作上希望达到的终极目标。

然后发展出你的人生未来年表。想想看，从现在开始的十五年，你想要过什么样的人生？十五年的人生未来年表看似庞大，但事实上花个三天，就可以有明确的答案。人生未来年表要写好有三个重点：

第一，列举梦想与目标后，设立达成的日期。

第二，确定现状与梦想的距离。

第三，把达成的日期分段。

3. 学会知难而退

在某些情况下，你总会发现自己深陷泥潭，无法自拔，不得不面对知难而退的情况。例如，当你为了达成某一个目标投入了大量的时间和精力在某件事上，尽管尽了最大的努力、动用了一切资源，还是没法成功，甚至越来越糟。为了面子、尊严以及曾经投入于此却无法成功的不甘心，会不会让你一如既往地在这条死胡同里走下去呢？

以下几个基本的方法可以帮助你决定何时应坚持、同时应放弃、何时继续尝试以及何时知难而退：

（1）寻求更多的信息资源，防止重蹈覆辙

一个能干而直率的同事，是一个研究者所能拥有的唯一一项最重要的资源。在工作方面，经验丰富的工作人员经常会建议新人在何时何地应该怎么做。他们所提供的信息通常出自自己的亲身经历，如果你能在做此事之前，事先了解到更多的信息，就能避免重蹈覆辙，减少不必要的损失。向前辈请教，的确是个事半功倍的好方法。

（2）衡量目标实现的回报

如果你是业务员，你就负担不起花一个月时间在一个最多只能创造几块钱利润的准客户身上。诚然，人生梦想也是一样，为了一个对自己来说毫无意义的梦想而奋斗，实在得不偿失。

（3）衡量目标实现的成本

在经济学领域，将人假设为理性人，他最大的特点就是以最小付出获得最大回报为标准来做出选择。我们衡量目标的标准也应是这样，既要考虑它的实现成本，也要考虑它的实现回报，只有回报和成本的比例达到最高，这个目标对于个人来说才是真正“实惠”的。

（4）要知道自己能不能做成

假如能力不够，有些事请就不应该做。你也许有一个伟大的梦想，可是对你而言却必须耗费太多资源才有可能成功，不妨稍微降低标准或者干脆放弃，找一个更适合自己的梦想，并能够在自己的能力范围内实现的。

假如你现在已经确定好一个目标，当遇到某些障碍的时候，不停地钻牛角尖，企图用跳高的方式跨栏，最终你将会失败，而失败将使你的自信心受损，对未来没有希望。很多事情如果都用追求完美的标准来处理的话，那么你将面对的是，没有什么事情能够做得符合你的期望值。

杜绝无序工作

托尼是德凯营销有限公司的一名经理，在这个领域，他可以说是一个天才。不过，人无完人。托尼有一个特点，就是非常热情，虽然说热情是个优点，可是托尼的热情却有点过分。有一天，在公司门口，托尼看到罗斯脸色不太好，于是就问罗斯怎么回事。罗斯告诉托尼她感冒了，托尼听后不厌其烦地告诉罗斯有几种药可以吃，每种药适合什么样的感冒，该怎么服用等，等他说完已经过了快十分钟。经过简的办公桌时，恰巧看到简的文件夹掉到了地上，文件散落一地，于是，托尼又过去帮简捡文件。做完了这些，他才来到自己的办公室，收拾自己的办公桌。本来有个重要的会议，可是因为刚刚发生的那些事情耽误了托尼时间，当他来到会议室时已经迟到了5分钟。

托尼不是一个不懂得工作的人，他也为自己设定了很多目标，对每天的工作都有安排。然而，托尼总是会在无意识中给自己制造一些障碍，阻止自己去完成工作。在挨了老板的多次批评之后，托尼进行了深入的分析。他发现，就是自己的热情导致会议迟到、工作无法按照安排完成的。

导致工作无序的原因有很多，人格因素是造成工作无序的主要原因之一。

有些人因为小时候归属感等需要没有得到满足，导致了他们的自卑心理，并且潜意识里渴望得到别人的认可，容易做出讨好别人、异常热情等行为，如故事中的托尼就是这样。他说小时候伙伴们都嫌他笨，不愿意和他一起玩游戏，可是他又非常渴望和伙伴们一起玩耍，于是想方设法地讨好他们，尽力表现自己的热情，帮伙伴们拿球、买水等。现在也是，他害怕同事不喜欢他，所以每次都表现得非常热情，希望通过自己对同事的热情、关心来打动同事，获得他们的认同。

有些人却是因为好表现。这类人喜欢在同事面前表现自己的能力，常常在人们面前大包大揽，拍胸脯说："没问题，这事交给我。"结果别人的事情找来了一大堆做不完，自己工作还没开始。这样，就算有再详细的安排也是徒劳。

对于人格因素引起的工作无法按照安排进行的人，需要意识到自己的问题，可以采用类似心理治疗中的厌恶疗法来控制自己的行为。首先明确自己要改正的行为，以托尼为例，他要改正的目标行为就是不过分热情，完成自己的工作安排；然后明确厌恶刺激，托尼可以在自己手上套一个橡皮筋；其次明白厌恶等级，过分热情就给予自己厌恶刺激，慢慢地这种行为就会纠正过来。

受他人或事情影响是造成工作无法按照计划实施的另一个重要因素。很多人加班到深夜都是可以避免的，但这些人常常被他人的事务或者其他事情所影响。

"只要我在办公室坐下，就会有各种短信、电话等来打扰我的工作。"

"我不能只做一件事情，必须同时做些其他的事情，比如看视频或者听音乐。"

“我对自己的工作也做出了优先顺序，可是要按照这个计划做事并不仅仅取决于我自己，还要得到同事、家人等配合才行！”

本来安排得好好的事情，却因为这些琐事而变得支离破碎。

那么，这时就应该考虑到这些问题：

（1）做这些事情要花多少时间？

（2）自己有没有时间？会不会打乱已有的安排？

（3）这些事情是否真的像他们说的那样简单？

（4）这个人是否一直都这样，总是喜欢找自己或者别人做这些琐事？

考虑完这些问题之后，就很容易得出答案。

如果确实需要帮助，那只能花一点时间去帮忙，但也要分出轻重缓急。如果他人的事情并没有自己的事情紧急，或者别人的事情要花很长的时间去做，那就要向他说清楚理由，让他知道自己无法马上帮他，只能忙完手头的事情再去帮别人；如果相反，他人的事情非常紧急或者时间很短，就可以考虑先帮助他人。

如果愿意帮助他人，或者有这样一个喜欢什么事都叫别人做的人，那么可以考虑做以下的回答：

“我很想帮你，可是你看，我还有这么一大堆的文件需要处理，一时半会也帮不了你，实在是心有余而力不足啊！”

“你哪里不会？我可以演示给你看看的。”

“实在抱歉，现在我也比较忙，我们可以等时间比较充裕的时候再来探讨这个问题吗？”

这样，排除了别人对自己的干扰，就可以按照安排要完成自己的工作了。

另外还有一些人，则是因为没有足够的意志力，虽然给自己做了安排却不能约束自己的行为。本该是工作的时间，却用来做其他事情。对于这种人，一定要让他了解自己工作的重要性。如果有条件，可以安排特定的人员对其进行监督；当然一般来说这样比较麻烦，最好能实行自我监督。可以在电脑里设定工作计划，到时间就自动提醒自己，或者在手机上设定闹钟，每到一个工作点就提醒自己，这样就不会忘记。

最后还有一种人是生活私事与公务不分。在工作时处理自己的私人事务，这就需要公司有足够的监督力度了。

造成工作无序的原因很多，但都是可以改变的，很多都是习惯性问题，而习惯是可以培养的。有心理学研究表明，一个行为只要连续重复21次就可以成为习惯，所以只要有足够的外部监督或者足够的自我监督，每天按照自己的计划工作，不用多久就能养成一个良好的习惯。

每天都做好备忘录

《有效的经理人》一书中写道："我赞美彻底和有条理的工作方式。一旦在某些事情上付出了心血，就可减少重复，开启更大和更佳的工作任务之门。"

工作无序、没有条理，必然会浪费时间。试想，如果一个搞文字工作的人资料乱放，本来一天就能写好的材料，找资料就找了半天，岂不是浪费时间?

西方一些"时间管理"专家运用电子计算机作了各种测定后，为人们支配时间提出这样一条建议："整齐就是效率。"他们比喻说："木工师傅的箱子里，各种工具排列有序，不同长度的钉子分别放好，使用起来随手可得。每次收工时把工具放回固定的位置，同把工具胡乱丢进箱子里所费时间相差无几，而效果却大不一样。"

工作有序，就应把自己的工作任务清楚地写出来。

当你面对繁多的工作理不出头绪时，备忘录就成了非常重要的东西。每日做好备忘录，能帮助你更好地完成自己的工作计划。

"每日备忘录"是你想记却又不愿长久记在脑海里的信息、文件和资料的存储器。

比如说，你决定在下周四下午去理发，不妨在"每日备忘录"的日期上做个记号。

或者，假如你每个月得缴纳1500元的汽车分期付款，不妨用付款单或其他东西来提醒自己，早做准备，一月接一月地缴纳。

假定你3号要参加某个会议，而你想带些重要资料去，不妨把文件放进"3"号的纸夹里，并在上面注明会议的地点、时间、与会人员等。也许你偶尔会忘了开会或一时找不到资料，可是只要你记得每天早上查对你的"每日备忘录”，你将会记得这些东西的。

把这些文件放进你的档案里，并在放置的地方和你想要使用的时间处做个记号。

你可以在往后的时间里翻阅这些文件，然后，在每个月的1号打开当月的卷宗，按照预定的时间将文件放进去。

只要你早上花些工夫打开当天的卷宗，就可以找到你所要的东西。你会因为没有把事情忘了而心安，你可以把回想的工夫省下来，用在其他的事情上；在适当时候，你便知道你的约会、计划和文书工作，你也因用不着分心于其他事而变得相当有效率。我们确信“每日备忘录”这种方法，能让你花最少时间和精力去增进工作效率。

如果你想开始读萧伯纳的作品，或去看某部电影，或找位朋友到公园钓鱼，或者上一个烹饪班，你可以提前一两个月在“每日备忘录”里做个记号。在事情再度发生时，你会回想起以前的种种情况，想想自己以前是否做过，而现在是否还想再试试。不管怎样，你可以强烈地感觉到在这段时间里自己的变化，结果可能引导你走向新的目标与方向。

备忘录是帮助你快速处理事情的工具，运用得当能帮助你节省不少时间。每日做好备忘录，让自己的计划都能够顺利进行。

500 强工作法：如何做日周年计划

我们大多数人的日常工作基本上都是程序化的，因此需要做好详细的计划以对每天的行动加以指导。

1. 每日计划

（1）一天的周期

你如何安排一天的时间？你在一天内要做些什么？

每天都有固定的24个小时，如果我们将一天的时间看成几个单位的集合的话，会比较容易安排和分配时间，并做好每日的短期计划，也就是行程表。

如果能掌握一天的结构与周期，就能对自己一天的行动在大脑中就会产生大致的一个安排。这就意味着，每天你对自己在一天的时间内能干什么，在什么时间段里完成都可以做到心中有数。有了这样粗略的安排，你就可借此思考，自己能否又有能力做到这些事，并且还不浪费时间。

（2）时间分割

从人的生理和心理角度考虑的话，以两个时间为单位，是一个比较恰当的单位时间。当然，这个单位时间会因个人职业的不同而有所变化，总之是因人而异的。

了解自己身体的周期（早起型、晚睡型），并配合之。创造出自己的时间周期，就可以更有效率地去运用时间。

请注意，把时间分割为几个单位，并不单只是严格照此一丝不苟地行动，这样做的目的，只是有助于我们能够合理安排好时间。

（3）各时间段任务安排

我们应在实行的过程中着重用自己的眼睛、自己的头脑去看时间，遇到问题时，多看看，多想想，相信一定能有一些意想不到的发现。通过我们的这种发现，思维就有了不起的地方。藉着这样的过程，使我们产生足以创造有创意的生活的眼光。

早上两个小时，下午1个单位，晚上1个单位，通常是工作、学习效率较高的时间。在自己的生理范围内，合理利用好这些时间，将会让你省时省力地完成一个个任务。

只要思考今天要在哪个单位做什么事，日计划的时间表安排就算完成了。

2. 每周计划

（1）掌握一周的周期

在掌握一天的周期与结构后，再来掌握一周的结构与周期就可以了。

一周的周期实际上是一天周期的集合，首先将一天的时间周期化，才能更好做好一周的时间安排。如果每天的计划较为平淡，或偶有高潮，那么一周的计划只要依日计划的时间表就能轻而易举地完成了。

掌握你日常生活一天的周期化与一周的周期化，就是你是否能逐步完成计划与时间表的要诀。

月周期与年周期，因为周期较长，面对的不确定因素比较多，对我们而言是较难把握的，比较起来，一周在感觉上比较容易掌握。掌握这种让人有概念的时段，就是安排时间表的窍门。

（2）时间分割

当以周为单位时，即使其中的一天被浪费，仍有机会使这一周充实。

以天为单位的时间有时太短了，某些任务或许很难在一天之内完成，但如果以周为单位的话，就可以星期来分配每一天的性质，甚至有时一天都玩掉也不要紧。

以星期几来决定每天的性质，从快乐的星期五转变到快乐的星期四、运动或文化的星期三、旅行的周末等，已相当一般化了。

所谓以一周为单位安排生活计划，是说最好在星期几开会或商谈，在星期几最好能看书或上课，好不容易才拍下的视频该在哪一天看……，给每一个日子，设一个独特的个性。

3. 年度计划

一年有54周，以周为单位制造一些变化。因为每周都各有特色，生活也随之多彩，自然也就不再是一成不变的苍白岁月。

这种设计，就是充实人生的智慧。如果更极端点的话，一年只需要这个年度计划及一周或一天就足够了，其他的设计没有也无妨。

年度计划应该详细地标出了节假日等，使我们能好好掌握住一年的时间。我们可以边注视这个年度计划指引，重组我们对时间的笼统印象。在这附近该做这件事，又快到了该做那件事的时候了，在这周休假怎样呢？

以这种方式将一年的时间计划区分出来。

只要去思考一下，就会明白的。结合计划与时间表，能赋予抽象的概念一个具体的形式，一个行动性的印象，使时间能更有效地被运用。

请将一年，这一个长而抽象的时间，与今天一天的行动这个具体概念相结合。在其中亦可使用月或季，甚至更短的周等时间单位。

而如何取时间的单位，与如何使各单位联络，就是结合计划与时间表的秘诀所在。

我们也可以将时间的单位改称为时间的周期。这么一来，就会牵涉许多个人性的问题。

这不仅是将时间的单位分割成长与短的技术性问题，还会因个人的生活方式、想法、工作而产生很大的差异。

第2章

行动：如何完成任务的学问

【成功者的九条工作告诫】1. 不要把“说不定”挂在嘴边；2. 不要停留在心灵的舒适区域；3. 不要拖延工作；4. 不要认为细节不重要；5. 不要表现得消极；6. 不要认为理论上可以实施就告成了；7. 不要让别人等你；8. 不要把改善工作能力都寄托在公司培训上；9. 不要推卸责任。

不做懒散人，不做三等人

有一个故事：一位游客看见一个渔夫在海边躺着晒太阳，便问他为什么不出海捕鱼。渔夫反问为什么要出海捕鱼，游客说可以卖鱼赚钱。渔夫追问赚钱用来干什么，游客说可以买更大的渔网、更好的渔船。渔夫问要更多的钱干什么，游客说那样就可以不干活了。渔夫问不干活了干什么，游客就说可以永远在海边晒太阳了。

口令绕到这里，渔夫最经典的一句话就说出来了——你看，我现在不是在晒太阳吗？

游客的态度代表了职场行动者，渔夫则是懒散一族的代言人。

在今天这个追求轻松生活、崇尚悠闲主义的浮躁时代里，劝说人们去当工作狂似乎已经变得不合时宜了，人们会认为你是怪物。称赞别人“你很懂得享受”比说“你工作很拼命”，更能让对方听得心花怒放。

时尚类报刊杂志纷纷开辟专栏，关切地提醒人们“你太累了，该歇歇了”，把人们的注意力引向安逸、享受的主题。这种不负责任的享乐倾向，塑造出了一批批懒散、叛逆的“懒散一族”。

然而，目前的中国是否真的富足到了可以让人们停下来好好享受的程度？我们的工作负荷是否真的到了急需减压的时候？对于大多数普通人来说，我们是否真的拥有不经努力就可轻松获得成功的天赋？如果不是，我们怎能不勤奋工作？

商业巨子李嘉诚曾对媒体说过：“在20岁前，事业上的成功百分之百是靠双手辛勤劳动换来的；20岁至30岁之间，事业已小有基础，那十年的成功，百分之十靠运气好，百分之九十仍是由勤奋得来；之后，机会的比例也渐渐提高；到现在，运气已差不多要占三四成了。”几年后他继续阐述他的观点：“对成功的看法，一般中国人会自谦那是运气，很少有人会说那是辛勤劳动以及有计划的工作换来的。我觉得成功需要三个阶段：第一个阶段完全需要勤奋工作，不断奋斗而取得成果；第二个阶段，虽然有少许运气，但也不会有很多；现在呢？当然还要靠运气，但如果没个人条件，运气来了也会跑掉的。”

想成为企业中最受欢迎的人，想成为一名优秀的员工，行动是必要条件。当然我们不是每个人都会成为老板，但没人相信一个公司老板会重用一个懒惰的家伙。你不做老板，想象一下你是老板的时候你会重用哪种人。在如今这个讲究效率、时间就是金钱的时代，一个懒惰的人是没人会重用的、没人会喜欢的，就算是做朋友，条件都有所欠缺，这一点你永远也不要怀疑。

有些人将“工作狂”看成是一种不健康的生活方式，“工作狂”吃饭没准点，睡觉没规律，工作没日夜。但现在的心理学家却提出了不同的见解：“对工作不满的情绪甚至比没有规律的起居作息更有损健康，而对工作的满足感，则对健康有利。”

有一位医生在当了十年的执业医师之后赚了一笔钱，于45岁宣布退休，全家移民美国，每天从事他最喜欢的两样休闲生活：钓鱼、打高尔夫球。

出人意料的是，这位医生一年后又回到了原来的地方继续做执业医师。朋友们很奇怪，问他为什么这么做？这位医生实言相告：“连续一个月钓鱼和打高尔夫球把人都烦透了。没有工作形同坐牢，后来我在美国跟许多移民一样，成了‘三等人’。

朋友们好奇地问：“什么叫‘三等人’？”

医生苦笑道：“首先是等吃饭，吃完饭之后是等打牌，打完牌之后就是等死了。这样等了一年实在让人受不了，只好回来再上班了。”

虽然说好逸恶劳是人的天性，但是，拿“闲”所带给我们的痛苦和“忙”所带给我们的劳累相比较，我们仍会发现，“忙”中有乐趣，而“闲”里只有愁苦。因为工作不仅是一个人获得生活费用的途径，更是一个人的精神寄托。

我们可以想象，一个过惯了上班生活的人，一旦让他赋闲在家，让他不必再早晨六点起床、七点钟吃早饭，为的是赶七点半的公交车去上班；让他不必再把领带打好皮鞋擦亮胡子刮干净，为的是在主管、同事或下属面前有个整洁的仪表，他一定会整天闷闷不乐，因为他的生活失去了重心。

西谚说：“一份耕耘，一份收获。”这颇能解释为什么在最新一份调查中有近35%的美国人愿意长时间工作，因为长时间的工作意味着经济繁荣和更高品质的生活。

你当然有权选择最轻松、最惬意的工作，但是，老板也有权选择最卖命的员工。如果对上司交办的事情和其他部门的工作能推则推，最后你会发现，你已经成为企业里可有可无的人了。

唐骏说："比别人勤奋一点点，就能超前别人一大步。"为了实现更好的、更大的工作成就，或是为了加薪也好、提升也好，你必须不断地奋斗。刻苦地训练专业技能尤其必要。敬业精神更像一个助推器，把你自己推到上司欣喜赏识的面前。

今天比昨天更努力

一个人的工作态度决定着他一生的成就。你的工作，就是你生命的投影。它的美与丑、可爱与可憎，全操纵于你之手。一个天性乐观、对人生充满热忱的人，无论他眼下是在洗马桶、挖土方，或者是在经营着一家大公司，都会认为自己的工作是一项神圣的天职，并怀着浓厚的兴趣。

我们有时候应该站在老板或领导的角度换位思考一下，你拿人家的薪水就得给人家一个交代。这是一个人最起码应有的职业素养，也是良心与道德的问题。如果你的员工偷懒懈怠，你会做何感想？再从自己的角度想一想，如果你想做一番事业，那就应该把眼下的工作当作自己的事业，应该有非做不可的使命感。你也许认为自己志向远大，要做轰轰烈烈的大事，而不适合做这些具体、琐碎的小事。可是你有没有想过，如果你连这些琐碎、具体的事情都做不好，你又怎么可能去做成轰轰烈烈的大事呢？

假使你做事是被动的而非主动的，像奴隶在主人的皮鞭督促之下一样；假使你对你所做的事感觉到厌恶，没有热忱和爱好之心，不能让它成为一种喜爱，而只觉得其为一种苦役，那你在这个世界上一定不会有很大作为。

许多人不知道尊重自己的工作，把工作视作取得面包、奶酪、衣服、公寓的一种需要，一种无可避免的苦役。他们不把工作当作一个锻炼能力的东西，一个训练建造品格的大学校。

他们不懂得工作能激发他们内在的最优良的品格，让他们在奋斗、努力中去发挥出他们所有的才能，去克服一切成功路上的障碍。他们不懂得毅力、坚忍以及其他种种高贵的品格都是从努力工作中得来的。一个抱怨、鄙视自己的工作的人，他的生命绝不能得到真正的成功。结果恐怕只能是一个，那就是“今天工作不努力，明天努力找工作”！

年轻的吉米·卡特从海军学院毕业后，遇到了当时的海军上将里·科费将军。将军让他随便说几件自认为比较得意的事情，于是，踌躇满志的吉米·卡特得意扬扬地谈起了自己在海军学院毕业时的成绩：“在全校820名毕业生中，我名列第58名。”他满以为将军听了会夸奖他，孰料，里·科费将军不但没有夸奖他，反而问道：“你为什么不是第一名？你尽自己最大的努力了吗？”这句话使吉米·卡特惊愕不已，很长时间答不上话来。

但他牢牢地记住了将军这句话，并将它作为座右铭，时时激励和告诫自己要不断进取，永不自满和松懈，尽最大努力做好每一件事情。最后，他以自己坚忍不拔的毅力和永远进取的精神登上了权力顶峰，成为美国第39任总统！卸任后，吉米·卡特在撰写回忆录时，曾将这句话作为书名：《你尽最大努力了吗》。

在生活中，我们经常听到这样的话：“我觉得自己已经尽了最大的努力，可惜结果却令人失望。”说这话的人，是否真的尽了最大努力呢？未必！他们把做得有点儿累视为尽了全力，其实还远远未能充分发挥潜力；或者一曝十寒，并未时时努力。

我国台湾企业家王永庆说：“有压力感，觉得还不够好，做出苦味来才会不断进步，一放松就不行了。”只是感到有一定压力并不等于竭尽全力，“做出苦味来”，才说明你已努力到十分。

请看“世界首富”比尔·盖茨和他的合作伙伴保罗·艾伦是如何“做出苦味来”的：

1974年12月的一天，比尔·盖茨和保罗·艾伦听说微型仪器公司的老板罗伯特生产出了微型电脑，预感到电脑向家庭普及的时代已为期不远，那么，他们这种软件天才的前途将妙不可言。但当务之急是跟罗伯特携手合作，以便在软件市场上占得先机。

他俩当即跟罗伯特联系，表示愿意为他的微型电脑提供软件。罗伯特表示，至少有50个人提出要给他提供软件，而他只想看结果。谁先提供了成熟的软件，他就跟谁合作。

盖茨和艾伦知道机不可失、时不再来，必须立即采取行动，必须抢在别人的前面。一连8个星期，他俩在哈佛大学的电脑房里埋头苦干，每天只睡一两个小时。当感到非常疲倦的时候，就躺在工作台后打个盹。一醒过来，又接着干。最后，他们终于成功地设计出了一个能在微型电脑上运行的软件，并与罗伯特达成了合作。以此为契机，他俩成立了微软公司，并最终称霸软件世界。

在这个世界上没有谁会轻易成功，已成功人士的背后一定隐含着许多感人的故事，每一个故事都是以汗水乃至鲜血为基本色调的。你必须逼出自己的全部能量，然后才能心想事成。

从平凡的工作中脱颖而出，一方面由个人的才能决定，一方面则取决于个人的进取心态。这个世界只为那些努力工作的人大开绿灯，直到他的生命终结。

企业作为一个经济实体，以赚钱为第一目的，为了达到这个基本目的，老板们常常要解雇那些不努力工作的员工，同时也吸引新的员工进来，这意味着每天都会有一些常规的整顿工作。不管业务多么繁忙，这种优胜劣汰一直在进行中，不仅仅是在经济萧条时期。那些无法胜任工作、不敬业的人，都将被摒弃于就业大门之外，唯独拥有一定的技能并且努力工作的人被留下。

今天工作不努力，明天必定要努力找工作。今天比昨天更努力的员工，将会是企业中最受欢迎的人。

做好了，才叫做了

有一次，一个法国农场主驾驶着一辆奔驰货车从农场出发去德国。一路上凉风习习，路况良好，法国农场主不由哼起了小曲。可是，当车行驶到了一个荒村时，发动机出故障了。农场主又气又恼，大骂一贯以高质量宣传自己的奔驰公司骗人。他抱着试一试的心情，用车上的小型发报机向奔驰汽车的总部发出了求救信号。没想到，几个小时后，天空就传来了飞机声。原来，奔驰汽车修理厂的检修工人在工程师的带领下，乘飞机来为他提供维修服务。

一下飞机，维修人员的第一句话就说："对不起，让您久等了。但现在不需要很久了。"他们一边安慰农场主，一边开始了紧张的维修工作。不一会儿，车就修好了。

"多少钱？"看见修好了，法国农场主问道。

"我们乐意为您提供免费服务！"工程师回答。

农场主本来以为他们会收取一笔不菲的维修金，听到这些大吃一惊，"你们是乘飞机来维修的呀！"

"但是因为我们的产品出了问题才这样的。"工程师一脸歉意，"是我们的质量检验没做好，才使您遇到了这些麻烦，我们理应给您提供免费服务。"

法国农场主很受感动，连连夸赞他们，夸赞奔驰公司。后来，奔驰公司为这位农场主免费换了一辆崭新的同类型货车。

要么不做，要做就要做好。100多年来，奔驰一直在购车人群中有着良好的口碑，使得他们销售产品成为一件水到渠成的事情。

做好了，才会让人印象深刻。不断对自己提出高要求，高质量地完成工作，才能让你自己不断得到提升，也使得别人对你的工作刮目相看。

当年，爱迪生全力以赴地投入关于电灯的研究，他尝试各种材料用来做灯丝，如稻草、麻绳、炭化的纸、玉米、棉线、木材、马鬃、头发、胡子以及铝和铂等金属，总共达1600多种。最后，经过一年多的艰苦研究，他终于找到了一种灯丝，这种灯丝能够使得灯泡持续发光45小时。但45个小时之后，看着灯丝慢慢熔化，他说道："如果它能坚持45个小时，再过些日子我就要让它烧100个小时。"

果然，两个月后，灯丝的寿命达到了170小时。当时的《先驱报》整版都用来报导他的研究成果，诸如"伟大发明家在电力照明方面的胜利""不用煤气，不出火焰，比油便宜，却光芒四射""15个月的血汗"……

面对这一切，爱迪生并没有太得意，他对欢呼的人群说道："大家称赞我的发明是一项伟大的成功，其实它还在研究中，只要它的寿命没有达到600小时，就不算成功！"

这次事件之后，源源不断的祝贺信、电报和礼物中从世界各地飞来，关于他的传闻也各种各样。所有的这一切，爱迪生都置若罔闻，他还是默默地待在自己的实验室，进行一次又一次改进灯泡的试验，600小时的目标达到了，他又提出更高的目标，在他坚持不懈的努力下，样灯的寿命最后达到了1589小时！

虽然当时的人都对爱迪生发明电灯这件事赞不绝口，但是如果灯丝一直都是只能坚持燃烧45个小时，那么用不了多久人们就会抱怨的。不要满足于身边人的褒扬，你自己应该清楚你的能力怎样，能把事情做到什么样的程度。你别无选择，必须努力把事情做好。

一位叫丽莎的房地产推销员，她的工作十分出色，引人注目。顾客们都愿意找她帮忙解决问题。丽莎就是以优质的服务征服顾客的，即使买房以后，顾客仍能感受到她服务的魅力。

比如：她注意了解供水是否正常。如果前房主拆走了水管，便马上退一部分定金。她也帮主顾安装电话。丽莎做工作很仔细，她知道当地某学校某年级学生教师的比例，甚至叫得出老师的名字。她能说出郊区火车月票的价格——精确到美分。她还告诉顾客快车上只有20分钟开空调的时间，等等。

每当新住户搬进新居前，她会准备一份礼物，并在到来的第一天与他们共享一顿美餐——她知道刚搬家时做饭还不方便，第一天晚上她会邀请他们到自己家共进晚餐。她还安排新来者加入当地的俱乐部：她了解住户的宗教信仰，与当地教堂联系："这里有新教友，见见面怎么样？"这些听起来不可思议，但丽莎做到了这些，她从各方面尽力帮助新住户迅速融入社区生活。

积极而有成效的行动不仅会让你收获一个完美的工作结果，更会让你自己感觉良好，更有自信，提升你的状态，让你产生继续工作的持久动力。

既然去做，就做好吧。这是对你自己的工作负责，更是对你自己的生命负责。

正确地做事，做正确的事

就像世界上出现锁以后就必然有与之相应的钥匙一样，问题与方法也是共存的。而如何找到最合适、最高效的工作方法，是每一个员工需要认真对待的问题。我们的工作，其实就是通过不同的手段，达到解决问题、实现目标的过程。在这个过程中，选择好的方法至关重要。因为在正确方法的指导下，我们能以最少的时间、最少的资源达到目标。这样不仅为我们节省了时间，更使我们在与别人的竞争中占尽先机，处于领先地位。

最棒的员工就是能正确做事、更懂得做正确的事的人，他们十分注重工作方法，张弛有度。他们非常清楚自己的生活方向，也善于安排时间、控制节奏，知道自己该在什么时间做什么事情。即便再忙，也极有规律。

“正确地做事”与“做正确的事”有着本质的区别。“正确地做事”是以“做正确的事”为前提，如果没有这样的前提，“正确地做事”将变得毫无意义。首先要做正确的事，然后才存在正确地做事。试想，在一个工业企业里，员工在生产线上按照要求生产产品，其质量、操作行为都达到了标准，他是在正确地做事。但是如果这个产品根本就没有买主，没有用户，这就不是在做正确的事。这时无论他做事的方式方法多么正确，其结果都是徒劳无益的。

正确做事，更要做正确的事，这不仅仅是一个重要的工作方法，更是一种很重要的管理思想。任何时候，对于任何人或者组织而言，“做正确的事”都要远比“正确地做事”重要。对企业的生存和发展而言，“做正确的事”是由企业战略来解决的，“正确地做事”则是执行问题。如果做的是正确的事，即使执行中有一些偏差，其结果可能不会致命；但如果做的是错误的事情，即使执行得完美无缺，其结果对于企业来说也肯定是灾难。

对企业而言，倡导“正确做事”的工作方法和培养“正确做事”的人与倡导“做正确的事”的工作方法和培养“做正确的事”的人，其行为效果是截然不同的。前者是保守的、被动接受的，而后者是进取创新的、主动的。

麦肯锡公司资深咨询顾问奥姆威尔·格林绍曾指出：“我们不一定知道正确的道路是什么，但不要在错误的道路上走得太远。”这是一条对所有人都具有重要意义的告诫，他告诉我们一个十分重要的工作方法，如果我们一时还弄不清楚“正确的道路”（正确的事）在哪里，那就先停下手头的工作，先找出“正确的事”。

找出“正确的事”这个过程就是解决一个个问题的过程。有时候，一个问题会摆到你的办公桌上让你去解决。问题本身已经相当清楚，解决问题的办法也很清楚。但是，不管你要冲向哪个方向，想先从哪个地方下手，正确的工作方法只能是：在此之前，请你确保自己正在解决的是正确的问题——很有可能，它并不是先前交给你的那个问题。

其实，让工作高效卓越的方法是十分复杂的，就跟医学问题一样。病人到医生的办公室说自己有一点发烧。他会告诉医生自己的症状：嗓子痛、头疼、鼻子堵塞。医生不会马上就相信病人的结论。他会翻开病历，问一些探究性的问题，然后再做出自己的诊断。病人也许是发烧，也许是感冒了，还可能得了什么更严重的病，但医生不会依靠病人自己对自己的判断进行诊断。所以，要搞清楚交给你的问题是不是真正的问题，唯一的办法就是更深入地挖掘和收集事实。

下面，我们介绍几条根据“正确的问题”做正确的事的一些快速高效的工作方法：

1. 统筹安排做事顺序

即考虑做工作时采取什么样的顺序最合理，要善于打破自然的时间顺序，采取电影导演的“分切”“组合”式手法，重新进行排列。

2. 改进原来不合理的工作方式

原有的工作方法未必就是最好的工作方法。对原有的方法加以认真分析，找出那些不合理的地方加以改进，使之与实现目标的要求相适应。

也可在明确目的的基础上提出实现目的的各种设想，从中选择最佳的手段和方法。

3. 对经常性的问题，统一处理

即用相同的方法来安排那些必须时常进行的工作。比如，记录时使用通用的记号，这样一来就简单了。对于经常性的询问，事先可准备好标准答复。

4. 合并处理，分类解决

如果有两项或几项工作，它们既互不相同，又有类似之处、互有联系，实质上又是服务于同一目的的，就可以把这两项或几项工作结合为一，利用其相同或相关的特点，一起研究解决。这样自然就能够省去重复劳动的时间。

5. 适当安排休息

尽可能把不同性质的工作内容互相穿插，避免打疲劳战，如写报告需要几个小时，中间可以找人谈谈别的事情，让大脑休息一下；又如上午在办公室开会，下午到群众中去搞调查研究。

做正确的事不仅仅是指选择自己所爱的工作，也不仅仅是提高工作效率，它还包括许多其他的事情，这些都需要大家在工作中慢慢体会。

不完成任务决不放弃

有的人确定了自己的计划与目标，也正确地选择了适合自己的职业和恰当的发展路线，也制定了完美的计划书，也信心百倍、踌躇满志地启程了。但最后还是铩羽而归，两手空空，一无所获。

如果你抱着不达目的誓不罢休的信念，你的人生就会少许多遗憾。

史蒂文·凡韦伯曾经给出了一个关于成功的公式：成功=计划+行动+坚持不懈。这样的道理谁都懂，可是要真正做得就实在是太不容易了。

出现不能坚持到底的情况，原因是多方面的，如懒散拖拉、缺乏激情、畏惧困难和挑战、偏离目标、受到干扰、精力不够集中等。这就需要找出自己不能坚持到底的原因，在行动中注意避免这些问题，力争做到以下几点：

1. 当机立断

有了计划你就必须立即行动，拖拖拉拉不是成功者的作风。如果你不是那种雷厉风行、说干就干的人，那么你一定需要培养自己的行动力。要学会从现在做起，要强迫自己今天的事情今天完成，使自己养成立即行动的习惯。

也许你会遇到一些困难和阻碍，也许你在做了之后因为结果不如你想像的那么美好，你就会后悔。但是，你有没有想过，你行动了不一定成功，但是不行动却肯定不会成功。卢赛里·波尔曾说过：“我宁愿为我所做过的事而遗憾，也不愿为事情没做而感到遗憾。”

2. 灵活前进

工作目标的实现，一方面靠苦干、实干；另一方面也需要灵活机动地干。所谓灵活机动，主要是根据内外环境的变化，随时对自己的职业生涯设计进行调整。必要时应准备几套实施方案，环境在变，行动也做出相应的变化，这样就能避免由于内外环境的变化而使设计落空。

在适应内外环境变化的同时，还要学会迂回前进；在适应形势和环境的变化的同时，还要不断地有所创新。

3. 克服困难和阻力

成功属于坚持不懈的人。我们都懂得这样一个道理：我们的前途是光明的，但道路可能是曲折的。应该要敢于直面困难和阻力，我国学者程社明曾说："在职业生涯发展的道路上没有空白点。每一种环境、每一项工作都是一种锻炼，每一种困难、每一次失败都是一次机会。"

一个人要想获得成功，必须具有敢于克服困难、不畏险阻、坚持到底的精神。

美国著名学者安东尼·卡索，从他亲自策划和主持过的上百次民意测验中，整理和归纳了美国500家大企业创立人成功的要点和原则，得出的"创业十要"中就有这么一条：做一件事坚持到底最重要。

卡尔文·柯立芝也有同样的观点："世上任何东西也不能代替坚持不懈。才华不能，有才华不成功的人数不胜数；天赋不能，有天赋没有获得回报的人不计其数；教育不能，世界上充斥着受过教育的流浪汉。坚持不懈和坚强的意志才是万能的。"

4. 有效行动

有效行动，是指行动要始终围绕着目标而进行，要做到这一点，就要对自己的行动加以强化和约束。

（1）集中力量向目标发起进攻。集中力量，包括集中精力、脑力、时间、物力、财力等一切可调动的"能量"：人的力量是有限的，如果不将力量最大限度地用于追求目标上，而为很多别的事情分心或"分力"，到最后你就会发现收效甚微。

（2）排除无益于目标的活动和干扰。马克思曾说过："直奔真理，不要东张西望。"那么你呢？你可以对自己加以审视和反省，自己是否做到了直奔目标而没有东张西望呢？

在日常生活和工作中，常常会有不少无益于目标的活动和干扰，对于那些无益于目标、没有多少价值的活动应该尽力避免。记住那些成功者的话：永远不要让你的私事优先。

（3）行动不要偏离目标航道。你对于目标的行动往往会受到一些阻力或者是受到自身习惯的影响而偏离轨道。因此你必须时时检查自己的行动，一旦发现有偏离就及时加以纠正，调整自己的行动方案。

（4）不受他人的影响。有的人明明是按照自己的计划在脚踏实地地为目标而努力着，但由于和周围的人不一致，就产生了迷惑，最后被周围的人所影响，调整了自己的方案和行动，却不再是最适合自己的追求目标的行动了。就像舞者按照自己的节奏起舞一样，不应受身边人的干扰和影响。

有的人在实现目标的过程中，可能会听到一些风言风语，甚至一些讽刺、打击，就开始动摇了。有不同的看法是正常的，因为自己的目标并不一定非要得到他人的赞同。只要是自己认准了的目标，就要坚持走下去。

由此我们也可以引出成功学中一个著名的理论，即“荡秋千”原理。“荡秋千”原理的主要内容包括：

第一，秋千所荡到的高度与每一次加力是分不开的，任何一次偷懒都会降低你的高度，所以动作虽然简单却依然要一丝不苟地“踏实”。

第二，后一次所达到的高度与前一次是分不开的，环环相扣的“踏实”可以达到分解目标的作用，使目标相对更容易实现。

第三，秋千荡得越高，所拥有的空间就越大，所拥有的机会也就更多，你需要学会利用和把握。

第四，秋千会从高处滑落到低处，就像人生中一些不可避免的低谷和挫折。每一次你都要鼓起勇气从最低处坚持着走出来，没有一次次的低谷，换不来更高处的清风扑面。

第五，每一次荡起来，都会在心中定下一个将要达到的高度作为目标，这样你才会一步步达到梦想的最大的高度。

将“荡秋千”的原理应用于追求目标的行动，实现目标的过程中就会有更大的动力和克服困难的能力。对准目标，主动积极地展开行动，并且坚持不懈，才能到达常人难以企及的高度。

500 强工作法：立即行动，马上去做

立即行动既是一种习惯，又是一种做事的态度。比尔·盖茨曾说：“想

做的事情，马上去做！当‘马上去做’从潜意识中浮现时，就应立即付诸行动。”

在日常的工作和生活中，要努力要求自己做到以下几点：

1. 积极主动地工作

你只有以积极主动的态度去面对自己的工作，才会自信。这样，在处理事务时，头脑才会保持清醒，内心的恐惧和犹豫也才会消散。只有如此，才能够有效地找到处理这些事务的最佳方法。

2. 不为自己找借口

“明天”“后天”“将来”之类的词汇跟“永远不可能做到”的意义几乎是等同的。所以，我们要时刻注意清理自己的思想，不要让消极拖延的情绪影响了我们行动的路线。

3. 不要等到万事俱备时才开始行动

因为永远都没有万事俱备的时候，这种渴望完美的想法只不过是一个幻想。

4. 立即开始做手中的工作

如果你在工作中接到新任务，要学会立刻着手工作。这样，才会在工作中不断摸索、创新，一步步排除困难。如果一味地拖延、思考，只会在无形中为自己增加更多的问题，这将不利于自己在工作中做出新成绩。

5. 坚持到底

做事善始善终才会有结果，如果朝三暮四，不能自始至终地达成一个目标，每一次都半途而废，是不能出任何成绩的。在工作的过程中，即使很普通的计划，如果能够有效执行并且深入发展，都比半途而废的“完美”计划要好得多，因为前者会有所收获，后者只是前功尽弃。

6. 立即行动不等于鲁莽蛮干

积极行动并不等同于鲁莽蛮干。在采取行动之前，我们必须要做好相应的筹划，这样，才会把问题处理得更妥当。如果仓促上阵，鲁莽行事，就会把事情搞砸。

没有行动，一切梦想与计划都不过是镜中花、水中月，而会永远停留于幻想中。只有行动，才能为我们的工作带来看得见、摸得着的成果。立即行动，立刻去做，才能有效掌控工作。

第3章

复盘：对过去的事情做思维演练

【送给工作几年仍迷茫的人】1.牺牲休息时间，打造自己的专业能力；2.敢于尝试，有按着自己直觉走的勇气；3.仔细思考自己的长处，明确自己的职业方向；4.修炼自己的情商，不断提高与人沟通协调的能力；5.结识更多圈里的高手，新的工作机会往往来自这里。

控制是纠正偏差的过程

现代管理学认为，管理共有四项职能，分别是：计划、组织、领导、控制。所谓控制，就是监督各项活动以保证它们按计划进行，并纠正各种重要偏差的过程。

控制的过程分为三个步骤：

第一步：衡量实际绩效。

第二步：将实际绩效与标准进行比较。

第三步：采取管理行动纠正偏差或纠正不适当的标准。

控制的过程，如图1所示。

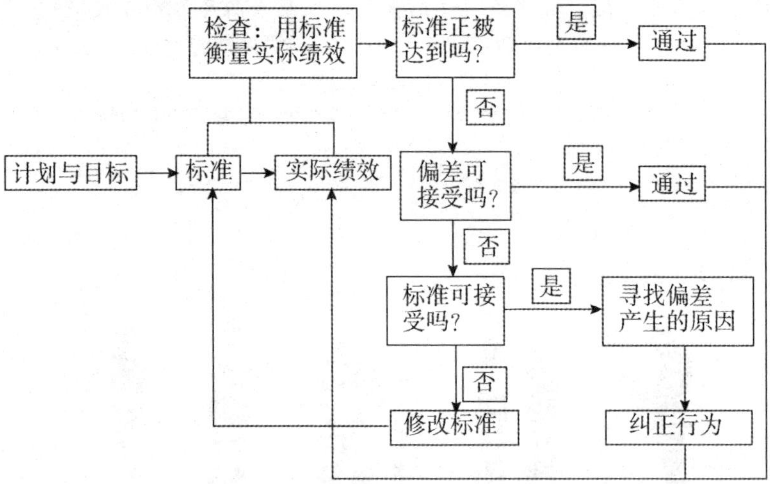

图1　控制过程中的决策与处理

图1中检查被定义为“用标准衡量实际绩效”，但在实际工作中，检查工作的内容却不仅限于此，还包括对检查结果的使用，如发现偏差、纠正偏差或者纠正不恰当的标准等。

衡量实际绩效的方法

在管理学领域的理论和实践中，“绩效”的基本含义是“成绩和效果”，可以定义为“个人、团队或组织从事一种活动所获取的成绩和效果”。绩效就是结果，就是收获，就是进展情况，是投入了要素之后的产出、付出了成本之后的收益。

绩效的一般概念是指员工在工作岗位上的工作行为表现和工作结果，它体现了员工对组织的贡献大小、价值大小。

绩效可以分为行为绩效和结果绩效两种。

行为绩效关注的核心是“怎样做的”，这种绩效无法量化，但是可以描述、可以定性、可以观察的，也被称为过程绩效。

结果绩效关注的核心是“做了什么”，这种绩效是可以量化的，也被称为产出绩效。

衡量绩效的方法有以下几种。

1. 个人观察法

个人观察主要关注三类行为：

正面行为——积极事件，对这类行为的处置措施是赞扬、鼓励和奖励。

负面行为——消极事件，对这类行为的处置措施是教导纠错。

正常行为——既不是积极事件，也不是消极事件，对这类行为可以不干预。

个人观察是非常重要的一种了解实际绩效、衡量实际绩效的方法。中国古代的皇帝和高层官员采用的微服私访，就是一种了解民间疾苦的个人观察法。

在个人观察法的基础上，现代管理学形成了一种管理方式叫走动式管理。这一管理概念，经过管理大师汤姆·彼得斯在《追求卓越的激情》一书中具体化后，名噪一时，被无数企业誉为“圣经中的圣经”。走动式管理被越来越多的企业纳入常态的管理机制，要求各级主管深入市场，走到员工和客户中去，了解工作进度和存在的问题，听取客户反馈的意见，检视员工的执行力。

日本经济团体联合会名誉会长士光敏夫采用“走动式管理”的做法，一举成为日本享有盛名的企业家。在他接管日本东芝电器公司前，东芝电器公司已不再享有“电器业摇篮”的美称，生产每况愈下。士光敏夫上任后，每天巡视工厂，遍访了东芝电器公司设在日本的工厂和企业，与员工一起吃饭，闲话家常。清晨，他总比别人早到半个钟头，站在厂门口，向工人问好，率先示范。此气氛感染了员工，促进了他与员工相互间的沟通，士气大振。不久，东芝电器公司的生产恢复正常，并有很大发展。

2. 工作记录法

工作记录法是一种以员工的工作成绩记录为基础的检查方法。

工作记录法的一个简单例子是打卡机存储的考勤记录。我们想要了解和检查员工的出勤情况，可以通过调阅和统计考勤记录来实现。

常见的工作记录有：

（1）财务记录：会计人员通过记账的方式，能够记录下企业的经营活动，因而通过阅读相关的财务报表就能够了解和检查实际的工作绩效。

（2）客户记录：信息支持部门、销售部门和售后服务部门的工作也能够留下很有价值的工作记录，如发货量的记录、客户访问量的记录、退货的记录、投诉的记录等。

（3）测试记录：不仅在生产部门会留下产品质量的测试记录，而且在销售部门也会留下顾客对样品的消费体验记录，这些记录可以帮助管理人员了解和检查实际绩效的状况。

（4）个人记录：对基层工作人员，可以根据工作需要，要求其写每天的工作日志。在海尔集团，这种工作日志被称为工作台账。工作台账不仅能让工作交接变得一目了然，而且也提供了最一线的工作记录，有助于管理人员了解和检查实际工作绩效。

3. 工作抽样法

如果你想了解一批产品的质量如何，逐一检查每件产品的质量可能因为费时费力而成为一件无法完成的任务，可行的办法是逐一检查这批产品中的一部分。这一部分就是一个样本，如果样本的质量是99%的合格率，我们就大致可以认为这批产品的合格率也是99%。这是统计学中抽样检查思想的具体应用。

4. 口头汇报法

通过听取下级的口头汇报，领导不仅可以在短时间内掌握下级工作的进度、主要成绩、存在问题及其意见建议，还可以通过听取汇报了解下级的个人素质和表达能力，做到知人善任。

常见的口头汇报法包括：

述职；

工作汇报；

会议；

谈话；

电话交谈。

5. 他人反馈法

当员工的工作是为他人服务或与他人发生关系时，采用此方法。

常见的他人反馈法包括：调查表、电话访谈、座谈等。

很多企业会设置意见箱、投诉电话、投诉信箱等，都为通过他人反馈了解和检查实际工作绩效提供了便利条件。

把检查结果反馈给执行人

反馈是指把与当事人相关的信息告诉当事人，如工作成绩、检查结果、你对他某种观点和行为的看法等，分为积极反馈、消极反馈和中立反馈。

积极反馈是指告诉的内容是当事人喜欢听到的“好”消息，如表扬、鼓励等。人们在对待“好”消息时通常都能够快速而积极地提供。

消极反馈是指告诉的内容是当事人不希望听到的“坏”消息，如批评、指责等。人们在提供消极反馈时要么因为不情愿而延误，要么因为方法不当冒犯了当事人的防卫心理而效果不佳。

中立反馈是指告诉的内容是一种客观事实，既不属于“好”消息，也不属于“坏”消息。

请比较以下的反馈形式：

你是最早交报告的人。（积极反馈）

你是晚交报告的人。（消极反馈）

你是晚交报告的人，但所有的人都晚交了，在晚交的人当中你是最早交报告的人。（中立反馈）

有效的反馈具有三个特征：语义明确、心灵相通和探究咨询。

1. 语义明确

语义明确的反馈是较为详细的，而且应该是被核实甚至有记录的。要防止过于抽象或者带有某种成见的感情色彩，更重要的是，它可以避免把指出错误变成对对方的人身攻击。

比如，你对你的下属说：“你写的字像小鸡刨米一样，重做之后，争取在最后期限内把它交给印刷商。”这样的反馈不仅没有明确地告诉下属，你要他怎么完成命令，而且还令他感到难堪和羞辱。不如这样说：“我在考虑你手写的字是否不够清晰，把你的观点打印出来给印刷商好吗？”后一种说法更清楚地指示了下属该如何操作，不留有误解的余地。

明确的反馈可以是积极的，也可以是消极的，但都可以使评价更具有建设性。比如说，你想对同事的工作给予积极、肯定的反馈，你就可以说：“你工作干得好极了!”他也许会搞不清你究竟想说什么，因为这样的反馈太不明确了：好在何处？好到什么程度？同样的，一个人被评价说：“你任务完成得可不好啊!”这是个消极的反馈，但却同样含义不明，它不是负有责任感的、有明确目标导向的评语。

在这里，人们实际上犯了单向反馈的错误，只顾说自己的结论或感受。诸如“小王，你的计划不管用啊。”或者“小林，很抱歉我们不能采纳你的建议。”却丝毫不认为有义务提供更多细节和原因，使自己的反馈更加有效，同时也可使对方知道自己做得不好的原因。

如果我们接收到这样的不明反馈，可以采取措施引导谈话向更有利于信息交流的方向发展，如上例中的小王，可以这样反馈性地问到：“你认为好的计划应该有些什么特点呢？”或者“你能提供一些指导性建议供我重新编制计划吗？”进行这样有效的反馈是双方共同的责任，也可使双方受益，我们能共同获得对事物的更深认识，并改进我们的行动。

2. 心灵相通

心灵相通意指交流双方采取支持的、坦诚的态度交换意见，它体现出反馈过程中人性化的一面，建立起理解和信任的关系。

比如，一位内部简报编辑当着众人的面对一位投稿职员反馈道：“我不能用你这篇文章。看了两遍我也不明白其中心思想是什么，而且仅第一页上就有两个拼写错误。”这样的评论是够明确具体的，但未免太不照顾对方的感受了。

欲体会他人的感受，与对方融汇思想，你必须将心比心，从对方的参照系出发，来体会对方在某个特定情形下的想法和感觉。能与他人心灵相通的人善于建立坦诚、开放的人际关系，他们将对方视为同等的个体，而不是客体或定型。

两个心灵相通的人在一起谈话，彼此可分享信任、分享共识，这是一种真正的双向反馈交流，不会有任何一方试图主导或评审彼此的交流。特别需要注意的是，要想真正地达到沟通的目的，必须要把对方置于与自己同等的地位，任何先入为主、盛气凌人的做法都是不可接受的。

3. 探究咨询

探询就是探求对方的观点和看法。它在反馈的三个特征中最接近双向沟通的实质。提一些诸如“你对我的评述有何看法”或者“我的建议可行吗”之类的问题，借此打开双方沟通的渠道。

“探询”应该是开放性的，它必须给予对方足够的空间自由发表观点。通过探究和咨询，可以了解到别人是否理解和赞同所谈问题，如果不赞同，他们的看法如何。

如果会谈的气氛较为紧张的话，有些人会对他人的行为、语调或话语产生防卫性反应。解决方法之一就是用开放性、友好的问句代替“为什么”型的问题。简单地问一问“为什么”，易被看成是威胁性的。换句话说，为避免造成紧张的防卫气氛，我们可以不用“你为什么没准时来？”来责备对方，可以说：“由于你没能准时到场，我们误了车，以后如果再有类似情况，你事先通知我们一声好吗？”

防卫性气氛没有积极作用，它往往将人们导向批判的、对立的价值体系中去；相反，支持性气氛却是建设性的，它鼓励人们用积极的态度，努力寻找解决问题的思路。

开放坦诚的探询还有助于调解冲突矛盾，因为在建设性的、满意度较高的气氛中，尽管人们持有不同意见，他们可以对事不对人，共同向需要解决的问题挑战。与你观点和经历不同的论点，往往是增长新知的慧机，探询和反馈的过程常常也是向旧观念挑战的过程，最终可能成为变革的催化剂。

通过行为矫正塑造良好行为

行为矫正是心理学中强化理论在管理实践中的应用，指的是采用有规律、循序渐进的方式引导出所需要的行为并使之固化的过程。

从实际角度来说，当员工行为与管理者的要求和目标相差很大时，矫正是实现管理目标的重要手段。因为这时员工要作出合乎理想的行为很难，而如果只有满足标准才给予奖励，则奖励本身太渺茫，奖励很难奏效。进行行为矫正，即主动地、循序地引导所需要的行为，则可能成功达到目的。

组织行为矫正具体分为五个步骤，如图2所示。

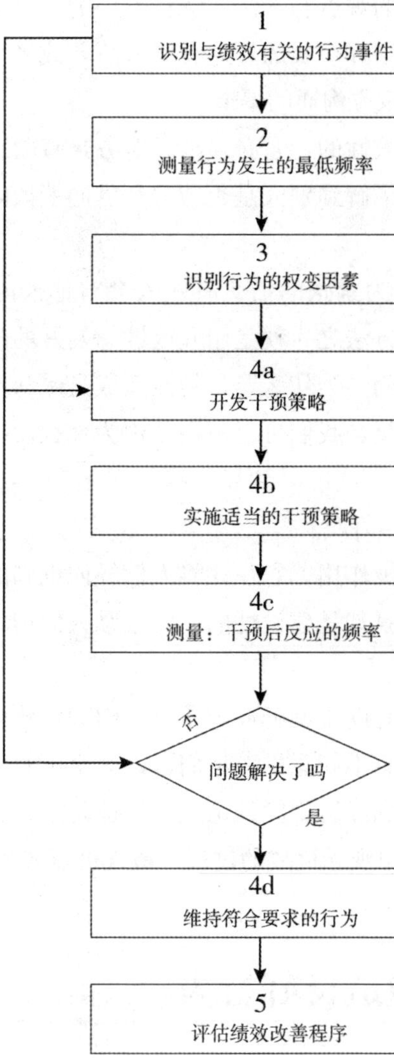

图2　行为矫正的步骤

第一步：识别与绩效有关的行为事件。员工所做的不同工作对现产的贡献或意义不同，因此，行为矫正要先确认出哪些行为对工作绩效有显著的影响。往往出现的情况是，关键行为虽然只占所有行为的5%~10%，但绩效的贡献可能高达70%~80%。

第二步：测量有关行为。管理者要确定绩效的基线水平，也就是要到行为的基础效率水平。

第三步：识别行为的权变或绩效结果。采用功能分析法鉴别工作行为的各种情境因素，使管理者了解出现各种行为的原因。

第四步：拟定并执行一项策略性干预措施。为了强化必要的绩效和削弱不必要的行为，适当的策略是改变某些绩效—报酬的关联因素——结构、和谐、技术、群体或任务，代之以奖励高水平的绩效形成高度正相关。

第五步：评估绩效的情况。

行为矫正的方法主要有4种：正面强化、负面强化、惩罚和消退。

正面强化：是指对作出的行为予以奖励。

负面强化：是指因作出某种行为而不再予以惩罚。

惩罚：是指对作出的行为给予批评和处治。

消退：是指对出现的某种行为不予强化，久而久之这种行为被判定无价值而消退。

在行为矫正过程中，强化手段可以有不同的时间组合模式：一是连续强化，又叫完全强化，即只要所要求的行为一出现就给予强化；二是间接强化或部分强化，即不是每次良好行为出现都给予强化，而是间接地强化，但又足以使良好行为得到鼓励而重复出现。研究表明，后者比前者会产生更强的抵抗消退的作用，所引起的行为要持久得多。这可能是因为人类有寻求规律和一致性的倾向，而间接强化不符合这种倾向，于是更激发人们用更大的努力寻求一贯性奖赏。这也是为什么赌博那么容易上瘾的原因。

强化方法的运用对行为矫正的效果有重要影响。例如，完全强化对于学习初期的、不稳定的、不常出现的行为有很好的强化效果。但这种强化会很快导致饱足感，对奖励感觉麻木，难以得到强化效果。然而一旦撤销强化，行为便会迅速消退。相反，部分强化适用于稳定的或经常出现的行为。另外，研究发现，变化性强化往往比固定强化效果好。例如，奖金比固定工资强化效果好，前者与绩效相关，不定期不定比率地“间歇强化”，后者对雇员来说已然习以为常，强化的作用很弱。

行为矫正在组织管理中有很大的应用价值。一个著名的案例是艾默尔公司进行的关于包装搬运工作方式的研究。

出于经济考虑，艾默尔公司希望工人尽量使用运输专用的金属箱。当管理人员询问工人搬运的货物中有多少是使用金属箱的，工人的回答一律是90%，但事实上比例仅有45%。为了鼓励员工使用金属箱，管理层建立了一个反馈和积极强化方案。每个装运工接受指导并记录自己每天的装运量，每天结束工作后由工人自行计算金属箱使用率，并据此发放奖励。结果，该制度实施的第一天，金属箱的使用率增加90%，并一直保持该水平。据公司称，这项措施在3年时间里为公司节省了200万美元。

其他许多组织、企业也结合自己的需要制定多种措施进行行为矫正，如以全勤奖取代病假照付制、发挥榜样作用、抽彩降低出勤率等。当然，人们对这种管理激励方法也有微词。有人认为组织行为矫正术有意操纵人的行为，减少人的自由意志，是不道德之举。同时，运用此方法达到目标之后能否持续作用，员工是否会觉得受刺激，不只是管理者促进其提高绩效的手段，而且确实是对他们鼓励，答案也未可知。

考核中运用“同一立场”的思维

“同一立场”的思维方式能使你用积极的心态看待员工所作出的业绩。业绩评估包括确定目标、鉴定取得的成果和制定业绩评估标准。这些标准应该对每位员工的职责评价都是适用的。管理者在考核中应该注重以下三个方面：

（1）评估员工的工作表现，而不是进行人身攻击，也就是对事不对人。

（2）评估要有效、具体，而不是泛泛而谈或夹杂着主观情绪。

（3）与员工就他怎样改进工作和你应该做些什么达成一致意见。

在进行业绩评估时，你应该向员工表明，评估是针对员工具体的行为或业绩，而不是针对个人。这是建立“同一立场”思维方式的关键。只有这样，你才有可能和你的员工共同探讨怎样解决工作中的问题。

举个例子：

上司：“你总是迟到。你们部门的一些人认为你很懒。”

员工：“我不懒。如果你这样认为，那么你根本不了解我。”

由于上司的话语中流露出“这个员工懒惰”，因此马上就产生了个人品性、感情和争辩等一系列问题。这样的反馈会刺伤员工的感情，以致员工忽略了绩效的问题。更有甚者，管理者也许会忍不住责骂员工“粗鲁迟钝”，这非常接近人身攻击。其实，在上面的例子中说员工总是迟到是很不具体的。具体化，最好是用数据或书面材料说明，事实才不会被感情所代替。事实最具说服力，感情却会促使员工为自己的过失进行辩解，指责他人并继续其不良表现。所以，如果要把迟到作为员工实际的工作表现，就必须将其进行量化。比方说：“到今天为止，15天中你总共迟到了5次。”

如果上司能以“同一立场”的思维去对待员工，那么情况可以变好。在业绩评估时要与员工进行有效的沟通，建立“同一立场”的思维方式很重要。如果运用得当，你就可以取得以下优势。

上司：“你要注意，上班要准时。一些客户在上午8点打电话找你，你却不在办公室。”

员工：“你说得对。只有依靠他们，我才能有现在的业绩，也许这就是原因所在吧。”

上司：“有什么需要我帮忙的吗？”

不得不对员工的工作作出评估时，你还会认识到，员工的工作业绩不理想可能是管理不当的结果。你会特别注重自己该做些什么和说些什么。一旦意识到自己的职责所在，你就会采取措施加强你和员工之间的联系，使其在平等的基础上发挥最大的效用。

你能对员工的工作表现提出自己的意见，从而让他们意识到要成为公司优秀的一员应具备什么条件。对于员工良好的工作表现，你应及时加以肯定并予以鼓励。你还可以提出你对员工的更高期望值，激励员工付出更多的努力。

你所在部门的发展必须体现出全体部门员工的利益、能力和追求。只有用“同一立场”的思维来看待周密安排的业绩评估，你和员工才能共同制定一致的目标。

“同一立场”的思维方式能使你用积极的心态去看待员工们在过去所作出的业绩。同时，作为员工的良师益友，你可以从解决问题的角度指出员工存在的不足并帮助他们改进自己的工作。

这样一来，你就掌握了另一种帮助员工解决问题的工具，这是你最重要的工具之一——取得成效的工具！

因此，通过对员工进行业绩评估，你和你的公司就能获得有用的反馈意见，帮助你优化人力资源。通过评估，你可以和员工共同制定新的目标，并重新组织员工来取得最大的成效。

500强工作法：面对面进行业绩评估

了解员工的想法，进而达到相互理解，这样做是至关重要的。坐下来与员工面对面地进行业绩评估，与员工进行充分的沟通和交流，是业绩评估成败的关键。如果你认为，评估是管理者的职责，而与员工没有关系，那你就大错特错了。评估应该是在管理者与员工双方都认可的某个业绩评判标准下进行的一种互动性的活动。从这个意义上来说，与员工面对面地评价他们的业绩及今后的行动，是每个管理者都应该采取的一种无可争议的方式。

和员工面谈之前，你应该有充分的准备，如果你对所谈的问题和你自己的情绪没有绝对的把握的话，你千万别急着开场。与员工见面之前先把下面这些问题考虑好：你认为可以接受的最起码的行动是什么？有没有其他的解决办法？你希望对方何时得到改进？

面谈时应尽量避免分心和被别人打扰。把办公桌上和脑子里一切与评估无关的东西通通清理掉，挂断电话，关上房门。让员工感觉到，你十分重视这次面谈。确信自己已阅读了所有必要的资料并备好待用。

谈话开始时你可以先随便聊聊，营造一个宽松的气氛以利于进一步的沟通和交流。你们要面对面地交谈，最好不要隔着办公桌谈话。这样你就可以通过形体语言告诉对方：你们属于同一个集体，正在努力解决共同的问题。

谈话前可以把需要讨论的内容用标题的形式简单地列出来，以便让员工做到心里有数。你先向员工说明一下谈话的原因和你所做的安排。一定要让员工明白每个员工都将和你进行这种谈话，因为这是你和他们工作的一部分。如果你在做上述说明时员工有什么问题，你应该马上给予答复，让员工明白你愿意回答他所提出的问题并且理解他提出这个问题时的心情。对员工关心的问题应给予明确的答复，然后听听员工对此的意见。如果你觉得员工对你的答复表示满意，你就可以开始下一步了。

了解员工的想法进而达到相互理解，这样做是至关重要的。这样做等于向对方表明，你很愿意听听他的心里话。你可以因此而激发员工的工作热情。由于员工有这样一个机会说出自己的问题和担忧，在接下来的讨论中，你们之间就不会产生误会。你可以把员工的这种表白当成一种预警系统，通过它，你可以做到有先见之明。因此，一开始你就应该先请员工发表意见，这样你就与员工建立了一种能够交换意见的友好关系，这对接下来的谈话是有利的。记住，你是在请员工谈论他喜爱的话题——他自己。

在对员工进行评估之前，你应该认识到与员工讨论他的工作表现最容易使他产生抵触情绪。因此，你应该先弄清楚员工都有哪些难对付的行为，以便找到有效的对策。

难以对付的行为之一就是对立情绪。这对管理者而言，是时常会碰到的事情，有些员工常常会情绪激动，甚至气急败坏。对此，你要能沉住气，最重要的是要理解员工。你需要用事实来说话，但要注意方式。比如你可以先让员工发泄不满情绪，然后再向他说明道理，引导他改正。

询问员工你能为他提供什么帮助。你也许不愿意问员工这个问题，因为：

（1）这问题有危险。

（2）你觉得结果会很糟。

（3）你认为应该是员工，而不是你来提出这个问题。

但是你应该问这个问题，因为：

（1）员工听了高兴。

（2）员工会告诉你这个领导当得如何。

（3）你会得知大伙儿在谈论些什么。

（4）你将得出正确的看法。

（5）也许可以使员工提升工作业绩。

（6）将有利于你和员工统一行动。

在对员工进行业绩评估时，你应该完成这样一个任务，那就是当员工需要作出决定时，你应该根据自己的经验给他们提出一些建议，让他们能够有所选择。员工也许没有你那么清楚，所以你应该提供帮助。

接下来是评估工作的实质性阶段：通过对业绩进行评定，综合各方面的因素，得出有益的评估结果，并顺利地传达给员工。

记住，只有员工完全明白了你对他们的要求，他们才能遵照执行。另外，你一定要让他们意识到不按要求做的后果。只有做到这一点，你对员工的工作说明书进行仔细分析，与他们讨论他们的工作职责、工作要求和工作成绩才能有效果。

问问你自己，这次业绩评估你给员工提出的目标是否应该在数量上加以限制。一次谈话员工能够接受多少批评意见呢？在半年或者一年内就要求员工在诸多方面取得进步也许期望太高。然而，你应该清楚员工到底能够取得哪些成绩，并请员工作出相应的承诺。

计划一下，看你打算如何帮助员工认识提高工作业绩的必要性。服从并不等于接受，只有员工自己表示要改进工作，你才能得到最满意的结果。

多大的改进才算够了呢？也许以下两点必须改进：

（1）让员工自己制订具体的改进计划。

（2）把改进和改正区分开来。改正是改变总目标，改进则是朝着正确的方向迈进。

如果员工的工作仍然没有起色，或者该员工缺乏改进自己工作的能力或愿望，那你可以和他谈最后一次，给他最后一次机会，如果还是不行只好让他走人。

好了，现在再来看看那些工作出色却不能获得提拔的员工。这些员工分为两种：一种是明明知道却接受得不到提拔的现实；另一种是对此一无所知或者不肯接受。每个公司都有应该提拔却不予提拔的员工。

出于多种原因，一些员工工作出色并不一定就能得到提拔。对于那些不可能得到提拔的员工，你必须把他们的工作目标讲清楚，落实以下几点：

（1）有什么方法可以让这些员工继续出色地工作？这些员工需要你不断地进行鼓劲。

（2）用什么来激励这些员工？要回答这个问题，得看他们最近有什么要求没有得到满足。

（3）有什么具体的东西可以激励这些员工？经常委以重任，适当下放你的权力。

（4）你怎样丰富他们的工作内容，让他们承担更具挑战性的任务？与授权不同，这种工作内容的变动是永久性的，别人在工作中会碰到，你自己在工作中也可能碰到。

（5）能不能鼓励他们多参与管理，让他们参与更多的决策？

（6）他们有没有能力辅导其他员工？要认识到，传播知识对公司的成功是一种重要的贡献。相对来说，与工作出色而且又将得到提拔的员工谈话就容易得多，但不应该承诺他们一定能提升。现在你的任务是注重他的新工作，而不是他的现实表现。你应反复向他说明尽管他将承担新的工作，但他现在仍然要像原来一样努力工作，新的工作只会让人干得更出色。

听听员工以后有什么实际打算并与他共同制定未来的规划。此类员工可能的发展举措包括：

（1）现行工作的开展。

（2）个人培训。

（3）对新岗位或新职位的打算和安排。

（4）业余时间的打算。

（5）专题讨论会、学术会议、工作会议。

（6）自我发展和自学计划。

（7）大学进修和攻读学位。

无论员工表现好坏，能否得到提拔，与他谈话时你都可以参考以下行为准则：

（1）以你的工作日志和评估表为准。

（2）从优点说起。

（3）尽量使你的分析与员工的自我鉴定统一。

（4）谈话时随时准备停下来倾听员工的意见。

（5）了解员工对你的分析有何意见。

（6）员工对你的评估提出意见之后，你予以说明。

（7）做不到的事不要答应对方。

执行工作改进计划。评估进行到这个阶段，你可以确认以下两点：

（1）在规定的时间内员工应该完成的具体任务。

（2）在同一时间范围内你应该完成哪些具体工作，以帮助员工改进工作，克服困难和障碍。

接下来，你应该将你们商量好的计划制成文件，以便双方遵照执行。计划应该包括：

（1）员工得到改进所必须完成的具体工作。

（2）你帮助和支持员工所要完成的具体工作。

（3）为了使员工工作顺利，更令人满意，更有发展前途所要做的具体工作。

以上所列出的具体任务应该成为你们工作的重点。另外，该计划应该包括长期目标和短期目标。你们还应该制订一个行动计划，并把其划分为可行的具体步骤。

你可以按以下办法制订行动计划：

（1）询问员工愿意承担什么工作。

（2）你想让员工承担何种工作，并请员工提出补充建议。

（3）与员工商定他最先要做的工作。

（4）询问员工你能如何帮助他。

（5）你觉得能为员工做些什么，请员工提出补充建议。

（6）与员工商定你所要做的具体工作和完成的时间。

（7）记录在案。

第 4 章

找方法：让问题迎刃而解

【办公室里的 8 类精神乞丐】1. 领导不和我沟通，我就不沟通；2. 领导不认可我，我就不好好干；3. 领导不鼓励我，我就不好好干；4. 我不开心，是因为领导不会哄我；5. 完不成任务，总是拿一堆客观理由来应付；6. 做错事，希望大家不要小题大做；7. 不懂技术，抱怨公司没有培训；8. 不上进，抱怨公司氛围不好。

成为企业最受欢迎的人

清华大学高级总裁班曾经接受这样的一份调查问卷："什么样的员工是你们最喜欢的员工？哪一种员工是你们最不愿意接受的员工？"

对于第一个问题，总裁班给出的答案是：没安排工作却能主动找事做的员工；通过方法提升业绩的员工；从不抱怨的员工；执行力强的员工；能为公司提建设性意见的员工。对于第二个问题，总裁班给出的答案是：做事不努力而找借口的员工；损公肥私的员工；过于斤斤计较的员工；华而不实的员工；受不得委屈的员工。

这两个答案证实了这样一个结论：凡事找借口的员工，是公司里最不受欢迎的员工；凡事主动找方法的员工，是公司里最受欢迎的员工。

在职场中，那些找借口的人是不会主动想办法解决问题的，哪怕有现成的办法摆在面前，他也难以接受。这就是一流员工与末流员工的根本区别。

杨先生是浙江温州人，十多年前他的一位远房亲戚在欧洲开饭店，邀请他过去帮忙。没料到，他到欧洲不久，亲戚就突然患病去世了，饭店很快也垮了。杨先生不想回国，就在当地找了份工作。几年后，他转到一家中等规模的保健品厂工作。公司的产品不错，但知名度很有限。

杨先生从推销员干起，一直做到主管。一次他坐飞机出差，不料遇到了歹徒劫机。度过了惊心动魄的十个小时之后，在各界的努力下，问题终于解决了，他可以回家了。就在走出机舱的一瞬间，他突然想到电影中经常看到的情景：当被劫机的人从机舱走出来时，总会有不少记者前来采访。

为什么自己不利用这个机会宣传一下自己的公司呢？

于是，杨先生立即做了一个在那种情况下谁都没想到的举动：从箱子里找出一张大纸，在上面写了一行大字："我是××公司的，我和××公司牌保健品安然无恙，非常感谢营救我们的人！"

他打着这样的牌子一出机舱，立即就被电视台的镜头捕捉到了。他立刻成了这次劫机事件的明星，很多家新闻媒体都对他进行了采访报道。

等他回到公司的时候，公司的董事长和总经理带着所有的中层主管站在门口夹道欢迎他。原来，他在机场别出心裁的举动，使得公司和产品的名字几乎在一瞬间家喻户晓。公司的电话都快被打爆了，客户的订单更是一个接一个。董事长动情地说："没想到你在那样的情况下，首先想到的竟然是公司和产品。毫无疑问，你是最优秀的推销主管！"董事长当场宣读了对他的任命书：提升他为主管营销和公司的副总经理。之后，公司还奖励了他一笔丰厚的奖金。

一位老总说，他曾经正式招聘过一位员工。但没想到还不到半个月时间，他就不得不把她辞退了。

那位员工是一个刚毕业的女大学生，学识不错，形象也很好，但有一个明显的毛病：做事不认真，遇到问题总是找借口搪塞。

刚开始上班时大家对她印象还不错。但没过几天她就开始迟到，办公室领导几次向她提出此事，她总是找这样或那样的借口来解释。

一天，领导安排她到北京大学送材料，要跑三个地方，结果她仅仅跑了一个就回来了。领导问她怎么回事，她解释说："北大好大啊。我在传达室问了几次，才问到一个地方。"

老总生气了："这三个单位都是北大著名的单位，你跑了一下午，怎么会只找到这一个单位呢？"

她急着辩解："我真的去找了，不信你去问传达室的人！"

老总心里更有气了：我去问传达室干什么？你自己没有找到单位，还叫老总去核实，这像什么话？

其他员工也好心地帮她出主意：你可以找北大的总机问问三个单位的电话，然后分别联系，问好具体怎么走再去；你不是找到了其中一个单位吗？你可以向他们询问其他两家怎么走；你还可以在进去后，问老师和学生……谁知她一点也不理会同事的好心，反而气鼓鼓地说："反正我已经尽力了……"

就在这一瞬间，老总下了辞退她的决心：既然这已经是你尽力之后达到的水平，想必你也不会有更高的水平了。那么只好请你离开公司了！

尽管女孩的举动让很多人难以理解，但是像这种遇到问题不是想办法解决而是找借口推脱责任的人，在职场上并不少见。而他们的命运也显而易见——凡事找借口的人早晚被辞退。

寻找方法，做办公室明星

我们通常可以看到这样的现象：两个员工做性质相同的工作，一个加班加点、身心疲惫却仍然做得不好，另一个则轻轻松松地完成任务并得到了上司的赏识。在这里，方法起了决定性作用。只有方法对了，才能省时省力地完成任务。

好的方法往往能争取到更大的发展空间。某年，美国福特汽车公司推出了一款性能优越、款式新颖、价格合理的新车。但这款新车的销售业绩远远没有达到预期效果，公司的经理们绞尽脑汁也没有找到让产品畅销的办法。

刚毕业的见习工程师艾柯卡是个有心人，他了解情况后就开始琢磨怎样能让这款汽车畅销起来。

有一天，他向经理提出了一个创意，即在报上登广告，标题是："花56元买一辆56型福特。"

这是个很吸引人的口号，很多人纷纷打听详细的内容。原来艾柯卡的方法是：谁想买56型福特汽车，只需先付20%的现金，余下部分可按每月付56美元的办法分三年付清。

他的建议被公司采纳，而且成效显著。"花56元买一辆56型福特"的广告深入人心，它打消了很多人对车价的顾虑，创造了一个销售奇迹。艾柯卡很快就受到赏识，不久他就被调往华盛顿总部成为地区经理，并最终坐上了福特公司总裁的宝座。

不惧困难，相信自己，找到方法就能令你走出困境，为你赢得更多的机会，为你的事业发展开创出一片新天地。

阿当应聘到一家皮鞋店当营业员的第一天，便碰到了一位挑剔的顾客。

这是一位穿着时尚的女孩，挑了半天皮鞋却连一双都看不上。阿当耐心地又拿出一双新潮时装鞋说："小姐，这鞋款式不错，穿在你脚上定会足下生辉。"

"真的？"那女郎浅浅一笑，拿鞋试了一下，"哟，是不错。好，我就买这双。多少钱？""360元。"阿当回答。

那女郎打开钱包取钱，突然眉头一皱，"糟了！我钱未带够，身边只有

250元，这样吧，我先付250元，余下的110元明天拿来给你，好吗？”说完，两只眼睛热辣辣地盯着阿当。

阿当给她看得不好意思，忙说：“可以！可以！”说完，随即在一张纸上写着“购鞋一双360元，先付250元，暂欠110元。”写好后递给那女郎，“对不起，麻烦你签个名。”那女郎先是一愣，随即爽快地签下了“刘沙沙”三个字。

阿当收了钱，利索地将鞋包扎起来，那女孩拎过鞋子，抛了个媚眼，走了。

这一切都被老板看在眼里，“这女人你认识？”

阿当摇摇头：“不认得。”

老板一听火了：“不认得你怎么能赊给她呢？你被她骗了。”

阿当胸有成竹地说：“我已将两只鞋子全部调成左脚的，她过几天肯定要来换。”

老板恍然大悟，不由得开心地竖起了大拇指：“真是高招啊！”

过了一段时间，阿当被提升为销售部的经理。

主动找方法的人永远是职场的明星，他们在公司里创造着主要的效益，是今日公司最器重的员工，是明日公司的领导以至领袖。

问题不会自动消失，只有方法找对了，你才能成功地解决它。但是方法不是固定不变的，也不是等来的，它往往需要你绞尽脑汁地去思考、琢磨、反复试验。

界定好问题就成功了一半

著名思想家杜威说：“一个界定良好的问题，已经将问题解决了一半。”这就是说，界定问题是解决问题的前提。对问题进行界定，就是要弄清问题到底是什么，就像射箭要找准靶心一样，只有瞄准靶心才能有的放矢，否则就是眉毛胡子一把抓，会把事情做成一盘散沙。

要解决问题，先对问题进行界定，再选择解决方法和技巧。如果没有弄清楚是什么类型的问题就急着想办法解决，很可能会走弯路、走错路。

问题的界定可以通过询问的方式来实现。比如，当对方求助时，我们可以事先问："通过问题的解决想要达到什么样的目的或效果？""在解决的过程中需要注意什么问题？""问题是不是这个（这里）？"等等，通过询问使自己的想法变成对方的想法，再进一步提出问题，从而进一步明确问题所在。

提问还有助于异议的解决。当对方并不能立即明白地说出究竟问题出在哪里时，采用提问的方法有助于帮助对方找到问题的症结，然后再"对症下药"。

用提问的方法将问题逐步界定开来，是我们确定问题的大小、范围、难易程度的初步策略，明确了这些，也就等于解决了问题的一半。

1. 碰到困难，首先想清楚问题是什么

一位老大妈走进店内，销售小姐热情地接待："请问您想买点什么？"

"我想买一个暖气。"

"啊，您是多么幸运啊！我们的暖气质量非常好，而且有丰富的品种可供您选择。有很多人喜欢买我们的暖气，让我拿给您看看吧。您看看这个暖气，它的特点是占用空间小，性能优良，坚固耐用，暖气的加热控制非常严密、热感应强，暖气运作系统是经过科学实验进行设计的，不容易发生漏水、断裂等事故。请您放心使用吧！您若不满意，再看看另一种，这一种暖气用进口环保材料制作的……"

产品介绍完毕，销售小姐又问："现在您还有什么问题吗？"

"其实我只有一个问题，这些暖气中，哪一种最能让我感到暖和？"老大妈说。

不清楚问题是什么，任何解决方案都是毫无意义的。不能充分地认识问题，一切的讨论和计划就会失去方向，结果不可能取得成功。就像是向家庭并不富裕的顾客介绍一些价格偏高又没有太大实用性的产品，或者顾客正想买一些护肤品是销售人员却向其介绍生活用品一样。你的产品顾客不需要，当然不会购买和关注了。

2. 逐步提升提问重点

月饼销售员小王到一个单位去推销月饼，当时距离中秋节还有20天。小王四处打听找到了李科长。这是他们的一段对话：

小王："李科长，我是××公司的销售员，请问你们单位需要订购月饼吗？"

李科长："哦，这事不归我管。"

小王："李科长，如果您是负责人，您会购买我们的产品吗？"

李科长："您真会逼人啊！不过说实话，你们的月饼还不错，厂家很有名气！"

小王："谢谢您。那您能帮我联系到负责人吗？或者，能否帮我引见一下？"

李科长："这样吧，你去二楼的第一个房间找一下采购部的张部长，他管理这个事情。好像单位还没有订购月饼呢。"

小王："那太好了，谢谢您！"

小王通过提问，一步一步引导客户说出他想得到的信息，从而达到了销售的目的。

要想成功地逐步提升提问的重点，销售人员必须明确每个问题在需求变化中所起到的作用。如销售人员可以问："你们目前面临的最大购买困难是什么？""你们想利用这类商品达到什么目的？"当销售人员已经获得了客户的信任，激发客户的购买欲后再逐步提升提问重点，就能够确定客户潜在的困难、问题，给销售做好铺垫。

看清问题的关键所在

打靶要找靶心，解决问题要看清问题的关键。但是只把问题的所在找出来了，还是不够的，我们还应该明确解决问题的真正目的，也就是说为什么要解决这个问题。

我们在做事时常常会出现这样的情况：问题解决了，可是结果却不是以前所想象的那样；问题解决了，可是却花费了很多不必要的时间和精力；问题解决了，成本却加大了；问题解决了，人心却涣散了；表面上看问题解决了，实质上问题的症结依然存在；一个问题解决了，新的问题又出来了……可见，光是把问题解决了还是不行，关键是既要解决问题，又要满足人们所期待的结果。

明确解决问题的真正目的，就是要求我们做到有效地解决问题。要明确解决这个问题是想达到什么样的效果，满足我们怎样的需求等，否则就是劳而无功，费力不讨好。

1. 最好将问题一次性解决

甲、乙两人是刚进公司的销售人员，但甲似乎总对乙的成绩不服气，他向销售经理抱怨："同样都是做销售，为什么乙总是得到表扬，而且业绩出色，我却业绩平平呢？"销售经理明白这个年轻人的心理，便把甲、乙二人都叫过来，他要让甲知道乙究竟有什么优势。

销售经理先对甲说："你马上到集市上去，看看今天有什么卖的。"

甲考察市场后返回："集市上只有一个农民拉了车土豆在卖。"

"一车大约有多少袋，多少斤？"销售经理问。

甲又跑出去了，不一会儿满头大汗地回来，报告说："有40袋。"

"价格是多少？"

"我再去问问。"甲刚要出门，被销售经理叫住了，"请休息一会儿吧，看看乙是怎么做的。"

"你马上到集市上去，看看今天有什么卖的。"销售经理对乙说。

乙考察市场后返回，报告说："现在为止只有一个农民在卖土豆，有40袋，价格适中，质量很好，我带回几个让总经理看。这个农民一会还将弄几箱西红柿上市，价格也公道，可以进一些货。我想这种价格的西红柿总经理大约会要，所以我不仅带回来几个西红柿作样品，而且把那个农民也带来了，他现在正在外面等回话呢。"

甲愣在那儿，不知说什么好。"现在你明白了吧？"销售经理笑着说。

从故事中我们可以知道，销售人员甲和销售人员乙之所以有着很大的差距，关键在于甲对销售经理的内心要求没有深入理解。所以，乙可以一次性解决经理提出的问题，而甲只能劳而无功。

所以，在我们解决问题的过程中，先弄清楚问题通过解决要达到什么目的，再选择合适的方法去做，并且最好选择最快捷、最省时省力的方法以便一步到位。

2. 深入领会问题的本质再着手解决

销售人员："我们的镜子根本无人问津，参加这种展销会完全是浪费时间。"

经理："这些镜子是干什么用的？"

销售人员："给商店和办公室保安系统用的呀。"

经理："那它们如何起作用呢？"

销售人员："把它们安装在天花板上，然后它就开始工作。"

经理："你是如何演示它的功能的？"

销售人员："我在会场搭了一个高台，登上去，再故意跌下来，狠狠地摔到那些不会碎的镜子上，再弹起来。虽然摔得我鼻青脸肿、几欲断气，但借此可以向观众表明镜子坚不可摧。我每隔两分钟就表演一次。"

经理："那有多少人会跳到天花板上去撞你的镜子呢？你可以这样展示：展台周围藏一些精美的小礼物，邀请大家试试看，看谁能逃过镜子的窥视把小礼物偷走。"

销售人员："可我们的镜子是不会碎的呀！"

在销售过程中，做商品演示是最常见的销售手段。而这位销售人员演示商品的方法实在有点儿夸张，不但没能让观众了解产品，反而引来一阵嘲笑，结果起了反作用。导致这样的结果，原因就是演示人员没有弄清楚商品演示的最终目的，是要让顾客明白商品的优点、用途及使用方法。

产品演示不仅要注意产品展示效果，还要注意现场表演效果，忽略了任一方面都会导致现场演示的失败。

总之，只有明确解决问题的真正目的，才能用合适的方法实现高效的目的，使问题顺利解决。

学会正面思维

解释什么是"正面思维"，我们不妨从一个简单的测试开始。早上上班的路上，拼命追赶却还是没有赶上那班关键的公车，于是你的第一反应是：

A.为什么倒霉的总是我？

B.为什么公车开得那么快？

C.又要迟到了，又要扣钱了，又要挨老板批了……进而在极度郁闷的情绪下，做出"索性不去上班"的决定。

很显然，以上三种想法都不是正面思维。尽管选C的人可能真正逃过一天班，未尝不是件美事，但因此产生的后果和心理负担可能比选A或B还要严重。那么，正面思维的答案是什么呢？A.打车应该还来得及；B.立刻给老板打电话解释，然后继续赶路。

所以，正面思维就是指在遇到挑战或挫折的时候，人们会产生“解决问题”的想法，并且找出方法正面迎接挑战。反之，负面思考就是一遇到挫折，人们就被负面情绪打败，责怪自己、责怪环境，最后选择退缩、放弃或者报复。

当人们遇到挫折时，真正能够做到正面思维的人不到10%。

从表面看，没有赶上公车可能真算不得什么人生挫折，但是生活不就是这些日常小事一点点堆积起来的吗？如果在小事上无法使用正面思维，那么真遇到“天大的困难”的时候，我们又会如何应对呢？

负面思考的人会从不愉快的事件中感到“无助”，认为自己无法改变现状，认为无论怎么做，到最后都是坏的后果。久而久之，就失去了对事件的理性判断，做出负面的决策，但这个时候只要在思考的路径里假设两个步骤——反驳和激励——就可以将负面思维转变成正面思维。反驳是指对自己预设的负面情节、负面决策进行反驳；激励则指强化自己转向思考如何解决问题的能量。

资诚会计师事务所所长薛明凌，就因为正面思维熬过了职场上最大的一次挫败。一天晚上，身为国票签证会计师的他正在进餐，有人急忙跑来跟他说：“你的国票出事了。”他当时的第一个想法是：“完蛋了，我会不会因此被扯入官司，甚至被关起来？这样下去，我好不容易打下的基础不就全毁了……”他倒吸一口气，关掉电视，走进书房，开始思考。

他用一天时间把事情想透，确认“自己没有做错”后就开始思索对策。第一步他跑到书店，把架上所有关于商业法、会计法等的一二十本书全部抱回家，从头开始研究；然后自己预先写好每日新闻稿，一旦有人攻击他，就可以立刻澄清。

就这样，他在书房里待了一星期，将整个案情梳理了一遍，期间他还一如既往地上班，最后平安度过了危机，更因其沉着冷静面对事件而赢得了掌声。然而，看似简单的正面思维，想要做到却并不容易。

在最近一次从苏黎世到纽约的飞行途中，他和一位投资商相邻而坐。随着交谈的深入，他得知，对方在投资一家规模很小的科技公司时，投入了很多资金，却收益甚少，被那家科技公司的老板气得要吐血了。在整个飞行过程中，对方没完没了地抱怨着。他问投资商，那个科技公司的家伙令他心烦意乱有多长时间了。“好多个月了！”投资商愤愤地回答道。

事实上，坐在薛明凌身边的这个男人是一位拥有数百万美元的富翁，在瑞士有一栋富丽堂皇的高档别墅，有一位贤淑而美丽的妻子，还有三个可爱的孩子。但这些足以羡煞世人的福分，让一个小公司的小老板轻而易举就给抹掉了，留在他脑中的全是挥之不去的无尽烦恼。

薛明凌提醒邻座乘客，现在的不顺利其实是用人不察、判断失误，从而在此次投资项目上做出了一个错误的决定。

但是，恼恨自己和恼恨那个科技公司的小老板一样，全都徒劳无益，于事无补。他提醒对方，尽管犯了这次错误，你依然是一个非常成功的商人，重要的是，应该从这次失败的商业活动中吸取教训，总结经验。

经过认真思考之后，对方认同了这个看法。在飞行即将结束时，投资商已经决定，终止损失，卖掉那家科技公司，重新开始。

遇到困难和挫折的时候，正面思维才能让我们更理性地面对问题。让我们学着做一个正面思维者。

面对同一个问题换一个角度去思考，答案就会截然不同。在挫折和打击面前，强者会勇敢地面对它、迎接它，然后不断取得进步；只有弱者才会在它跟前悲观哭泣，最后得到的也只能是失败。

500 强工作法：方法比态度更重要

我们无一例外地被教导过，做事情要有恒心和毅力。比如“只要努力，再努力，就可以达到目的”等说法，我们早已十分熟悉了。如果按照这样的准则做事，你常常会不断地遇到挫折和产生负疚感。由于“不惜代价，坚持到底”这一教条的原因，那些中途放弃的人常常被认为“半途而废”，令周围的人失望。

正是因为这个害人的教条，使我们即使有捷径也不去走，而是去简就繁，并以此为美德，加以宣扬。

正确的方法比执着的态度更重要。我们应该调整思维，尽可能用简便的方式达到目标。你应该选择用简易的方式工作。

了解解决问题的捷径并非坏事，成功者常常采用这种方法：

1. 换成简单的语言

错综复杂的问题都可以分解成简单的问题或语言。

例如：总销售额：25873892美元

总成本：14263128美元

如果科长问成本占销售额的比例，就可以用简单方式表示，即把销售额看成是25，把成本看成是14，14:25这样就可推测出成本占销售额的56%。无论什么问题，只要把它简单化就容易找到解决的办法。

2. 学习别人的做法

如要推出新式录音机该怎么做？假如本身缺乏这方面的经验，若完全靠自己的构思，不仅浪费时间，还会出错。经营录音机的公司总有好几家，它们是消息的最好来源。但不能依样画葫芦，而是利用先进的既有经验来发挥自己的构思。不论面临什么问题，都要看看人家是怎么解决问题的，然后再加以改善。

3. 使用淘汰法

有时因为解决问题的方法过多，反而不知如何取舍。可以采取淘汰法，把不好的逐一去掉。

如跳舞比赛，如果想一次从舞者中选出优胜者是很困难的，因此便采取淘汰法。每次评审一组，有缺点就退场，这样陆续淘汰直至两组，最后剩下优胜者的一组。当你要从几个东西中选出最喜欢的时，如果把不喜欢的逐一淘汰，事情就会变得容易了。

4. 向别人说明

能否提出更新更好的解决办法，这与了解问题的程度有关。为了验证自己的想法，最好将计划向第三者提出。

纽约某石油公司的老板常常把太太当作练习讲演的对象。这位太太对石油所知不多，却能耐着性子聆听，结果对她先生帮助很大。因为，这位经营者知道，把想法用语言表现出来后可以发现其中的缺陷。

第 5 章

走流程：按流程执行

【精彩工作的 6 大秘诀】1. 找到工作的意义；2. 自我减压，让工作更精彩；3. 把工作当演出，全力以赴；4. 用创意挥洒精彩；5. 把刁难当成挑战；6. 记得这句话：大事小事，都是精彩契机。

没有可行的流程就没有执行

无论干什么事，都有一个“先做什么、接着做什么、最后做什么”的先后顺序，这就是我们生活中的流程，只是我们没有用“流程”这个词汇来表达而已。除了“先做什么、接着做什么、最后做什么”的先后顺序外，还经常说某人能办事，某人善于做事，能办事、善于做事是说他们做事情有方法，比别人做得更有效果，到底有哪些不同呢？可能是先后顺序不同，也可能是做事的内容不同。因此，流程就是做事方法，它不仅包括先后顺序，还包括做事的内容。同时，我们做任何事情都需要资源投入，都需要借助资源的效用，包括资金、信息、精力、人员、技术等，因此对投入的资源也要善加管理，否则难以成事。

任何组织或者个人，要想执行到位，就必须重视流程的作用。如果没有制定出可行的流程，执行工作就无法到位。很多工作执行不到位，就是因为不按照流程办事造成的。

中西方企业管理方式和管理文化上的一大差别是：西方企业习惯于按流程办事，我国的不少企业则喜欢临时决策。

微软中国研究开发中心一位部门经理交谈时举了个例子。有一次，他乘坐的飞机在深圳机场出了故障，乘客被告知这个航班将换一架正从外地赶来的飞机，可此时乘务员已经超时飞行了。怎么处理这个“超时”？深圳方面做不了主，便频频请示北京航空总局，时间被一拖再拖，机场一片混乱。这位在美国工作了10年的经理评价说：“这明显是缺乏办事流程。”乘务员超时飞行是个老问题，在国外这类事早写到规章制度里了，“一二三四五，照着条文上写的办就是了，不管谁当班都能处理”。我国这里却是“乘客和航空公司都急得团团转”。

用不着在美国待10年，只要与西方企业打几次交道，对他们那种“按流程办事”的做法就会有所体验。这种体验有时还相当强烈，因为对方的某些做法所表现出来的“流程意识”，几乎到了刻板的程度。一个会议日程表，能把从起床到就寝的所有时间段安排得滴水不漏，连早上有“电话叫醒”、10分钟休息在哪儿活动这样的细节都打印在表格上，而且执行起来绝不走样。两年前笔者随大中国区记者团采访Sun公司总部，时间表上写着9点钟开会，当时不少记者还在吃饭，人家已宣布“现在开会”了，一看表，一分钟也没等。有人把这种现象叫做“文本文化”，即把要做的事情一律形成文字，而且写下来就要照着做。

有人会不以为然，认为按照流程的条条框框做是自找麻烦，把一件简单的事情做复杂了。那么大家有没有想过，这些条条框框是如何来的呢？难道制定流程的人，是为了给大家制造麻烦才这样要求的吗？举一个交通上的例子，交通法规有两个非常明确的规定：严禁超载和疲劳驾驶。这两条规定从何而来？事实上是从历年的重大交通事故调查数据中总结出来的。

即使是已经执行了多年，现在打开电视和报纸，仍然经常看到由此原因导致的交通事故，且不说造成的经济损失，就是人员伤亡，让亲友如何承受？交通法规是因为它事关人命，所以需要人人严格遵守；而工作流程事关工作开展，这是组织的灵魂，所以也需要人人遵守。如果编制的流程在某些地方确实不合理，它也不是一成不变的，而是可以按照适当的程序进行改进的。但是在改进的版本未发布之前，就要按照原有的要求执行，而不能以其需要改进为由不操作，否则不就是有法不依了吗？这叫做尊重流程。

还有人说，流程是把人僵化了，但是实际上不是流程僵化了人，而是人在理解流程时把自己僵化了。理解了流程产生的背景，还要理解流程要求的每一步为什么要这样做，而不是那样做，这就要充分了解流程的目的。

原因就在于我们大部分人执行观念不强，不尊重流程。即使人人理解了流程的内涵，也不能保障每个人都这样做。

事实上，设定流程的最终目的是为了提高工作效率、提高管理水平，从而节约管理成本。

建立流程有以下几点好处：

（1）使得工作有序进行，不致杂乱。

（2）在工作出现错误时可及时分析出是哪个环节发生了问题。

（3）由于每一个流程中的节点都有相应的责任人，所以很容易就可以找到相应的责任人。

（4）在员工进行流动时，不至于因员工的流动而使得工作进度缓慢。

（5）可实现“傻子工程”，因为有了很详细的流程，所以新员工在入职以后，只要认识汉字，按照流程操作就没有问题了。

成熟的企业需要稳健，而严格科学的运行程序是稳健的基础条件。这几年常有外企换帅的消息，如中国惠普的程天纵，微软中国公司的杜家滨、吴士宏都是近一两年离去的，但公司照常运转。国内公司如果有高层人员跳槽，就多半会出现“地震”了。实达电脑公司老总叶龙说他们那儿“谁走了都不怕”，敢说这个话，底气也在于实达公司现在是“靠制度立业”。爱德曼国际公关集团中国执行总监何鑫认为，在中国，多数企业都认为成功的关键在于“高质量人才”的培养。但长期的经验告诉他，有效的管理程序才是取胜的根本保证。如果光靠人，那么有一天他走了，他脑中积累的知识、经验，就会被带走。而靠程序管理就不会有那么大损失，“一个走了，另一个人马上可以接着干。”

因此，任何人都不能轻视流程，不按照流程办事。只有遵守流程，才能把工作更好地执行到位。

提高执行力要先优化流程

“按流程办事”作为系统封闭的一整套管理制度，它更意味着企业运行的基本环节被控制在一种“秩序”之中。一个被“过来人”重复了千百遍的经验是：企业起家时靠冲劲靠灵气，成熟后靠规范靠制度。说起缘由，最常见的解释是企业规模的变化导致管理模式的变化。创业阶段只有十几个人、七八支枪，老板不过是个班排长的角色，指挥起来得心应手；待发展到成百上千人，攒下成千万上亿元的家私，企业运行的复杂性就超出老板个人的控制力了。这只是一个理。还有一个也许是更重要的理——企业运行由创业时的“非常态”进入了“常态”。对于企业家来说，区分企业运行的这两种状态是非常重要的。处置非常态的事件要靠风险决策，而处置常态事件则可借助于他人或自己以往的经验。这些经验用“文本”固定下来，就成了企业的流程了。

随之问题也出现了，企业内部流程过于烦琐和复杂往往成为高效执行的主要障碍，有时一个文件需要各个部门逐层审批，每个部门处理的时间只需要5分钟，但是在传递过程中耽误的时间却长达五六天，这不仅影响到执行者的耐性和执行结果，还会影响到企业的竞争力。

有一个案例很能说明问题。美国的办公设备生产巨头施乐公司一手创造并垄断了自动办公设备产业多年，它曾经发明了许多包括鼠标、图形用户界面、激光打印机在内的最具革命性的技术。对于施乐公司的成就，《财富》杂志曾撰文评价说："施乐914型普通纸复印机是美国有史以来生产的利润最大的产品。"但后来这家历史悠久的老牌企业效益一度下滑，差点被日本复印机制造商所淘汰。施乐公司悲剧产生的重要原因之一就是其庞大的官僚体制使得公司内部业务流程过于繁杂，不能迅速地提供资源使其先进的技术快速转化为现实生产力，从而阻碍了新技术产品的开发，失去了一次次的市场良机。

对于施乐公司这种突变，曾经担任过施乐公司顾问、被称为"有史以来对美国营销影响最大的人"杰克·特劳特评价说："施乐的高层认为他们是一家成功的技术公司，很可惜人们只把它看作是一个复印机公司，仅此而已。"可见，烦琐的业务流程可以导致执行效率低下，对企业造成致命性的危害。

20世纪的70年代至80年代，美国人把流程问题重视了起来。当时美国的企业遭到了日本企业的狙击，竞争力逐渐下降。美国人就开始研究美国企业落后于日本企业的原因，结果发现本国企业的生产效率并不比日本低，技术上也不比日本企业差，产品质量上也相差无几，最后美国人发现导致两国企业出现差距的根源在于双方的业务流程不同。日本企业业务流程较为简明，这大大缩短了将一项技术变成产品、把产品推向市场的时间。美国人在认识到这一差距之后，才真正开始重视流程问题，为了保持流程的连续性，企业开始打破部门之间阻碍流程运转的界限，消除不同部门各自为政的现象，简化业务流程。

反观中国的企业，大多没有竞争力，执行力偏低，在很大程度上与业务流程的繁杂有关系，业务流程繁杂问题得不到解决，即使投入再多的硬件和人力，执行力也无法得到提升。尤其对于规模迅速膨胀的大中型企业而言，由于业务量大而且内容复杂，部门也多，队伍庞大，分布广泛，同样的流程一天要重复十几次、几十次，这个环节慢一些，那个环节漏一点，到最后一个环节的时候问题就会像“雪崩”一样，变成巨幅震荡。流程问题会影响工作效率，尽管员工天天加班，手忙脚乱，也是错误百出，企业的各项计划常常落空，甚至还会出现资产上的损失。一般来说，越是大型企业越容易出现流程烦琐的问题。

随着企业的成长和业务复杂性的增加，企业面临着规模化发展、跨区域运营、快速响应市场竞争和需求等挑战。这些挑战客观上要求企业进行跨部门、跨职能化协调发展，从而对企业的内部流程管理与优化提出了迫切的要求。在这个背景下，如果企业还陷在“管理体系孤岛”中，那么它的灵活反应和业务提升都将要面临严峻的考验。

优化流程可根据企业的实际情况采取以下三种方式：垂直工作整合、水平工作整合和工作次序最佳化。

首先说垂直工作整合。它是指给予员工充分的信任，适当地给予下属员工自愿自主处理事情的权力，不必凡事都要层层汇报、层层审批而影响到问题解决的效率。这样，可以锻炼员工的现场执行力，使其创造性地开展工作。

再说水平工作整合。它是指将企业分散的资源加以集中，或将分散在不同部门间的相关工作整合成一个完整的工作交由一个部门或一个人负责，这样可以减少人员之间或部门之间沟通的时间，还可以明确工作的责任人，提高员工的责任感，避免出了问题之后互踢皮球的扯皮现象。

最后说工作次序最佳化。它是指做任何事情都是有先后顺序的，但ABC与BAC的效果肯定有所不同。这就需要利用工作步骤的调整，达到流程次序最佳化，提高效率节省成本的目的。

总之，优化流程的一个重要理念就是业务判断理性化、知识化，一般业务常规化，甚至自动化、傻瓜化，从而减少执行层人员的要求，提升执行的效率。

优化执行流程的步骤

在内部管理中，执行流程不畅造成的资源浪费、效率低下等问题都是关系企业发展的重大问题。因此，优化执行流程，构建竞争力非常重要。

怎样优化执行流程呢？以下步骤可供参考。

1. 制定一个统一的标准

标准是伴随着流程的必不可少的模板。没有了标准，流程的可执行力将会很差，因为同一岗位的人对于一个工作流程有不一样的理解。例如，编辑要编一本书，标题和大纲都已经给了，但是如果不确定内容的语言风格和特色，那么有的人会把它写成一本理论性极强的教材；有的人会把它编写成一本生动诙谐的科普读物；还有的人会把它写成一本小说。但出版社只要求有一种，如果作者不清楚出版社的标准就很容易做错事情，不得不返工，这大大降低了工作效率，减弱了执行力度。

只有制定详细、明晰的岗位工作标准，才能保证流程畅通，顺利发展。就拿肯德基来说，为什么全世界肯德基的味道都是一样的？那是因为它们的产品都是严格按照同一个标准生产出来的，如果肯德基也像中国饭店一样用大厨做菜的话，那么肯德基就不会走到今天了。为什么这么说呢？因为每个大厨都有自己做菜的标准，所以，制作出来的菜即使用料一样，口味也有区别。即使一个大厨做菜非常好，但是一旦这个大厨不在这个饭店了，那么，他带走了手艺，也带走了顾客。这个饭店以后的生意就可能因为大厨的离去而不再兴隆。作为一个企业也是一样，如果依靠一个人的好技术，使企业的产品得以合格或优秀，那么等到这个人走了后，这个企业就不能长久兴旺，这样对于企业来说是致命的。

如果制定了各个岗位职责标准，而且每个员工都按照这个标准做事，使岗位工作流程化，那么即使某个岗位上的员工离职了，也不会影响到整个企业的发展。这个标准实际上就是工作和管理经验的积累，也是一个公司的技术、管理、文化在人员流动情况下得以维持和发展的基础。它主要包括操作类（如操作指标书）、评估类（如项目可行性评估）、检查类（需求评审检查表）、记录类（如报告、表单）、计划类（如项目计划）、制度和规定类（如公司的规章制度）。流程规定了做什么，而标准规定了怎么去做，两者缺一不可。

2. 统一价值取向

现在的企业一般都是按照职能不同划分部门，这样方便以部门进行管理，不过划分部分也导致了部门间缺乏沟通，给跨部门的流程执行造成了困难。

一些部门负责人认为自己部门内部怎么实施流程、怎么进行流程运转是内部事情，与其他部门或公司无关，并认为流程运转到自己部门时自己做好自己的事情，按照自己的理解来执行就行了。一旦出了问题，要么埋怨上游做得不好，要么说下游没有责任心。

总之，自己一点责任都没有。这种想法其实是不可取的，这种想法是只为流程而流程，却没有细究流程的最终目的，没有从整个流程高度把握自己那部分流程工作目的。

各部门的流程执行时目的各不相同，这样就不可能形成跨部门流程工作的统一价值观。

对于客户来说公司就是一个整体，所以，各部门在处理同一个事件的不同流程阶段时应该保持相同的理念和价值。

3. 流程要以客户为中心

公司希望有更多的客户来购买自己的产品、接受服务，以便维持公司的正常运营和发展。如果产品不好或者服务不到位，少有客户光临，那么公司运营就会受到阻碍，就是在砸自己的牌子。所以说，公司所有的流程运转的目的就是为客户服务。

在企业内部中，流程的上游就是下游的客户，下游就该以上游为中心尽量满意上游的需求。

因为上游是外部客户的代表，代表外部客户的利益，最终也代表了公司的利益所在。因而当我们负责流程运转某个阶段时，要想着怎样让顾客满意，要树立让客户满意的服务意识。

4. 把岗位职责制定得越详细越好

流程中会涉及很多岗位，所以在流程执行过程中可以根据流程对岗位的要求，进一步把岗位职责具体化，并且考虑到职责的协调和安排问题，以便达到流程的目的。

5. 考虑到流程运转中的突发事件，做好预防措施和解决问题的心理准备

作为领导者在做好防御措施和解决完突发事件后，应该归纳总结，把这些意外事件的防御措施和解决方法流程化，以便以后使用，这样就会大大提高以后的生产效率。

6. 制定流程监控体系

流程运行起来后要对流程的运行状况进行监控，尤其是在流程的关键阶段，一定要对其时间、成本、质量、服务等要素进行详细的记录和分析，以便发现问题和解决问题。

公司流程优化和发展要逐步进行，不要指望一夜之间解决所有问题，要知道，一口吃不成胖子，否则会给企业内部造成混乱。

执行到位要重视人员流程

某公司把流程梳理好了，也通过流程软件进行了固化，但是感觉不到效率明显提升。人员照旧那么多，工作也照旧那么多。后来，公司进入营业旺季，分销商老是抱怨该公司的发货速度十分慢，也不知道该公司内部的问题在哪里。流程部发现原来在发货审批的过程中有一个环节老是出现被退回的情况，通过软件分析发现，这一节点的审批表有一半都被重新打回去，原来一天可以批200份左右的单子，但是因为有一半被打回去了，如今只能做100多份了。

调查结果是该部门按照领导要求重新对发货进行了分类，但是制定的表单只是在原来的表单上面改动了一个字段，没有进行具体说明。许多销售人员根本没有注意到这一细节的转变，都是随意填写，导致申请常常被打回，不得不重新走流程。

再进一步分析，发现有个部门一天应该审核600份左右的单子，但是实际上只有不到200份的单子，分摊下来基本上只有原工作量的1/3。一边是人员忙不过来，抱怨连连，另外一方面却是一些人却在偷懒。

营业规则发生了转变，不一定会导致流程发生转变，但是会导致流程的表单发生转变，同时也会导致流程的执行人员发生转变。流程梳理完了之后，固化在体系中并不意味着流程要僵化在体系中。

流程在运行过程中，需要经常地对流程的节点工作量进行分析，判定流程是否合理，流程的表单和文档是否需要调整，最后实现营业的稳固运行和人力资源的合理配置。

在组织的所有系统和流程中，人员流程无疑是最为重要和关键的。如果一个组织不具备一种科学和完善的人员流程体系，将永远不可能充分发挥其潜力。抓好人员流程要从以下几点做起：

首先，要挑选有执行力的员工。一般具有执行力的人的主要特点是：自动、自发，注意细节，为人诚信、负责，善于分析、判断和应变，乐于学习，具有创意，对工作有韧性，人际关系（团队精神）良好，有强烈的求胜欲望。领导要具备挑选人才的能力，挑选与培养优秀骨干的任务不能授权他人。

其次，领导者要信任员工。领导者要信任下属的道德品质，不束缚他们的手脚，让他们创造性地开展工作。既要委以重任，又要授予权力，令其能承担责任，忠于职守。当他们在工作中出了问题时，用人者要勇于承担责任，帮助他们总结经验，给予有力的支持。同时，要认可下属的工作态度，明白下属的工作方法，理解下属的内在需求，信赖下属的工作责任感。

再次，要注重开发组织成员的价值。如果用冰山来比喻人的价值，那么，每个人都有沉在水面下尚未被开发的巨大潜在价值，而漂浮在水面上的就是展现出来的各种能力。领导者应善于进行现有人员价值的开发，有效地提高员工的工作绩效，增进组织的创新能力，造就良好的组织文化氛围。

最后，要注意人员流程要与战略流程、业务流程相连接。人员的选用、配备与战略的制定和执行与运营计划的目标连接起来，保证三者协调发展。尽量防止人员流失，构建人才储备库，对现有人才进行评估，判断他们该进行哪些培训，以便能承担更重大的责任，并适应组织的长久发展。

500强工作法：如何按流程执行

企业的生存与执行到不到位有着直接的关系，在执行的过程中，我们要根据工作的流程、工作的轻重缓急和正确的步骤来执行。

首先，我们要遵循工作流程。一旦接到任务，脑子里应该时时刻刻存有工作，要遵循“目标—计划—执行到位—评估”的流程来进行执行。所谓目标，是指明确地了解工作的目的何在，到何时做到何种程度，将可达到所设定的目标。计划是指想方法，以更有效的做法促使目标如期实现。

执行时需要注意的事项有：依据计划来正确、迅速地去执行；严格遵守完成日期；不能照预定进度去做而不得不变更计划时，一定要向上司报告并接受其建议，千万不可独断专行；做到一半发生疑问时，一定要与上司商量。

至于评估，则须考虑以下几点：

如果进行得不顺利，其原因何在？如果进行得很顺利，为何那么顺利？再确认一下其成功的原因。

如果这两方面都做好了，就不至于无法掌握住工作的整体性和全盘性。尤其是组织的工作，必有其纵向、横向的流程，每位员工脑子里必须时时存在着目的、背景，与其他事情的关联性等概念。

其次，我们要分清工作的轻重缓急。执行工作时，一定要考虑优先顺序，先做最重要的事，然后才做比较急迫的工作，万万不可先做自己认为好做或自己喜爱做的事，如此，可能会将重要的事耽搁，造成真正应该执行的事情没有执行到位。

作为制度的执行者，做事要坚持一个大原则，就是“今日事，今日毕”，决不可拖到第二天。如果每天都无法将今日的事做完，就会累积一大堆工作，结果可能因此而赶不上交货期。

假使突然接获临时插进来的工作，最好跟上司或其他同事商量，请教他们该如何处理，避免出差错。不过，也不可什么事都去请教他们，最好是自己先做个考量后再去请教别人。

最后，我们要按照正确的步骤做事。在执行某一工作时，最好依以下步骤来进行，以获得事半功倍之效。

（1）接受工作指示或命令。一般员工做某一工作时，会接到上司的工作指示。这时候，不能只听上司所交代的，还要明确地掌握住工作目的才行，所以，员工要深思的事情有：工作目标是什么？为什么必须达到这个目标？何时达到？如何做会更好？

（2）收集有关的资料、情报。即收集与工作的计划、执行等相关的文件、资料、情报，而且对于情报的选择，要有判断。

（3）考量工作的步骤与方法。越是需要花长时间工作的事情，越需要依照工作的步骤与流程来做，这样才比较有效率。

（4）决定工作的步骤与方法。不妨从所拟定的几个方案中挑选较合理的，决定时应该考虑到“更早、更好、更轻松、更便宜”这几项因素，再做筛选。

（5）制定行事表。

（6）实施时须留意。确实依照所计划的步骤和方法去做；很有自信地去执行；时时审核实际进度和预定计划的差距，必要时修改所定计划。

（7）检讨与评估。从品质、期限、成本等层面，将工作的结果和当初的计划做一比较，如果不能达到预期结果，就应该找出其原因。

（8）做完后，向上司报告结果。

像这样按步骤来完成工作，那么，执行到位就是一件很容易的事了。

第 *6* 章

多沟通：熟练运用金字塔原理

【入职潜规则】1. 别指望伯乐从天而降拜你为上卿，能力是干出来的；2. 别指望进办公室就成为香饽饽，好人缘不是计较出来的；3. 别指望偷奸耍滑老板没啥反应是你聪明，老板通常是积攒型的；4. 无论是散播报怨还是说人坏话，你要相信群众的眼睛是雪亮的；5. 保持好心态，积极干活！

归类分组，将思路搭成金字塔

“想清楚，说明白，知道说什么、怎么说”，这时每个人都希望达到的沟通境界。但是当我们演讲、写作、汇报、管理的时候，却常常觉得不知从何说起，或者让对方感到混乱不清。

如何在沟通中做到“逻辑清晰、条理分明”呢？美国麦肯锡的咨询顾问芭芭拉明托写作了一本叫《金字塔原理》的书，介绍了一种解决这一问题的有效方法。之后，作者离开了麦肯锡，开始向各行各业的人培训这一方法，受到广泛的欢迎和好评。当前，金字塔原理已经成为非常重要的一个沟通工具，被誉为“麦肯锡40年经典培训课程”。

心理学家发现人的短期记忆无法一次性容纳7个以上的记忆项目，超出后，人的大脑会面临信息超载，有的人勉强可以记住9个，有的人却只能记住5个，而3个更好，1个最佳。这一现象被称为“奇妙的数字7”。

在生活和工作中，我们却常常不得不处理很多个信息，他们都超过“奇妙的数字7”。

例如，你打电话让老公回家的路上去超市采购以下东西：鸡蛋、盐、土豆、牛奶、婴儿纸尿裤、痱子粉、苹果、芹菜、葡萄、辣酱、酸奶。

最后的结果很可能是：你发现还有东西忘记让老公买了，或者老公回家后发现少买了某些东西。

以上这些信息，可以归类分组后，搭成一个金字塔结构：

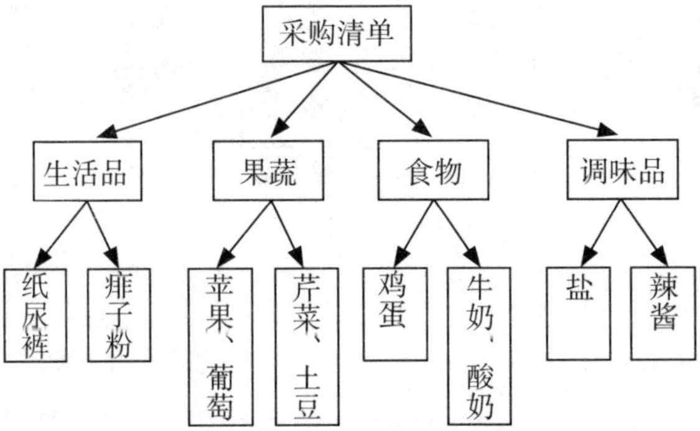

由于你通过一定的逻辑关系将信息归类后形成了一个金字塔结构，因此你每一层的信息数量都大为下降了。

再举一个例子：

你在办公室，忽然你的下属冲进来，对你说："头儿，我最近在留意原材料的价格，发现很多钢材涨价了，包装纸也要涨价……刚才物流公司打电话来说要提价，我又比较了其他几家的价格，但是还是没有办法说服他不涨价……还有，我们的竞争品牌最近也涨价了，我看到……对了，广告费最近花销比较快，如果……可能……"

你听完是不是一头雾水？听了半天你还不知道他究竟要说什么？或者要求你提供什么帮助？或者希望解决什么问题？

如果他这样说："头儿，我认为我们的牌子应该涨价20%，而且要超过竞争品牌。因为第一，原材料最近都涨价了30%，物流成本也上涨了；第二，竞争品牌全部都调价10%~20%，我们应该跟进；第三，广告费超标，我们还应该拉出空间，可以做广告……头儿，你觉得这个建议是否可行？"

这样是不是更清楚？这就是在使用"金字塔结构"。

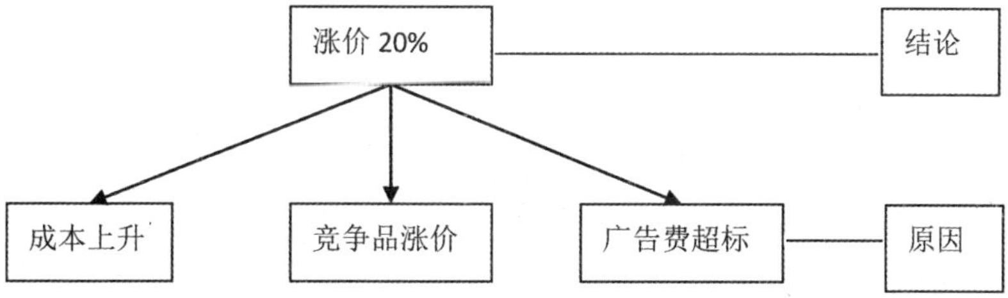

自下而上思考，总结概括

当你要表达你的想法时，你是否面临过一言难尽、不知从何说起的困境？

比如，当你面试的时候，面试官要求你介绍一下你自己；当你负责的区域销售额下滑的时候，你的主管要求你解释原因。类似的情况下，你怎样思路清晰地表达你的内心世界呢？

以面试为例，你可以把你的特点先罗列出来：

（1）受过高等教育，毕业于某名牌大学。

（2）在校成绩优秀。

（3）有与面试工作相关的资格证书。

（4）没有与求职岗位相关的工作经验。

（5）善于学习新知识。

（6）学生干部的经历。

（7）热爱类似岗位的工作。

（8）精力充沛。

（9）热情开朗。

（10）相信勤能补拙。

然后分析以上特点之间的逻辑关系，不断地进行抽象和概括。

你会发现，你有很多项优点，但是只有一项缺点是面试官清楚的。而你的某些优点恰好能弥补你的缺点……

最后，你可能发展出以下的金字塔结构：

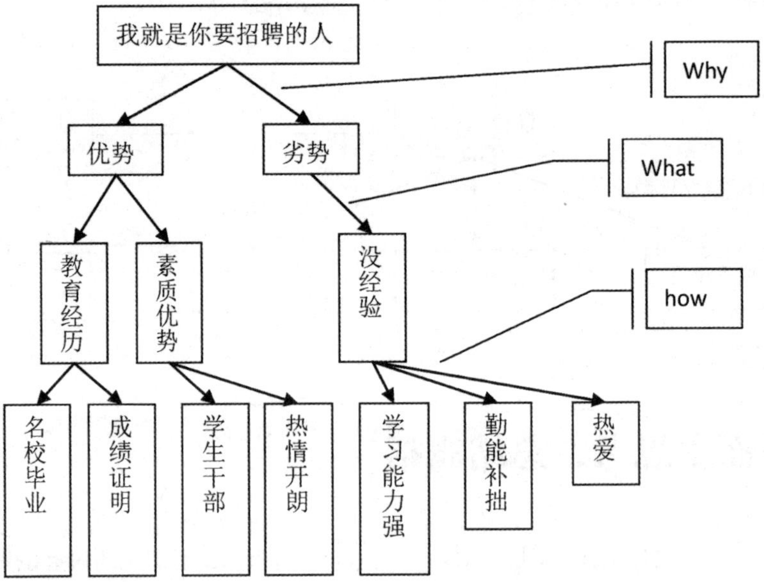

如果你在面试之前对自己做过这样的思考，就不会感到不知从何说起了。而且当你逻辑清晰、条理分明地做完陈述后，也许马上就能让面试官眼前一亮。

芭芭拉·明托归纳了自下而上思考的要点：

（1）列出你想表达的所有思想要点。

（2）找出各要点之间的逻辑关系。

（3）得出结论。

自上而下表达，结论先行

在表达之前，你的思路是自下而上组织出来的，但在表达的时候却需要自上而下进行，这是一个重要的顺序。

如果你自下而上地表达，有两个风险：第一是容易被打断，第二是对方无法理解你的意图。

例如你陈述：

（1）要处理天猫店的日常业务，我需要每天加班才能完成。

（2）一些需要及时处理的事情被耽误了。

（3）当我参加公司会议的时候，天猫店的客服就没人做了。

（4）天猫店的页面美化需要专门的美编才能胜任。

（5）天猫店的业务在持续增长中。

（6）客户体验好的话，客户购买行为的转化率才能提高。

（7）我需要增加一个助理。

（8）我的助理需要懂平面设计。

（9）我的助理需要了解天猫店的业务。

……

你的主管在听你的陈述的过程中，你每陈述一条，都会刺激他的大脑做出一个反应。例如听完第一条，会想“你是不是想要更多的加班费”，听完第二条会想“被耽误的事情造成了多大的损失？”他可能因为这些想法而立即打断你的陈述，或者先入为主地猜测你的想法，这都会影响到主管对你真实、完整意图的理解。

要让别人尽快理解你的想法，要先建立金字塔结构，然后按照自上而下的顺序表达。

先说："我需要增加一个助理"。

然后分析原因，一方面是因为工作量快速膨胀：

（1）要处理天猫店的日常业务，我需要每天加班才能完成；

（2）一些需要及时处理的事情被耽误了；

（3）当我参加公司会议的时候，天猫店的客服就没人做了；

（4）天猫店的业务在持续增长中。

另一方面是因为：

（1）客户体验好的话，客户购买行为的转化率才能提高；

（2）公司天猫店的页面美化需要专门的美编才能胜任。

接着分析增加一个助理的好处：

（1）可以兼做客服；

（2）可以优化网页；

（3）可以改善客户体验；

（4）可以节约加班费；

（5）工作得到及时解决。

再提出助理的任职资格：

（1）了解天猫店业务；

（2）懂平面设计。

你提出这些要求，是优是劣、是正是误、是利是弊，相信主管会做出正确的决断。

金字塔原理的"电梯原则"

"自下而上思考，自上而下表达"，金字塔原理的精髓就在这十个字当中。

运用金字塔原理，在沟通中的直接好处是让人能够迅速明白你的意图。

在上面这个例子中，也许主管听你讲了一分钟就对你说："我完全支持你的要求。天猫店很重要，尽快去招聘一个称职的助理吧！"

在沟通中有一个"电梯原则"，出自《麦肯锡观点》。

假设你是某个咨询公司的经理，为了一个重要的项目你们team日夜工作了3个月，准备了厚达300页的报告，包括7个建议、36个改进措施以及8套详细的实施方案。为了证明这些结论，你们还准备了5本数据分析和调研报告的附录，当然还有几箩筐的原始资料。客户对提案也非常重视，安排了公司所有高管出席，并请到了CEO以及董事会的主要成员。你们当然更加兴奋，同时还将报告彩色打印，并刻录了光盘以便分发给与会者。提案的前天晚上你们team都再次检查了所有文字以及拼写无误，然后提早睡觉以便保证精力。提案当天你们神采奕奕，准时到达客户会议室，做好一切准备工作。CEO和高管们也已经落座，他们将目光投向你，期待着你精彩的报告。你清清嗓子，开口说："女士们，先生们，尊敬的CEO先生，今天我们……"

突然董事会秘书匆匆走进办公室，对CEO耳语几句，他对你点头表示歉意后离开会议室，5分钟后他们回来，说到："非常抱歉，今天的报告不得不终止，因为我们有个非常紧急的事情，我必须马上飞去纽约。"

在你们无奈的眼神中，他们匆忙离开。然而就在CEO冲进电梯的那一刻，"等等"，他挡住电梯门，对你招手，"能否利用我到停车场的时间，说说你们报告的主要内容？"就这10多秒钟？你必须说出报告的主要观点？还要争取他的认可和支持？你感觉血一下子冲上脑门，然而，没有第二次机会了，马上冲进电梯，门一关上，你就转过身对着这一群人说："我们认为……"

这就叫做"电梯原则"。

你能够用一句话浓缩你的年度营销报告吗？你能够用一段话说明你品牌的定位以及发展方向吗？你能够在三分钟内说明当前销量下滑的主要原因，并提出三个解决方案，然后让老板做出决定吗……这都是"电梯原则"——简单清楚说明你的观点。如果你三句话说不清楚，那么你一下午也说不清楚。

要实现电梯原则，运用金字塔结构就会很有效，也会很简单。自上而下地表达，先从结论说起，先说中心思想，然后再向前推演。如此，可以用最短的时间让人理解你。

掌握沟通的控制权

运用金字塔原理的另一个好处，是能够让你掌握沟通的主动权，或者说控制权。

当很多信息和思想呈现在对方面前时，对方为了记住会自行归纳分组和总结概括，并得出自己的结论。而自上而下表达的话，你先提出结论和中心思想后，对方会把注意力转移到你的逻辑推理和分析之上，并通过你最后逐一呈现的思想信息来验证你的结论的正当性，比较容易理解和认同你的结论。

换句话说，自上而下表达的好处是自己事先进行“自下而上思考”，但不让对方有机会“自下而上思考”。因此，当对方向你施展金字塔原理时，你在理解对方的中心思想后，如果想要找出反驳的破绽或者想要保持独立思考，那么你应该罗列对方最后呈现的所有思想和信息，然后不受干扰地自行“自下而上思考”。

另外，在生活和工作中，并不是所有的事情都适合“自上而下表达”。

比如你认为老板的某个方案行不通，你想反对，你通常这样说：“此方案的A处稍作修改，能减少20%的间接成本”，然后你观察领导的反应。如果领导没有反对，那你可以接着说：“此方案的B处反对的人较多……还有C处……还有D处……”其实你心里的结论是“此方案应推翻重来”。待你把要修改的地方一条一条讲完后，征求领导的意见，最终让领导自己去思考并形成结论：“这方案要推翻重来”。

500 强工作法：给沟通注入情感

从心理的角度看，沟通包括意识和潜意识层面，有效的沟通是在潜意识层面的、有感情的、真诚的沟通。

人与人之间由于认识水平不尽一致，有时会造成误解导致产生矛盾。如果我们能用心沟通，多注重思想和情感的交流，这样就会赢得时间，矛盾得到缓解。相反，如果只凭一己之见，忽视了情感和思想的交流，最终就会伤害感情，影响人际间的交往。

1. 用心沟通

有一次，刘墉应邀在某大学做了一场关于人际沟通的演讲。在谈到待人礼节这个话题时，他这样讲道："我有个美国学生，有一天突然打电话来，说她需要一支狼毫毛笔，外面找不到好的，想跟我买。我说没问题，不但找了一支不错的狼毫笔，还翻出一支很好的羊毫笔。没过多久她来了，问多少钱。我说：'笑话！这么深的交情了！送你的！'

各位可以想象，那美国学生一定会作出很惊喜的样子，因为我等于送了她一百多美金的礼物。可是半年后，有个中国学生对我说，那个美国学生又托她去中国城找毛笔。我说，奇怪了！她明明知道我多得是，为什么不来找我呢?

中国学生笑了，说：'她说了！因为您不要她的钱，她不能再找您。'然后，那中国学生又说，'教授啊！您不知道吗？有时候美国人要跟您买，您不卖，送他。他们会觉得您是暗示他，您不愿意卖。'"

《如何使人们变得高贵》一书中说："把你对自己事情的高度兴趣，跟你对其他事情的漠不关心互相作个比较。那么，你就会明白，世界上其他人也正是抱着这种态度！"这就是说，要想与人相处，首先要学会用心沟通。

2. 注入情感

用心沟通要给对方注入情感因素。

客户："我想要为未婚妻买一件很有特点的生日礼物，你是我的老朋友了，给我推荐一下。"销售人员："啊，你看这条项链怎么样，价钱也是500元。我只收你原价的一半250元，另一半250元是我送给你们的结婚礼物。祝你们幸福美满，白头到老。"

这样的表达方式可以说一举两得，既使客户享受到了半价的优惠，也得到了一份无价的情感馈赠，不但不会令客户觉得因半价而有失面子，还会因销售人员的这个大人情而收获意外的惊喜，不失为一种聪明的销售方式。

有时沟通不到位，并不是热情不够，也不是没有运用技巧，而是不善于利用情感，不会为双方的交流中注入情感因素。往往对他人的心理理解比较单一，看不到人在不同的环境之下可能会有不同的心理表现，产生不同的心理感受。往往把复杂、多样化的心理活动简单化、片面化，用同一种方式去应对不同的情况和不同的人，不懂得根据对方的心理变化来调整自己的语言和行动。由于不懂得顺应对方的心理、争取对方的好感，因此就不能够利用对方的心理，获得对方的认可，这样沟通失败也就难免了。

第7章

要事第一：排列事情按轻重缓急

【影响你进步的13个坏习惯】1.拖延成性；2.表现成癖；3.不愿倾听；4.懒于改变；5.不可取代；6.取悦他人；7.文过饰非；8.斤斤计较；9.不动脑子；10.缺少准备；11.净是幻想；12.害怕冲突；13.容易沮丧。

把重要的事放在首位

工作中我们常常是这样的，一会儿要复印，一会儿要接电话，一会要写个报告，报告写了一半又想起有个电话要打……这样琐碎而又繁忙地度过一天又一天，让人几乎崩溃。

由此可见，在工作进行中必须解决的问题实在太多。如果你是老板，有些事情自然可以交代下属去做；如果你是中层领导，也可以适当地让手下分担点儿事情；如果你是最基层的工作人员，那也就意味着所有的事情都需要你自己来做。

博恩·崔西是美国最具影响力的演说家和成功学讲师，他是比尔·盖茨的导师，巴菲特、迈克尔·戴尔和杰克·韦尔奇都听过他的演讲。

博恩·崔西出身贫寒，高中没毕业就辍学了。在他20多岁的时候，一本哲学书上的一句话深深地影响了他："人是一种善于排列优先顺序的动物。"也正是这句话深刻地改变了他对成功的看法，人们对事情的先后顺序的处理会直接影响到他们的绩效。

"平庸的人往往把那些容易的事情放在最前面，而优秀的人则把那些最重要的、最能带来价值的事情放在前面。所以我们经常看到两个人可能同样忙碌，但因为对事情排列的顺序不同，所以达到的成就也就大不一样了。这就是事情的区别。"博恩·崔西说。

博恩·崔西认为，一个人要想获得高绩效就要先做那些重要而且能带来价值的事情，自然绩效就大大提高了。时间管理，首要就是把时间花在投资报酬率最高的工作上。而一旦开始做，就要专心致志，没有100%完成绝不停止。如果中间停下来好几次，然后又重新开始，会使完成工作的时间增加5倍之多，因为每次都要重新"暖身"。

博恩·崔西每天工作都很忙，但他把自己的家庭生活也照顾得很好。说起自己的经验时，他说："生活就像踩钢丝绳，你必须每时每刻保持平衡，这确实不是一件容易的事情。家庭是绝对值得你投入时间的，永远不要以工作忙为借口而忽视了你妻子和子女的存在。

“对于我来说，就是上班时间全身心投入，保持很高的绩效，这样我就能准时下班，下班之后就不会把工作带回家了。我在家看书的时候，只要我的妻子和子女走进来，我一定会放下书本，因为对于我来说，他们比书本更重要。”

有些人会觉得工作愈忙愈好，但是忙着琐碎的事和忙着重要的事，这中间有很大的差别。忙于琐碎的事往往会影响重要工作的进展。即使是花同样的时间工作，其一分一秒的价值也完全不同。

按事情的轻重程度优先排序

根据最新的管理理论，我们可以把事情按紧急和重要的不同程度，分为A、B、C、D、E五类：

1. 重要且紧急的事

这些是必须立刻或在近期内要做好的工作。例如，老板要你在明天早上10:00以前提出一份报告、你的汽车引擎有堵塞的情形、生产前阵痛已经到了每3分钟痛一次。

现在，除非是这些情况都同时出现，否则你就能够处理它们。因此它们的紧急和重要性，要比其他每一件事都优先。如果拖延是造成紧急的因素，则现在已经不能再拖延了。在这些情形下，时间管理就不会出什么问题了。

2. 重要但不紧急的事

对这一类工作的注意，可分辨出一个人办事有没有效率。

我们的生活中，大多数所谓重要的事情都不是紧急的，我们可以现在或稍后再做。在很多情形之下似乎可以一直拖延下去，而在太多的情形下，我们确实这样拖延着。这些都是我们“永远没有着手”的事情。

这些工作都有一个共同点：尽管它们具有重要性，可以影响到你的健康、财富和家庭的福利，但是你如果不采取初步行动，它们可以无限期地拖延下去。如果这些事情没有涉及别人的优先工作或规定期限而使它们成为“紧急”，你就永远不会把它们列入你自己优先要办的工作。

3. 紧急但不重要的事

这一类是表面上看起来是极需要立刻采取行动的事情，但是如果客观地来审视，我们就会把它们列入次优先级里面去。

例如，某一个人要求你主持一项筹集资金的活动、发表演讲或参加一项会议。你或许会认为每一个都是次优先的事情，但是有一个人站在你面前等着你回答，你就接受了他的请求，因为你想不出一个婉拒的回答。然后因为这件事情本身有期限，必须马上去做，于是第二类的优先事情就只好向后移了。

4. 既不紧急也不重要的事

很多工作只有一点价值，既不紧急也不重要，而我们常常在做更重要的事情之前先做它们，因为它们会分你的心——它们提供一种有事做和有成就的感觉，也使我们有借口把更有益处的第二类工作向后拖延。

如果你发现时间经常被小事情占去了，你就要试着学会克服拖延。

5. 纯属浪费时间的事

不要在上班时间去做那些纯属浪费时间的事，如果你那样做了，势必影响工作的效率。

平时工作中，我们要先做A、B类，然后做C类，少做D类，千万别做E类。方向重于细节，策略胜于技巧。始终抓住“重要”的事，才是最优化的时间管理、最能节约时间的方法。A、B类事务多了，C、D类事务自然就少了，E类事务就杜绝了。这样你就会越来越有时间，越来越有效率，越来越没问题。

如果你感到每天都在毫无章法地忙于琐事，不妨根据事情的轻重缓急制订出一个计划来。这个计划可以每天早上来制订，先制订一个顺序表，然后再加上一个进度表，实行一段时间之后你就会发现你的工作状况大有改观。

用好“20∶80”法则

二八法则是经济学上的重要法则，全称是“80/20效率法则”。它反映了一种不平衡性，但它在社会、经济及生活中无处不在。只要细心观察，你就会发现以下现象：

（1）20%的产品或20%的客户，为企业赚得约80%的销售额。

（2）20%的罪犯的罪行占所有犯罪行为的80%。

（3）20%的汽车狂人，引起80%的交通事故。

（4）世界上大约80%的资源，是由世界上15%的人口所消耗。

（5）世界财富的80%，为25%的人所拥有。

（6）80%的能源浪费在燃烧上，只有其中的20%可以应用到车辆中，而这20%的投入却回报以100%的产出。

（7）在一个国家的医疗体系中，20%的人口与20%的疾病会消耗80%的医疗资源。

还有很多其他情况也会出现二八法则，例如：你的电脑80%的故障是由20%的原因造成的；你一生使用的80%的文句是用字典里20%的字组成的；在考试中，20%的知识能为你带来80%的分数；同样的道理，你20%的朋友，占据了你80%的与朋友相处的时间……

二八法则可引申为，在任何特定群体中重要的因子通常只占少数，而不重要的因子则常占多数。因此，从资源配置角度来讲，只要控制重要的少数因子即能控制全局。例如，在一个单位里，20%的人通常代表80%的人的发言权；在销售市场，80%的销售额是20%的商品带来的；在经营上，总是20%的企业控制80%的市场。

在商品营销中，商家往往会认为所有顾客一样重要；所有生意、每一种产品都必须付出相同的努力。二八法则恰恰指出了，在原因和结果、投入和产出、努力和报酬之间存在这样一种典型的不平衡现象。因此，如果我们遵循二八法则，精确定位，就能达到事半功倍的效果。比如，通用电气公司永远把奖励放在第一，它的薪金和奖励制度非常完善，但只奖励那些完成了高难度工作指标的员工。摩托罗拉认为，在100名员工中前25名是好的，要设法保持他们的热情；后25名差一些，要给他们提供发展的机会。

对于个人，在做事的时候我们同样可以实施这个法则，抓住重点。一个时期只有一个重点，一次只做一件事情。聪明人要学会抓住重点，首先解决重要问题，然后解决次要问题。

用好“20:80”法则，即把精力用在最见成效的地方。

1. 把精力用在最见成效的地方

美国企业家威廉·穆尔在为格利登公司销售油漆时，头一个月仅挣了160美元。他仔细分析了自己的销售图表，发现他80%的收益来自20%的客户，但是他却对所有的客户花费了同样的时间。于是，他要求把他最不活跃的36个客户重新分派给其他销售员，而自己则把精力集中到最有希望的客户上。这样做后，他一个月就赚到了1000美元。穆尔从未放弃这一原则，这使他最终成为了凯利-穆尔油漆公司的主席。

我们不仅要做最重要的事，而且在做事的时候要抓住事情的主要方面去做。

2. 抓住核心问题

秦穆公召见九方皋，派遣他去寻找千里马。三个月之后，九方皋回来了，向秦穆公报告说："千里马已经找到了，在沙丘那个地方。"秦穆公问他："是一匹什么样的马呢？"九方皋回答说："是一匹黄色的母马。"秦穆公派人去看，结果是一匹公马，而且是黑色的。秦穆公非常不高兴，"连马的颜色和雌雄都分辨不出来，又怎么能知道是不是千里马呢？"伯乐听说此事，长叹一声说道："九方皋相马的本领竟然高到了这种程度！这正是他超过我的原因啊！他抓住了千里马的主要特征，而忽略了它的表面现象；注意到了它的本领，而忘记了它的外表。他看到应该看到的，而没有看到不必要看到的；他观察到了所要观察的，而放弃了所不必观察的。像九方皋这样相马的人，才真的达到了最高的境界！"那匹马，果然是天下难得的千里马。

一个人对于某事犹豫不决时会感到迷惑或彷徨。这时候，如能针对自己的目的，抓住核心问题来研究，就可以抓住事情的本质而不致出错。

做要事而不是做急事

做要事而不是做急事的观念非常重要，但它常常容易被我们忽略。

一般而言，我们每天都必须处理许多事务，但是大多数人的习惯都是，可以先通过处理好最次要的事情来实现自我激励，然后用饱满的热情再去解决最重要的工作。遗憾的是，事实并非如此。我们经过一大大量的工作，大都已经筋疲力尽、疲惫不堪，几乎没有更多的精力来考虑最重要的事务，并且所剩的时间也不会很多，因此，想要把它做好，真的很难。如果从我们自己的内心开始分析，这样做的根本原因是因为人都有严重的畏难情绪，会无意识地回避最重要的工作。

一家成功企业在举行管理人才招聘会时给应聘者出了一道题：在一个暴风雨的晚上，你开着一辆车，经过一个车站。有三个人正在等公共汽车：一个是快要死的老人，十分可怜；一个是曾救过你命的医生，是大恩人，你做梦都想报答他；还有一个女人/男人，她/他是那种你做梦都想娶/嫁的人，也许错过今生就没有了。但你的车只能坐一个人，你会如何选择？并用最充分的理由，将主考官说服。

参加应聘的人们提出了各不相同的答案，因为每一个回答都有他自己的道理。

有人说：老人快要死了，应该先救他。然而，主考官会反驳每个老人最后都只能把死作为他们的终点站。

有人说：先让那个医生上车，因为他救过你，这是个好机会报答他。同样，主考官反驳道：你可以在将来某个时候去报答他。

也有人说：我要把握机会，接近我心爱的人，因为一旦错过，可能永远不会再遇到一个让我这么心动的人了。主考官更加激烈地反驳道：人要相信缘分，是你的永远是你的……

大厅里，前来应聘的200人中，只有一个人被雇用了，他认为世界上没有什么东西能比生命更重要的了。他说了以下的话："给医生车钥匙，让他带着老人去医院，而我则留下来陪我的梦中情人一起等公车!"

这道有点智力测验风味的考题，把大多数应聘者推向了一个进退两难的绝境。其实，我们的工作环境何尝不是这样的呢？在一系列以实现目标为依据的待办事项之中，有几个管理者能清楚地知道到底哪些事项应先着手处理，哪些事项应延后处理，甚至不处理呢？

会做事的人在处理这些问题时，往往会一针见血地指出：应按事情的"重要程度"安排行事，判断事情的轻重缓急应该根据"现在做的，是否有利于更接近目标"这一原则来进行。这里所说的"重要程度"，是指一件事情对实现组织目标的贡献大小。也就是说一件事情，如果它对实现组织目标的贡献越大，那么这件事情就越是重要，它越是应该拥有优先处理的特权；

如果一件事情，对实现组织目标毫无意义时，那么它就是一件极不重要的事情，理智的人只会将它推迟延后处理。

在分清楚什么是“重要的事”之后，如何“把第一位的事放在第一位”就是最重要的事情了。

要想成为一名高效的做事者，就必须克服自己以往的心理习惯，在开始每一项工作时首先让自己明白哪件事情是最重要的，哪件事情是最应该也是最值得花费最大精力去重点完成的，培养自己每天首先处理最重要工作的良好习惯。

伯利恒钢铁公司总裁查理斯·舒瓦普曾会见效率专家艾维·利。见面时，艾维·利说自己完全有能力帮助舒瓦普把他的钢铁公司管理得更好。

艾维·利说他可以在10分钟内，将一样能使对方钢铁公司业绩提高至少50%的东西交给舒瓦普。接着他递给舒瓦普一张空白纸，说：“在这张纸上依次按重要性写下你明天要做的6件大事。”大约5分钟后，艾维·利说：“现在你需要做的只是把这张纸放进口袋直到明天早上，明天你做的第一件事情就是把这张纸条拿出来，不要看其他的，只做第一项，然后用同样的方法做第二件事、第三件事……直到你下班为止。即使你可能用一天的时间只做完了第一件事情，那么也不要紧。因为你已经完成了最重要的事情。”

几个星期之后，舒瓦普给艾维·利寄去一封信，同时寄来了一张25万美元的支票。他在信中说，和艾维·利的会谈是他一生中最有价值的一课。

5年之后，这个当年鲜为人知的小钢铁厂一跃成为世界上最大的独立钢铁厂，在艾维·利的提示下，舒瓦普赚得了整整一亿美元。

我们做事的时候很容易犯这样的错误：用各种重要性依次递减的方法，把一天的时间表安排得满满当当的，以至于根本不可能抽出一点“机动时间”去处理工作中可能会出现的各类突发事件。如果一旦有始料不及的意外出现，我们就不得不放弃计划中的重要工作，来应付处理这些突发事件，那么，理所当然今日没来得及完成的工作就势必加进明日的工作表中。事实上，工作不是一次性的百米冲刺，而是一场持久的马拉松赛，给自己如此不断地加压，管理者一定坚持不了多久。因此，即使是没有突发事件的发生，管理者也应当每天留些灵活的“机动时间”，因为你也可利用这些时间去很好地处理一些较次要的问题；或与下属沟通、联络一下感情；也可休息一会，回想一下一天工作中的得失等。这样，管理者不仅可以从容地完成既定的任务，而且可以从容地面对明天的挑战。

花点心思去确定事情的重要程度，有助于我们养成良好的办事习惯。

一流的人做一流的事

有一次，一只鼬鼠向狮子挑战，要同它决一雌雄。狮子果断地拒绝了。“怎么，”鼬鼠说，“你害怕吗？”

“非常害怕，”狮子说，“如果答应你，你就可以得到曾与狮子比武的殊荣；而我呢，以后所有的动物都会耻笑我竟和鼬鼠打架。”

和老鼠比赛的麻烦在于即使赢了，你仍然等同于一只老鼠的能力和水平。对于同低层次人的交往和较量，大人物是不屑一顾的。

在斗争中尤其如此。如果你与一个不是同一重量级的人争执不休，就会浪费掉自己的很多资源，降低人们对你的期望，并无意中提升了对方的层次。

同样的，一个人对琐事的兴趣越大，对大事的兴趣就会越小；而非做不可的事越少，越少遭遇到真正问题，人们就越关心琐事。这就如同下棋一样，和不如自己的人下棋会很轻松，你也很容易获胜，但棋艺永远长进不了，而且这样的棋下多了棋艺反而会越来越差，所以好棋手宁可少下棋，也尽量不和不如自己的人较量。和低手较量越多，自己越臭。

本尼斯说过：“纯管理人也许能把事情做对，但是真正的领导人重视的是做正确的事情。”现代人的一大问题是开始太随意，注意力分散，分不清轻重缓急，也不善于区分大小。如果碰巧能力又强，即使错误的事情也能做得很好。不利的局面也都能扭转，这样就会无谓地耗费很多的时间和感情。

“最聪明的人是那些对无足轻重的事情无动于衷的人，但他们对那些较重要的事务却总是做不到无动于衷。那些太专注于小事的人通常会变得对大事无能。”抓住大事，小事自会照顾好自己。一流人物大都具备无视“小”（人物、是非）的能力。在你往前奔跑时，你不可以对路边的蚂蚁、水边的青蛙太在意的——当然有毒蛇拦路是不行的。“如果要先搬掉所有的障碍才行动。那就什么事也做不成。”

许多人整天忙着处理琐碎的事情，总是抱怨腾不出时间做正经事。其实他们的潜意识在逃避做正经事，因为做大事是需要想象力、判断力、勇气和自信的。

第一流的人做第一流的事。第一流的人可以像凡夫俗子一样浪费时间，他要以并不长的生命完成许多一流的事。如果一个人过于努力想把所有的事情都做好，那么他就不会把最重要的事情做好。

威廉·詹姆士说过："明智的艺术就是清醒地知道该忽略什么的艺术。"不要被不重要的人和事过多打扰，因为"成功的秘诀就是抓住目标不放"。

温瑞安说过："真正的高手会把精、气、神集中于一处。"而在生活中，集中精力更是一种明智之举。因为在一定时期内，一个人的资源和能量是有限的，你无法同时做好数件同等重要、难度又都很大的事情。而琐事也同样会占据你的空间，消磨你的意志。

世界的开放性和信息量的倍增给集体选择和个人的发展提供了机会，但也带来了大量的精神涣散和疲劳。选择像一条河流，它变得越宽，就有越多的人淹死在里面。人们需要越来越强的游泳技巧，需要游向正确的方向，因为你不可能就这么游下去。

不值得做的事，会让你误以为自己完成了某些事情。你消耗了大量时间和精力，得到的可能仅仅是一丝自我安慰和虚幻的满足感。当梦醒后，你会发现该做的事一件都没有做，而自己已疲惫不堪。

"一项活动的单纯规律性会逐渐演变成为必然性"。一段时间之后，人们会说："我们不应该让它消失，我们已经做了这么久。"这就像有的人明明不喜欢自己的恋人，却还是要在一起，因为在一起很久了，习惯让人不愿意再做别的选择。但最终，一个人要为自己做了不值得做的事付出代价，这件事情越大，代价就越大。

500强工作法：制作一张待办事项表

在生活中，常常可以看到两类人。一类人，看似非常忙碌，每天都是一副风风火火的样子。无论是谁找他们谈话，他们只会拿出两三分钟来，还时不时地看手表，以表示他们很忙，请勿打搅。但是这类人的业绩并不与付出成正比。另一类人却恰恰相反，这类人每天看上去都很潇洒、悠闲，似乎没有用心工作，无论有什么难事、工作找他们谈，他们都是和和气气、彬彬有礼。而且这类人的办公室和他们自身一样整洁干净、有条不紊，更重要的是，这类人的业绩也比其他人要好。

为什么会出现这种现象？仔细探究就会发现：第一类人虽然很忙碌，一副天下第一大忙人的样子，可是这类人忙得或许有目的，也有重点，却往往没有顺序、没有计划，做起事来毫无章法可言，常常为一些杂乱的、意外发生的事情所阻碍。而第二类人却不一样，这类人做事很有章法，工作安排得很有条理、很有秩序；他们知道什么时间该做什么、不该做什么，那些意外发生的事情也不能打乱他们的顺序。这类人大多有一个共同特点：在他们的身上或者办公室可以发现一本写满字的台历或者待办事项。原来，他们工作出色、效率高的奥秘就在这张表上。

给自己制作一张待办事项表，按照事情的轻重缓急、工作重点以及自己的精力特点等，把自己这一天或者这星期要做的事情写在这张表上。将最紧急、最重要的重点事情安排在自己精力最旺盛的时刻，在精力不足时做一些不紧急不重要的事情。每次做完一件事情后在待办事项表的旁边打上一个叉。而这张表不需要很复杂，只是简简单单的一张纸，把要做的事情按顺序写好、列出条目，清晰可辨即可。这个表的制作非常简单，只要按照下面的方法来做就行。

（1）不要随便在每天找几分钟或者一周偶尔几次列出清单，必须在每天早上或者工作结束时（最好睡觉前）列出清单，因为大脑会在睡眠时潜意识地思考这些事情，这种潜意识地思考对完成这些事情的帮助是很大的。

（2）注意不要今天写三项明天写五项，或者今天写了明天就不写了，要每天坚持写，这其实是在促使人们养成良好的习惯。

（3）不要随便写几件事，不要少写但也不要多写，这些事一定要是最重要的，而且需要认清：哪件事是最重要、最优先要做的。很多人在制作待办事项表的时候把很多事情一股脑地堆进去，结果罗列了一大堆看似有条理而其实完全没有条理的事情。

（4）不必将这表上的所有事情都做完，只要能完成一大部分就很不错了，这样对于第二天的安排也有了一个大概的了解。

（5）第二天的工作安排要以这个待办事项表里列出来的内容为基础，这一点很重要。

一个待办事项表的执行是非常简单的，有了这个待办事项表就可以将全天的事情做个大概的规划。而一个好的、实用的待办事项表，还应该具有以下特点：

第一，符合自己的特点。待办事项表一定要自己制作，因为每个人的特点不同，事情的重要性也不同，别人为自己制作的待办事项表只表示他人的观点，是否适合自己那就只能按照自己的特点为自己量身制作，不要觉得麻烦。

第二，表里的事情一定要有时间规定。对于事情的完成期限一定要有明确的规定，不然很难完成。人都是有惰性的，没有时间限制就会无限地拖下去，等到检查工作时就会发现一切都晚了。规定的时间可以是一天，也可以是一个星期，甚至可以具体到几时几分，总之，要有时间限制，而且具体一点更好。

第三，表里的事项一定是可以完成的。制作这个表格不是为了好看，而是为了激励自己做事，为了使自己的工作井然有序而不至于手忙脚乱。表格里列的事情一定是要自己能够完的，而且是在规定时间内可以完成的。如果是不能完成的话，很容易打击自己的信心，而使待办表失去作用。

第四，目标一定要清楚，价值要清晰。如果没有目标，人们就不知道要做到怎样的程度，如果价值不清晰，那么人们就不知道为什么要做，从而丧失动机。而这个目标不能是低于自己能力的，或者是超出自己能力范围的，一定要适当，即跳一跳就能够得到的。

第五，在精力最好时安排最重要的事情。精力最好时效率会最高，这个时候做最重要的事情，就更容易完成，也会收到更好的效果。

美国财协的前顾问路易斯・沃科在接受一位记者采访时说过这样一段话："模糊的目标是致使人不能成功的最终原因。比如，有一个人，他说他希望有朝一日能够拥有一栋房子，那这就是个模糊的目标，因为"有朝一日"不具体，到底是哪一天呢？"有一栋房子"也不具体，因为没表述清楚这房子是什么样子的？值多少钱？这个人对这些都不清楚，不具体，这当然无法让自己去具体实现自己的目标，只停留在空想阶段。但是，如果这个人说他的目标是在三年后拥有一栋价值100万美元的房子，而且这个人还考虑了三年内些货膨胀等因素，计划每月存多少钱。有了这些具体明确的目标，那就可以说，三年后这个人实现自己目标的可能性将是99%。”

只有有了具体的目标才可以看到前进的道路，因为只有具体的目标才会使人们积极行动起来。

有这个待办事项表，就可以激励人们的行动，使事情有条不紊地进行，节省更多的时间，提高工作效率。而且，将自己要做的工作列在表上，也是对自己的一种承诺，人无信则不立。既然是自己写下的，那就要信守自己的承诺，这也是历练一个人品质的方法。

当然，对于刚开始应用待办表的人来说，制作和实施或许会比较难，但是凡事都有个过程，需要经过反复训练才能成功。习惯的养成要花一定的时间，不要期望一次就能做到圆满，需要一次次的尝试，在摸索中前进。

第 8 章

落实细节：工作中无小事

【职场小事】1. 有人在你面前说某人坏话时，你只微笑；2. 不要把过去的事全让人知道；3. 说话的时候记得常用“我们”开头；4. 话多必失，人多的场合少说话；5. 不要期望所有人都喜欢你；6. 尊敬不喜欢你的人；7. 与人握手时，可多握一会儿；8. 气质是关键。如果时尚学不好，宁愿淳朴。

为什么说小事不小

很多人轻视小事，认为小事不值得做，因此为自己的工作留下了隐患。在小事上认真的人，做大事才会卓越。有位智者说：“不关注小事或者不做小事的人，很难相信他会做出什么大事。做大事的成就感和自信心是由做小事的成就感积累起来的。”事实上，在工作中，没有任何一件事情小到可以被抛弃；没有任何一个细节，细到应该被忽略。

有很多人对“小事”理解不深、认识不透，有的人甚至错误地认为只要在大事上不马虎，小事做好做坏都无关紧要。殊不知，正是那些没做好的小事将自己的努力化为乌有。比如，顶撞一位顾客、怠慢一个用户、板了一次面孔、说了一句风凉话、收错一笔费用、造成一个误会、缺少一个笑容……看起来微不足道的小事，在表面看来可能不会对你有多大的影响，但实际上已经给你的事业造成了巨大的危险。

许多事例告诉我们，大局的改变往往是由一点点的小变化所积累成的。今天你失去的可能只是用户的一次信任，或者是一个普通的用户离你而去，可是，这小小的变化带来的影响却是深远的，当它达到一定量的时候，产生的冲击则是惊人的。一个用户的离去，可以演变成一群或一大片用户的离去。特别是当我们已经为工作做出了许多努力、付出了许多汗水，到头来却因为自己对一些小事把握不好，从而使自己数十次热情贴心的服务所取得的信任付之东流！

一次，国内一位旅客乘坐某航空公司的航班由济南飞往北京，连要两杯水后又请求再来一杯，还歉意地说实在口渴，服务小姐的回答让她大失所望：“我们飞的是短途，储备的水不足，剩下的还要留着飞上海用呢！”在遭遇了这一“细节”之后，那位女士决定今后不再乘坐这家公司的飞机。

每一条跑道上都挤满了参赛选手，每一个行业都挤满了竞争对手。你任何一件小事做得不好，都有可能把顾客推到竞争对手的怀抱中。可见，任何对于小事的忽视，都会影响企业的效益。

日本东京一家贸易公司有一位专门负责为客商购买车票的小姐，经常给德国一家大公司的商务经理购买来往于东京、大阪之间的火车票。

不久，这位经理发现一件趣事，每次去大阪时座位总在右窗口，返回东京时又总在左窗边。

有一次，经理询问小姐其中的缘故。小姐笑着答道："车去大阪时，富士山在您右边；返回东京时，富士山已到了您的左边。我想外国人都喜欢富士山的壮丽景色，所以我替您买了不同的车票。"

就是这么一件不起眼的小事使这位德国经理十分感动，促使他把对这家日本公司的贸易额由400万欧元提高到1200万欧元。他认为，在这样一个微不足道的小事上，这家公司的职员都能够想得这么周到，那么，跟他们做生意还有什么不放心的呢?

事实上，现在随着企业规模的不断扩大，员工的数量也日益增多，彼此之间的分工越来越细，其中能够决定大事要事的高层管理者毕竟是少数，绝大多数员工从事的还是简单的、琐碎的、不起眼的小事。但卓越的员工却能在这一份份平凡的工作和一件件不起眼的小事中，通过注重在细节上下功夫，为自己和公司不断创造价值。

一个阴云密布的午后，由于瞬间的倾盆大雨，行人们纷纷进入就近的店铺躲雨。一位老妇也蹒跚地走进费城百货商店避雨。面对她略显狼狈的姿容和简朴的装束，所有的售货员都对她心不在焉，视而不见。

这时，一个年轻人走过来诚恳地对她说："夫人，我能为您做点什么吗？"老妇人莞尔一笑："不用了，我在这儿躲会儿雨，马上就走。"老妇人随即又心神不定了，不买人家的东西却借用人家的屋檐躲雨似乎不近情理。于是，她开始在百货店里转起来，哪怕买个头发上的小饰物呢，也算给自己的躲雨找个心安理得的理由。

正当她犹豫徘徊时，那个小伙子又走过来说："夫人，您不必为难。我给您搬了一把椅子，放在了门口，您坐着休息就是了。"两个小时后，雨过天晴，老妇人向那个年轻人道谢，并向他要了张名片，颤巍巍地走出了商店。

几个月后，费城百货公司的总经理詹姆斯收到一封信，信中要求将这位年轻人派往苏格兰收取一份装潢整个城堡的订单，并让他承包自己家族所属的几个大公司下一季度办公用品的采购订单。詹姆斯惊喜不已，匆匆一算，这一封信所带来的利益相当于他们公司两年的利润总和！

他迅速与写信人取得联系后方才知道，这封信出自一位老妇人之手，而这位老妇人正是美国亿万富翁“钢铁大王”卡内基的母亲。

詹姆斯马上把这位叫菲利的年轻人推荐到公司董事会上。毫无疑问，当菲利打起行装飞往苏格兰时，他已经成为这家百货公司的合伙人了。那年，菲利22岁。

随后的几年中，菲利因他一贯的忠实和诚恳成为“钢铁大王”卡内基的左膀右臂，事业扶摇直上、飞黄腾达，成为美国钢铁行业中仅次于卡内基的富可敌国的重量级人物。

“泰山不让土壤，故能成其大；江海不择细流，故能就其深。”注重细节应是一名员工必备的素养，它体现出一个人的工作态度、行为方式、做人理念。那些常忽略细节的人，小事在他们看来就是小事，微不足道，根本不值得去干，因此成功总离他们很远。而那些关注细节的人，小事在他们眼里从来不是小事，他们认真对待发生在身边的每一件小事，将小事做细，并在细节中寻找机会，从而使自己走向成功。

小事决定成败

人与人之间的差别往往体现在一些细小的事情上，并且正是因为这些细小的事情决定了不同的人具有不同的命运。

1961年4月12日，前苏联宇航员加加林乘坐4.75吨重的“东方1号”航天飞船进入太空遨游，成为世界上第一位进入太空的宇航员。他为什么能够从20多名宇航员中脱颖而出？

原来，在确定人选前一个星期，航天飞船的主设计师罗廖夫发现，在进入飞船前只有加加林一个人脱下鞋子，只穿袜子进入座舱。

就是这个细小的举动一下子赢得了罗廖夫的好感，他感到这个27岁的青年既懂规矩，又如此珍爱他为之倾注心血的飞船，于是决定让加加林执行人类首次太空飞行的神圣使命。

加加林通过一件不经意的小事，表现了他珍爱他人劳动成果的修养和素质，使他成为遨游太空的第一人。

因小事而决定的事情看似偶然，实则充满了必然。下面同样是一个关于航天的故事，读起来却让人感到沉重。

2003年2月1日，美国“哥伦比亚”号航天飞机返回地面途中，着陆前意外发生爆炸，飞机上的7名宇航员全部遇难，全世界为之震惊。

美国宇航局负责航天飞机计划的官员罗恩·迪特莫尔被迫辞职。此前，他在美国宇航局工作了26年，并已担任4年的航天飞机计划主管。

事后的调查结果表明，造成这一灾难的凶手竟是一块脱落的隔热瓦。

“哥伦比亚”号表面覆盖着2万余块隔热瓦，能抵御3000摄氏度的高温，以免航天飞机返回大气层时外壳被高温所熔化。

1月16日“哥伦比亚”号升空80秒后，一块从燃料箱上脱落的碎片击中了飞机左翼前部的隔热系统。宇航局的高速照相机记录了这一过程。

应该说，美国航天飞机的整体性能是一流的，却因为一小块脱落的隔热瓦毁灭了价值连城的航天飞机，还有无法用价值衡量的7条宝贵的生命。

人类的历史，充满了因为忽视细节或马虎而造成的悲剧。在西方有一个广为流传的故事：

英国国王查理三世准备与敌人决一死战，这场战斗将决定由谁来统治英国。战斗打响之前，查理派马夫装备自己最喜欢的战马。马夫发现马掌没有了，于是他对铁匠说：“快点儿给它钉掌，国王希望骑着它打头阵。”

“你得等一等，”铁匠回答，“前几天因给所有的战马钉掌，铁片已经用完了。”

“我等不及了。”马夫着急地说。

铁匠埋头干活，从一根铁条上弄下可做四个马掌的材料，把它们砸平、整形，固定在马蹄上，然后开始钉钉子。钉了三个马掌后，他发现没有钉子来钉第四个马掌了。

“我缺几个钉子，”他说，“需要点儿时间砸两个。”“我告诉过你我等不及了。”马夫不耐烦地叫道。

“没有足够的钉子，我也能把马掌钉上，但是不能像其他三个那么牢固。”

“能不能挂住？”马夫问。“应该能，”铁匠回答，“但我没有把握。”

“好吧，就这样。”马夫叫道，“快点儿，要不然国王会怪罪我的。”

铁匠凑合着把马掌挂上了。

很快，两军交战了。查理国王冲锋陷阵，鞭策士兵迎战敌军。突然，一只马掌掉了，战马跌倒在地，查理也被掀翻在地上。受惊的马跳起来逃走了，国王的士兵也纷纷转身撤退，敌人的军队包围了上来。

查理在空中挥舞宝剑，大喊道：“马！一匹马，我的国家倾覆就因为这一匹马。”

于是，从那时起人们就传唱着这样一首歌谣：“少了一个铁钉，丢了一只马掌。少了一只马掌，丢了一匹战马。少了一匹战马，败了一场战役。败了一场战役，失了一个国家。”

一个国家的存亡竟由一颗小小的钉子决定，这是一个深刻而耐人寻味的教训。这样的教训在现实生活中比比皆是：

19世纪50年代，旧金山的一位商人给一个萨克拉门托的商人发电报报价：“10万吨大麦，单价1美元。价格高不高？买不买？”

萨克拉门托的那个商人原意是要说：“不。太高。”可是电报里却漏了一个句号，结果成了“不太高。”这个小小的失误一下子就使他损失了10万美元。

一个皮货商要订购一批羊皮，在合同中写道：“每张大于4平方尺、有疤痕的不要。”其中的顿号本应是句号，结果供货商钻空子，发来的羊皮都是小于4平方尺的，使皮货订购商哑巴吃黄连，有苦说不出，损失惨重……

小事决定成败，虽然不是说任何一件小事都可决定成败，但如果你忽略它，它便会成为你失败的最大祸根。如果你不幸养成了忽视细节或不注重小事的坏习惯，那么发生在你身边的小事绝对可以决定你一时甚至是一生的成败。

小事不是小人物的事

在很多人眼里，大人物总是和大事件联系在一起，小事则是小人物做的事。其实，无论是大人物还是小人物，他们的大部分时间都是在做一些很平凡、很简单的小事情。不同的是，小人物总是盲目地以为“天将降大任于斯人也”，从不认真对待身边的每一件小事。而大人物从来不将小事当成小事，他们相信“有事情发生就是有机会来临”。

美国国务卿鲍威尔是美国威望很高的将领和领导人，他把“注重小事”当成自己的人生信条；世界唯一一位依靠股市成为亿万富翁的沃伦·巴菲特认为，一个人要取得成功必须做好工作中的每一件小事；里兹·卡尔顿饭店的创始人里兹说：“把每一件简单的事做好就是不简单，把每一件平凡的事做好就是不平凡。”

然而，在我们的现实生活中，过于功利化的倾向越来越让人们变得浮躁起来，总是将自己的眼睛盯在一些大的目标上，对自己工作中的小事情视而不见。殊不知，这正是影响一个人事业前途的关键所在。将小事做好既是一种认真的工作态度，也是一种科学的工作精神。一个连小事都做不好的人，很难想象他会有什么大的成就。

美国石油大王洛克菲勒刚参加工作时，因学历不高，又没有特别的技术，他在公司做的工作连小孩都能胜任——巡视并确认石油罐盖有没有自动焊接好。

在工作中，洛克菲勒发现罐子旋转一次，焊接剂滴落39滴，焊接工作便结束。这显然是一件很平常的小事，所有参与过这工作的人都知道，但没人把这个工作中的小细节当回事。洛克菲勒却不愿放过这个细节，他不断向技术人员询问有关技术参数，寻找改良焊接技术的办法。当时公司很多人暗地里笑他傻，“算了，让他折腾吧，这种小事也只有他这样的小工才会去想。”他们说。

经过一番研究，洛克菲勒终于研制出“37滴型”焊接机。

但是，利用这种机器焊接出来的石油罐偶尔会漏油，并不实用。但他不灰心，又研制出了“38滴型”焊接机。这次研制非常完美，公司对他评价很高，不久便开始生产这种机器。

洛克菲勒的“38滴型”焊接机在公司全方位使用后，虽然每次焊接只节省了一滴焊接剂，一年下来却给公司带来了5亿美元的新利润。

“改良焊接剂”直接改变了洛克菲勒的人生。他成功的关键在于：普通人工作时往往会忽略的平凡小事，他却特别注意。

有一个朋友，新到一家民营企业上班，本来招聘时和人力资源部、老板都谈好了做销售总监，负责全盘的销售。可是上班以后，老板却安排他暂时做总监助理，每天负责搜集报表、通知会议等杂事，而总监由老板暂时代理。于是他就配合着老板做助理的工作，连续做了三个月。直到三个月以后，老板才让他坐上了总监的位置。在这三个月期间，他每天处理的都是一些杂事、小事，但他并未将这些当成小事杂事，他知道小事并不是小人物的事，因此他最终得到了老板的信任。

在很多企业中，老板会把高能力的人低标准使用，看他实际的表现能力，然后再给以相应的职位，这是很通常的举动。蒙牛的老板牛根生，当年就是从伊利的刷瓶子工人做起的。他没将打杂这种小事当成小人物的事，每一件事都做得很认真，因此他成功创建了蒙牛。

美国标准石油公司曾经有一位小职员，名叫阿基勃特。他出差住旅馆的时候，总是在自己签名的下方写上“每桶4美元的标准石油”字样，在书信及收据上也不例外，只要签名就一定写上那几个字。他因此被同事叫作“每桶4美元”，而他的真名倒没有人叫了。

公司董事长洛克菲勒知道这件事后说：“竟有职员如此努力宣扬公司的声誉，我要见见他。”于是邀请阿基勃特共进晚餐。

后来，洛克菲勒卸任，阿基勃特成了第二任董事长。在签名的时候署上“每桶4美元的标准石油”，这算不算小事？

严格说来，这件小事还不在阿基勃特的工作范围之内。但阿基勃特做了，并坚持把这件小事做到了极致。那些嘲笑他的人中肯定有不少人的才华、能力在他之上，可是最后，只有他成了董事长。

还有一些人因为事小而不愿去做，或抱有一种轻视的态度。有这么一个故事：据说，在开学第一天，苏格拉底对他的学生们说：“今天咱们只做一件事，每个人尽量把胳臂往前甩，然后再往后甩。”说着，他做了一遍示范。

“从今天开始，每天做300下。大家能做到吗？”学生们都笑了，这么简单的事谁做不到？可是一年之后，苏格拉底再问的时候全班却只有一个学生坚持下来，这个人就是后来的人哲学家柏拉图。

会做事的人把小事做成大事；不会做事的人把大事做成小事，乃至化为乌有。真要把小事做成大事并不那么容易，因为任何大事都是具体操作和长远眼光完美结合的产物。英语中有句格言："Think big,do small。"意思是"心中想大事，手里做小事"，形象地说明了小事和大事的辩证关系。会做事的人，必须具备三个做事特点：一是愿意从小事做起，知道做小事是成大事的必经之路；二是胸中要有目标，知道把所做的小事积累起来最终的结果是什么；三是要有一种精神，能够为了将来的目标自始至终把小事做好。

然而现在有很多人，心中倒是整天想着大事，但对工作中的小事却从来提不起兴趣，甚至将整天埋头于小事之中当成一种很丢脸面的事。殊不知，正是这样的想法让他们日复一日、年复一年在实现自己人生大目标的路上停滞不前。对于有这种倾向的人，我们有三点建议：

1.重视工作中的小事。工作中无小事，事事都是工作，只要是对工作有利的事，无论多小或者多么微不足道，都值得重视。

2.密切关注自己的工作流程，不要放过任何一个可以改良和补救工作结果的小细节。

3.小事不是小人物的事。差距往往从细节开始，造成不同结果的通常是那些很容易被忽略的小事。

小事之中潜藏机会

生活中，我们常听见有人埋怨自己缺少成功的机会，却很少听见有人埋怨自己无事可做。有位哲人曾经说过："有事情发生，便有机会存在。"每一件事情的发生都潜藏着机会，只是失败者孤注一掷于每一件大事，成功者却不轻易放过每一件小事。事实上，要想比别人更优秀，要更能抓住机会，从每一件小事上下功夫才最聪明。

日本狮王公司的员工加藤信三就是一个活生生的例子。

有一次，加藤信三为了赶去上班，刷牙时急急忙忙，没想到牙龈出了血。他为此大为恼火，上班的路上仍然非常气愤。快到公司时，他突然想到：是不是这种事情在别人身上也发生过？这和牙刷本身是不是有某种关系？想到这里，他对自己说："这种事情一定可以得到解决，而且这里面一定存在着商机。”他到公司后向几个同事提及此事，大家都有同感，于是便相约一同解决刷牙容易伤及牙龈的问题。

他们想了不少解决刷牙造成牙龈出血的办法，如把牙刷毛改为柔软的狸毛；刷牙前先用热水把牙刷泡软；多用些牙膏；放慢刷牙速度，等等，但效果均不太理想。后来他们进一步仔细检查牙刷毛，在放大镜底下发现刷毛顶端并不是尖的，而是四方的。加藤想：“把它改成圆的不就行了！”于是他们着手改进牙刷。

经过实验取得成效后，加藤正式向公司提出了改变牙刷毛形状的建议。公司领导看后，也觉得这是一个特别好的建议，欣然把全部牙刷毛的顶端都改成了圆形。改进后的狮王牌牙刷销售直线上升，占到了全国同类产品的40%左右。加藤也由普通职员晋升为科长。十几年后，他成为公司的董事长。

牙刷不好用，在我们看来是一件司空见惯的小事，所以很少有人想办法去解决这个问题，机遇也就从身边溜走了。而加藤信三则不然，他不仅没有忽视这种小事，而且从这件小事中找到了机会，从而使自己和所在的公司都取得了成功。

看不见小事或者不把小事当回事的人，无疑是一个工作不细心的人。这样的人，即便机会摆在他面前，也会从其指尖悄然溜走。

小胡和小张同时应聘进了一家中外合资公司。这家公司待遇优厚，个人的发展空间也很大。他们俩都很珍惜这份工作，拼命努力以确保顺利通过试用期。公司规定的淘汰比例是2:1，也就是说，他们俩有一个会在三个月后淘汰出局。

小胡和小张都咬着牙卖力地工作，上班从来不迟到，下班后经常加班，有时候还帮着后勤人员打扫卫生、分发报纸……部门经理是一个和蔼可亲的人，他经常去两个人的单身宿舍和他们交流、沟通，这使他们受宠若惊。所以两个人特别注意个人卫生，都把各自的宿舍整理得干干净净。

三个月后，小胡被留了下来，小张悄无声息地走了。

半年后，小胡被提升为部门主管，和经理的关系也亲近了起来，便问经理当初他和小张表现几乎一样，为什么留下来的是他而不是小张。经理说：“当时从你们中选拔一个是很难的，工作上不分高低，同事关系也很融洽，能力也都不弱，而且都非常有上进心。所以我就常去你们宿舍串门，想更多地了解你们。结果我发现了一现象，当你们不在的时候，小张的宿舍仍然亮着灯，开着电脑。而你的宿舍只要人不在灯便熄着，电脑也关着，所以我们最后确定了你。”

不要忽视任何一个细节，一个墨点足可将一整张白纸玷污，一件小错事足可招人厌恶。在现代激烈的职场竞争中，细节常会显出奇特的魅力，它不仅可以提升你的人格魅力，增加你的工作绩效指数，还可博得上司的青睐，获得更好的发展机会。

其实，小事本身就潜藏着很好的机会。如果你能从中敏锐地发现别人没有注意到的空白领域或者细小环节，以其为突破口，机会自然会掌握在你的手中。

在某跨国公司的杭州分公司，有一支很优秀的销售队伍。他们每天讨论的是如何把商店的陈列达到最佳效果，竞争对手最近有什么动态，如何去阻击其他产品的竞争，等等。

当集团公司的市场和销售总监来做市场检查的时候，不是穿着西装对销售人员进行指手画脚，而是和业务员一起动手整理货物，帮助他们做一些很细小的事情。

该公司的巧克力市场一直稳居市场占有率第一位，但这并非因为该公司跨国企业的背景或者广告做得好，更不是他们有什么特别诱人的促销方案或者总是请大明星来捧场。

成功，是因为这家公司有着一群对每个销售环节都抠得很细的销售人员，他们对竞争对手的打击从来都是从每一个细节开始的。他们对细节的关注和对小事的拿捏使他们在同行业内极具魅力，因此在订货会上，他们拿到的业绩总是其他公司的4~5倍！

以某一次秋季订货会为例。他们一年前就在全国选择一个城市作为试点，全程摄像，并且对这个试验性订货会做了很多仔细的研究，市场推广部也在这些研究的基础制定了详细的“订货会操作流程”。在订货会之前，会议的组织者又一起去将要开会的城市进行观摩，一起参加会场的布置、会议的安排、事先预演，然后和经销商一起就工作流程、会场布置、人员安排、客户邀约等可能出现问题的方面进行讨论并制定解决方案。

如此，他们将一个订货会的基本框架搭建完毕。在已经确保万无一失的情况下，接着开展订货会中的工作，哪怕再琐碎的小事，他们也会因准备充分而应付自如。

就是这些完善的准备工作，就是这些小事的积累，让这家公司赢得了经销商的心，赢得了整个巧克力市场。“成大业若烹小鲜，做大事必重细节。”平庸企业和杰出企业的差距就体现在这些小事上。这些看似不起眼的小事一旦发挥效力，既可成为我们通向杰出的良机，也可成为我们走向平庸的滑梯。

做到99%并不够，要做到100%

每个人都有自己的职位，每个人都有自己的做事准则。医生的职责是救死扶伤，军人的职责是保卫祖国，教师的职责是培育人才，工人的职责是生产合格的产品……社会上每个人的位置不同，职责也有所差异。但不同的位置对每个人都有一个最起码的要求，那就是做到99%并不够，要做到100%。

然而，很多人从小就养成了粗心大意的习惯。当他们参加工作以后，这种习惯就会被带到工作当中，使他们很难出色地完成任务。这种恶习表现在工作当中就是学习不求甚解，外出办事总是迟到，与人约会总是延误，办事缺乏周密性等。更为重要的是，一个人一旦养成这种坏习惯就会变得浮躁、不诚实，会遭到别人的蔑视，即蔑视他的工作态度，也蔑视他的为人。

如果有一天这样的人成为管理者，他的坏习惯也会传染给员工。员工看到上司是个粗心大意、要求不严格的人，他们就会竞相效仿，降低对自己的要求。这样，每个人的缺陷与不足就会渗透到工作中，蔓延到公司里，影响公司整体的发展。

许多公司都反复强调这样一句话：“在这里一切追求尽善尽美。”如果我们做任何事情力求完美，不但会使我们的工作效率和工作质量得到提高，也能树立我们高尚的人格。

老板们欣赏能做好自己工作的员工。能够做好自己的工作，是成功的第一要素。各行各业，人类活动的每一个领域，无不在呼唤能自主做好手中工作的员工。齐格勒说：“如果你能够尽到自己的本分，那么总有一天，你能够实现自己的理想。”反之，如果你凡事得过且过，从不努力把自己的工作做好，那么你永远无法达到成功的顶峰。对这种类型的人，任何老板都会毫不犹豫地把他排斥在自己的选择之外。

工作要想做到位，就必须有严谨的工作态度，对工作不敷衍。无论是大事还是小事都认真去做，并且做到最好。但是在日常生活中，做事只求差不多、不到位的现象随处可见。

一家皮货经营公司的业务员程伟，敢闯敢干，能说会道，把公司的业务搞得红红火火。可是程伟做事有一个习惯，那就是只讲求整体上完成指标，在工作细节方面有时不是很在意，经常犯粗心的毛病。因为他觉得事情只要做得差不多就行了，反正也没有什么大不了的。

有一次，公司订购了一批羊皮，老板让他审核合同。他认为对方公司已经和自己公司做过一次生意，应该不会有什么问题，就没有仔细地看合同，结果合同中的一个标点错误给公司带来了巨大损失。

做事尽职尽责，努力追求精益求精，是对一个人职业精神的基本要求。只有抛弃“差不多”的工作态度，才能够迅速培养起严谨的品格，获得超凡的智慧，才能让自己从普通员工迈向优秀员工的行列，甚至更高的境界。

追求细节上的完美

评判事情的好坏并没有一定的标准。在工作过程中，只要尽了力，不安于“还可以”“差不多”这样的结果，自然会引起上级注意，得到赏识。

成功的标准就是追求细节上的完美，这是成功者的要求，也是成功者的思维。如果你能这样想，无论你做什么，品质都会很好，也不会自满。因为很少有东西是完善的，即使是最好的产品也会有缺陷。

然而，无论在公司或组织中，如果你设立这样一个完美的目标，就可以提升每一个人对品质的意识，使每个人做事都变得非常认真，因为每个人都在研究怎样把事情做得更完美。

追求细节上的完美可以让你走向成功。世界上那些为人类创立新理想、新标准，扛着进步的大旗、为人类创造幸福的人，都是具有这样追求完美无缺素质的人。

在工作中应该追求完美、满分。不完整的工作成果只会给别人添麻烦，对自己也没有什么好处。

人类历史中有不少悲剧，都是那些工作不可靠、不认真者的苟且作风造成的。无知与轻率所造成的祸害不相上下。许多青年人的失败，就在“轻率”这的一点上。他们念念不忘的是寻得较高的位置、较大的机会，使自己有“用武之地”。他们常对自己这样说：“我们在平凡、渺小的职务下，枯燥、机械地工作，有什么意义呢？那真是不值得去拼搏！”因此，他们的工作往往需要他人的审查、校正。这样的人，很难升到更高的位置上。

但是，凡是出类拔萃的青年，对于每件寻常、细微的事都能认真思考，不肯安于“还可以”或“差不多”，必求其尽善尽美。他们能从简单、平凡的工作岗位中，看出并造就大机会。他们比一般人更敏捷、更可靠，自然能吸引上级的注意，博得领导的赏识。他们每办完一件事，都能大声地对自己说：“对于这份工作，我已尽心尽力。我不但做得‘还好’，而且在我能力范围内做到了‘最好’。对于这份工作，我能够经得起任何人的检查批评。”

巴尔扎克有时用一星期时间只写成一页稿纸，但他的声誉却远非近代某些不严肃的作家所能企及。狄更斯不到预备充分时，不肯在公众前读他的作品。这就是务求尽善尽美的美德。然而有不少人对待职务、工作的态度苟且、潦草，并且借口时间不够，这是不对的。因为，总会有时间足够使我们把每件事情办得更好。

追求完美的过程不可能一步到位，因此不能急于求成。不管任何事，任何人都无法一次做到尽善尽美，要反复、一次又一次地实践，不要老顾盼自己离“完美”还有多远，现在可以打多少分，这样不好。成功需要靠时间和努力的点滴积累，把“完美”当作一种目标装在心里，然后埋下头，专注于自己的工作。在达到完美境界的过程中有许多人为的因难因素，也有很多现实生活中不能克服的障碍。但是，如果我们无法坚持不做自己不清楚的工作的基本信念，就会因为工作量的增加而顾此失彼。现在某些公司就因为非常坚持这个原则而大有发展。这类公司只要自己的产品有点瑕疵，不管是谁订的，订的是什么货，在什么状况下，都不会贸然出货，即使因此使同行抢先了一步也没有关系，这是他们坚持的方针。换句话说，就是希望自己的货都是完美的。

做事干净利落，不拖泥带水，该做的事尽早去做，该了结的尽快了结，有这种工作和生活习惯的人，处处会受到别人的信赖和喜爱。

在细节处下功夫

日常琐碎细节，是一个人的天性、本质、修养的自觉流露。

成功者与失败者之间到底有多大差别？事实上，人与人之间在智力和体力上差异并没有想象中的那么大。很多小事，一个人能做，另外的人也能做。只是做出来的效果不一样，往往是一些细节上的功夫决定着完成的质量。

要想在工作中出类拔萃，就应学会在细节处下功夫。

有时候，公司老板或业务员要出差，便会安排员工去买车票。这看似很简单的事，却可以反映出不同的人对工作的不同态度及其工作能力，也可以大概测定其今后工作的前途。有这样两位秘书，一位将车票买来，就那么一大把地交上去，杂乱无章，易丢失，不易查清时刻；另一位将车票装进一个大信封，并且在信封上写明列车车次、号位及起程、到达时刻。后一位秘书是个细心人，虽然她只在信封上写上几个字，却方便了出差者。按照命令去买车票，这只是“一个平常人”的工作，但是一个会工作的人一定会想到该怎么做、要怎么做，才会令人更满意、更方便，这也就是用心，注意细节的问题了。

工作细节不容忽视。注意细节的人所做出来的工作一定能抓住人心，虽然在当时无法引起人们的注意，但久而久之这种工作态度形成习惯后，一定会为其带来巨大的收益。这种持细心工作态度的日后有大作为者，即使要他在收发室做整理信件的工作，也会做得比别人更好。这种注重细微环节的态度，就是使自己发展的营养剂。

老子曾说过："治大国若烹小鲜。"老子将治理国家比作烹调小鱼一样，不急躁、不乱动，这样煮出的鱼才色鲜味美。假如火候不对，调味不对，心浮气躁，鱼下锅后急于翻动，最后煮出来的东西就会色、香、味什么都没有了，肉也碎了。可见，细微之处方见真功夫。

有一部名为《细节》的小说，其题记为："大事留给上帝去抓吧，我们只能注意细节。"作者还借小说主人公的话做了注脚："这世界上所有伟大的壮举都不如生活在一个真实的细节里来得有意义。"

500 强工作法：养成注重细节的习惯

我们要想开创人生的新局面、实现人生的新突破，就要学会关注细节，从小事做起。这样，才能够一步步向前迈进，一点一滴积累资本，并抓住瞬间的机会实现突破，踏上成功之路。

鲁尔先生要雇一名勤杂工到他的办公室打杂，他最终挑选了一名男童。

"我想知道，"他的一位朋友不解地问，"你为什么选他？他既没有介绍信，也没有人推荐。"

鲁尔说："你错了，他带了很多介绍信。他在门口时擦去了鞋上的泥，进门后随手关门，这说明他小心谨慎。进了办公室，他先脱去帽子，回答我的提问时干脆果断，证明他懂礼貌而且有教养。其他所有的人都是直接坐到椅子上准备回答我的问题，而他却把我故意扔在椅子边的纸团拾起来，放进废纸篓里。他衣着整洁，头发干净。难道这些小节不是极好的介绍信吗？"

在一些公共环境中，人们对一个陌生人的了解注意的往往就是他的小节。在互不熟悉的情况下，人们在不知不觉中就会先入为主地认为：一个小节常常反映出大问题。所以一个人在小节上的表现和修养，其实就是他身份的象征。

曼玲大学毕业后，很幸运地被一家中等规模的证券公司录用，她十分兴奋，准备大干一番。然而，踏上工作岗位她才发现，对于新人，公司安排的实际工作并不多，倒是有很多杂七杂八的事情，像发报纸、复印、传真、文件整理等。

同来的新人们觉得，要大学生做杂活未免有些丢脸，又觉得不受重视，不免满腹牢骚，便经常找借口推托。曼玲心里也觉得有些委屈，回家就和母亲说起了自己内心的苦闷。身为职业女性的母亲笑了笑，说："小事不做，焉能做大事？须知，由细微处方见真品性。"

于是，曼玲不再和大家一起发牢骚。见到别人不愿意做的琐事，她便接过来做，一下子就忙碌了起来，有时甚至要加班加点。有些新人笑她傻，说有时间多休息休息不好吗？还有些人说她爱表现，说不用这么拼命吧。不管别人怎么说，曼玲总是笑而不语。

其实，对于曼玲完成的一点一滴的工作，部门主管都看在眼里，便开始逐渐选择一些专业的工作给她做。公司的老员工也喜欢这个手脚麻利、不挑三拣四的"傻女孩"，平时颇乐意将自己多年的工作心得传授给她，并将公司里人际关系上的微妙之处向曼玲说明。逐渐地，曼玲工作上越来越顺手，在人际交往的分寸上把握得越来越好。

有了这么好的群众基础，又有了那么好的工作成绩，在新人转正时，曼玲自然成了第一批转正的新人，并且被安排到了她最向往的岗位，成功地踏出了职业生涯的第一步！

不要忽视小节，这在现代职场上已被奉为金玉良言。

在过去的工作中，你有没有认认真真地做好过每一件小事？要知道，一个微小的细节也许就改变了你一生的命运。具体来说，工作中的细节主要体现在以下几个方面：

（1）保持办公桌的整洁。如果你的办公桌上堆满了信件、报告、备忘录之类的东西，就很容易使人有混乱感。更糟的是，零乱的办公桌无形中会加重你的工作任务，冲淡你的工作热情，使你很难很快投入工作。一位成功学家说："一个书桌上堆满了文件的人，若能把他的桌子清理一下，留下手边待处理的一些工作，就会发现他的工作更容易些。这是提高工作效率和办公室工作质量的第一步。"因此，要想高效率地完成工作任务，首先就必须保持办公环境的整洁有序。

（2）不要经常缺勤。缺勤在很多员工看来是一件小事，但是，这件事情直接关系到你个人和公司的利益。因为在公司的老板看来，出勤率高的员工无疑对公司更加负责。你应该尽一切努力来保证出勤，因为缺勤会使你无形中损失很多。

（3）不要把请假看成一件小事。请假无疑会影响你的工作进度，即使你自认为工作效率较高，确定耽误一两天也不会影响工作进度，那也不能轻易请假。因为你身处的是一个合作的环境，你的缺席很可能会给其他同事造成不便，影响其他人的工作进度。所以不要将请假当成一件小事，或者只是你一个人的事。

（4）不闲聊，不干私活。就员工个人而言，利用上班时间处理个人私事或闲聊、会分散注意力，降低工作效率，进而影响工作进度，造成任务逾期甚至不能完成。所以把办公时间全部用在工作任务上是必要的，也是必需的。

（5）下班后不要立即离开。下班后要静下心来，将一天的工作做个简单总结，制订出第二天的工作计划，并准备好相关的工作资料。这样有利于第二天高效率地开展工作，使工作按期或提前完成。离开办公室时，不要忘了关灯、关窗，检查一下有无遗漏的东西。

世界上许多伟大的事业都是由点点滴滴的细节汇集而成。在细节上能够表现好的人，他在成功之路上一定会少许多阻碍。同样，工作中的很多细节会影响到我们的事业和前途。如果你想有所成就，取得更大的成功，就不要忽视这些细节，以免因小失大，给你的人生和事业带来重大的损失。

第9章

工作日志：记忆会飞散，文字会永存

【老板不会重用的几种人】1. 献媚者，巧言令色却妒贤嫉能；2. 投机者，谋求“卖个好价钱”；3. 自命不凡者，无法容忍更有才能的人；4. 权力欲强者，常常为实现野心不择手段；5. 爱慕虚荣者，自吹自擂，缺乏实干；6. 四平八稳者，只求舒适职位，缺乏干劲和创造力。

好记性，不如一根烂笔头

当你面对繁多的工作理不出头绪时，工作日志就成了非常重要的东西。工作日志是帮助你快速处理事情的工具，运用得当能帮助你节省不少时间。每天做好工作日志，让自己的计划都能够顺利进行。要想掌控你的工作，就让工作日志来提高你的工作质量。

一些人认为，工作只要用心就可以了，没必要记工作日志。看来这种观点是错误的。研究表明，对于同一项工作，写日志可以大大提高工作效率。

俗话说："好记性不如烂笔头。"记忆力再强，时间长了，要记的内容多了，总会遗忘一些。人们不可能总是记得自己需要做的事，完成了今天的事，忘记明天、后天的事是很容易的。人们倾向于为眼前的事情忙得焦头烂额，缺乏长远计划。许多事情也并不是一次性或一天就能搞定的，它也需要每天或每一阵子分配一定的时间来做。写工作日志，可以让你对工作做到心中有数，减少工作中的失误，能有效地帮助你掌控工作进度。

怎样才能写好工作日志呢？

做好准备工作。笔记本是必不可少的。最好给每一项工作准备一个单独的笔记本，不要在一个本里同时记几项工作的笔记，这样会很混乱。准备两种不同颜色的笔，以便通过颜色突出重点，区分不同的内容。

做好标记。可在每页日志的右侧划一竖线，留出1/3或1/4的空白，用于日后拾遗补缺，或写上自己的心得体会。

日志方式多种多样。有要点日志、提纲日志及图表日志等。

（1）要点日志：不是将工作的所有内容都记录下来，而是抓取要点，对工作中的重要内容用关键词语加以概括。

（2）提纲日志：用大小标题概括工作的内容，并用大小写数字按顺序分出不同的层次，在每一层次中记下工作要点和有关细节。条理清晰，使人一目了然。

（3）图表日志：利用一些简单的图形和表格，把工作的主要内容绘成表格图，列表加以说明。图表比单纯的文字更加形象和概括。你可以制一个表格，把本月和下月需要优先做的事情记录下来。

及时检查日志：工作日志要经常检查，可从头至尾阅读一遍自己写的日志，既起到复习的作用，又可以检查笔记中的遗漏和错误，将遗漏之处补全。同时将自己对工作的理解，将自己的收获和感想，写在日志右侧的空白处。这样，使笔记变得更加完整、充实。

有很多人都会制定每一天的工作计划，但有多少人会把他们本月和下月需要做的事情进行一个更高水平的筹划呢？除非你从事的是一项交易工作，它的时间表上总是近期任务，你经常是在每个月末进行总结，而月初又开始重新安排筹划。对一个月的工作进行列表规划，是时间管理中更高水平的方法。再次强调，你所列入这个表格的一定是你必须完成的工作。在每个月开始的时候，将上个月没有完成而这个月必须完成的工作添入表中。

我们要有条不紊地来做这些工作，记录工作日志就是一个很好的方式。

工作日志让工作变得有条理

某杂志刊载了这样一个故事：有一个老商人，在一个小城镇里做了几年的地产生意，最后竟然完全失败了。当债主跑来讨债时，他正紧皱眉，思索他失败的原因。

“我为什么会失败呢？”他说，“我对顾客不是很客气吗？”

“你完全可以再从头干一场，”债主说，“你看你不是还有不少财产吗？”

“什么？从头开始？”

“是啊！你应该开出一张资产负债表来，好好地清算一下，然后从头做起。”

“你的意思是说我得把所有的资产和负债都详细清算一番，写成一张表格吗？我得把我的门面、地板、桌椅、茶几、书架都重新洗刷油漆一番，弄成新开张的样子吗？”

“是啊！”

“这些事我早在15年前就想动手去做了，但后来因为我沉溺在参观拳击竞赛中，至今还不曾动手。现在我知道我几年来失败到如此地步的原因了!”

尤其是在大都市里做生意，更要把一切事情、一切物品都弄得有条有理。美国信托行业公会的会长说：“根据我几年来和一些大公司商号交往所得的经验，他们的老板随时都能获得有关公司营业的报告，能对整个公司的情形了如指掌，一定不会失败。”

无论是在大都市还是在城镇里经营生意，你都应该把物资管理得清洁整齐，把账目记得清清楚楚——这是最重要的一件事。那些把什么事物都弄得乱七八糟的人，终有一天要跌倒的。

有不少商家，往往把货物堆积得七倒八歪，没有良好的管理。偶尔来个顾客要买某件物品时，店员就要翻来覆去地耽误半天功夫才能找到。

有许多青年也是一样，他们生来有一种古怪脾气，任何事情都只随随便便搪塞一下了事，从不想到应该怎样做得更好。他们脱下衣裳解下领带就随手东丢西抛。遇到他们不得不放下手中的事情跑开一趟时，就不管事情已经做到哪里，立刻顺手抛开，等着回来后继续做下去。这种青年一旦踏入社会，干起事业来，一定把自己的四周弄成一团糟，对于任何事也一定抱着“搪塞主义”。

如果你多费一点时间和精力，把你的事情做出一种结果，把你的东西收拾放好；当你将来再继续下去时，要把东西找出来时，真不知要省去多少时间和精力，更不知要省掉多少无谓的纠纷与烦恼。

有些人常常对自己的失败想不出所以然来，其实他面前的那张写字台已经把其中的缘故老老实实地告诉他了：台面上东一堆乱纸，西一堆信札；抽屉里好像塞满了棉花一般；书架上被报纸、文件、信纸、原稿、便条等杂七杂八地塞得水泄不通。

我们身边的一切用具和陈设都是揭发我们习气最忠实的证人，我们的行动、谈吐、态度、举止、眼睛、衣服、装饰等也都在老实而毫不客气地告发我们是一个怎样的人。它们把你莫名其妙失败的原因一五一十地说了出来，把你不知其所以然的穷困理由原原本本地告诉了你。

做任何事情，万万不要做做停停，停了再做。往往有许多人，今天说得一篇大道理，明天就没有一点事了，也不见任何行动。他们不知道，任何事业绝非那样一吹法螺就可以成功，非聚精会神、有条不紊、持之以恒、不断努力不可!

每天都写一写工作日志

当你面对繁多的工作理不出头绪时，工作日志就成了非常重要的东西。每日写好工作日志，能帮助你更好地分配时间，完成自己的工作任务。

“工作日志”是你想记却又不愿长久记在脑海里的信息、文件和资料的存储器。

比如，你决定在下周四下午去理发，不妨在“工作日志”的日期上做个记号。

或者，假如你每个月得缴纳1500元的汽车分期付款，不妨用付款单或其他东西来提醒自己，早做准备，一月接一月地缴纳。

假定你3号要参加某个会议，而你想带些重要资料去，就把文件放进“3”号的纸夹里，并在上面注明会议的地点、时间、与会人员等。也许你偶尔会忘了开会或一时找不到资料，可是只要你记得每天早上查对你的“工作日志”，你将会记得这些东西的。把这些文件放进你的档案里，并在放置的地方和你想要使用的时间处做个记号。

你可以在往后的时间里翻阅这些文件，然后在每个月的1号打开当月的卷宗，按照预定的时间将文件放进去。

只要你早上花些功夫打开当天的卷宗，就可以找到你所要的东西。你会因为没有把事情忘了而心安，你可以把回想的功夫省下来，用在其他的事情上；在适当时候，你便知道你的约会、计划和文书工作，你也因用不着分心去做其他事而变得相当有效率。我们确信“工作日志”这种方法，能让你花最少的时间和精力去增进工作效率。

如果你想开始读萧伯纳的作品，去看某部电影，或找位朋友到公园钓鱼，或者上一个烹饪班，你可以提前一两个月在“工作日志”里做个记号。在事情再度发生时，你会回想起以前的种种情况，想想自己以前是否做过，而现在是否还想再试试。不管怎样，你可以强烈地感觉到在这段时间里自己的变化，结果可能引导你走向新的目标与方向。

工作日志是帮助你快速处理事情的工具，运用得当能帮助你节省不少时间。每日写好工作日志，让自己的计划都能够顺利进行。

500 强工作法：用工作日志管理日常事务

人们浪费时间的原因主要分成主观和客观两大类：主观原因有缺乏明确的目标，拖延，缺乏优先顺序，想做的事情太多，做事有头无尾，缺乏条理和整洁，不懂得授权，不会拒绝别人的请求，仓促决策，行动缓慢，懒惰和心态消极。客观原因有上级领导浪费时间（开会、电话、不懂授权等），工作系统浪费时间（访客、官样文章、员工离职等），生活条件浪费时间（通讯、环境、交通、朋友闲聊、家住郊区等）。

1. 每天清晨把一天要做的事都列出清单

如果你不是按照做事顺序去做事情的话，那么你的时间管理也不会是有效率的。在每一天的早上或是前一天晚上，把一天要做的事情列一个清单出来。这个清单包括公务和私事两类内容，把它们记录在纸上、工作簿上或是其他什么上面。在一天的工作过程中，要经常地进行查阅。

2. 把接下来要完成的工作也同样记录在你的清单上

在完成了开始计划的工作后，把接下来要做的事情记录在你的每日清单上面。如果你的清单上内容已经满了，或是某项工作可以转天来做，那么你可以把它算作明天或后天的工作计划。你知道为什么有些人告诉你他们打算做一些事情但是没有完成的原因吗？这是因为他们没有把这些事情记录下来。

3. 对当天没有完成的工作进行重新安排

现在你有了一个每日的工作计划，而且也加进了当天要完成的新的工作任务。那么，对一天下来那些没完成的工作项目又将做何处置呢？你可以选择将它们顺延至第二天，添加到你明天的工作安排清单中来。但是，希望你不要成为一个做事拖拉的人，每天总会有干不完的事情，这样，每天的任务清单都会比前一天有所膨胀。如果的确事情重要，没问题，转天做完它。如果没有那么重要，你可以和与这件事有关的人讲清楚你没完成的原因。

4. 记住应赴的约会

使用你的记事清单来帮你记住应赴的约会，这包括与同事和朋友的约会。工作忙碌的人们失约的次数比准时赴约的次数还多。如果你不能清楚地记得每件事都做了没有，那么一定要把它记下来，并借助时间管理方法保证它能够按时完成。如果你的确因为有事而不能赴约，可以提前打电话通知你的约会对象。

5. 把未来某一时间要完成的工作记录下来

你的记事清单不可能帮助提醒你去完成在未来某一时间要完成的工作。比如，你告诉你的同事在两个月内你将和他一起去完成某项工作。这时你就需要有一个办法记住这件事，并在未来的某个时间提醒你。其实为了保险起见，你可以使用多个提醒方法，一旦一个没起作用，另一个还会提醒你。

6. 把做每件事所需要的文件材料放在一个固定的地方

随着时间的流逝，你可能会完成很多工作任务，这就要注意保持每件事的有序和完整。一般把与某一件事有关的所有东西放在一起，这样当需要时查找起来非常方便。当彻底完成了一项工作时，把这些东西集体转移到另一个地方。

7. 清理你用不着的文件材料

把新用完的工作文件放在抽屉的最前端，当抽屉被装满的时候清除在抽屉最后面的文件。换句话说，保持有一个抽屉的文件，总量不会超出这个范围。有的人会把所有的文件都保留着，这些没完没了的文件材料最后会成为无人问津的废纸，很多文件可能都不会再被人用到。这里所提到的文件材料并不包括你的工作手册或是必需的参考资料，而是那些用作积累的文件。

8. 定期备份并清理计算机

对保存在计算机里的文件的处理方法也和上面所说的差不多。也许，你保存在计算机里的95%的文件打印稿可能还会在你的手里放三个月。定期备份文件到光盘上，并马上删除机器中不再需要的文件。

第10章

汇报工作：不懂汇报工作，还敢拼职场

【如何让努力在领导眼中“可视化”？】1. 随时汇报你的工作情况，每天下班前15分钟写当天的工作总结；2. 邮件抄送，领导就是不看，以后也会有据可查；3. 一有进展，就要向领导汇报，可以邮件，也可以口头；4. 要经常见见领导，对公司提一些看法。

主动向上级汇报工作情况

没有哪个员工不想得到领导的赏识，但是如何才能得到领导的赏识呢?其中很重要的一点就是主动向上级汇报你的工作情况。这样的话，你就会赢得主动，在领导眼里你不仅尊重他，而且还会觉得你是一个工作认真细致的人。作为领导，他很希望下属及时主动的向他汇报工作情况。

我们不妨换位思考一下。假如你是领导，你手下有这样的两个员工：一个在工作中总是很及时主动向你汇报工作情况，有时候即使他外出跑业务，你也会有他就在眼前工作的感觉，因为你对于他当天的行程了如指掌，所以你会觉得这个员工让你很放心；另一个员工，你成天看不到他的身影，好像他真的很忙，可是你就是不知道他到底在忙些什么，甚至你有时候都会怀疑他会不会假借跑业务之名在外面办私事而不愿意回公司。遇到这样的员工，你当然放心不下。如果你是领导，面对这样的两个员工，你会更赏识哪一个呢?

你不要把主动向领导汇报工作情况当做是一件小事，领导正是从这样的细节上对员工在心中有了不同的打分，从中可以看出你对他是否尊重与是否值得他信赖。如果你想要成为一名优秀的员工，你就得注意这样的细节，及时主动地向领导汇报你的工作情况，赢得领导对你的好评。

刘毅工作起来很拼命，但是他不懂得及时向领导汇报自己的工作情况。最近，他为了一个宣传活动忙得焦头乱额，即使在工作中遇到很大的困难，他也不向领导说明，他总觉得自己可以独立完成，而且感觉如果把自己碰到的困难向领导说明，可能会给领导留下一个工作不力的印象。

刘毅一直到工作结束之后才去向领导汇报，当他把自己的工作业绩递给领导的时候，并没有看到他事前预想的结果——得到领导的高度赞扬。领导只是从头到尾浏览了一下，然后说：“你比我计划的完成时间晚了两天，下次你要多加注意。”刘毅只好满口答应。

走出领导办公室，刘毅的心里很不平静，他觉得特别委屈。自己克服了那么多困难才取得这样的成绩，领导不但没有表扬他，反而还说他晚了两天完成。他感觉心里有苦说不出，可是领导对他还不理解，有种打掉了牙齿只能往肚子里咽的滋味。工作中的困难倒无所谓，想想领导的话，那种辛酸的情绪就挥之不去，他也因为这件事弄得心情不好。连续好几天，刘毅工作都提不起精神，关键是他并没找到自己究竟错在哪里。

其实刘毅的问题很简单，说白了就是他不懂得及时向领导汇报自己的工作情况。向领导汇报自己的工作情况，对于一名员工来说就是一门学问，有的人懂得运用这门学问，而有的人就像刘毅那样不懂。

及时汇报，多征求领导的宝贵意见，对于员工来说，让领导知道你的工作成绩，在工作中碰到什么困难。如果自己能解决，既可以在领导面前及时反映出你的工作能力；如果不能解决，又可不失时机地向领导请教。对于领导来说，他不可能时时刻刻监控每一个员工的工作，但是他们都希望知道下属在干什么。你经常汇报自己的工作情况，也是积极与领导沟通的一种极佳方式。

汇报工作，及时有效

你有没有遇到过这种情况：当你数年如一日全力以赴地投人工作，结果突然发现，尽管自己累得半死，也做出了很多成绩，但别人好像熟视无睹，尤其是老板，似乎从未当面夸奖过你。这时，你可能会怨天尤人，牢骚满腹。但你一定要懂得，这不完全是老板的过错。试想，公司上上下下、里里外外，有多少人、多少事需要老板操心过问，你的“被忽略”也是情有可原的。如果你不主动向老板汇报你的成果，你纵然做出了优异的成绩，也较难得到老板的重视。因为老板的工作千头万绪，一般不会平白无故地对某一项工作发生兴趣或给予更多的关注。况且，越是在优秀的团队里，你的那点成绩就越容易被湮没掉。这样，你就更难脱颖而出了。

有些员工把向上司汇报工作看作是一件无足轻重的事情，甚至错误地把汇报工作与阿谀奉承联系起来。他们认为只要出色地完成上司交代的任务，就问心无愧了，自己的努力和工作成果上司自然会看在眼里、记在心里，并且会作出公正的判断。但实际上，他们往往得不到上司应有的重视，常与加薪和晋升的机会失之交臂。

很多时候，做领导的总是为不知道员工在做什么而烦恼。所以，你一定要主动向领导汇报你的工作成果，如果你完成的是一件特别棘手的任务，更应该及时向领导汇报，让领导在分享喜悦的同时了解你的工作能力和聪明才智，这将给领导留下深刻的印象。

经常性地向领导汇报工作，既可展现你的勤劳和能力，还能及时求得领导的指教，不断修正自己努力的方向，减少失误。有一个叫小宙的小伙子，是一家酒店的销售员，颇得上司的赏识。他能得到上司的青睐，一方面是因为业绩突出，另一方面就是小宙每做完一笔单子，都会以书面的形式总结出这项业务成功与失败的原因并及时向上司汇报。上司对此非常满意，尽管有些单子完成得不是很出色，但从来没有责备过他；相反，还会给他提出一些建议。向上司汇报自己的工作总结，既能显示出你对上司的尊重，也容易让上司看出你的进步，哪怕只是很小的进步。有些员工喜欢独立完成工作，在执行的过程中几乎不跟领导沟通，结果常与领导的意图发生偏差，甚至造成严重失误，结果要么被公司解雇，要么戴罪立功，赔偿损失。在日常工作中，要养成经常与领导进行沟通交流的习惯，及时向领导汇报工作，有问题要马上同领导商量对策，并将工作报告写得详实清楚，切忌敷衍了事。

失之毫厘，谬以千里。一个微小的误差就可能导致工作上的巨大失误。如果下属不及时汇报，领导就不能作出正确的判断，也不能作出正确的指示。相反，如果能够得到及时汇报，领导就可以随时了解工作的进度，从而抓住工作的重点和问题所在，及时作出相应的调整。因此，对员工来阱，主动汇报工作不仅是一项应尽的义务，更是完善工作进度促进企业发展的润滑剂。

坏事和好事都要汇报

在一个企业里，除了老板之外，所有人都是下属。不管你是高级管理者还是普通职员。作为下属，要养成主动汇报工作进度的习惯，让老板了解你为企业所付出的一切。汇报工作是下属的义务，也是下属的日常工作。许多员工正是在汇报工作中脱颖而出，从而获得领导的赏识与重用的。在现代职场中，就有一些人低估了请示与汇报的重要性，在该汇报的时候不汇报，在不该说话的时候随便说话，不该做主的时候随意做主，从而给领导留下了极坏的印象，也让自己付出了不守“规矩”的代价。

某内衣生产公司的方先生，想做一个内衣广告，便打电话给上海的一家广告公司的李经理，那天李经理恰好不在，是办公室新职员佳汝小姐接的。“麻烦你转告李经理，我这里需要设计一个内衣广告。”佳汝小姐想也没多想，就爽快地说：“这个啊，没问题！你派人过来和我们洽谈一些具体操作事宜就可以了。”

方先生刚要动身来上海时，就接到上海广告公司李经理的电话：“对不起！方先生，您来电话的时候我不在，您是要做内衣广告吗？我们将派人到您那里去，将您的具体要求带回来，不用劳烦您过来了。”停了一下，李经理又说，“对不起啊，我想知道是哪位小姐说叫您派人来我公司的。”方先生愣了一下，问道：“有问题吗？”李经理说：“当然没有问题，我只是想知道，到底是谁自作主张。”尽管方先生没有告诉李经理那位接电话的小姐是谁，据说李经理还是查出来了，并对佳汝小姐作了严肃的处分。

这个故事表面看来，是一个对自己的工作权限认识不清楚、自作主张的问题，但实质上它是一个典型的关于汇报问题的案例。从效果上来说，佳汝小姐的安排与广告公司李经理的安排并不会造成多大的不同，她的问题顶多也就是处理方式不符合企业的习惯而已。企业期望佳汝向自己的上司汇报情况后，再由上司决定具体的处理方式，由于佳汝没有养成汇报的习惯，她为此付出了代价。

当你完成了一件很棘手的任务时，首先必须先向你的领导汇报，让他知道你有一个好脑袋和快刀斩乱麻的能力。

千万牢记，不要等出了纰漏才想到去找领导。领导都喜欢能干的下属。如果你一贯精明干练，即使万一惹了麻烦，领导也能够宽大为怀，予以谅解。最怕的是，你每次报告领导的都是“败走麦城”的坏消息。这样，你在领导心目中的印象一定很糟糕。

向领导“捷报频传”要注意以下几点：

（1）开门见山，先说结论。不要把时间和精力用来描述你做的事，而首先直接把结果告诉他。领导都很忙，你要用有限的时间报告领导最关心的事。

（2）如果时间允许，再进一步详细说明过程。报告内容尽可能简明扼要，并且记住先感谢别人，再提自己的功劳。

（3）书面报告。如果是书面报告，一定要署上自己的名字，不要洋洋洒洒、下笔千言却忘了加上自己的名字，或者把直属主管、领导的名字统统写上去，却唯独漏了自己的，那岂不是“功亏一篑”。

（4）不求讨赏，只求好印象。报告完了，切勿立刻求赏，只要给领导留下好印象即可。否则，领导可能会觉得你太急功近利。只要你一次次赢得领导的肯定，天长日久功到自然成，加薪晋级总会有你的机会。

（5）分享好消息。除了报告给你的领导，最好同时把好消息告诉你的同事、部属，让他们分享，既落下了好人缘，又制造了“舆论”，让别人觉察到你的“闪光点”。

做完蛋糕，要想到挤花，有了美丽的奶油花朵，蛋糕就自然赢得了人们的青睐。随时不忘报告领导，就是在自己的蛋糕上挤花，让领导为你喝彩。

下属向领导汇报工作时的注意事项：

（1）及时汇报不好的消息。对不好的消息，要在事前主动报告。越早汇报越有价值，这样领导可以及早采取应对策略以减少损失。如果延误了时机，就可能铸成无法挽回的大错。报喜不报忧是多数人的通病，特别是失败是由自己造成的情况下。实际上，碰到这种情况就更不能隐瞒，隐瞒只会造成更加严重的后果。

（2）要在事前主动报告。有的员工做事总是很被动，一般是在领导问起相关事情的时候才会提出报告。孰知，当上级主动问到这件事时很可能是因为事情出了问题，否则上级是不会注意到的。下属应遵循这样一个原则：尽量在上级提出疑问之前主动汇报，即使是要很长时间才能完成的工作，也应该有情况就报告。以便领导了解工作是否认是按计划进行；如果不是，还要作出什么调整。这样，在工作不能按原计划达到目标的情况下，应尽早使领导知道事情的详细经过，就不至于被责问了。

（3）全权委托的事也要报告。在领导已经把事情全权委托给你办的情况下，不仅要和领导仔细讨论各种问题，请示相关情况，而且还要及时汇报各种相关事宜。一般情况下，领导把稍微有些难度的工作交给下属去办，是训练年轻员工最有效的办法。领导在作出各种布置后一般会在一旁详细观察，在这种情况下，员工最好把事情的前因后果详细地向领导汇报。

（4）汇报工作时要先说结果，再次说经过，书面报告也要遵循这一原则。这样，汇报时就可以简明扼要，节省时间。

（5）汇报工作要严谨。在工作报告中，不仅要谈自己的想法和推测，还必须说正确无误的事实。如果报告时态度不严谨，在谈到相关事实时总是以一些模糊的话语，如“可能是”“应该会”等来描述或推测的话，就会误导领导，不利于领导作出正确的决策。所以在表明自己意见的时候，最好明确地说“这是我的个人观点”，以便给领导留下思考空间，这样对己对领导都会大有裨益。

（6）忌揽功推过。下属向上级汇报工作，无论是报喜还是报忧，其中最大的忌讳是揽功推过。所谓揽功，即是把工作成绩中不属于自己的内容往自己的功劳簿上记。不少人想不开其中的道理，他们在向领导汇报工作成绩时，往往有意夸大自己的作用和贡献，以为用这种做法就可以讨得领导的欢心与信任。实际上多数领导都是相当聪明的人，他们并不会因为你喜欢揽功就把功劳记到你的账上去的。即便一时没有识破你的真相，他们也多半会凭直觉感到你靠不住。因为人们对言过其实的人，多是比较敏感的。

所谓推过，就是把工作中因自己的主观原因造成的过错和应负的责任故意向别人身上推，以开脱自己。它给人的印象是文过饰非，不诚实。趋利避害是人的天性，揽功推过却是人的劣根性。不揽功，不推过，是喜说喜，是忧报忧，是一种高尚的人品和良好的职业道德的体现。采取这种态度和做法的人，可能会在眼前利益上遭受某些损失，但是从长远看，必定能够站稳脚跟并获得发展的机会。

（7）恭请领导评点。当你向领导汇报完工作之后，不可以马上一走了事。聪明人的做法是：主动恭清领导对自己的工作总结予以评点。这也是对领导的一种尊重和对他比你站得高、看得远、见识多的能力的肯定。

通常而论，领导对于下属的工作总结大多都会有一个评断，不同的是有一些评断他可能公开讲出来，而有一些评断他则可能保留在心里。事实上那些保留在心里的评断，有时却是最重要的评断，对此，你决不可大意。反之，你应该以真诚的态度去征求领导的意见，让领导把心里话讲出来。对于领导诚恳的评点，即便是逆耳之言，你均应以认真的精神、负责的态度去细心反思。只有那些能够虚心接受领导评点的员工和下属，才能够被领导委以重任。

汇报也具有时效性，及时的汇报才能发挥出最大的效力。当你完成了一件棘手的任务，或者解决了一个疑难问题的关键，这时马上找上司汇报效果最好，拖延时间再向上司汇报，上司可能已经失去对这件事情的兴趣，你的汇报也有画蛇添足之嫌。及时向上司汇报，还会使你与上司建立良好的互信关系，上司会自动对你的工作进行指导，帮助你尽善尽美地完成工作。

请求汇报，征求领导意见

不管工作成效如何，都要做到及时请示和汇报，凡事多多征求领导的意见。尤其是发生变动和异常情况时更应及时汇报，这是员工的职责。

作为公司员工，要尽量在领导提出问题之前主动汇报，即使是要花费很长时间才能完成的工作，也应该在中途提出报告，让领导了解工作是不是依照计划进行了，如果不是，需要作哪些方面的调整。这样一来，即使工作无法依原计划达成目标，你让领导知道了事情经过，才不至于过于受到责难。并且凡事都要注重汇报的速度，汇报的速度越快越好。不管是好消息还是坏消息，都要及时汇报。如果错过了时机，所有的汇报就会失去价值。汇报一迟，领导的判断也跟着迟了，这样一来一定会影响到公司的业务和你的业绩。特别是对于不利的消息，更是越早汇报越好，这样领导才能有足够的时间想出对策应付。

大多数的人都是报喜不报忧，对于坏消息迟迟不敢汇报，特别是失败的原因是由自己引起的，那就更不敢讲出来了。其实遇到这种情况时，绝对不可以隐瞒，一拖再拖也许真的会导致无法弥补的严重后果。

在你准备一件事时，应提前请示领导，在做事过程中为了不让领导忘掉，可以不断地汇报工作的进展情况，这样领导肯定会认为你是一个负责任的人。

当你的工作已经取得了初步的成绩，即将进入一个新的工作阶段时，十分有必要主动向领导汇报自己前一阶段的工作和下一步的打算。你可以多多征求领导的意见，以便他了解你的工作成绩和将来的发展并给予必要的指导和帮助。实际上，多主动向领导汇报，接触多了，还可以让领导知道你的长处和优点，对你的发展显然是很有好处的。主动汇报，这对那些资历深且能力很强的下属来说，就意味着在领导的支持和允许下工作。如果没有这种支持和允许，再厉害的下属也将无法工作，更不要说创出业绩了。

聪明的下属善于主动向领导请示和汇报，善于征求领导的意见和看法，把领导的意见融入到工作中去。这样既可以避免工作中犯错，又可以获得领导的肯定。工作中遇到关键的问题多向领导汇报和请示，是下属主动争取表现的好办法，也是下属做好工作的重要保证。

工作有失误，别隐瞒不报

职场中普遍存在一种错误的认识，很多人认为自己有工作失误时不必及时向领导汇报，只要事后弥补了失误就没什么大不了的。话虽这么说，但是你如果能在出现工作失误时不仅仅只是在想办法弥补，而是能够做到第一时间就让领导知道你的失误，或许你处理失误的过程中就会轻松得多，因为你也会在第一时间得到领导的帮助，而不仅仅是批评指责。所以，即便是工作出现了失误，你也要及时向领导汇报。

及时汇报自己在工作中的失误，能够充分体现出你对待工作的责任感。要知道世界上没有不必承担责任的工作，工作就意味着责任。职位越高、权力越大，肩负的责任就越重。如果随时都能承担起自己工作的责任，自然会得到领导的赏识和公司的认可。

钱弘毅大学毕业后应聘到一家大公司工作，刚开始被分配到总部的行政部门工作，每天处理一些零星琐碎的事务。就是在这样一个看上去并不怎么起眼的部门，却云集了许多硕士甚至博士等高学位的尖端人才，这让钱弘毅感到压力很大。

渐渐地，钱弘毅发现部里的许多员工都很傲慢，架子似乎一个比一个大，他们都仰仗着自己学历高资历深而忽视了身边一些实质性的工作。大多数人整天不是寻思着怎样享乐就是热衷于“第二职业”，并不把自己的工作当回事，甚至在出现工作失误时也从来都不汇报。当钱弘毅问及此事，很多人都回答说：“这种失误算得了什么啊？明天上班再解决也不迟，告诉领导那简直是愚蠢至极。”

钱弘毅却觉得工作中有失误并不是什么大不了的事情，即使这失误再小，失误终归是失误，自己必须要承担起来并及时向领导汇报。

一天，钱弘毅要复印一份文件，当她摁动机器的复印按钮时，纸卡在了机器里出不来了。这种情况在其他同事使用时也经常出现，但钱弘毅并没有像其他同事那样将纸硬拽出来，而是跑到老板的办公室报告了自己的“失误”，并说明卡纸的问题经常出现。并说自己咨询过有关人士，认为是这台复印机有问题才会经常出现卡纸的现象，所以请示老板是否可以请复印机厂商的客服人员过来彻底检查一下。如果有问题修好了，大家就不必在复印文件上浪费太多时间了，可以把时间利用到工作中去。

领导一听是复印机的事，本来还觉得钱弘毅小题大做呢，结果听他这么一说觉得有理，就采纳了钱弘毅的意见。当复印机厂商客服认真地检查后，果然发现复印机出了问题才导致经常卡纸的现象出现。领导见此，不禁对钱弘毅有了较为重点的关注。

钱弘毅正是凭借这种劲头一头扎进工作中，从早到晚埋头苦干，还经常被领导要求加班加点。没过多久，钱弘毅成了部里的“顶梁柱”，并逐渐受到领导的重用。如今，钱弘毅已经是该公司某一大区的主要负责人之一。

所以，千万不要担心工作中的失误让领导知道了会批评指责你，只要让自己在领导心中留下勇于承担责任的好印象，你就一定能够获得更加出色表现自己的机会。

世界上最愚蠢的事情是推卸眼前的小责任，认为工作中的一点小失误根本无足挂齿，等到自己弥补了失误，完成了工作再向领导汇报也不迟。如果你长此以往，小失误不汇报就会变成大失误而去逃避，待到小责任不承担逐渐演变出大责任无法承担的时候，你就追悔莫及了。

人不可能不犯错误，职场生涯中出现一些失误是不可避免的。无论你犯的失误是大还是小，重要的是你要能做到及时地向领导汇报并作出检讨，然后尽自己最大的努力去想办法解决它。

如果你习惯了无论出现大小失误都能及时向领导汇报，你就能习惯从自己或者是别人的失误中吸取经验教训，并在今后的工作中及时避免发生同类的错误。

主动地向领导汇报自己的工作情况，不管是好的方面还是坏的方面，让领导知道你都做了些什么，这是对领导的一种尊重，也是让你成为一名优秀员工应具备的素养。

善于提出合理的建议

为了避免出错而保持沉默的员工，最令老板感到不满；凡事都点头称是，一切都处理得妥妥当当的人，在老板的心目中最多是个应声虫。因此，有时适当地提出一些大胆的建议，可以让你的地位在老板心目中水涨船高。

没有什么比为公司着想的建议更令老板欣赏的了。

如果你的老板处理某种事务的方式效率不高，而他本人并未觉察或不知如何改进的时候，你有好的主意就应该果断地提出来，但要采取让老板感到能够接受的方式。

提出合理化的建议，就是让你的思维走在老板的前面。很多时候，你的效率也就是老板的效率。

合理化建议是企业革新挖潜、降低成本、提高生产率、增加企业经济效益的重要途径，可以说，提建议是每个员工职责的一部分。

衡量一个员工是否优秀，要看他能否给企业提出有价值、有益处的建议，这在一定程度上也反映了员工是否为企业着想。反过来说，当员工在提建议时，就会去考虑如何改进和解决问题，这对员工个人而言也能起到提高和促进作用。

好员工善于提建议，当然前提条件是必须做好本职工作。只有本职工作做好了，才有建议可提。试想，一个对企业、对集体漠不关心的人，他能提出什么合理化建议？

现代企业都建立了“建议奖”制度，目的是希望员工多多提出好的建议。比如在IMB公司，只要提出好的建议就付给报酬，即使你的建议微如芥豆也能受到奖励。哪怕仅是改变一下办公室的布置，也不例外。

卡佳是IMB公司的制图员，为了查找资料，每天要到资料室跑好几趟，又累又烦人。有一次，卡佳看着办公室时突然想起可以调整一下办公室的布置，使它们挨得紧一些，这样就能腾出一块空间放几个书柜存资料。

卡佳把这个想法向上司一说，上司觉得这个建议很好，就采纳了。此后卡佳办公室的同事们每天再也不用跑资料室了，资料就放在办公室里，既节省了时间，又节省了精力，两全其美。

卡佳这个“改变房间布置格局”的建议成了一种创造，根据发明创造奖的标准，卡佳由此每年获得相当于纯节约额2.5%的奖励金额。

海尔以人为本，尊重员工的意见、建议，规定职工提出的合理化建议要逐一落实并给予适当的物质奖励，还为此设立了海尔合理化奖。

对于一个优秀员工来说，有很多问题不是完成了就可以，还要思考是不是做得好，符不符合公司的利益，有没有要改善的地方，若发现公司存在问题就要积极地提出来。

对公司、对老板主动提出合理化建议是一个员工应有的责任。但有些员工为了避免出差错而保持沉默，他们不是想不到好主意、好建议，而是觉得事不关己，不愿张口动手罢了。这样的工作态度，不仅埋没了自己的才能，失去了争上游的机会，也使公司错失了潜在的“美玉”，可惜！

提建议时多想一步

作为一个有责任心的员工，在发现上司的决策错误时，会从维护公司利益这一点出发对其提出意见和建议。那么，向上司“进谏”时做好哪些细节才能取得良好的效果呢？先来看看两个实际例子的对比。

何方是一家快速消费品公司的销售主管。有一次，公司要为换新包装的产品重新制作广告。开会讨论时，老板提出了一个非常离谱的创意，大家听后面面相觑，谁也不敢说什么。后来何方实在忍不住开口了，因为他负责和广告公司联络。何方指出：“这个创意好是好，不过广告公司可能做不出来……”话还没讲完，老板就开炮了：“你还没和广告公司说，怎么知道做不出来？你应该和广告公司阐述清楚，如果这家不行可以考虑换一家。如果你不想去做，我也可以考虑让别人去做！”

非常遗憾，何方向上司提建议时没有注意方式方法，认为自己说出了中肯的想法上司就一定会接受。事实上并不是这样，有时恰恰适得其反，甚至会惹恼上司。而下面这位销售部主管换了一种方式向老板提建议就取得了很好的效果。

一家食品公司的经理设计了一个商标，开会征求各部门的意见。经理报告说：“这个商标的主题是旭日，象征希望和光明。同时，这个旭日很像日本的国旗，日本人看了一定会购买我们的产品的。”然后他征求各部负责人的意见。

轮到销售部主任发表意见时，他说：“我不同意这个商标，但不是因为它不好，而是恐怕它太好了。”经理笑了起来，说：“这倒使我不懂了，你解释一下看看。”“这个设计鲜明而生动，自然是毫无疑问的。因为与日本的国旗相似，无论哪个日本人都会喜欢的。”“是啊，我的意思正是如此，这我刚才已经说过了。”经理有些不耐烦地说。

“然而，我们在远东还有一个重要市场，那就是华人社会。包括中国以及东南亚国家，这些国家和地区的人们看到这个商标也会想到日本的国旗。尽管日本人喜欢这个商标，但是由于历史的原因，这些国家和地区的人们就不一定喜欢，甚至产生反感。这就是说，他们会不愿意买我们的产品，这不是因小失大了吗？照本公司的营业计划，是要扩大对中国和东南亚国家和地区贸易的，但用这样一个商标，结果是可想而知的。”

“天啊！我怎么没有想到这一点，你的意见对极了！”

经理欣然接受了销售部主任的意见。

例子中，那位主任一句“恐怕它太好了”这样的恭维话先满足了经理的自尊心，同时也不会使他产生不悦。然后，再陈述充分的理由，经理也就不会因此而感觉难堪了。这真可谓是高明的向上司提建议的巧妙方法。

身在职场的我们，如何才能做到既能向上司提出异议，而又不冒犯上司呢？这就要求多想一步。以下细节值得你注意：

（1）在会议中大家毫无准备的情况下，突然提出新计划、新建议的做法最可能遭冷遇。聪明的方法是事前找个合适的时机对上司说："最近，我在考虑这样一种方法，您看有无可能……"或在餐桌上一杯酒下肚后，试探一下上司的态度也是好方法。总之，越想让方案被采用就越要做足功夫。

（2）要选择好时机。上司时间宽余、心情舒畅时最适宜谈此类话题。对方能否仔细地听你的解释，有时会是决定你成功和失败的关键。

（3）用来说服对方的资料要准备充足，如其他公司的目录、销售流通渠道、市场占有率、实物样本等等。带上司去现场考察也是有效的手段之一。

（4）向上司提建议不要先说错误在哪儿，而应先肯定上司决策中正确的部分，然后再委婉地指出不足之处。

（5）事先充分估计好上司可能提出的疑问，对解除这些疑问的对策要考虑周详。

（6）遭到上司严厉批评时不可强词夺理耍脾气，相反，接受对方的部分观点是最具策略性的做法。"啊，可不是，这一个地方我疏忽了（其实并没疏忽），一定照您的意思改进。"能笑容满面地如此应答的人，将来一定成大器！

（7）无论怎样竭尽所能，你的方案也不被接受时切不可感情用事，把失败归咎于上司顽固不化。应该好好分析一下对方批评的理由，参考上司的看法做一番反省后，重新修改原先的方案。一次不行两次，两次受挫还有第三次。要知道好事多磨的道理，想一炮打响是比较幼稚的想法。

500强工作法：汇报工作不吹捧、不越权、不依赖

一件工作是以领导的指示开始，以下属的报告结束。下属的工作能否顺利进行，是领导最为担心的。及时向领导请示与汇报可以缓解领导的这种担忧心理，同时也可让领导觉得你很尊重他、很重视他对你的工作安排。下属向领导请示汇报，首先必须端正态度，做到尊重而不吹捧、主动而不越权、请示而不依赖。

1. 尊重而不假意吹捧

作为下属，我们一定要充分尊重领导，在各方面维护领导的权威，支持领导的工作，这也是做下属的本分。但是尊重领导不是一见领导来了就极尽奉承之能事进行公开吹捧，以讨领导的欢心。这种行为，很容易引起同事的反感，他们会在心里瞧不起你，不想与你合作，有的还会对你嗤之以鼻。而且领导本人对于虚伪的热情，也未必领情。

在工作请示与汇报中，怎样才能更好地表现对领导的尊重呢？首先，要发自内心地尊重领导，积极向领导靠近，主动地向领导汇报，让领导掌握你的工作进度和工作能力。其次，在汇报过程中要多向领导请教，在得到领导的指点和帮助的同时，也显示了你对他的尊重。

2. 主动而不擅自越权

对工作要积极主动，敢于直言，善于提出自己的意见。不能唯唯诺诺，四平八稳。在处理同领导的关系上要克服两种错误认识：一是领导说啥是啥，好坏没有自己的责任；二是自恃高明，对领导的工作思路不研究、不落实，甚至另搞一套，阳奉阴违。当然，下属的积极主动、大胆负责是有条件的，要有利于维护领导的权威、维护团体内部的团结，在某些工作上不能擅自超越自己的职权。

我们可以从以下几个方面努力：一是利用各种适当场合同领导进行思想交流，了解领导的思想方式，分析领导的意图并加以理解、完善和落实。二是要尽量了解和掌握公司一个时期的中心工作，主动排除干扰中心工作的事项。三是要有意识地积累和储存有关工作资料，该记住的要记熟，该保存的要保存。另外，千万不能忘记自己的身份，必须时刻保持清醒的角色意识，找准自己的位置，而决不能越权越位，自作主张，擅自行动。

3. 请示而不过分依赖

日常工作中，当一个任务分配到你手上之后，你是接过来闷头就干，觉得不需要依赖领导也能给他一个惊喜呢，还是在任务进行的过程中时刻让领导掌握你的工作进展？如果你是领导，分配一个任务给某个下属，任务历时两个月，而这两个月中都没有他关于工作的消息，你会满意吗？作为下属，也许你在试图为领导制造惊喜的过程中埋藏着工作的隐患和风险。作为领导，你也肯定希望掌握下属工作的进展，在必要时给下属更多更好的资源，帮助他把任务完成得更出色。

但是，领导也不希望下属过分依赖白己。一般说来，中层干部在自己职权范围内大胆负责、创造性地工作，是值得倡导的，也是为领导所欢迎的。下属不能事事请示，遇事没有主见，大事小事都不做主。这样领导也许会觉得你办事不力，顶不了事。该请示汇报的必须请示汇报，但决不要过分依赖。你不会喜欢事必躬亲的领导，领导也不会喜欢事事都要找他的下属。

第 11 章

开会之道：开会是门技术活儿

【开会之道】1.考虑举行会议的必要性；2.决定要举行会议时，一定要避免绕弯子；3.正确挑选与会者；4.按时开始和结束；5.鼓励别人陈述他们的观点；6.会前充分准备；7.学会聆听不同的意见；8.会议结束时要总结下重点和要点。

会议前的准备工作

一个良好的会议，不仅需要会议的主持者具有超强的组织能力，更需要与会人员配合，在严谨而有序中完成工作，实现开会的目的。

如何进行会议的准备工作？我们不妨借用西方的5W+1H思考方法，提出有关会议的6个问题。

1. Why——确定会议目的和目标

召开会议的首项准备工作是确定会议的目的和目标。开会应该有明确的目的。了解各种会议所具有的功能及所能达到的目标，是设定会议目的和目标的重点。

当然，一个会议可能有两个或两个以上的目的，但一般说来不宜过多，以一两个为好。在会议开始之前，主持人应明确提出会议的目的，根据会议目的还应设定具体的目标。有效的会议目标至少须符合两个条件：一是具体并可衡量；二是有困难但能达到，以利于激发壮志。

2. What——确定议题

设定会议目的和目标只是一个大方向，想把会议开得有效率还必须拟妥相关的议题。在拟定议题时，有三点值得注意：

（1）议题必须紧扣会议目标。凡是与会议的目的无关的议题都不要列入会议的议程，以免分散会议的主题，从而既延长会议的时间，又有可能引起不必要的麻烦。

（2）各项议题之间最好存在有机的联系，且按合乎逻辑的顺序排列。也只有这样，才能使会议得以顺利进行。会议的顺利进行往往取决于一个问题接一个问题的解决，上一个问题不解决或解决得不够彻底，往往会影响下一个问题的讨论和解决。

（3）应清楚地指出各项议题所需讨论的时间。这样可以使与会人员做到心中有数。

3. Where——确定会议场地

在什么地方开会？如何布置会场？这是开好会议的重要选择。

理想的会议室应具备的条件：

（1）必须保证会议使用时间，避免在会议尚未结束时会议室又有其他安排，致使会议中断或转移地点。

（2）会议室位置必须让主持人和与会者都感到方便。

（3）场地大小须适合会议规模，避免过大或过小。

（4）有必要的设施条件。一般如桌椅、照明、通风、通信等；高级的，如视听、投影、音像器材等。

（5）不受外界干扰。

（6）租借费用必须合理。

布置会场的注意要点：

会议室的布置，因其会议性质与人数的不同，会场可有各种不同的布置：

（1）剧院型或教室型会场。这种会场可容纳人数较多，但与会者不能面对面，只能面对主持人，直视前方。

（2）圆形会场。这种会场适合人数较少的会议，使与会者可以互相交换意见。

（3）正方形会场或长方形会场。这是常见的两种会场形式，主持人较容易控制会议的进行，但如果桌面布置太长，主持人则难以有效控制全局。

（4）“U”形会场。这是近年来比较流行的会议室形式，它兼顾了圆形、方形、长方形的优点，有利于多方沟通，是一种非常有利于提高会议效率的会场形式。

除上述形式外，还有横长方形，马蹄形等形式，应根据实际条件选择而定。

会议室的布置，有时还要考虑分组讨论的需要，要视具体情况而定。

除了安排桌椅外，布置会场还需要考虑一些细节：若与会者彼此不熟悉，可在每人桌上放上各自的身份牌；若设无烟会议室，可适当安排吸烟区；可以在会议室中放几盆观赏植物，改善会场气氛；准备好会议所需的各种材料、文件及视听器材；用先进的设备，甚至用“清香空调系统”改善会议室。

4. When——选定时间

如何选定开会的时间与时限，也是一项不可忽视的准备工作。

选定会议时间的要点：

（1）要有充足的准备时间。除非是处理紧急的突发事件，充分准备是召开会议的必要条件。

（2）要考虑到与会者的工作时间及协调。

（3）早上及星期二、星期三比较适合开重要会议。

（4）除非特殊情况，会议的时间应控制在两个小时之内。

（5）明确规定会议的起止时间，在会议通知书上说明并提醒准时参加。

如何防止迟到?

（1）在会议通知书上注明“请务必准时出席”的字样。

（2）会议召集人应以身作则，务必准时，让准时成为一种企业文化。

（3）在会议记录上写下迟到者的名字，甚至予以公布或规定迟到几次将采取惩罚性措施。

5. Who——选定与会者及座位安排

选定与会者名单要注意的因素：

（1）对会议主题有深入研究或对其情况有熟悉了解的人应该邀请。

（2）对会议目标及成果起关键性作用的人，必须邀请参加会议。

（3）对达到会议目标有帮助的人，应该被邀请参加会议。

（4）谨慎邀请对达到会议目标有冲突的人参加会议。请他们参加会议，可以沟通和说明，以免其对立或在会外搞干扰。但如果主持人没有说服他们的把握，则不应邀请他们参加会议，而应采用会外说服方式，以免会议陷入僵局。

（5）善作客观判断，勇于表达自己的见解，或有高度沟通意愿的人，该优先考虑。

（6）与会者的级别应尽量接近。

（7）一般企业会议的与会人数应控制在10人以内。

与会者的座位安排：

（1）以主持人为中心依次排列。

（2）适当分散同一单位工作人员，以利于不同单位、部门之间的沟通、讨论。

（3）性格内向、柔弱的人应安排在主持人的直视范围内，主持人可掌握适当机会邀请他们发言。性格外向、能言善道的人则安排在主持人直视范围外，以免这些人大谈特谈，以至于其他人无法发言。

6. How——会议如何进行

每次会议都要安排好进行程序。会议主持人必须按程序妥善地掌握好会议进度，才能高效率地开好会议并取得好的效果。一般而言，会议的进行程序大致可分为四个阶段：

（1）开始阶段：主持人宣布正式开会，说明会议的目的及意义，介绍与会的重要人物，提醒与会者注意相关的会议事项。

（2）讨论或报告阶段：与会者在主持人的引导下分别针对会议目标作出报告或讨论。性质不同的会议，有不同的讨论方式。有些会议注重讨论，如对策会议；有的注重沟通，如协调会议。但不管何种形式，都必须紧扣会议目标，切忌离题或流于情绪性争辩。

（3）总结阶段：在与会者充分讨论后，主持人应将各种意见加以整理、评价，作出结论或引导大家进行表决。切忌议而不决，浪费时间。

（4）结束阶段：在宣布散会前，主持人或会议秘书应再次确认会议结论，以取得与会者认同。散会时，主持人应感谢大家的合作。

会议的介绍技巧

会议开始时的介绍技巧十分重要，好的开端等于成功的一半。会议开始顺利，则为会议的成功举行打下了良好的基础。会议开始时，会议主席应尽力吸引与会者的兴趣，满足与会者的需求，调动与会人员的积极性。有时会议成员之间并不相识，这将会影响会议的讨论及进行，所以在会议开始时需要做些必要的介绍。常用的介绍方法有：

1. 自我介绍

与会者分别作一下简短的自我介绍，说明自己的姓名、身份、背景情况等。这种介绍可以是按一定次序进行的，也可以是随意的、无序的。介绍时，通常应起立、脱帽。

2. 互相介绍

这种介绍将自我介绍与他人介绍结合起来，通常按照座位的次序或按事前编排好的次序进行。

3. 主席介绍

由会议主席分别一一介绍参加会议的人员情况，这一方法适用于主席对与会者的姓名、身份比较熟悉的情况。介绍到每一位与会者时，被介绍者应起立、脱帽向大家点头示意，有时也可做必要的补充。

4. 名片介绍

通过与会者相互递交名片进行。名片通常印有姓名、身份等内容，呈长方形，长9~10厘米，宽5~6厘米，男子的可略大些，女子的可略小些。名片的颜色可以是白色、米黄色、浅灰色或浅蓝色，在左上角常用较小的字体写明身份、职务，名片正中用较大的字体印出姓名，左下角和右下角可印出地址、邮编、住址、电话等。

会议的主持技巧

在介绍了与会者的情况之后，应设法使会议进入正题，其方式有两种：一种是比较正式的会议，可以由主席或其他重要人物的正式讲话开始；另一种是非正规的、非正式的场合，可由主席用一个与会议主题有关的故事或幽默玩笑引入正题。当然，这个故事或幽默玩笑必须与会场的气氛融洽，最好与会议的主题有联系。

会议是多人进行交际沟通的场合，在开始时即营造出一种良好的，或适宜的会议氛围对其顺利进展是十分重要的，这就要主席具有较熟练的技巧和丰富的主持会议经验。具体地，可应用如下技巧：

1．造成“我群感”

这种技巧是从心理上让与会人员对会议有一种认同感，也就是想方设法使与会者有一种对会议群体的强烈归属感。“我群感”对于调动与会者的积极性，承担起其职责，增强会议内聚力，实现会议目标很有必要。主席可以在休会期间到与会人员中去，与他们进行更多的交流；主席可以在会议中对此进行有意的强调，比如在讲话中重复使用“我们”“我们的”“我们这次会议”等术语，使与会者产生“我们”是一个整体的感觉；同时，尽量避免使用“你们”这样的说法称呼会议成员。另外，可以使用特殊的会议标志（如会议代表出席证、会标等），以造成会议群体与非会议群体之间的界限。

2．对所有与会者参加会议的目的进行深入、细致研究，并对不同的目的加以分组和归类

主席在掌握会议进程时，要注意这些目的是否达到。只有使会议既达到了组织者的目的，也达到了全体与会者的目的，会议才可能获得较大的成功。

3．处理好会议的显在目标与潜在目标的关系，并在会议中尽快实现近期目标和较易达到的目标

会议的显在目标一般是主席在会议开始时明确、清楚地向全体与会者宣布的目标；会议的潜在目标是会议未公开宣布，但在实际上随着会议的进行而逐渐达到的目标。对此，主席应始终保持清醒的头脑，并灵活创造良好的会议气氛。同时，会议的目标有近期的、较易达到的和远期的、较难实现的之分。主席在安排会议时，应使近期的、较易达到的目标尽快实现，这样会使与会者兴趣增加，并激发其信心，保证会议顺利进行。

4．利用与会者的经验、专长

虽然会议开始时，与会者对于会议的情况还不甚了解，但每个成员都有自己特殊的学识、文化、阅历和经验。主席应尽力调动这些潜在因素的功能，让与会人员提出合理化的建议。当然，提合理化的建议的方式可以是口头的发言，也可以是在意见簿上留言。总之，想方设法使与会人员的聪明才智得到充分的发挥。

5．对与会者的错误采取宽容态度

会议成员有时会有不适当的言谈举止。对此，主席不宜采取激烈的批评态度，而应尽量宽容。随着会议的进行，相信他们会有所修正和改进，不适当的批评会破坏会议的气氛，使整个会议中的人际关系紧张，从而不利于会议目标的实现。当然，如果个别与会人员别有目的、蓄意破坏，则必须给予坚决还击，不容他们得逞。

会议进行中的技巧

良好的开端固然重要，但会议的真正成功需要主席在会议进行中做出不断的努力，使良好的会议氛围贯穿始终。以下这些方法是会议主席经常使用的：

1．讨论

这是与会者进行交际沟通的主要形式，主席的基本责任之一就是鼓励和促进讨论。对于要讨论的问题，不要在讨论之前就规定某种答案，应允许各种不同的意见充分表达出来。参加讨论的成员是平等的，不存在谁服从谁的问题，都应服从于事实或真理。

主席在主持会议时，应注意让每个成员都有发表意见的机会。讨论中虽然常有主要发言者，但不能被某几个人垄断；必要时，可以限定发言时间。主席还应随时把握讨论的方向，使之不偏离主题。在讨论中，切忌发言之间毫无联系或交流，各唱各的调，问题分散甚至形成小群体。主席在这中间可以通过一些必要的插话、简短的小结，使讨论问题集中在某一点上。有时，为了保证参加者都有机会发表意见，可以适当限制参加人数或分成小组讨论。分组也有两种方式：一是将专业、素质、年龄相近的人分在一起；另一种是将专业、素质年龄不同的人分在一起。前一种方式有助于使讨论焦点集中，便于形成融洽的关系；后一种方式有助于从各个角度比较全面地研究问题，避免片面性。

2．提问

主持会议的一项重要技巧是善于提出问题。提问可以吸引全体与会者的注意力，也有助于人们深入思考。提问时，要注意把握时机，问题要明确具体，切忌语言含糊。例如，当讨论已涉及某个问题但焦点又不十分明确时，及时地提出问题，常能使讨论形成高潮。

提出的问题类型有不同的划分方法，有人将问题分为开放型问题与封闭型问题。前者指没有任何固定答案，由被问者自由回答的问题；而封闭型问题是指提问者已设计了两个或两个以上答案，让被问者讨论这几种答案的利弊。还有人将之分为全体问题与个人问题。前者指主席对全体与会者提出的问题，后者指对某一与会者提出的问题。

3．对不同意见的处理

会议进行中常会出现这样那样的不同意见，甚至出现争执，这也是会议不可避免的问题。由于与会者的素质、阅历、观点各不相同，他们对问题的解释也就各不相同。主席在处理不同意见时应把握的原则是：避免不必要的冲突，引导不同的意见向会议的主题靠拢。具体可采取如下措施：

（1）主席对不同的意见进行深思熟虑后，提出自己的观点。当然，这个观点在提出之前必须有足够的把握，让与会的大多数都能接受而结束争论；

（2）对争论双方或各方的观点加以澄清；

（3）分析造成分歧的因素；

（4）研究争论双方或各方的观点，了解协调的可能性；

（5）将争论的问题作为会议的主题之一，展开全面的讨论，以便把会议引向深入；

（6）若分歧难以弥合，那就暂时放下，按会议议程进入下一项。

会议结束时的技巧

主席的另一个重要职责就是及时对会议做总结。不善于总结的人往往会将会议的宝贵成果丢掉或错过宝贵时机，总结实为对会议成果的概括。随着会议的进行，主席及时总结会议取得成果、成功的经验和失败的教训。如果会议的目的已经达到，即应尽快总结并结束会议。会议的进程，主要掌握在主席的手里。

（1）对已达成的共识给予必要的重申，让与会人员心中有数。

（2）对最后不能取得一致的不同意见请他们各自会后沟通或反思，必要时向有关人员汇报。

（3）总结会议取得的成果、成功的经验和失败的教训。

（4）对有关在这次会议中表现突出的人员给予物质的、精神的奖励。

塑造会议中的魅力形象

没有任何一位职场商务人士能避得开会议。在会议中，你可能是会议的组织者、主持人、发言人、参会者，这些角色可以让你尽情挥洒与众不同的气质和风度。努力摆脱那些不正确的、消极的肢体语言，让积极、得体的形体语言和服饰风格，显示出你的专业和自信，为你赢得应有的尊重与信赖。

如果你细心观察，一点也不难发现，在许多会议中，有些人发言时会不断地挥动手臂、指指点点，让人觉得很张扬，易引起他人的反感。

事实上，我们经常在会议中扮演各种角色，诸如组织者、主持人、参会者、发言人、嘉宾等。无论是什么样的角色，举手投足都应该避免虚伪、表演式的做作和夸张。

如果你是会议的组织者，尽可能地提前通知与会者是对参会者的最大尊重。

很多人都反感临时会议，因为这扰乱了他们的日程计划。如果你是公司的负责人，没有什么重要议题的话，请注意不要随便召开会议。因为这实在有损于你的领导者形象，员工们会认为你是个没有计划的人。

高效的会议，由组织者的准备和实施能力所决定，也受会议的主持人、发言人、参会者三方的影响。

1. 如果你是会议的主持人，该如何打造个人气质

会议主持人的主要职责是掌控整个会场，确保会议有序进行，保证会议准时开始和适时结束。会议主持人能否控制好场内气氛和节奏，首先要看他的讲话能力。

在很多场合看到一些主持人，要么自我发挥的时间过长，以至于拖延了整个会议的时间；要么完全任由发言者讲个没完，不能适时地阻止；要么机械地读串联词，像个报幕员。

主持人的表达能力一旦遭到质疑，即使打扮得再高贵、再端庄也没什么形象可言。所以如果你是会议的主持人，须先过语言表达能力这一关。

主持人能游刃有余地掌控整个会场，除了自身的语言表达能力要强外，还需要有审时度势、察颜观色、随机应变的能力。

如果你观察到参会者的身体不断地前倾，这往往表明他有话要说，有发言的冲动；或许这也是他不耐烦、坐不住的表现，你该如何安抚？如果某位与会者提出了一个与此次会议议题不相关，却十分重要的问题，你是否可以适时地调整会议议题？这些都需要你尽快做出决断。而想做好这些，既需要你具备识读参会者肢体语言的能力，也需要你有全局的把控能力。

原外交部副部长傅莹主持过一个记者招待会。当时一位日本记者对中国外交用了“咄咄逼人”的表述，傅莹微笑地看着他说：“其实你在中国听到的是完全不同的意见。很多中国人，包括媒体人的意见，是希望中国态度更强硬一些，尤其面对挑衅的时候，希望有更加强硬的姿态。”她还希望这位记者回去后和日本政治层面的官员、有识之士交流一下：“日本的人民、日本的领导人，究竟了解不了解中国人民的想法，了解不了解钓鱼岛的历史事实，他们能不能客观地面对？”说到此处，一直在微笑的傅莹突然停顿下来，平静地注视对方几秒，开始给他普及钓鱼岛归属基本事实。最后，还不忘得体地说一声“谢谢”。机智幽默、彬彬有礼，既很好地化解了对方的挑衅，又不失我国大国的风范气度。

作为主持人有没有气场，从你迈入会场或者走上主讲台的时候就开始了。

让自己的步伐不能太急、太快，步幅和步速要均匀，这样会让你显得稳健、大方。如果你有很高的领导位置，就更要注意这一点。无论你是坐着还是站着主持会议，你都要让自己的身体挺直，略微前倾，不要驼背弯腰。讲话时要时时注意用W型眼神与各个角落的人保持一定的目光接触。

如果你主持的是电话会议，就要确保每个人都参与进来，可以采用时不时地问与会者一些常规问题等方法，让每个人都能集中注意力。

以下这些小动作在你的主持过程中，最好不要出现：摸耳朵，摸鼻子，抹嘴巴，抹眼角，抓衣服，抓痒痒等。这些所谓的不拘小节，都会使你的形象大打折扣。

2. 如果你是一位发言者，又该如何塑造自己的气质

作为会议的发言者，除了借助文字内容表现自己，再就是需要丰富的肢体语言。

为了让自己看起来有力、坚定、执着，你可以借助手势表达自信。比如，你可以把双手打开，掌心向内相对，小臂向上伸展。这不仅会让他人对你陈述的内容深信不疑，也会对你本人产生信服。

如果会议中需要你上台颁奖致辞，步伐要尽可能轻盈、快捷，免得主持人和观众等待时间太长；下台的时候步子可以适当地放缓，以显示稳健和自信。

如果你要在电话会议中发言，请注意内容一定要言简意赅。如果会议目的是鼓励动员或者传达一般的公司信息时，发言时就更应当简洁。

为了吸引参会者的注意力，你同样需要用目光不时地与不同角度的人保持交流。切记不要把五指分得很开打手势，或者用单手比比划划、下压式地打手势。这些所谓的强化式肢体语言只会降低你的威信，让你看起来像一个随时要爆炸的小钢炮。

讲话富有感召力，肢体语言丰富，面部表情柔和，懂得同与会者保持眼神的接触，这样的发言人最有魅力。

3. 如果你是一位参会者，如何塑造自己的形象

如果你是一位参会者，该如何塑造自己的形象？参会者在会场上的表现将直接体现其职业素养。

北京恒鑫汽车租赁公司是一家以租赁电动车业务为主的企业，在发展新能源和环保事业的方面，受到国家科技部和北京市委市政府的高度重视。为了迎接重要领导参观考察，更好地展现公司“六星级”的服务标准，公司特别邀请了礼仪大师设计了一场形象礼仪课。在连续5个小时的课程中，全部围绕会议中的形象这个主题层层展开。培训结束后，这支年轻的、充满活力的团队所呈现出的那种安静、全神贯注的倾听和端正得体、热情饱满的体态，富有朝气和活力的精神风貌，令礼仪大师非常感动。果然，他们良好的会议形象得到了各界领导们的高度赞赏和评价。

参会者对组织者最大的尊重莫过于守时，这是参会者的首要形象。为了表示对主持人的尊重，参会时尽量往前坐，除非前排被有意空出。

实验表明，坐在前排的人通常比坐在后排的人能够接收更多的信息，所以不要只想到自己进退场的方便而靠后坐。

作为会议的参会者，除了必要的鼓掌和回答主持人的提问，最能表现风度和气质的就是安静倾听。常常看到那些台下的参会人员不停地交头接耳或者频繁地进出会场，无视台上发言者卖力的讲话，实在没有礼貌。

想制造出一个看起来认真倾听的方式有很多。比如，可以把小手臂放于桌面上，双手相握或十指交叉，或者一手搭在另外一只手上，这样的手势代表自己正在认真地倾听，对彼此谈话的主题也十分专注。再有，将双手十指尖靠在一起，如同教堂的塔尖，放在下巴或者是腹前，意味着精神集中地倾听。

塔尖型手势既能制造你的专注，又能显示你的权威感，让你看起来更自信。你也可以把双手十指合放在嘴前或者触在下巴上，这样的手势会制造我们的阅历感，让对方看起来我们在认真倾听，思考着他的讲话，专注又不失亲和。这可是美国总统奥巴马的惯用之举。

以上都是领导者常用的姿势，如果你只是普通的职场白领，面对上级领导和专家，最好采用以下的坐姿会更加合适：抬头挺胸，身体稍微前倾，表明自己正在认真倾听；坐着时，女士最好并拢双腿，否则很不雅观；男士双腿打开别太大，尽量不要超过肩宽，否则也会给人以松垮、粗俗之感。

当然，如果你觉得对方谈话过于冗长，你可以将身体向后靠在椅子上，“告诉”对方，你已经对他的谈话内容失去了兴趣。

有些小型的会谈，特别是一对一的会谈，有经验的商务人士通常会尽量避开面对对方，而是与其保持45度角坐着，以免给对方以顶撞之感。如果会议安排的是沙发，他们通常不会把自己全部堆在沙发里，这会让自己看起来慵懒、懈怠、萎靡不振。

作为参会者，如果你想打断会议主持人的讲话，或者在发言人讲话中想插话陈述自己的观点，怎么做更得体呢？这时你可以大胆地说：“很抱歉，我觉得很有必要在此插一句，因为我觉得我们现在好像已经跑题了……”或者你也可以这样说：“对不起，打断一下，我可以发表一下自己的观点跑马场吗？”你还可以用另外一种方式，诸如“我可以补充一句吗？”这么说似乎更能显示自己的礼貌和教养，而且通常会非常奏效。

即便你再百无聊赖，作为参会者的你也不要在会议中不停地把玩、转动手中的笔！这不仅会让对方眼花缭乱，也在证明你的烦躁与不安。

如果你参加一个电话或视频会议，会议中，一定要将桌子整理干净，清理任何能够分散你注意力的东西，确保自己全身心地倾听对方的发言，而且装扮与衣着也要认真打理，让自己的衣着能够营造出自己希望的形象。

没有任何一位职场人士避得开各种会议。在那些大大小小、各种规格和主题的会议中，努力摆脱那些不正确的、消极的肢体语言吧！让积极、得体的形象，显示出你的专业和品位，为你赢得尊重和信赖。

500强工作法：做好记录，提高会议效率

会议记录就是把整个会议上所讨论的问题和决议以及相关人士的发言等内容，记录并整理成报告的书面材料，它是对整个会议情况的真实记录，主要具有三个方面的作用：第一，作为目前工作汇报情况或预计工作备案；第二，客观地反映出会议过程和内容，并为日后的各种工作提供参考资料；第三，某些时候还能作为一种文件下发给各单位人员。会议记录是作为会议文件、会议汇报以及工作情况等存查备考的一种历史资料。

在企业的一些大型会议中，会议记录的工作一般由公司领导指定的人员来做，通常都是文职人员，如文员、办公室助理或者文秘等。除了这些指定的人员之外，很少有人会主动做会议记录，尤其是一些被员工们认为无关紧要的小型或临时会议。

值得提醒的是，无论是大型、小型还是临时会议，作为参加会议的一员都不可以小视，而主动做好会议记录更不可以忽视。因为，在任何一场会议上，老板或领导都有可能会对自己的工作提出宝贵的意见或建议。很多时候由于时间紧促，没有对会议上一些实际情况作出讨论或者答复，而此时，会议记录就成了最佳的弥补方式。与此同时，会议记录还能够备不时之需，比如写简讯的人还可以将之作为材料，从而达到传递信息的作用。

由此看来，职场中的员工主动做会议记录不仅是一种“上进心”的表现，更是一种良好的行为习惯，同时也是一种不断学习的体现。俗语有言：“好记性不如烂笔头”，古人之言不无道理。

很多人都有过这样的经历，当读到一则或一篇很好的文章时便会萌生出一种想法，那就是把它抄录在笔记本上，以便日后随时阅读。为什么人们会有这样的举动呢？因为它可以令自己加深对文章的印象，让自己不至于时间

一长便记不清楚，甚至忘记。其实，这和主动做会议记录是同一个道理，每一次会议对于员工来说都是一堂培训课。对于这样一堂培训课，我们有什么理由不主动将之记录下来呢？

或许在很多人看来，做会议记录是一件费时又费力的事情。因为这既需要快速记录，又需要仔细整理，如果是一次大型会议，光整理会议记录就需要耗费很大一部分的时间。而对于这一部分时间，很多员工都不愿意将其拿出来，因为会议记录是一种不在工作范围之内也无额外补偿的工作。

一位作家曾说："读书多动笔，会议多记录。个中滋味，其乐无穷。"无论是对于做学问的人，还是职场中的员工而言，多动笔、勤思考的工作方式都将给你的工作带来无穷的收益。事实上也正是如此，在一些企业的大型会议中，往往只是其中某个环节的只言片语，便能有效地指出整个工作的重点所在，或者透析出工作方法的精髓之处。而对于这些重点和精髓，只要主动做会议记录就会发现并领会其中的内涵。

经心理学家研究发现，在职场中，员工在会议当中如果能够主动将会议内容记录下来并在会议之后对其进行深加工，那么员工对整个会议的情况尤其是内容的记忆就会很清楚，也会有一个较为深刻的认识。或许在会议现场没有弄明白的事情，通过提取会议记录会使人获得更多的信息和线索，从而彻底明白过来。所谓的对会议记录进行"深加工"，指的是对记录的会议内容进行细致深入的理解和学习，以便能更好地领会其中的含义。如此一来，员工不仅加深了对会议的了解，更加强了对工作的认识和理解。更重要的是，如果是一个新产品或生产技术发布研讨会议，主动做好会议记录还能在旧知识与新知识之间建立起一个牢固的联系，从而将新的知识纳入到旧知识的结构当中去。

那么，应该怎样提高在会议中的效率呢？

首先，清理会议中没有必要的事情。如果是会议的组织者就更需要考虑这个问题，运用清除的办法思考会议中的一些流程是否能够删去，比如会议的时间。会议太长容易引起人的疲惫，效率自然而然也会降低，因此，可以限制每个人的发言时间来减少会议的时间，或者可以减少参加会议的人员等来提升会议的效率。

其次，给会议进行分类。将每一个议题分门别类，先讲重要的事情，再讲次要的事情。这样的好处就在于中途如果出现了紧急事务，即便是中断会议也不会造成很大的损失。

最后，如果你只是参加会议的一个员工，那么只需要做好自己的会议记录报告就好了。在记录时尽可能使自己的报告做得一目了然，使自己能够清楚地明白会议的具体内容。这时候不妨清除报告中无关紧要的东西，这样就使会议内容经过过滤之后大幅度减少，而你只需要记录下一些和自己相关的事情即可。同样，在记录报告的时候也应当分门别类，将重要的事情记录在醒目位置。在会议结束的时候整理好会议笔记，以便下次查询。

员工主动做会议记录不仅是一种积极工作意识的体现，更是一种不断学习不断充实自我的体现。人们常说："在动笔的过程中，就相当于在同古圣先贤对话，领悟其思想之'味'，从而不断地充实并提升自己。"其实，主动做会议记录也一样——在记录的过程中，就像与公司领导或老板相互交流，领悟会议之精髓，从而渐渐地明白了自己并实现了自己的人生价值。

第 *12* 章

拒绝借口：没有任何理由

【职场禁忌】1. 传播负面消息；2. 公私不分；3. 夸夸其谈；4. 一心二用；5. 三心二意；6. 爱找借口；7. 爱挑事端；8. 心胸狭隘；9. 不懂感恩；10. 心存抱怨；11. 爱提条件；12. 不懂付出；13. 只顾眼前；14. 说多干少；15. 哥们儿义气。

西点军校传统：没有任何借口

“拒绝借口”强调的是每一位员工想尽办法去完成任何一项任务，而不是想方设法地为自己找借口。其目的是为了让员工学会适应压力，培养员工应对压力的坚强毅力。它让每一个员工懂得：任何时候都不要寻找任何借口。

著名的美国西点军校有一个久远的传统，遇到学长或军官问话，新生只能有四种回答：

“报告长官，是。”

“报告长官，不是。”

“报告长官，没有任何借口。”

“报告长官，我不知道。”

除此之外，不能多说一个字。其中“没有任何借口”是许多人一开始最不适应但随后最为推崇的一句话。

新生可能会觉得这个制度不尽公平，如军官问你：“你的皮鞋这样算擦亮了吗？”你当然希望为自己辩解，如“报告长官，排队的时候有位同学不小心踩到了我”。但是，你只能有以上四种回答，别无其他选择。在这种情况下你也许只能说：“报告长官，不是。”如果学长再问为什么，唯一的适当回答只有：“报告长官，没有任何借口！”

在西点，接到命令时，他们没有任何借口，“保证完成任务”；遇到困难时，他们要努力寻找方法，不找任何借口；违反纪律时，他们要勇于承担责任，没有任何借口；面临挫折时，他们还是要挺身而出，没有任何借口！

在“二战”时期，盟军决定在诺曼底登陆。在正式登陆之前，盟军最高司令官艾森豪威尔决定在另外一个海滩先尝试一下登陆的困难。他把这个任务交给了三位部下。经过多次的讨论，那三位部下一致认为：这是一次不可能成功的行动，所以他们力劝艾森豪威尔取消这个计划。后来，艾森豪威尔把这个任务交给了希曼将军，希曼将军义无反顾地接受了这一任务。这一次战斗是极其惨烈的，盟军损失1500人，几乎全军覆没。但是这一场战斗为后来的诺曼底登陆提供了不可多得的经验和教训，从而使诺曼底登陆一举成功。

希曼将军就是一位服从指挥、具有强大执行力的优秀将才。他接到任务后不多说一句话，就是不折不扣地去执行，这种强大的执行力来源于士兵心目中“没有任何借口”的意识。

从西点军校出来的学生许多后来都成为杰出将领或商界奇才，不能不说这是“没有任何借口”的功劳。真诚地对待自己和他人是明智和理智的行为，有时候为了寻找借口而绞尽脑汁，不如对自己或他人说“我不知道”。这是诚实的表现，也是对自己和他人负责的表现。对此，齐格勒建议说：“如果你能够尽到自己的本分，尽力完成自己应该做的事情，那么总有一天，你能够随心所欲从事自己要做的事情。”

尽自己的本分就要求我们勇于承担责任，承担与面对是一对姐妹。面对是敢于正视问题，而承担意味着解决问题的责任。让自己担当起来。没有勇气，承担就没有基础；没有承担力，面对就没有价值。放弃承担，就是放弃一切。假如一个人除为自己承担之外，还能为他人承担，他就会无往而不胜。

人们必须付出巨大的心力才能够成为卓越的人，如果只是找个借口搪塞为什么自己不全力以赴，那真是不用费什么力气。

一个被下属的“借口”搞得不胜其烦的经理在办公室里贴上了这样的标语：这里是“无借口区”。他宣布9月是“无借口月”，并告诉所有人：在本月，我们只解决问题，不找借口。这时，一个顾客打来电话抱怨该送的货迟到了，物流经理说：“的确如此，送货迟了。下次再也不会发生了。”随后他安抚顾客，并承诺补偿。挂断电话后，他说自己本来准备向顾客解释迟到的原因，但想到9月是“无借口月”，也就没有找理由。

后来这位顾客向公司总裁写了一封信，评价了在解决问题时他得到的出色服务。他说，没有听到千篇一律的托词令他感到意外和新鲜，他赞赏公司的“无借口运动”是一个伟大的运动。借口往往与责任相关，高度的责任心产生出色的工作成果。要做一个优秀员工，就要做到没有借口，勇于负责是天职。许多员工习惯于等候和按照主管的吩咐做事，似乎这样就可以不负责任，即使出了错也不会受到谴责。这样的心态只能让人觉得你目光短浅，而且永远不会将你列为升迁的人选。

勇于负责就要彻底摒弃借口，借口对我们有百害而无一利。借口的害处已说了这么多，真该建议那些爱找借口的员工像这个例子中的经理一样，为自己设立一个“无借口区”。很多人遇到困难不知道努力解决，只是想到找借口推卸责任，这样的人很难成为优秀的员工。

不找任何借口地完成任务

在巴顿将军的战争回忆录《我所知道的战争》中，有这样一个细节：“我要提拔人时常常把所有的候选人排到一起，给他们提一个我想要他们解决的问题。我说：‘伙计们，我要在仓库后面挖一条战壕，8英尺长，3英尺宽，6英寸深。’我就告诉他们那么多。那是一个有窗户或有大节孔的仓库。候选人正在检查工具时，我走进仓库，通过窗户或节孔观察他们。我看到伙计们把锹和镐都放到仓库后面的地上。他们休息几分钟后开始议论我为什么要他们挖这么浅的战壕。他们有的说6英寸深还不够当火炮掩体，其他人争论说这样的战壕太热或太冷。如果伙计们是军官，他们会抱怨他们不该干挖战壕这么普通的体力劳动。最后，有个伙计对别人下命令：‘让我们把战壕挖好后离开这里吧。那个老畜生想用战壕干什么都没关系。’”

最后，巴顿写道：“那个伙计得到了提拔。我必须挑选不找任何借口地完成任务的人。”

执行任务，不找任何借口，这是千百年来每个士兵乃至将军最基本的职责。军人的天职就是无条件地执行上级的命令，全力以赴地完成，即使牺牲生命也在所不惜。不成功的人都有一种共同的性格特征，他们知道失败的原因，并且对于自己有着他们认为的一套托词，而成功的人从来不找任何借口。

当西点军校毕业的格兰特将军赢得了美国内战的胜利，开辟了美国历史的新篇章后，很多人开始寻找格兰特制胜的原因。在格兰特将军做了美国总统后，有一次，他到西点军校视察，一名学生毕恭毕敬地对格兰特说：

“总统先生，请问西点军校授予您什么精神使您义无反顾、勇往直前？”

“没有任何借口。”格兰特的回答铿锵有力、掷地有声。

“如果您在战争中打了败仗，您必须为自己的失败找一个借口时，您怎么做？”

“我唯一的借口就是：没有任何借口。”

艾乐勃·赫巴德说：“我一直在问自己，为何人们用这么多的时间制造借口以掩饰他们的弱点并且故意愚弄自己。如果用在正确的用途上，这些时间足够矫正这些弱点，那时便不需要借口了。”

比尔·盖茨也说：“一心想着享乐，又为享乐找借口，这就是怠惰。”任何人在任何时候都能找到“充分”的理由证明“失败与我无关”，即使对于关系到自身前途和命运的问题，我们也能够找出理由来为自己开脱。当我们以别人配合不利为借口时，其实就是在纵容自己的依赖心；当我们抱怨环境不好、机会难寻的时候，其实正在姑息自己的懦弱和懒惰。

一个又一个的借口只会使我们的激情、热情和信心都退缩到阴暗的角落里，而自己的自私、怯懦、懈怠、懒惰等却披着借口的外衣堂而皇之地登上舞台。

1861年，林肯就职总统之后发现美国对战争的准备严重不足。联邦只有一支装备简陋、训练欠缺的16000人的队伍，而它的指挥官——斯科特，已是一位75岁高龄的老将军。林肯非常清楚，为了使整个国家免于分裂，他需要一个具有执行力的人，林肯选定了乔治·麦克莱伦。

麦克莱伦有极高的声望且极富军事才能，但是他有一个致命弱点掩盖了他军事生涯的所有优秀表现，那就是他总是瞻前顾后，习惯于过多地思考问题，然后寻找理所当然的借口而不肯采取行动。

将近3个月过去了，麦克莱伦没有采取任何行动，林肯只能一次次督促他行动。

1862年4月9日，林肯再次给麦克莱伦写信督促他采取行动。“我再次告诉你，你不管怎样也得进攻一次吧！”在信的结尾林肯甚至恳切地写道，“我希望你明白，我从来没有这样友好地给你写过信。我实际比以往任何时候都更支持你，但无论如何能不能不找任何借口，打上一仗？”

在林肯发出此信之后的一个月，麦克莱伦的军队继续延误战事，林肯只得在国务卿斯坦顿和蔡斯的陪同下亲临前线督战，而麦克莱伦竟然借口脱不开身不肯来与林肯会合，于是林肯撤换了麦克莱伦。1862年7月11日，林肯委任亨利·哈勒克将军为联邦司令，这时距麦克莱伦被任命为联邦总司令的时间还不到1年。

懦弱的人寻找借口，想通过借口心安理得地为自己开脱；失败的人寻找借口，想通过借口原谅自己，也求得别人的原谅；平庸的人寻找借口，想通过借口欺骗自己，也使别人受骗。但是，借口不是理由，找借口给人带来的严重后果就是让你失去实现成功的机会，最终一事无成。

乔治·华盛顿·卡佛说："99%的人之所以做事失败，是因为他们有找借口的恶习。"

找借口的代价非常大，因为你不愿正视事实，只是千方百计地想着如何推脱责任。一个令我们心安理得的借口，往往使我们失去改正错误的机会，更使我们失去进步的动力。世界上喜欢找借口的人很多，他们自欺欺人、善于为自己的错误寻找借口，结果搬起石头砸了自己的脚，受伤害的总是自己。工作中的各类借口带来的唯一"好处"就是让你不断地为自己的失职寻找托词，长此以往，你可能就会形成一种寻找借口的习惯，任由借口牵着你的鼻子走。这种习惯具有很大的破坏性，它使人丧失进取心，让自己松懈、退缩甚至放弃。在这种习惯的作用下，即使明知做了错误的事，你也不会主动想办法解决。一旦养成找借口的习惯，你的工作就会拖拖拉拉、效率低下，做起事来就会偷工减料、敷衍了事，这样的人面对任务不可能有破釜沉舟的勇气和决心，也很难有成功的人生。

工作中没有绝对不可能的事

正如一位西点人所说："只要你想，那你就一定能。"西点人不需要那些"不可能"或是"我办不到"之类的话，他们要求自己把这些不可能的借口永远丢掉，他们把"不可能"视为傻瓜才用的词！世界上没有绝对不可能的事情。

西方有句名言："一个人的思想决定一个人的命运。"勇于向"不可能完成"的任务挑战，是事业成功的基础。不敢向高难度的工作挑战，是对自己潜能的画地为牢，结果使自己无限的潜能化为有限的成就，终其一生也只能从事一些低层次的简单工作。

英特尔公司1968年8月在美国创立。公司成立之初，就定位在高科技领域，其名称就是由英文“集成电子”两个词组成，寓义英特尔公司在集成电路市场上乘风破浪，无往不胜。全球最大的微处理器事业部的灵魂人物、华裔副总裁虞有澄，在英特尔工作的20多年里，不仅在技术的深奥研究和不断创新上发挥了主导作用，而且在管理上也做出了重要贡献，成为英特尔价值的具体实践者。这位副总裁总是将学生时代学的一条物理学定律作为座右铭：“非绝禁止者就有可能发生。”他认为，这条定律代表着无尽的尝试和无限的可能性。

李宁说，一切皆有可能！“不可能”只是失败者心中的禁锢，具有积极态度的人从不将“不可能”当作一回事。曾经，航空业对个人来说是遥不可及的，想要进入这一领域更是天方夜谭。但有一个人打破了这个规律，他就是中国民航史上第一个民间包飞机的人——王均瑶。

1991年，王均瑶还只是一个在湖南做生意的小商人。春节前，他和一帮温州朋友从湖南包“大巴”回家过年。长沙距温州路途遥远且崎岖，令他和他的朋友苦不堪言。面对漫长的路程，王均瑶失落地说了句：“唉！这汽车实在是太慢了。慢腾腾的，得走好几天才能到家，真累啊！”

另一位老乡听了之后，嘲笑挖苦道：“飞机快，你坐飞机回去好了。”

“对啊，我为什么不能包飞机呢？”

说干就干，王均瑶就这样踏进了湖南省民航局的大门。经历了常人难以想象的艰难后，王均瑶终于包机成功了。

1991年7月28日，25岁的王均瑶首开了中国民航史上私人包机的先河，承包了长沙至温州的航线，而这一天也是相当有纪念意义的。十年之后，他又完成了一项石破天惊的举措，成为民营资本进入航空业的第一人，他的均瑶集团持有18%的股份，成为中国东方航空武汉有限责任公司的股东，这是国内首家民营企业参股国有航空运输业。

王均瑶真可谓“胆大包天”，在他的头脑中，没有“不可能”一词。别人的一句玩笑话反而成了他进取的一个目标，从而实现了“不可能”变“可能”的巨大转变，也创造出一片“奇迹”的天空。

在积极者的眼中，永远没有“不可能”，取而代之的是“不，可能”。积极者用他们的意志、行动，证明了“不可能”的“可能性”。

克勒蒙特·史东在自己办的杂志《成功》中谈到：“不必理睬向你说‘不可能’这些悲观字眼的人。然后提出好的方法来证明‘那种事不可能’乃是谎言。有数百万人在他们的人生中拥有能力却不能实现更高的目标，这是为什么呢？

“他们听到别人对他说‘那种事是不可能的’，自己也就相信了，并且未曾学习和应用‘积极思考法’来振奋自己。如果他们能有意识地树立积极的态度，周围纵然满是荆棘，也能在不侵犯他人权益的情况下达到所有目标。”

伏尔泰说：“不经历巨大的痛苦，不会有伟大的事业。”我们做每一件事，都有两道墙会出现在前方：一道是外显的墙，那是关于整个外部大环境的围墙；另一道是内隐的墙，这是我们心中的障碍，而决胜的关键往往在于我们是否能翻越心中的那一道墙。

很多人花费许多力气去找寻“没有可能成功”的原因，其实他们不知道最大的原因就来源于自己心中的障碍。当我们遇到瓶颈的时候总是容易被“不可能”画地为牢，停在原地无法再有突破。但事实上看似不可能的东西并不像我们想象中那样没有任何解决的可能性，关键在于我们是否努力去尝试了，是否在尝试中懂得变通地解决问题。

很多时候，“不可能”其实是我们自己给自己设的一个假想敌，一个不可穿越的死亡沙漠。正如彭端淑所说的那样：“天下事有难易乎？为之，则难者亦易矣；不为，则易者亦难矣。”“可能”与“不可能”的分界线往往就是做与不做的区别。工作中从来就不曾有推不倒的大山、啃不动的骨头，关键在于你是否去推了，是否去啃了，是否用对了方法。

“不知道”代表仍需努力

借口的实质就是推卸责任，在责任与借口之间，你的选择往往代表了你的工作态度。选择借口，其实是一种不负责任的表现。

在企业中每个人都有自己特定的职责，你的职责是需要你自己完成的，不能期望别人代劳。如果你总是为自己寻找借口，那你离失去这份工作也就不远了。

当我们确实遇到不知道的问题时，我们完全可以回答“我不知道”。不知道代表的并不是可耻，而是真诚与负责的表现。

每个人的知识水平是有限的，不知道只是代表你现在水平还不够，还得去努力学习。

不知道是诚实的表现，也是对自己和他人负责任的表现。这在某些方面恰恰是自信的表现。一个人在缺乏自信的时候，容易为自己找到很多借口，这其实是一种逃避行为。

麦肯锡咨询顾问埃森·拉塞尔的一次经历很能说明问题。他说：“有一天早晨，我们的客户——一家名列《财富》500强的制造公司召开了一个重要的项目推介会。我们的项目主管约翰和整个团队把说明情况的各个部分都过了一遍。我把自己的这一部分已经过完了，前一天晚上我一直干到凌晨4点才把它整理完，当时我真是筋疲力尽。

“当讨论转向另一个部分时（这一部分与我无关，而且我对这一部分也知之甚少），我的脑子开始抛锚了，一个劲儿地想睡觉。我可以听见团队的其他人在讨论不同的观点，但话从我的脑子里滑了过去，就像水从小孩的手指间流过去了一样。

“突然，约翰问了我一句：‘那么，埃森，你对苏茜的观点怎么看？’我一下子就惊醒了。一时的惊吓和害怕妨碍了我集中精力回忆刚才所讨论的内容。多年在常春藤名校和商学院练就的反应让我回过神来，我提出了几条一般性的看法。当然，我所说的也许只能算是马后炮。

“如果我告诉约翰‘我没有什么把握——以前我没有看过这方面的问题’，我可能会好一点，甚至我这样说也行：‘对不起，我刚才思想抛锚了。’我想他会理解的，他以前一定有过同样的经历，就像在麦肯锡工作的其他人一样。

“相反，我想蒙混过去，于是就信口开河了。

“几个星期之后，项目结束了，团队最后一次聚会。我们去了一家快餐店，吃了很多东西，喝了不少的啤酒。接下来项目经理开始给团队的每一位成员分发带有开玩笑或具有幽默性质的礼物。至于我的礼物，他递给我的是一个桌上摆的小画框，上面整整齐齐地印着麦肯锡的至理名言：只管说‘我不知道’。

“这是一条明智之极的建议，至今这个画框还摆在我的书桌上。”

自信的人从来不为自己找借口，任何借口都是懦弱的表现。在西点军校，一入校学员就接受了类似的训练。真诚地对待自己和他人是明智和理智的行为，有些时候，为了寻找借口费尽脑汁，不如对自己或他人说“我不知道”。

从失败中吸取经验教训

有家企业招聘文职人员，招聘过程十分简单，就是让每个应聘者讲一则生活、工作中失败的故事。应聘者当中不乏博士、硕士，但他们最后都被一位中专生击败。

这位中专生讲了这样一则故事。她说，中专毕业后她来到深圳，应聘在一家公司任秘书。公司很大，员工也很多，每月中旬老板都要例行向员工讲一次话。有一次，先她而来的老秘书出差，讲话稿自然由她写了。写好之后，老板忙于事务没有看稿，时间一到便匆匆讲了，结果读错了几个字，引起哄堂大笑。老板很生气，便将她辞了。

这的确是一个失败的故事。众多应聘者往往讲到这里就结束了自己的故事，而这位中专生却继续讲道，她虽然被辞掉，但没有立即离开。她想问清楚为什么老板会念错字，经打听才知道，老板仅仅只有小学文化程度。为此，她很自责，要是在那些难认的字旁注上同音字就好了。

“这不是你的错。”有人同情她说。

“不是我的错，但至少说明我不是一个合格的秘书。因为秘书的基本要求就是吃透领导，我对他了解不够，就是我的错。”

“那是你入职的时间太短。”又有人为她辩解。

“这不是时间长短的问题，而是我的工作主动性不够。”

讲到这里，总经理打断了她的话，宣布她已经被录取了。

我们因生活、工作琐碎而忙碌，承受太多压力，经受太多失败，这并不可怕；关键在于我们在失败面前，是一蹶不振、自暴自弃，还是找出原因，为成功做好准备。这是一个人能否取得成功的分水岭。

人非草木，孰能无过。不要怕失败，人只有经过失败并总结失败教训，才会变得聪明。一位伟人说过，错误和挫折使我们变得聪明起来。失败不是人生最后的句号，挫折却是人生最大的财富。成功青睐的往往是失败过的人，不断从失败中走出来的人要比从成功中走出的人辉煌得多。

有人在工作中敢于去实践，敢于去创新，这种人当然比那些从来不主动去尝试或从来只是墨守成规的人更容易犯错，更容易品味到失败的滋味。但只有不断从失败中吸取教训，我们才会不断进步。

有个渔人有着一流的捕鱼技术，被人们尊称为“渔王”。然而“渔王”年老的时候非常苦恼，因为他的三个儿子的渔技都很平庸。于是他经常向人诉说心中的苦恼：“我真不明白，我捕鱼的技术这么好，我的儿子们为什么这么差？我从他们懂事起就传授捕鱼技术给他们，从最基本的东西教起，告诉他们怎样织网最容易捕捉到鱼，怎样划船最不会惊动鱼，怎样下网最容易请鱼入瓮。他们长大了，我又教他们怎样识潮汐、辨鱼汛……凡是我长年辛辛苦苦总结出来的经验我都毫无保留地传授给了他们，可他们的捕鱼技术竟然赶不上技术比我差的渔民的儿子！”一位路人听了他的诉说后，问：“你一直手把手地教他们吗？”“是的，为了让他们得到一流的捕鱼技术，我教得很仔细很耐心。”“他们一直跟随着你吗？”“是的，为了让他们少走弯路，我一直让他们跟着我学。”路人说：“这样说来，你的错误就很明显了。你只传授给他们技术，却没传授给他们教训。对于才能来说，没有教训与没有经验一样，都不能使人成大器。”

没有失败，照样成不了才，因为没有人可以从不失败。

一位事业有成的企业家，对自己的儿子有些不放心。因为从小在优越的环境里长大，他的儿子养成了依赖别人的习惯，难以真正做到有所担当。面对蒸蒸日上的产业，为了家业能够得以发扬光大，这位企业家决心培养儿子的男子汉气概。一个暑假，他把孩子带到一位著名的教育家朋友家里，委托他利用一个月的时间对儿子进行一些教育。一个月后，这位企业家如约来接自己的儿子，这位教育家胸有成竹地把企业家带到一个房间里，并安排企业家的儿子和一个拳击教练进行一场比赛，以展示这一个月的训练成果。教练一出手，这位儿子便应声倒地。他站起来继续迎接挑战，马上又被打倒。他又站起来……就这样来来回回一共倒下又起来16次。

这位教育家问企业家说：“你觉得你孩子的表现够不够男子汉气概？”企业家羞愧地说：“我简直羞愧死了！想不到我送他来这里受训一个月，看到的结果是他这么不经打，被人一打就倒。”这位教育家却微微一笑说：“我很遗憾，因为你只看到了表面的胜负。你难道没有看到你儿子那种倒下去立刻又站起来的勇气和毅力吗？这才是真正的男子汉气概啊！”

这位企业家才意识到：没有人能够躲避失败，人生的光荣不在于永不失败，而在于屡败屡战。只要站起来比倒下去多一次，就是成功。而这一个月的时间，教育家已经教会了儿子做人的真谛。

500强工作法：别让借口成为习惯

“没有任何借口”看起来过于绝对、很不公平，但是人生并不是永远公平的。西点军校就是要让学员明白，无论遭遇什么样的环境都必须学会对自己的一切行为负责！现在他们只是军校学生，要说恪尽职守可能只要达到服装仪容的要求，但是日后肩负的却是自己和其他人的生死存亡乃至整个国家的安全。在生死关头，你还能到哪里去找借口？哪怕最后找到了失败的借口又能如何？

“没有任何借口”让西点学员养成了毫不畏惧的决心、坚强的毅力、完美的执行力，以及在限定时间内把握每一分每一秒去完成任何一项任务的信心和信念。

任何借口都是推卸责任。在责任和借口之间，选择责任还是借口体现了一个人的工作态度，同时也决定了他的工作效能。有了问题，特别是难以解决的问题时，有一个基本原则可用而且永远适用。这个原则非常简单，就是永远不放弃，永远不为自己找借口。一个人对待生活和工作的态度是决定他能否做好事情的关键。首先改变一下自己的心态，这是最重要的！很多人在工作中寻找各种各样的借口来为遇到的问题开脱，一旦养成习惯，这是非常危险的。

人的习惯是在不知不觉中养成的，是某种行为、思想、态度在脑海深处逐步成型的一个漫长过程。因其形成不易，所以一旦某种习惯形成了就具有很强的惯性，很难根除。它总是在潜意识里告诉你，这个事这样做，那个事那样做。在习惯的作用下，哪怕是做出了不好的事，你也会觉得理所当然。特别是在面对突发事件时，习惯的惯性作用就表现得更为明显，如寻找借口。如果在工作中以某种借口为自己的过错和应负的责任开脱，第一次的时候，你可能会沉浸在借口为自己带来的暂时的舒适和安全之中而不自知。这种借口所带来的“好处”会让你再次并多次为自己寻找借口，因为在你的思想里已经接受了这种寻找借口的行为。不幸的是，你很可能就会形成一种寻找借口的习惯。这是一种十分可怕的消极的心理习惯，它会让你的工作变得拖沓而没有效率，会让你变得消极，最终一事无成。

普通人虽然与西点军校的学员不同，但始终要有敢担负任何重任的决心和勇气。尤其是在工作当中，自己要学会给自己加码，始终以行动为见证，而不是编织一些花言巧语为自己开脱。我们不需要任何借口，哪里有困难，哪里有需要我们就义无反顾。

人的一生中会形成很多种习惯，有的是好的，有的是不好的。良好的习惯对一个人影响重大，而不好的习惯所带来的负面作用会更大。下面的五种习惯，是作为一名优秀员工所必须具备的，它甚至是每一个成功人士都应该具有的习惯。这些习惯并不复杂，但坚持去做，你就能成为一名负责任、不找借口的优秀员工。

1. 延长工作时间

许多人对这个习惯不屑一顾，认为只要在上班时间提高效率，就没有必要再加班加点。实际上，延长工作时间的习惯对管理者的确非常重要。作为一名高效能人士，你不仅要将本职工作处理得井井有条，还要应付其他突发事件，思考部门及公司的管理及发展规划等。有大量的事情不是在上班时间出现，也不是在上班时间可以解决的，这就需要你根据公司的需要随时为公司工作，需要你延长工作时间。

当然，根据不同的情况，超额工作的方式也有不同。如为了完成一个计划，可以在公司加班；为了理清工作思路，可以在周末看书和思考；为了获取信息，可以在业余时间与朋友们联络。总之，你所做的这一切可以使你在公司更加称职。

2. 始终表现出你对公司及产品的兴趣和热情

作为一名高效能人士，你应该利用每一次机会，表现你对公司及其产品的兴趣和热情，不论是在工作时间，还是在下班后；不论是对公司员工，还是对客户及朋友。当你向别人传播你对公司的兴趣和热情时，别人也会从你身上体会到你的自信及对公司的信心。没有人喜欢与悲观厌世的人打交道，同样，公司也不愿意让对公司的发展悲观失望、毫无责任感的人担任重要职务。

3. 自愿承担艰巨的任务

公司的每个部门和每个岗位都有自己的职责，但总有一些突发事件无法明确地划分到某个部门或个人，而这些事情往往是比较紧急或重要的。对于一名高效能员工来讲，此时你就应该从维护公司利益的角度出发，积极去处理这些事情。

如果这是一项艰巨的任务，你就更应该主动去承担。不管事情成败与否，这种迎难而上的精神都会让大家对你产生认同。另外，承担艰巨的任务是锻炼能力的难得机会，长此以往，你的能力和经验会迅速提升。在完成这些艰巨任务的过程中，你可能会感到很痛苦，但痛苦会让你变得更加成熟。

4. 在工作时间避免闲谈

可能你的工作效率很高，可能你现在工作很累需要放松，但你一定要注意，不要在工作时间做与工作无关的事情，这些事情中最常见的就是闲谈。在公司，并不是每个人都很清楚你当前的工作任务和效率，闲谈只能让人感觉你很懒散或很不重视工作。另外，闲谈也会影响他人的工作，引起别人的反感。

你也不要做其他与工作无关的事情，如听音乐、看报纸等。如果你无事可做，可以看看与本专业的相关书籍，查找一下最新的专业资料。

5. 向有关部门提出管理的问题和建议

抛弃找借口的习惯，你就不会为工作中出现的问题而沮丧，甚至可以在工作中学会大量的解决问题的技巧，这样借口就会离你越来越远。遇到问题，特别是难以解决的问题，可能让你懊恼万分。这时候，有一个基本原则而且永远适用，那就是坚持到底永不放弃，永远不为自己找任何借口。

第13章

化繁为简：用简单的方法做好每件事

【老板会加薪的几种人】1.小强型：干得多、吃得少，生存能力强，加班加不死；2.机器猫型：随时拿出新点子，帮老板解决实际问题；3.超人型：以地球人的工资安心干着外星人才能干的活儿；4.孔明型：谈笑间繁重工作灰飞烟灭。

妙用奥卡姆剃刀定律

奥卡姆剃刀定律是由14世纪欧洲逻辑学家、圣方济各会修士奥卡姆的威廉提出的。这个原理称为“如无必要，勿增实体”，即“简单有效原理”。正如他在《箴言书注》2卷15题说“切勿浪费较多东西去做用较少的东西同样可以做好的事情”。

根据奥卡姆剃刀定律，对任何事物准确的解释通常是那种“最简单的”，而不是那种“最复杂的”。这就像音响没有声音，人们总是会先看看是不是电源没有接好，而不会马上就将音响拆开检查是否哪个线路坏了。

奥卡姆剃刀定律在企业管理中可进一步深化为简单与复杂定律：把事情变复杂很简单，把事情变简单很复杂。这个定律要求人们在处理事情时要把握事情的本质，解决最根本的问题。尤其要顺应自然，不要把事情人为地复杂化，这样才能把事情处理好。

如果管理者认为只有焦头烂额、忙得要死才能取得工作上的成功，那就大错特错。事情会朝着复杂的方向发展，而效率则来源于简单。不要被复杂的事务干扰，忽略了真正有效的东西。真正有效的方法，往往是最简单的。

杰克·韦尔奇的管理思想中有一条非常著名的论断，那就是“成功属于精简敏捷的组织”。他认为企业不必复杂化，对他来说，使事情保持简单是商业活动的要旨之一。他说，他的目标是“将我们在GE所做的一切事情、所制造的一切东西‘去复杂化’”。

奥卡姆剃刀原理，向我们传递“简单与高效”的法则、理念和意识。爱因斯坦说：“如果你不能改变旧有的思维方式，你也就不能改变自己当前的生活状况。”

当管理者用奥卡姆剃刀改变思维时就会惊奇地发现：工作与管理不再是烦琐而杂乱，简单才是最美，也最容易获得高效。

化繁为简是一种大智慧

随着人们认识水平的不断提高，“精兵简政”“精简机构”“删繁就简”等一系列追求简单化的观念在整个社会不断深入和普及。根据奥卡姆剃刀定律，这正是一种大智慧的体现。

如今，管理组织越来越完善化、体系化和制度化，随之而来的还有不容忽视的机械化和官僚化。于是，文山会海和繁文缛节便不断滋生。可是，国内外的竞争都在日趋激烈，无论是企业还是个人，快与慢已经能决定其生死。如同在竞技场上赛跑，穿着水泥做的靴子却想跑赢比赛肯定是不可能的。因此，我们别无选择，只有脱掉水泥靴子，比别人更快、更有效率，领先一步，才能生存。换而言之，就是凡事要简单化。

很多人会问：“简单能为我们带来什么呢？”看完下面的例子，我们自然就会明白。

博恩·崔西是美国著名的激励和营销大师，他曾与一家大型公司合作过。该公司设定了一个目标：在推出新产品的第一年里实现100万件的销售量。该公司最优秀的营销精英们开了8个小时的群策会后，得出了几十种实现100万件销售量的不同方案，每一种方案的复杂程度都不同。这时，博恩·崔西建议他们在这个问题上应用奥卡姆剃刀原理。

他说：“为什么你们只想着通过这么多不同的渠道向这么多不同的客户销售数目不等的新产品，却不选择通过一次交易向一家大公司或买主销售100万件新产品呢？”

当时整个房间内鸦雀无声，有些人看着博恩·崔西的表情就像在看一个疯子。然后有一名管理人员开口说话了：“我知道一家公司，这种产品可以成为他们送给客户的非常好的礼物或奖励，而他们有几百万客户。”最后根据这一想法，他们得到了一笔100万件产品的订单。他们的目标实现了。

不论你正面临什么问题或困难，都应当思考这样一个问题：“什么是解决这个问题或实现这个目标的最简单、最直接的方法？”你可能会发现一个简便的方法，为你实现同一目标节约大量的时间和金钱。记住苏格拉底的话：“任何问题最可能的解决办法是步骤最少的办法。”这和奥卡姆剃刀定律所阐释的内容是一致的。

与此相关的，还有一个非常有趣的故事：

日本最大的化妆品公司收到客户抱怨，买来的肥皂盒里面是空的。于是他们为了预防生产线再次发生这样的事情，工程师想尽办法发明了一台X光监视器去透视每一台出货的肥皂盒。同样的问题也发生在另一家小公司，他们的解决方法是买一台强力工业用电扇去吹每个肥皂盒，被吹走的便是没放肥皂的空盒。

面对同样的问题，两家公司采用的是两种截然不同的办法。无论从经济成本方面还是资源消耗角度，相信第二种方案的优势都是不言而喻的。这个例子给了我们一个深刻的启示：如果有多个类似的解决方案，最简单的选择，就是最智慧的选择。

所以，在现实生活中，当遇到问题时，我们要勇敢地拿起“奥卡姆剃刀”，把复杂事情简单化，以选择最智慧的解决方案。

翦除不必要的枝枝蔓蔓

有人曾经请教马克·吐温：“演说词是长篇大论好呢，还是短小精悍好？”他没有正面回答，只讲了一件亲身感受的事：“有个礼拜天，我到教堂去，适逢一位传教士在那里用令人动容的语言讲述非洲传教士的苦难生活。当他讲了5分钟后，我马上决定对这件有意义的事捐助50元；他接着讲了10分钟，此时我就决定将捐款减到25元；最后，当他讲了一个小时后，拿起钵子向听众请求捐款时，我已经厌烦之极，一分钱也没有捐。”

马克·吐温通过自身的实际经历向求教者说明：短小精悍的语言其效果事半功倍，而冗长空泛的语言不仅于事无益，反而有碍。

不仅语言如此，现实生活同样如此。这就要求我们要学会简化，剔除不必要的生活内容。这种简化的过程如同冬天给植物剪枝，把繁盛的枝叶剪去，植物才能更好地生长。每个园丁都知道，不进行这样的修剪，来年花园里的植物就不能枝繁叶茂。每个心理学家都知道，如果生活匆忙凌乱，为毫无裨益的工作所累，一个人便很难充分认识自我。

为了发现你的天性，亦需要简化生活，这样才能有时间考虑什么对你才是重要的。否则，就会损害你的部分天资——而且极有可能是最重要的一部分。

那么，我们如何来实现这种简化呢？很简单，就是重新审视你所做的一切事情和所拥有的一切东西，然后运用奥卡姆剃刀舍弃不必要的生活内容。

相传，有位科学家带着自己的一个研究成果请教爱因斯坦。爱因斯坦随意地看了一眼最后的结论方程式，就说："这个结果不对，你的计算有问题。"科学家很不高兴："你过程都不看，怎么就说结果不对？"爱因斯坦笑了："如果是对的，那一定是简单的，是美的，因为自然界的本来面目就是这样的。你这个结果太复杂了，肯定是哪里出了问题。"

这个科学家将信将疑地检查自己的推导，果然如爱因斯坦所言结果不对。

简单化不是乱砍一气

也许你认为奥卡姆剃刀只放在天才的身边，其实它无处不在，只是有待人们把它拿起。当我们绞尽脑汁为一些问题烦恼时，试着摒弃那些复杂的想法，也许会立刻看到简单的解决方法。人生的任何问题，我们都可运用奥卡姆剃刀。奥卡姆剃刀是最公平的"刀"，无论科学家还是普通人，谁能有勇气拿起它，谁就是成功的人。

越复杂越容易拼凑，越简单就越难设计。在服装界有"简洁女王"之称的简·桑德说："加上一个扣子或设计一套粉色的裙子是简单的，因为这一目了然。但是，对简约主义来说，品质需要从内部来体现。"她认为，简单不仅仅是摈除多余的、花哨的部分，避免喧嚣的色彩和繁琐的花纹，更重要的是体现清纯、质朴、毫不造作。

需要注意的是，这里所谓的"简单"不是乱砍一气，而是在对事物的规律有深刻的认识和把握之后的去粗取精、去伪存真。

正如一个雕刻家，能把一块不规则的石头变成栩栩如生的人物雕像，因为他胸中有丘壑。如果你抓不住重点、找不到要害，不知道什么最能体现内在品质，运用奥卡姆剃刀的结果只能是将不该删除的删除了。

我们要合理地使用奥卡姆剃刀，不能盲目。例如，IBM在电脑产品营销中具有得天独厚的优势，如其前CEO郭士纳所指，他们具有非常有优势的集成能力。然而，其广告宣传语却将这一点删掉了，留下推广小型电脑的“小行星问题的解决方法”。结果，IBM自然未能凭这则广告获得区别于其他电脑的地位。可见，没有什么比删掉自己的优势更可悲了。

所以，在我们使用奥卡姆剃刀时，要将其用在恰当的位置上，而不是盲目乱删。

根除工作“复杂病”

经过3年施工，迪士尼乐园即将开放，可路径设计仍无完美方案。一次，总设计师格罗培斯驱车经过法国一个葡萄产区，一路上看到不少园主在路旁卖葡萄却少人问津，山谷前的一个葡萄园却顾客盈门。原来，那是一个无人看管的葡萄园，顾客只要向园主老太太付5法郎就可随意采摘一篮葡萄。该园主让人自由选择的方法，赢得了众多顾客的青睐。

设计师深受启发，他让人在迪士尼乐园撒下草种。不久，整个乐园的空地就被青草覆盖。在迪士尼乐园提前开放的半年里，人们将草地踩出许多小径，这些小径优雅而自然。后来，格罗培斯让人按这些踩出的路径铺设了人行道。结果，迪士尼乐园的路径设计被评为世界最佳设计。

这个故事与经济学上的奥卡姆剃刀定律有着异曲同工之处。人们在做任何事情的时候千万不要把事情过于复杂化，简单的时候就得简单，太多的顾虑反而会让人们走弯路，事情的结果也会和人们希望的相反。

从方法论角度出发，奥卡姆剃刀定律就是舍弃一切复杂的表象，直指问题本质的处事原则。可惜，当今有不少人，往往自以为掌握了许多知识，喜欢将一件事情往复杂处想。当人们的思路又变得开始复杂时，应该时刻提醒自己：该拿起奥卡姆剃刀了。因为，只有简单，才可以产生绝妙的主意。

世界是复杂的，但也是简单的，只是人们常常被自己的习惯性思维禁锢，从而把简单的事情弄复杂了。如何将复杂的事情回归于简单，根除工作的“复杂病”，是每个人需要思考的问题。

500 强工作法：管得少才能管得好

对于一个企业的领导者来说，什么叫管理？管理就是把复杂的事情简单化，简单问题流程化，制度标准化。

有些事你得多花费一些时间，有些事你稍微处理就行，有些事你根本就不用操心。简单就是力量，花一定的时间化繁为简可以节省更多的时间。

如果你有两个原理，它们都能解释观测到的事实，那么你应该使用简单的那个，直到发现更多的证据。如果你有两个类似的解决方案，选择最简单的、需要最少假设的解释是最有可能正确的。这就是奥卡姆剃刀定律的精髓所在。我们运用奥卡姆剃刀定律可以有助于提高办事效率。

一些领导之所以成天忙忙碌碌却又干不到点子上，原因就是抓权太多。这些领导一方面抱怨事情干不过来，另一方面又事无巨细，什么事都要亲自管。当下级把矛盾上交时，他便亲自去处理那些本应由下级处理的问题，陷在事务圈子里不能自拔。这种包揽各种权力于一身、唱“独角戏”的做法，与现代领导的工作方式毫无共同之处。

天津有个著名的企业改革家就提出“分权而治，分级管理”，他平时只抓9 个人，即4 位副厂长、2 位顾问，加上计划经营、质量管理2 位科长和1 位办公室主任。这些人再把权力一层一层地分下去，工作起来效率很高。过去一上班，办公室里就挤满了人；晚上又找到家里请示工作，商量问题。现在厂长办公室清静了，厂长可以把大部分的精力用在筹划长远规划和抓改革上，只用少量的精力处理日常事务。晚上家里有了看书学习和休息的时间，可以不断汲取新知识，获得旺盛的精力。

分工授权又可称为分层领导、分级领导。是指按照一定的规范和程序，将领导纵向分为若干层次，分级排列，下级向其上级逐级负责，其管辖范围随级别下降而缩小，形成上下对应的领导与被领导的从属关系，一级抓一级，一级管一级，使组织成为朝着共同目标前进的统一整体。

能否实现有效的领导，其要素之一就要看他会不会实现层次分级领导。三国时代蜀相诸葛亮虽然是一代名相，但由于忽视层次领导，事必躬亲，结果积劳成疾，英年早逝，给人留下“出师未捷身先死，长使英雄泪满襟”之憾。据史书记载，他在军中事无巨细，都要亲自过问，甚至连粮草消耗这种小事都要亲自操劳。显然，他那种鞠躬尽瘁死而后已的精神是值得后人弘扬的，但他那事无巨细、事必躬亲、越俎代庖的工作方法并不足取。

现在有些领导人头脑中也缺乏这种分工授权的观念，在工作中分工不授权，反而大包大揽，弄得单位里形成了“领导忙得团团转，下属悠闲没事干”的反常局面。领导怨天尤人，埋怨下属没有积极性，不能替自己排忧解难。岂不知，之所以造成这种局面就是由于领导者不懂得分工授权而一手造成的。

正确的领导方式应当是在统一领导的大方向下，实现有效的分工授权，做到小事糊涂、大事不糊涂。

具体地讲，授权有以下几个好处：

（1）能够减少领导的工作负担，使之从琐碎繁杂的事务中解放出来，腾出较多的时间和精力去考虑重要的、战略性的、全局性的问题，更有效地进行决策和指挥。

（2）能够增强下级的荣誉感和责任心，发挥他们的工作热情，调动他们的积极性，提高工作效率。

（3）有利于在工作实践中培养和锻炼干部，增长干部的才干。

（4）能够发挥下级的专长，弥补自己的不足。领导应当尽可能地把自己不擅长的工作授权给在这方面擅长的人去干，以提高领导工作的质量。

（5）可以改善上下级之间的关系，使下级从等级服从、层层听命的消极被动状态，改变为合作共事、互相支持的积极主动状态。

管理者在用人时要做到既然给了下属职务，就应该同时给予与其职务相称的权力，不能大搞“扶上马，不撒缰”，处处干预，只给职位不给权力。管理者用人只给职不给权，事无巨细都由自己定调、拍板，实际上是对下属的不尊重、不信任。这样不仅使下属失去独立负责的责任心，还会严重挫伤他们的积极性，难以使其尽职尽力，到头来工作搞不好的责任还得由管理者来承担。

所以，放手让你的下属去施展才华吧，只有当他确实违背了工作的主旨时你再出手干预，将他引上正轨。只有将下属的积极性全部调动起来，你的事业才能迅速地获得成功。

第14章

工作整理术：使效率倍增的利器

【提高个人效率的黄金技巧】1. 将自己的表拨快10分钟；2. 为目标设定1-2-3这样的优先级；3. 把大目标细分为可以立刻执行的小任务；4. 第一次就做对；5. 每天自学1小时，一年365小时，3年就可以成为专家；6. 每周5天，每天花5分钟改进自己的工作，在5年里将使同一个工作被改进1200余次。

工作整理术的神奇之处

人们总能看到这样的人：他们总是井井有条、按部就班地完成每一件事，不仅保证质量而且效率极高。其实，人的经历和事件都是相当有限的，给自己制定一份顺序表，将重要的或者对于实现目标有帮助的放在前面，整理好工作的顺序，这样一种好习惯会让你做的每一件事都有助于你接近成功。

有一家美国跨国公司的老总慕名前去拜访卡耐基，想要向他学习一些获得成功的方法。来到卡耐基的办公室，这位老总发现，卡耐基的办公司异常整齐而且干净，没有一丝杂乱。他感到很惊讶，于是忍不住问道："卡耐基先生，我听说您每天都有很多信件需要处理，但是您将那些信件放在哪里了呢？"

卡耐基回答道："那些信件都被我处理完了。"

这位老总又问道："那您今天应该还有很多没干的事情吧，那些事情都交给谁了呢？"

卡耐基微笑着回答道："我并没有将事情推给任何人，而是自己处理完了所有的事情。"

这位老总感到很诧异，问道："可您是怎么做到在短时间内迅速处理完所有事情的呢？"

看出了这位来访者心中的困惑，卡耐基解释道："这很简单，我知道自己每天都需要处理很多事情，但是毕竟自己的精力是有限的，不可能同时完成两件事情。于是，我将自己的工作进行分类整理，并且按照这些事情的重要程度来合理排序，先将重要的事情处理完，然后再接着处理其他的事情。经过这样的整理，效率自然也就提高了。"

这位老总恍然大悟，向卡耐基道谢后退了出来。

一段时间后，这位老总向卡耐基发出了邀请函，邀请卡耐基参观他的办公室。在聊天的时候，他感激地对卡耐基说道："卡耐基先生，非常感谢您向我传授了那一套处理事务的方法。以前，我的办公室里到处都是要处理的文件，每次走进办公室我都会感觉恐慌和压抑，而且经常将一些需要立即处理的事情给忘记了。自从用了您教的那套方法后，处理事情顺利多了，也不会再弄错轻重缓急，应对客户时也更加游刃有余了。”

这位老总运用了整理术后找到了处理事务的正确方法，几年的时间内，他就将自己的公司扩大了数倍，而且还涉及到了其他领域，身家数亿。

在工作中，良好的整理术能够让你有条不紊地进行工作，将每天的工作安排好，能够大大缩减一个人每天用来思考下一步该做什么事情的时间，提高办事效率。

在现在这个快节奏的社会里，每个人每天都有大量的事情需要处理，这时整理就显得尤为重要。

顾兰是凯兰广告传播有限公司的一名文秘，她每天都有大量的工作要处理，如需要帮领导写发言稿、处理各种信息、收发文件，等等，每天忙得焦头烂额。用她自己的话形容就是，每天早上来到公司就像掉在了沼泽地里面，越动陷得越深，越做事情越多，根本看不到头。虽然这样说，可是顾兰对待工作还是非常勤恳，公司将她列为秘书长候选人之一。

顾兰为此还是挺满意的，觉得虽然忙了点，可是毕竟有回报。然而，现实就是这么事与愿违。这天，秘书长的选拔结果出来了，自己落选了，当选的是另一位不怎么起眼的同事黄春。在顾兰看来，黄春并不出色，因为自己每天忙得昏天黑地，而黄春似乎非常清闲，很少看到她忙碌的身影。这让顾兰非常好奇。于是，她暗地里对黄春进行了观察。一段时间后，顾兰发现，这个黄春做事果然有一套！黄春现在担任秘书长，要做的事情比自己多得多，可是黄春却有条不紊，效率非常高，似乎很多事情都在她的意料之中。而且黄春的办公桌非常整洁，不像自己乱糟糟的。黄春还非常善于处理人际关系，她虽然不可能认识公司里的每一个人，但亲疏有间，对每个人都很亲切。这些让顾兰非常佩服。

黄春所运用的正是工作整理术。运用整理术，黄春不但将工作安排得有条不紊，而且为此还获得了职场发展机会，当上了秘书长。

整理术的神奇之处就在于它能改变人的命运，让好运滚滚而来。

运用整理术整理自己的工作，为工作分出优先顺序，可以提高工作效率，节省更多的时间，利用空余的时间做更多的事情。

同时，运用整理术整理自己的心态、思维等，可以使自己更加积极乐观，使自己对机会更加敏锐，在机会来临之际准确快捷地抓住它。

办公桌是工作的一面镜子

在工作中，每个员工都应该具备一些档案管理方面的基本知识。作为本部门共用的文件资料会有专门的人管理，但个人也应收集和保存一些自己用的文件资料。对于个人用的文件资料，你就应该进行妥善保存，要用的时候能很快找到。哪些文件必须保存？如果要保存又该如何保存？哪类资料看完就可以毁弃？这里面大有学问。

作为一般的员工，常用的资料大概可以分为两种：一种是本部门共用的，一种是个人专用的。有些资料虽然可以是大家共用，也可以是个人专用。如果是归个人专用，那么，在保存的时间、使用的范围以及保存的方式上与整个部门共用的都有很大不同。哪些资料归个人专用，哪些资料属大家共用，公司一般都有明确的规定。

归整个部门共用的资料包括：政府法律和公司内的各种规章制度、业务参考资料。业务参考资料包括各种规定和标准、各种业务手册和商业应用文集等。

归员工个人专用的资料，主要是自己所需的文件资料。如果是没有保存价值的资料就应及早销毁，这样既可以省地方，又可以节约办公费用。

当然在很多情况下，对于一些东西究竟是要还是不要，你可能会难以判断。如果保存起来，除了占用文件柜，看不出它有什么实际意义；如果毁掉，万一将来要用到，那又怎么办呢？遇到这种情况，最保险的办法是请示上级：如果上级说要，就存起来；上级如果说不要，就毁掉。如果经常遇到这种情况，也不能老是去打扰上级，所以，在这方面主要是靠向老同事学习和自己经验的积累。

一个优秀的职场人士应该保持“日事日毕”的习惯，办公桌上的文件按急办的、缓办的和一般性的分门别类地摆放，有条有理，井然有序。临下班的时候将办公桌收拾整齐，包括椅子的摆放。

你的办公室就像是一面镜子，从中折射出的是你的工作效率和办事作风。

让你的办公桌整洁有序

一位研究所的研究员经过无数个日日夜夜的苦战攻关，终于解决了研究中的一个难题。这位研究员把攻克这一难题的资料和办公桌上其他的资料放在一起，就带着满意的笑容入睡了。他睡得很香，第二天上午醒来时，却找不到攻克难关的资料了。原来，这个研究员的孙子进入他的办公室，为了扎一个风筝，正巧拿走了那些有用的资料。当这个风筝带着小孙子的幻想在天空中越飞越高、越飞越远，最后变成一个看不见的小黑点时，老研究员的心血也化成了泡影。这真是人生中的一大憾事。如果研究员的办公桌是井井有条的，并告知小孙子办公桌上的东西都是有用的，不能乱动，这样的悲剧还会发生吗？

很多时候，让你感到疲惫不堪的往往不是工作中的大量劳动，而是因为你没有良好的工作方法——不能保持办公桌的整洁、有序，从而降低了办公室生活的质量。

在多数情况下，东西越堆越高、物件越杂乱无章，就越可能浪费更多的时间。当你不能记起堆积物下层放的是什么东西时，或者你要为一个项目找到所有相关资料时，你就不得不在资料堆里埋头苦找。这样，一部分时间就浪费在了查找丢失的东西上了。更糟糕的是，随意放置的东西随时会吸引你的注意力。当你在做某项工作的时候，你的视线也许会在不知不觉中被别人送你的小纪念品、钟表或者全家福照片而吸引。等你回过神来的时候，你又不得不从头思索你刚才正在做的工作或者写的文书。

从另一方面来看，如果你的办公桌老是弄得乱糟糟的，上司也许就会觉得你这个人的工作大概就像你的办公桌一样杂乱无章，交给你的任务怕你做不好，你的上司还会因此对你不放心、不信任，进而你在办公室的地位就不稳固，那又谈何成功呢？

办公桌面是否整洁，是工作条理化的一个重要方面。杂乱无章的工作方式是一种恶习。有些人却把杂乱看成了一种工作方式，他们还宣称在这种随意的工作环境中心情会更放松，那些重要的东西总会在大堆的文件中浮现出来的。一位西方著名的管理者对办公桌上堆积如山的东西提出了精辟的解释："这是因为我们不想忘记所有的东西。我们把最想记住的东西放到办公桌上一堆资料的顶部，这样就可以看到它们。"

事实上，这种不良的工作习惯不仅会加重你的工作任务，而且会影响你的工作热情。

曾经有一项2000人参与的调查，其中67%的人表示他们坐在办公桌前的时间比两年前增加了；大约有40%的人说，他们经常因办公桌上杂乱的纸张、用品而发怒。研究表明：杂乱的办公桌容易使人生病。日本电气和三菱公司的研究员指出，日本的办公室工作人员正遭受"办公易怒综合症"的困扰，经常性长时间工作、杂乱的办公桌以及错误的坐姿是导致这种新的都市病发生的主要原因。研究人员表示，在工作时保持办公桌整齐，使办公桌更具个性化，诸如此类的措施都可以减少病况的发生。

美国管理学家蓝斯登可以算得上是一位真正有条理的人。他桌上的公文已减到最少程度，因为他知道一次只能处理一件公文。当你问及他某个文件时，他立刻可从公文柜中找出。当你问起某个项目的历史资料时，他一眨眼就能想到放在何处。当交给他一份备忘录或计划方案时，他会插入适当的卷宗内或放入某一档案柜。

办公卓如何才能整理呢？日本知名整理学者泉正人给出了如下建议：

（1）把你办公桌上所有与正在做的工作无关的东西清理出来，把立即需要办理的找出来放在办公桌中央，其他的按照分类分别放入档案袋或者抽屉里。这样做的目的是提醒你，你现在所做的工作应该是此刻最重要的工作，你一次只能做一项工作，你要把所有精神集中在这件事上，不能让其他工作影响你。

（2）不要因为受到干扰或者疲倦而放下正在做的工作，转而去做其他不相干的事情。因为如果此项工作还未结束就又开始另一项工作的话，你的办公桌就开始混乱。你一定要力求把你手头的工作做完后再开始另外的事情，即使这项工作遇到了阻碍，你也要尽量完成到一个再做它时容易开始的阶段。

（3）一项工作做完后，一定要把与这项工作相关的资料收拾整齐，并按照类别把它们放到合适的位置，千万不要把它们就这样摊放在办公桌上。

（4）从办公桌上拿开目前不需要的书籍文件，对它们可以按照重要性和先后顺序的原则进行分类。

在每天下班前，抽出几分钟把办公桌收拾干净，并且每天都按照以上的标准进行清理，这样你就可以安心结束今天的工作，为明天迎来一个好的开始打下基础。长此下去，养成习惯，你的办公桌一定会保持整洁，而这对于你的工作是有百利而无一害的。

思维整理，清空大脑

在生活或职场中，总是有太多不确定的事情。这些不确定事项如果太多，通常会使人的大脑陷入一片混乱。什么是不确定性事件？

比如，当人们想起信用卡即将扣除年费或应该去存钱了，这些情况下如果不能够及时地将这些事情记录在电脑或者笔记本中，之后就会经常回忆起这件事情，导致经常在工作期间担心自己会忘记这件事情。甚至有时这些事会强迫自己停下手中的工作，找出曾经的信用卡使用记录进行金额上的核对。当完成这些事情之后，通常还不能静下心来再次完成工作，总会无法控制地懊悔不该花的钱花太多，或暗自下决心下个月少花些等。

日本脑神经专家筑山先生在研究了这种情况之后，给健忘的人提出了一些建议：在日常生活中养成良好习惯，尝试去创造一种自身能够接受的环境，然后再慢慢接受这种环境，养成良好的习惯。要想让自己专注于眼前的重要工作，就要将大脑中的信息清空，不让自己被脑海中凌乱的事情所羁绊，使大脑处于一种空荡的状态。这种空荡就是指脑海中并没有许多必须时刻要记住的事情，从而可以专注到工作中去，这就是所谓的大脑放空状态。

那么在职场生活中如何进行思维整理，清空大脑呢？

首先，将自己认为必须完成的事情和需要记住的事情记录在电脑或笔记本上，在需要立即完成的时间显示出来。完成了一件事情之后可以将这件事情删去，在网络上电子邮件中往往会自带一种记事本的功能，这种记事本能够很好地记录人们的任务进度。尽量将所有的任务都记录在记事本中。只要是有可能遗忘的任务，都要全部记录到里面去。

之后，对这些事情进行项目性的规划、制定方案。对于开会这些重要工作要标记在醒目的位置，之后再将存款记账、发邮件、购买物品这些简单的工作记录下来，最后是个人琐事，并按轻重缓急进行一个排列整合。这样在生活中就没有大量需要记住的事情，大脑的思路和逻辑性能够得到显著提高。将大脑中的思绪整理完毕后，就不需要花费大量的时间回忆，可以有效地将自己的注意力放到工作当中。随着一件件事情的完成，任务一个个从“即将”完成的事项中消失，这无疑能够让人们在其中获得一种满足感，这种满足感就能渐渐地化为成就感，帮助人们形成对生活和工作的信心。

人们在观看记事本时除了关注哪些事情必须马上完成，还可以思考哪些事情不需要自己亲力亲为地完成。对于没有必要亲自做的事情，可以尝试将它们委托给其他人。事情从总体上来说可以分为操作型和思考型，操作型的大多数事务都是例行事务，技术含量通常不高，如整理文件、购物等，即便是亲力亲为也不一定能够完成得比别人好。正因为如此，在处理问题时不妨将这些事情交给别人来做，从而使自己在处理思考型问题时能够完成得更好、将规划方案等问题解决完善。不妨将这些事情委托给“小时工”，期间，可以利用这段时间对思考型事务进行更深刻的思考，提升自身的感性认知。特别是如果花钱雇佣“小时工”，往往会让自己觉得这段时间是花费金钱才获得的，因而更加努力地完善规划。

将工作委托给别人的时候，其实就是运用了一种简单的公司制度的组织方式。这种方式能够培养一个人站在管理层对问题进行思考。运用这种思维模式再回到记事本上，就发现记录的事情可以进行细分，这样就能逐步地按照顺序完成。甚至在必须的时候能够为自己制订出“预备时间”和“处理时间”，以此来调配时间进行更好的规划和处理工作。这样处理下来的记事本与之前的记事本相比，使用这种记事本进行工作明显要比之前的工作效率高得多。

在创业之初，这种运用记事本的良好习惯可以帮助一个小型公司不断壮大。比如，在对新项目进行创意探索的时候，大脑在很多时候想不出实用型的计划，因此，可以运用将记事本进行规划的方法借此运用与项目开发。进行项目开发时思考的问题往能否给自己带来愉悦的心情？市场发展的前景如何？是否能够带动其他业务？还有是否对自己有益等，这些问题毫无疑问都是源于对大脑进行清空这一细微的生活习惯而养成的。只有在生活中将大脑放空，在思考时才不会为生活中许多零碎的事情所羁绊。

最后，在进行大脑整理时让自己喜欢自己的工作。工作之外的时间能够干什么呢？可以和人出去吃饭、锻炼身体或者看一些书籍，等等。在这些活动中，选择能提高自己积极性的事情是提高工作效率的重要一环，同时也是思维难得轻松的时刻。一个人倘若长久地处于工作之中难免会产生一种厌倦感，思维的放松是最好的一种休息模式。在上班前抽出一段时间，去自己喜欢的地方或公园中喝杯咖啡，往往能够帮助别人比在办公室中想出的创意要多得多。其最主要的原因就在于大脑放空了，自身的思维模式得到了解放，在解答问题的速率上自然要快人一步。

信息整理，用好电脑

有关统计资料表明，日本白领们的工作效率与国外同行相比要低很多。在日本汽车领域，丰田公司是在世界汽车生产领域占领先地位，但是在办公室伏案工作的效率上还称不上高效，主要原因就是日本没有充分利用高科技IT设备。

与白领的工作不同，工人们在车间里，工作绩效可以通过自身生产出的产品好坏来判断，而白领们的工作绩效却是要通过效率来决定的。一个白领每天端坐在电脑前面，好像很认真地在工作，但是也许他的电脑中信息存放很乱，若要用到某个文件需要费力地去寻找，这不仅浪费时间还会影响工作的心情。

能够熟练地操作电脑等高科技设备，已经成为了现代人必备的一种工作技能。但是，这还远远不够。要做到在熟练操作的基础上充分利用和发挥电脑的功效，有效提高工作效率。这样就必须要求使用电脑的人对于自己的电脑了如指掌，学会电脑中信息的整理方法。

对于日常的工作，简单的记忆或者业务作业等全部交给电脑来做，简单而且高效，何乐而不为。为此，要做到把所有电脑能够做的事情（信息整理工作）全部都交给电脑，电脑不能够完成的工作再交给人的头脑。

现代社会中商务人士把电脑当做自己的另一个大脑，人脑不擅长的长篇记忆和大额计算都用电脑来解决。电脑比人脑的功能先进，如果运用得好，工作效率会得到很大提高。对于电脑信息整理，提倡电脑信息的一元化，也就是说，把所有的信息都集中于一台电脑里面，最好是不离身的电脑。需要的时候，就在身边。有人很喜欢在办公室办公用台式电脑，外出办公带笔记本电脑；或者在公司用公司电脑，回到家用自己的电脑，这样用两台或者更多的电脑不但不方便，还会带来资源的浪费。如果有突发事件需要你手里的资料，而正好你人在外地资料却在办公室的电脑里，岂不是要耽误事情。虽然，有些公司规定公司电脑不能带回家私用，可是还是要尽量做到信息全部集中到一台电脑中，不然就容易发生以下的情况：

需要的文件信息自己都不知道到底放在哪个电脑里面了；

两台电脑里都存了信息，但是，不知道哪个电脑已经更新了信息，导致重复更新；

办公室电脑和家里电脑配置或者设置不一样，不能进行同样的操作；

两台电脑都存放一样的信息要花更多的时间；

很容易混淆办公和私用的电脑用途……

这样，不仅找信息浪费时间和精力，如果放进成本一起计算，一台电脑的成本远远会低于两台电脑。所以，还是要将电脑中信息的整理一元化，这样可以减少很多浪费，而且可以改变坏习惯、改变财运。对电脑中信息整理不仅要做到一元化，还要能够方便找出，不然，信息一元化管理就失去意义了。在电脑技术中，现在只要用到“谷歌桌面”或者“Windows搜索功能”就能够迅速找到想要的信息。“谷歌桌面”有一个很明显的优点：它可以通过Word和Excel的文件名称进行搜索，更加精准；还可以用文件的内容进行查找，可以把浏览过的网页和邮件都列举出来。其还有一个更加便利的功能，就是搜索缓存，只要缓存在电脑中的就能够找到。

同时，还要让电脑变成一个合适“秘书”。建议大家都用不被限制场合、时间和地点的便携式笔记本电脑，这样可以随身携带方便掌握最新信息和进行工作。而且，在办公室如果嫌笔记本小，还可以自己接上外型大屏幕显示器。

电脑中传统的保存信息方法，比如设立文件夹，文件夹分类等，仍然是十分适用的。对于文件的分类，只需把文件大致分为几个大类别，比如：

工作文件夹存放所有跟工作有关的文件信息。在工作文件夹里按不同的项目可以分几个小文件夹分别放项目资料；再设立一个名为生活的文件夹进行区分，就放一些与生活有关的信息。然后，大文件夹中一般也只要分为三类层次的文件就可以了，这样就会显得很有层次、顺序感，管理起来也很方便。

电脑的桌面也跟办公桌的桌面一样重要，如果桌面凌乱会影响到工作的进度。电脑桌面上布满了文件不剩一丝缝隙，这样的状态下根本就难以分辨那份文件在哪里。所以，电脑桌面应该文件越少越好，越整洁工作效率就越高，电脑桌面上不能超过10个大分类型的文件夹并且都用快捷方式保存，这样只要点几下鼠标就能找到自己想要的文件。

电脑桌面上还可以放一些正在处理中的文件，将它们以项目名称进行分类设立不同的文件夹。这样对于提高工作的进度有很大帮助。当文件处理好了之后，一定要保存在相应分类的文件夹中。

整理电脑中信息的办法都是因人而异的，但是基本原则不会变——分类清晰、搜索不费时、不用费脑子去记忆。这样才能够彰显电脑的强大功能，物尽其用。每个人都可以找到属于自己的最佳整理办法。电脑存储信息也不是一劳永逸的，虽然安全性能越来越好，但是运作不当也会出现某些故障或者导致系统瘫痪，或者信息丢失都是有可能发生的情况。为了未雨绸缪，避免措手不及，应该把电脑信息进行备份，这是一个很必要的举措。买一个移动硬盘专门用于文件备份，可以很好地规避重要文件丢失带来的损失。

500 强工作法：办公环境需要整理与装饰

一个整洁有序的办公环境是日常工作中必不可少的，办公环境的整理与装饰要遵循以下几个标准：

（1）办公场所最先整理的应该是办公桌。办公桌是办公的集中点，是进入办公室办理公务的人员注意力最集中的地方。通常情况下，办公桌要向阳摆放，让光线从左方或右方射进来，这样可以保护眼睛。办公桌上不能摆放太多东西，只摆放当天需要或当时处理的公文，其他书籍、报纸不要放在桌上，应归入书架或报架；除特殊情况，办公桌上不放水杯或茶具。招待客人的水杯、茶具应放到专门饮水的上方，有条件的应放进会客室；文具要放在桌面上，为使用便利可准备多种笔具，如毛笔、自来水笔、圆珠笔、铅笔等，笔应放进笔筒而不是零散地放在桌面上。

（2）书架应靠墙摆放，这样比较安全。如果办公室里有沙发，最好远离办公桌，以免谈话时干扰别人办公。茶几上可以适当摆放装饰物，如盆花等。临时的谈话可在这里进行，较长时间的谈话或谈判应在专门的会议室进行。

（3）办公室人员比较多，不必进行特别的修饰，但要做到干净、明亮。窗和玻璃应该经常擦洗，书架的玻璃门要保持洁净、透明。办公室的门不应该关得过紧，以免来访者误以为没人在，也不能用帘布遮挡。

（4）办公室中不宜堆放积压物品。堆积物会影响观瞻，给来访人以脏乱差的印象，要经常清理办公室里的废弃物。

（5）办公室的地面要保持清洁，水泥地面要经常清扫、擦洗。地毯要定期吸尘，以免滋生寄生虫、尘螨。窗户要经常打开透气，若门窗不常开，势必使室内空气混浊，会给来访者带来不便。

（6）办公室的墙切忌乱刻乱画。不能在办公室的墙上记录电话号码或张贴记事的纸张，墙面可悬挂地图或与公司有关的图片。

（7）办公室是公众场所，不经允许，主人和客人均不得吸烟或高声喧哗。任何人不应摔门或用力开门，出入要轻手轻脚。

（8）电话是办公室的必备用品，但同时也是办公室的饰物。办公电话一般应摆放在专用电话桌上；无电话专用摆放桌，也可摆放在办公桌的角上。电话机要经常清理，用专用消毒液进行擦洗，不能粘满尘土和污垢。一个办公室是否清洁，电话机是一个重要指标。接电话时声音要小，不能高声喊叫，以免影响他人。任何在电话中谈及私事的做法都是违反规定的，在电话中谈及隐私，对办公室里的其他人也是不尊重的行为。

（9）宽敞的办公室可以放置盆花，但盆花要经过认真选择，一般不用盛开的鲜花装点办公室。过艳的色彩会分散来访者的注意力，使人们的精力发生偏移。可以选用以绿色为主的植物，绿色可以给人舒适的感觉，可以调节人的情绪。对盆花要给予经常的浇灌和整理，不能让其萎枯而出现黄叶。可以在绿叶上喷水，使其保持葱绿之色。花盆的泥土不能有异味，肥料要经过精选。有异味的肥料会引来苍蝇或滋生寄生虫，反而会给办公室带来污染。

第15章

战胜拖延术：日事日清，今日事今日毕

【问问自己】1. 今天，你实现了预定的工作目标了吗？ 2. 有没有积压问题？ 3. 工作有没有到位，是否还相差几许而造成产品质量瑕疵？ 4. 一日工作不到位可能遗留的只是一点问题，如果日日都不到位，问题越积越多，到时该怎么办？

任何时候切忌拖延

做事永远都不要拖延，要准时地做好每一件需要自己做的事情。拖延是一种惰性，对个人和组织发展都是十分不利的。

曾经有一个人养成了偷偷摸摸的习惯，每天都要偷邻居家的一只鸡。有人劝他说："正正经经地做人，要懂得是非好坏和礼义廉耻。偷东西可绝不是好人的行为啊！"这人听了，表示要坚决改正自己的错误，于是说："既然如此，就让我慢慢地改正吧。从今天开始，我少偷一些，由每天偷一只改作每月偷一只，到明年再停止偷吧！"既然知道自己错了，就应该立即改正，何必要等到明年呢?

很多人喜欢拖延，将今天的事情拖到明天，将明天的事情拖到后天，自认为这种拖延术会让自己好过一些，殊不知最后的结果是每天都活得不如意。

有一些谚语和格言很值得拖延的人玩味。

"犹豫是时间的盗贼。"

"等时间的人，就是浪费时间的人。"

"今天的事情不要等到明天去做，明天做的事今天要去想。"

"少年辛苦终身事，莫向光阴惰寸功。十年老不了一个人，一天误掉了一个春。"

"年少力强，急须努力；错过少年，老来着急。"

"明日复明日，明日何其多?"

"路从脚下起，事从今日做。"

永远不要空等想象中的合适时机到来再做事情。通常人们安排一天的事情是按照轻重缓急来安排的，真正有效的时间管理应该按照事情的重要性排列事情的先后顺序，重要的事是排在急迫的事情前面的。根据二八定律，只占20%时间的重要事情可以收到80%的成效，而80%的琐碎事情只有20%的功效。

惰性与拖延是失败的祸根，其导致的不良后果不仅影响人的前途，还影响人的心理活动，使人形成不良的心理状态和性格缺陷。

拖延等于死亡

马云曾经在阿里巴巴集团内部发表了一次讲话，除畅谈公司的未来，也对新员工提出一些建议。他说：

你打算什么时候实现梦想呢？你在等什么？还有什么没准备好？你在等待别人的帮助还是等待时机成熟？ 最消磨意志、摧毁创造力的事情莫过于拥有梦想而不开始行动。

年轻人最容易染上的可怕习惯就是遇事明明已经计划好、考虑过、甚至已经做出决定了，却仍然畏首畏尾、瞻前顾后、不敢采取行动。对自己越来越没有信心，不敢决断，终于陷入失败的境地。

很多人喜欢订计划，在周密、工整的计划中获得部分满足。但是如果不能将计划变为行动，在若干年后看到这张纸只会感到深深的失落，尤其是当同时起步的朋友已经实现了梦想的时候。

成功者都能理解这句格言：“拖延等于死亡。”

“整个事情成功的秘诀在于，”阿莫斯·劳伦斯说，“形成立即行动的好习惯，才会站在时代潮流的前列。而另一些人的习惯是一直拖延，直到时代超越了他们，结果就被甩到后面去了。”

成千上万的人都拥有雄心壮志，为什么很多人没有如愿以偿，甚至在温饱线上挣扎？其中大多数人一直在拖延行动。并不是不想行动，只是想过一段时间再开始，这样一晃就是一生。

经常听人说：“我知道今天该做这件事，但是今天我情绪不好、状态不好、条件不好。这样那样不好，这件事肯定做不好，还是以后再说吧。”于是他开始拖延。他把该做的事放在一边，去做那些比较容易、比较有趣的事情。

这件事也许比较乏味、比较难，但是，一件事值不值得做不在于它能带来多少乐趣，而在于它对人格发展、自我完善的作用。

其实他只需要强迫自己做一次，就能找到行动的感觉了。一件看起来很难的事情，有时候只需要几分钟就可以开个头，就能让他进入行动的状态、踏上成功之路的第一步，但是他拖延了一辈子也没付出这几分钟。

对他来说，行动为什么这么难？因为行动就意味着要承担一系列的责任，他下意识地惧怕承担责任。

不要害怕承担责任，要立下决心：你一定可以承担任何正常职业生涯中的责任，你一定可以比前人完成得更出色。世界上最愚蠢的事情就是推卸眼前的责任，等待“时机成熟”。在需要承担重大责任的时候应该马上承担它，此时此刻就是成熟的时机。如果不习惯这样做，即使将来的条件比现在更好，我们也不敢肯定时机是否成熟。这样，就什么事也做不了。

造船厂有一种力量强大的机器，能够把一些破烂的钢铁毫不费力地压成坚固的钢板。善于行动的人就像这种机器一样异常坚定，只要决心去做，任何复杂困难的问题都无法阻止他们。

一个目标明确、胸有成竹、充满自信的人，绝不会把自己的计划拿出来与别人反复讨论，除非他遇到了比他见识高得多、比他能力强得多的人。他有主见，迫切需要行动。不会在徘徊观望中浪费时间，也不会在挫折面前气馁。

日事日清，日清日高

今日不清，必然积累。别看轻积压的每一个小问题，经常让这些本来极易排除而未能及时处理的小问题和事故隐患积聚下来，长期一事压着一事，就会成为大难题。为了避免这种情况，必须做到日事日清。

日事日清，即对当天所发生的种种问题在当天解决，防止问题积累。只有日事日清，才能日清日高，实现工作的良性循环。

沃尔顿提出了著名的“日落原则”，即：“日落前完成当天的事情，是我们的做事标准。无论是楼下打来的电话，还是来自国内其他分店的申请需求，我们都应该当天答复每一个请求。”就是规定企业员工做到今日事今日毕。

一个周末晚上，沃尔玛快关门的时候，有一家四口走进沃尔玛设在夏季旅游景点的一家商店。虽然这家店就要关门了，可是店员凯丽还是把他们迎进店里，询问他们需要什么帮助。原来这家人是刚刚来到镇上自己的夏季别墅，却发现没有水，他们急需买根水管。凯丽领他们到卖管道的柜台，可是并没有他们需要的水管。这事要在其他商店里，并且是周末过了关门时候，多数店员会说："对不起，我们这里没有您要的水管……您到其他商店问问吧！"

但在沃尔玛不会这样，当时凯丽打了几个电话帮助订购他们需要的水管。后来凯丽在一家管道商那里找到所要的水管，并与另一个店员吉姆和客户一起到管道商那里帮助客户挑选出合适的管子，然后送到这家人的别墅里，直到帮着把水管安装好，看到水管里流出水才离开他们居住的别墅。这时已是午夜12点多。沃尔玛店员的热情服务使得这家人在经过长途旅行后可以舒适地享受。这户人家感叹："没有见过这样的店员！"

这家人享受到了沃尔玛人热情周到的服务，深深地体会了沃尔玛"今日事今日毕"的工作习惯。相信日后这家人绝对会成为沃尔玛忠实的顾客，并且通过他们会给沃尔玛带去很多的顾客。

这样的企业何止沃尔玛一家！信守承诺的联邦快递的"隔夜送达"，也是今日事今日毕的体现；海尔每个员工践行的"日日清"的控制系统，都说明了今日事今日毕的重要性。

任何事情如果没有时间限定，就如同开了一张空头支票。只有懂得用时间给自己压力，到时才能完成。所以每个员工都要制定进度表，记下事情、定下期限，真正做到"今日事今日毕"，这样工作效率才会日渐提高。

一个优秀的员工要每天按时完成自己的工作任务，做到不积压、不推后。做到了日事日清，必然日清日高，这样工作会越做越轻松。日事日清，不仅是优秀员工的工作习惯，也体现了良好的工作作风。

日清系统是目标系统得以实现的支持系统。因为在目标实施过程中影响因素很多，特别是一些本来极易排除而又未能及时处理的小问题和事故隐患，如果不及时处理就会影响到工作进度，从而影响目标的实现。所以建立起一个每人、每天对自己所从事的每件事进行清理、检查的日清工作系统很重要。

"日日清"的内容分为区域（生产作业现场）日清和职能日清。

区域日清主要包括七项内容：

1. 质量日清

主要对当天的质量指标完成情况、生产中出现的不良品及原因分析与责任人、所得红、黄质量价值券等情况进行清理。

2. 工艺日清

主要对当天的首件检验结果与其他工件（产品）指标参数的对比情况、工艺纪律执行率情况进行清理。

3. 设备日清

主要对设备的例行保养、设备完好状况和利用率及责任人等情况进行清理。

4. 物耗日清

主要对材料超耗部分按质量、设备、原材料、能源、人员素质等方面的原因与责任进行分类清理。

5. 生产计划日清

主要对生产进度及影响原因、实际产量、欠产数量、解决措施与结果、责任等情况进行清理。

6. 文明生产日清

主要对分管区域的定量管理、卫生、安全及责任进行清理。

7. 劳动纪律日清

主要是对劳动纪律执行情况进行清理。

上述七项日清内容，是在各职能人员控制的基础上，由区域上的员工进行清理，并把清理情况及结果填入3E卡。区域日清所要解决的主要问题是：各生产作业现场七项内容的受控状况；发生问题的原因及责任分析；员工当天工资收入测算。

职能日清，是各职能部门对本部门的职责执行情况进行的日清。它包含两部分：生产作业现场和职能部门。

生产作业现场，按“5W3H1S”九个因素进行控制性清理，对发现的问题及时填入相应区域的“日清栏”。

“5W3H1S”是：

（1）What：何项工作发生了何问题。

（2）Where：问题发生在何地。

（3）When：问题发生在何时。

（4）Who：问题的责任者。

（5）Why：发生问题的原因。

（6）How many：同类问题有多少。

（7）How much cost：造成多大损失。

（8）How：如何解决。

（9）Safety：有无安全注意事项。

各职能部门的工作人员，按自己分工区域、分管职能的受控情况、问题原因的查找及整改措施的制定情况进行分类清理，填入个人的日清工作记录表。职能日清所要解决的主要问题是：找出问题的原因及改进措施；分析责任；变例外因素为例行因素；测算职能人员的工资类别。

今日事，今日毕

时间并不能像金钱一样让我们随意储存起来，以备不时之需。我们所能使用的只有被给予的那一瞬间，也就是今日和现在。如果我们不能充分利用今日而让时间白白虚度，那么它将一去不复返。

五岁的张海迪因患有脊髓病，无论做什么事情她都只能在轮椅上进行。不久，她做了一次手术，手术后她只能一动不动躺在床上，可她仍然刻苦学习知识，她从镜子里面看书。就这样，她自学了小学、中学的课本，后来又开始自学英语。她对自己严格要求，因此进步很快，渐渐地她开始替有关部门翻译英语资料。有一次，她翻译了《海边诊所》。当张海迪捧着厚厚的翻译稿来到出版社时，老编辑被她深深地感动了。

张海迪学英语时给自己立下一个规定：每天背熟10个单词，如果背不全就狠狠地咬几下自己的手指。每天给自己定下的任务一定要完成。

古人曰：今日事，今日毕。可见古人是多么注重今日的事情今日完成，可是现在在我们的生活中，有的人做事总是拖拖拉拉，今日的事情总是拖到明天去做甚至拖到后天。有些人遇到一些挫折，就闷闷不乐，他们不知道，只有经受住严峻的考验，并且对自己充满信心，才能走向成功。

人们问富兰克林："你怎么能做那么多的事呢？""您看看我的时间表就知道了。"他的作息时间表是什么样子的呢？5点起床，规划一天事务，并自问："我这一天要做些什么事？"上午8点至11点、下午2点至5点，工作。中午12点至1点，阅读、吃午饭。晚6点至9点，吃晚饭、谈话、娱乐、考查一天的工作，并自问："我今天做了什么事？"

美国女作家海伦·凯勒有一篇著名的文章《假如给我三天光明》，她以一个残疾人特有的艺术感觉描述了一个残疾人对生命、对健康特有的感悟。

对于我们这些耳聪目明、四肢健全的人来说，太阳光下这五颜六色、色彩斑斓的世界实在算不了什么，人世间鼎沸喧闹的声音实在也算不了什么。之所以如此，是因为这些对我们来说实在是再普通不过了。也许正因为如此，我们便毫不珍惜那些似乎极容易得到的东西：色彩、光明、喧闹，乃至于我们的生命。所以，我们身边的大多数人虽然耳聪目明、四肢健全、体格健硕，却饱食终日、无所事事，无法取得人生的成功。

假如今天是我们生命的最后一天，假如每天都是我们生命的最后一天，我们又如何对待这最后一天呢？只有那些懂得如何利用"今天"的人，才会在"今天"创造成功事业的奠基石，孕育明天的希望。

人类有史以来再没有什么日子比"今天"更加伟大。之所以说"今天"是有史以来最伟大的日子，就因为它是过去所有历史的总结，拥有过去所有的成就与创造的精华。今天的人们相较于十年、百年前的同龄人而言，所处的境遇是有着天壤之别的。

人们靠着蒸汽机、电力的发明，从繁重的体力劳动中被解放出来。我们应该感谢过去时代的人们，因为他们用自己的智慧和辛勤的劳动给今天的人们缔造了一个无比美好的世界。在这样一个世界中，我们应该比前代的人们更勤奋地工作，更愉快地生活，更加努力地为这个世界建立更灿烂的丰功伟绩。

可现实中有些人总是抱怨生不逢时，总觉得今天的一切简直糟糕透顶，只有过去才是黄金时代。其实昨天、明天都是微不足道的，珍视今天的生活才是最重要的。身处今日的世界，人最应该做的事情就是和今天一同前进，如果总是怀念过去或者梦想将来都将毫无意义。

克服拖延的恶劣习惯

工作中的诸多不如意、烦恼、失败，大部分是受了我们消极态度的影响，面对困难与挑战，我们总是习惯于自我怀疑、自我设限、瞻前顾后、畏首畏尾、怯懦不前、丧失自信，却不曾试图去采取积极的行动。行动不一定能给我们带来成功，但不去行动就一定不会带来成功。

让我们从现在就开始克服拖延的恶习。

如果你在工作中也存在同样的恶习，那么现在是你应该改正的时候了，以下几个切实可行的技巧会有助于你克服掉自己拖延的恶习。

1. 找出原因

是什么原因导致我们因拖延而无法完成某项工作？是寡断？无知？散漫？恐惧？疲倦？无法忍受工作中的乏味与不愉快？还是缺乏必备的条件？根据自己的具体情况具体指出拖延某事的原因，区分类别。如果能够正确地认清问题，则解决方法就会变得相当明确。如原因是信息不足，则可以开始寻找必需的资料。

2. 将目标分解

如果工作目标相当艰巨，则稍稍暂缓，拿出纸来思考，记下完成工作的所需步骤。步骤的幅度愈小愈好，尽量分解为一个一个的易于达成的小目标。这样一来就能消除心里的恐惧感与无处下手的困惑，并能在阶段性的任务完成后增加你的信心。

3. 10分钟计划

有些工作难以分割成小块，如想清理积压如山的公文，大约需要一小时，实在很难将它简单分割成“即时工作”。这时，可试试10分钟计划。和自己做个约定，允诺以10分钟来做这些工作，时间一到，便可自由地做想做的事，或是继续5分钟。不管工作多么令人厌烦，仍须常常去做10分钟。10分钟后，若不想接着干则不要干，约定就是约定。在将工作撇开之前，记下另一个10分钟工作的时间。

把握住现在的每一刻。从现在开始做起，重要的是做，而不是拖延。只有在做的过程中，你才会越来越积极。

500强工作法：戒了吧，拖延症

每个人都有拖延的时候，但是如果拖延成为一种习惯就会演变成拖延症。拖延症虽然在医学或者心理学上没有严格的定义，但这种行为的害处是很明显的。因此，许多科学家已经就拖延现象单独成立了一个课题，希望都能够帮助人们摆脱拖延的恶习。

达芬奇一生涉猎大量学科学术，其中包含数学、物理、生物、艺术等多类学科。根据估测达芬奇留下了大量手写笔记，而其中传世的仅仅为三分之一。由于不断追求自身灵感和作品的完美，《蒙娜丽莎》的完成花费了他四年的时间，另一部作品《最后的晚餐》则花费了三年，在此期间的拖延、耽误一度影响了达芬奇与客户之间的关系。达芬奇流传后世的著作不会超过二十部，但是在其去世的时候手中依然有四五部作品没有完成。达芬奇在去世时曾经惋惜地说："有哪些事情到底是完成了的？"以此来表达对自己的不满。其手稿中的很多作品均有很高的科学研究意义，但是因为他的拖延使很多东西永远埋葬在了他的脑海，因此而成为了天才的遗憾。

改变拖延的习惯，改变自身财运，必须知己知彼。想要改变拖延就需要了解拖延的具体特点以及外在表现，然后反问自己是不是一个拖延的人，如果是，那就要思考为什么会变成这样，并且从中找到相应的方法来解决问题。拖延因人而异，每个人拖延的目的都可能不同，但是拖延一般分为：鼓励型、逃避型、决心型、完美主义型。

1. 鼓励型

鼓励型拖延者其实是想在工作中寻求更高的难度和刺激，他们总是习惯性地将工作推迟到最后几分钟，以此来寻求自身的快感，通常只有在最后一刻才能够产生对工作的动力。但是拥有这种拖延情况的人通常会忽略自己的工作伙伴，很多事情都是需要团队完成的，如果有一个人具有这种拖延的习惯，工作伙伴会因此而没有安全感，总是担心对方今天的工作能否完成。久而久之便没有人愿意将工作委派给他，重要的任务均不敢交给他来做。

2. 逃避型

这种类型的拖延者其实逃避的是工作本身，觉得问题凭自身的水平很难解决，因此习惯性地逃避，拖到最后的时间才做。但是往往由于问题本身很复杂，最后剩下的时间完全不足以解决这个问题，从而导致工作不能够及时完成。

3. 决心型

决心型类型的人是因为做一件事情的时候很难下定决心，因此选择回避而形成的一种拖延。究其本质而言，这种类型的人通常是害怕失败之后的结局，甚至害怕成功。这种类型的人正是由于太过于关注别人对自己的看法，因此做什么事情都显得畏首畏尾，害怕自己的能力比不上别人，因此很难下定决心去做一件事情。

4. 完美主义型

你是否对每一件事情都想要做到十全十美？完美主义者大部分均属于拖延者，他们对自己的每一个行动、每一个许诺都要做到至善至美。这种一味地追求完美的做法，在很大程度上会影响一个人的工作效率。

如果你觉得自己的工作总是不能够按时完成，并且总是会有许多借口来原谅自己，那么，拖延可能已经深深埋在你的习性当中。做一个小小的测试就能够看出你是否习惯性地拖延：

（1）在平时的工作生活中是不是总是在做几天前就应该完成的事情？

（2）经常性地觉得工作没有做好并不是因为自身能力的问题，而是不够努力的问题。

（3）在图书馆借书了看完之后是马上归还，还是习惯性地拖延到最后期限才去归还？

（4）别人的电子邮件以及消息等是不是能够马上回复？

（5）一些看起来并不重要的事情总是最后一刻才开始做，是否觉得这样并不会影响生活？

（6）外出旅行时，会不会提前准备行李？还是到最后一刻才匆忙地收拾？

很多问题都可以检验出一个人是否有拖延的习惯，而且拖延的症状也是非常明显的。由于这类人眼中缺乏自信，因此在每次的任务中都不能够达成目标，这样就会促使其对自己的目标越来越低，自信心也会受到很大的打击。其抗压能力通常都比别人要小，因为他们的事情总是被拖延下来。很多拖延的人认为其实自己也不想拖延，但是他自己也不知道为什么别人可以做到的事情他却做不到。

习惯拖延的人中有将近一半的人都认为自己确实是属于长期拖拉的人，对他们来说，拖延已经成为了一种生活习惯，他们总是将所有的事情都留在最后完成。其实，拖延并不是天生的，而是向周围的人学习所致，原因可以是家庭，也可以是周边的生活环境。另外，朋友的容忍通常会助长这种习惯，因此，如果你的朋友有拖延的习惯，千万不能纵容他的这种习惯。

想要改变拖延的习惯首先得调整好自己的心态，不要将拖延看成是一种无所谓的耽搁，应该意识到它对人生的重大影响。拖延的习惯虽然看上去无伤大雅，但是能够使人的抱负落空，成为自身财路上的重大障碍。找出对自己影响最大的拖延习惯，然后努力去改变它，突破它对自己的束缚。

在工作中尤其如此，不能让拖延滋生出惰性，要学会拒绝“再等一会”“明天再开始做”的心态，谨防自己沉浸在拖延的苦海之中。

第 *16* 章

管理时间：如何充分利用你的 24 小时

【工作中浪费时间的几大原因】1. 干扰太多：做事时容易被琐事打断；2. 效率不高：心态不好，做事效率低下；3. 忘事儿：不经意就把重要的事忘了；4. 没动力：做事只是为了应付；5. 拖延：不怎么想做的事总向后拖；6. 不分轻重：忙了一天可能做的都是不重要的事。

写时间账簿，做时间管理

新加坡《联合早报》曾经刊登过一篇“上班族一天平均偷懒2小时”的文章：

调查显示，在职场人员一天的工作时间中，平均有2小时20分钟左右的时间要被人们用来发表网上评论或是闲聊。就业网站powerjob就“工作时间使用度”以522名上班族为对象的问卷调查结果统计显示，在上班族的工作时间中，平均有2.4小时要被用于工作以外的活动上。

其中，选择“坐在办公室里但实际上没有进行工作所消耗的时间为2小时”的人数最多，占被调查者总数的34.3%，其次是1小时（28%）、3小时（21.8%）和4小时（8.2%）等。回答5小时以上的也占被调查者总数的7.8%，此外还有62.3%的人回答道：“因在有效工作时间中间有许多休息时间，所以曾经有过把很多工作攒到一起来做的经历。”

在办公室中，工作之外的活动有发电子邮件、网上购物（45%）、和同事闲聊（14.6%），还有做杂务、替人跑腿等不必要的业务（15.5%）。此外，还有人在上班时间读书学习（36.4%）或看新闻（17.6%），然后将下班后的个人时间用于休息（39.8%）。

这是一篇调查文章，其准确性有多强尚不得而知，但它反映出一个真实的职业现状：的确有不少上班族在浪费时间，不能做好时间管理。

只要用心观察，就会发现有很多人将迟到当成家常便饭。更严重的是，还会看到在工作时间上网聊天、购物、玩手机、长时间地和同事闲谈（尽管在工作时间是可以和同事闲谈的），甚至在不是午休的时间里还在睡觉等很多诸如此类的在工作时间偷懒的情况。针对这种情况，职场中的处理方法与学校不同——很多时候，公司会要求偷懒的职员写“悔过书”。可以说这是一种反省书，但是与学校反省书不同的是它具有强制性，如果累积3次的话就有可能被解雇。

而由此导致的更大问题是，如果这样的人越来越多，组织整体的纲纪就会松弛，生产性也会降低，当然对于个人来说也是有很大损失的。因此，有的公司管理者经常会对反复迟到或在工作时间做与工作无关的事情来浪费时间的职员进行处罚，方式是让大家尽可能做“时间账簿”——要记录一周之内什么时候上班，在工作时间做了什么，什么时候下班等。时间账簿是一个与工作报告书多少有些不同的概念，它是指和金钱账簿一样记录进账时间和支出时间的账簿。

写时间账簿的目的是让大家了解自己一天的时间是怎样使用的，最重要的是可以感受到时间的珍贵性。那些制作时间账簿的人，基本上都是以时间为单位来罗列自己所做的事情的，对此，时间管理学家建议再添加一个规定：不只要用时间做单位，也不光是要记录实际上是否做了这项工作，还要记录下具体项目进行得顺利与否。尽管这样会招致一些人口头上的不满，然而，当更多的人因此而感受到时间的珍贵时他们反而会对这种规定心存感激。这就是使用时间账簿的最大目标。

制作时间账簿的方法：

第一，将一天24小时做了什么一一记录下来。

第二，应该首先处理什么事情，定下优先顺序。

第三，不是以时间为单位而是以事件为单位进行记录。

第四，每次遇到人生转换点时，要持续记录一个月左右。

史蒂芬·柯维通过自己的著作《要事第一》将时间分为顺序性的时间和质的时间两种。在这里，我们借用一下希腊语，用chronos表示“顺序性时间”，用kairos表示“适当的时间，质的时间”。

只看chronos时间的人将时间看作直线的、连续的。在他们看来，现在的一秒和其他时候的一秒具有同样的价值，因此从本质上来看，是钟表支配着我们生活的节奏；而从kairos的层面来看时间的人认为，时间的本质不是指在某件事上投入多少的时间，而是指从某事上得到多少价值。

你要知道时间管理的基本目的：发展自我，有意识地调节自己的人生并具备自律性；少接受来自他人的统治。少接受来自他人的职业环境或生活环境的影响。

为了进行时间管理，你应该给自己提出以下问题：

（1）什么是时间？什么是时间管理？

（2）我对时间管理得是否恰当？

（3）你认为时间是最珍贵的资源吗？

（4）你知道一天24小时应该怎么使用吗？

（5）为了达成目标应该最先选择做什么事？

（6）我今天、现在、马上应该潜心去做的事情是什么？

（7）浪费了我的时间的不必要因素是什么？

（8）同样的时间应该怎样不同地去利用？

（9）应该如何计划、使用时间？

剪时间尺，精确计算时间

时间是个常数，但对勤奋者来说则是个变数。要合理支配时间，就必须清除含糊不清且陈旧的计时单位和计时方法。诸如“下午给你打电话”“走了一会啦”“吸支烟的工夫”，等等。这些表示时间的单位和方法，写小说可以，放在工作中就不适合。一顿饭可以吃10分钟，也可以吃2小时甚至更长，用“吃顿饭的时间”来描述时间长短是极不准确的。这些含糊不清的时间概念，在工作上必须抛弃。

俄罗斯军事家苏沃洛夫说：“一分钟决定战斗结局，一小时决定战局胜负”；“我不是用小时来行动，而是用分钟来行动的”。战争如此，工作亦需如此。

现代社会对时间的计算要求越来越精确。现在所用的雷达测距、测速，核潜艇的导航，多弹头导弹的制导，允许误差不得超过百万分之一秒。飞往火星的飞船在时间计算上假如有千分之一秒的误差，则飞船偏离轨道15千米。因此在高科技领域里，计时出现了毫秒、微秒、毫微秒、微微秒。央视黄金时段的广告，就是按秒计费的。

法国哲学家爱尔维修说：“实际上，大多数人的幸福或不幸，主要区别于这10个或12个小时使用得是否巧妙。”精确地计算时间，可以杜绝时间使用上的无计划状态，可以堵住浪费时间的漏洞，可以把全天每个环节富余下来的分分秒秒的零碎时间，拼接成大的“时间板块”去干更有价值的事。节约了时间就等于创造了时间，赢得了时间就等于赢得了主动。成功者与失败者的区别也就在这里。

有一个“剪时间尺”的游戏可以阐明人生就是时间的意义，很通俗但非常深刻。

首先，你要准备一把80寸长的软尺。假如你有80岁寿命，那么每1寸就代表1年，1岁至20岁可能是你不能自主的，截下不谈。现在你的软尺有60寸，表示你20岁至80岁的时间。你60岁至80岁这20年是老年时期，处于半退休或退休状态，所以你可以用剪刀把软尺上表示你60岁至80岁这20年时间的20寸剪去，现在你的软尺只剩下40寸——你一生的黄金时间。

一般人平均每天睡眠8小时，一年365天，一年平均的睡眠时间约是三分之一，40年就是13年。软尺便剩下27寸。

一般人每天早、中、晚三餐平均需要2.5小时，一年大约用去912小时，40年便是36480小时，相当于4年时间。所以请你把软尺剪去4寸，现在的软尺还剩下23寸。

如今一般人每天用于交通的时间平均为1.5小时，如果是外勤或推销员，所需要的时间可能是它的2~3倍。现在你问一问自己，每天用在交通方面的时间有多少？

如果答案是1.5小时，40年便是2.19万小时，等于2.5年。请你在软尺上剪下2.5寸，现在软尺剩下20.5寸了。

如果你每天用于与亲友同事聊天闲谈、打电话的时间或平时闲聊的时间是1小时，40年就用去了1.46万小时，等于1.5年。那么现在你的软尺应该剩下19寸。

此外，据统计，一般人平均每天花在看电视上的时间接近8小时，而一些事业有成的社会精英则每星期少于1小时。

假设你每天平均看电视3小时，40年所用去的时间就是4.38万小时，亦即等于5年时间。请你在软尺上剪去5寸，现在它剩下来的应该是14寸。也就是仅有14年时光……

上述计算方法很理性，对某些人而言并没有夸大其词。试问：以这短短14年时光去养活自己80年的人生，可能吗？

答案是否定的。这个游戏告诉我们：人生就是时间，能够把握时间的价值才能把握人生存在的价值。

揭开时间陷阱的伪装

在时间管理中，人们把那些不被注意却又占用宝贵时间的事称为时间陷阱。人们往往在不知不觉中便掉了进去，时间也就如同白驹过隙，不再属于自己。

生活中，时间陷阱非常普遍，可以说是司空见惯，以至于我们习以为常，身陷其中而不觉其害。我们常常苦于缺乏时间，实际上时间却被我们毫不在意地放走了。

那么，我们怎样才能揭掉时间陷阱的伪装呢？

1. 凡事因循守旧不知变通

有些人工作起来从不知变通。文山会海袭来需要慢慢地消磨掉，打的是攻坚战，不分轻重、不知缓急，于是不少人成天忙于批阅、转办和划圈之中。对于这种情况，只有采取果断的办法，轻、重、缓、急分类处置，对可办可不办的事交由别人去办；对可阅可不阅的，不去阅览；抓住重要的事情认真处理，对次要的则快刀斩乱麻，才会逃离文山、卸掉重压，以更多的时间去做更重要的事。

例行公事中的时间陷阱还有一个就是开会。大多数人解决问题往往会想到开会，这可是一个中国老传统了。有人粗略计算过，有些政府工作人员一年用于开会的时间不下百日，县一级领导干部更多达两百多天。上级机关的会议必须参加，听取指示；同级机关的会理应出席，搞好协作；下级机关的会务必亲临，以示重视。喝水润喉发表意见，做工作的时间就这样被占用。

可见，一旦掉进例行公事的陷阱，就会被琐事缠身而不能自拔。不再是去主动地安排重要工作，而是被动地受零星事务所左右，最终会把忙忙碌碌当成自己的目标，忘记了追求效果。

2. 事必躬亲

现实生活中有大量事必躬亲而效果不佳的事。在很多家庭里，年轻的爸爸妈妈不让自己的小宝宝干活，一半是疼爱，一半是不放心，总愿意把一切家务包揽在自己身上，结果是大人劳累不堪，孩子缺乏独立生活能力。在单位里，领导独揽权力，操办一切，忙忙碌碌，使更多的事不论大小集于一身，下属无所事事，无权独立处理问题，领导终日辛苦却未得到下属的拥护。诸如此类处事方法，必然占用大量管理时间，使更重要的事耽搁下来。

产生事必躬亲现象的原因很多，主要在于：首先是不懂时间运筹术，即不知道自己有多少时间，过多地把工作包揽到身上能否胜任，有些不重要的琐事由自己来做是否值得，也不知道自己的任务是统领全局而不是亲历亲为；其次是按自己的行为模式要求旁人，错误地注重表现而忽略结果；再次是只看到节省时间于一时一事，只看到自己动手可以免掉督促、检查和交代的时间，没有看到一旦让别人去做之后，再碰到类似的工作就可以不再亲自动手，最终会为自己赢得更多的时间。

因此，作为时间管理者，要是你希望把时间纳入掌握之中，就不能有“事必躬亲”的念头。否则你将会失去生活乐趣，繁重的工作会使你分身乏术。

3. 不懂得节制欲望

每个人都有兴趣偏好，喜欢做那些自己感兴趣的事并乐此不疲。越是年轻人，这种偏好表现得越强烈。我们都可能有这方面的感受，当看到一本精彩的小说而入迷的时候会手不释卷，不顾其他；当棋迷棋兴正浓时会放弃本来打算要做的事。在工作中，如果有几件事摆在面前由我们选择，我们往往会选择自己感兴趣的，有时候就忽略了它是否紧迫和重要。这些首先满足自身欲望的行为方式常常使我们掉进陷阱，把该办的事拖延下来，造成了整个计划的被动。

因此，要跨越时间陷阱就必须努力培养自我约束能力，改掉不良嗜好。要能抵抗兴趣偏好的诱惑，哪怕正在进行的活动是如此令人愉快，应该结束时就要适可而止；哪怕有的事情是自己乐意做的，只要它比起其他事情来还不那么紧迫和重要，就应该毫不犹豫地放下它。要知道，与其拖延不愉快的事而弄得今后更不愉快，倒不如尽快把它做完，放到脑后乐得轻松。

时间管理者要节制自身的欲望，必须提高自我约束能力，这是讲究时间运筹的关键。自我约束能力的强弱，不仅是区别大人与小孩的重要标志，也是不平凡的人与凡庸之辈的分水岭。

4. 犹豫不决

犹豫不决是时间管理者浪费时间、降低效率的一大病因。深沉稳重的人，缺乏一定的冒险精神，对问题总想考虑得越周到越好，对工作总想等条件完全具备了再干，具体表现为多谋而不善断，长于心计而迟于行动，很多事情久拖不决，结果常常贻误时机。

通常这样的时间管理者还会过多地忧虑未来，把很多时间用于策划过于遥远的事，对于眼前的事则认为已成定局，不从眼前做起。但是，过早地去为未来着想，只会使我们养成迟疑拖拉的习惯，自己本来就不多的果断冲动更会被消磨殆尽。《三国演义》里诸葛亮设空城计智退司马懿的故事，说的就是司马氏犹豫不决丧失时机，给蜀军留下了退兵的时间。

犹豫不决是时间运筹的大忌，通常一个困难的决策拖延的时间越长，做出决策就会变得更加困难，由此还会带来后遗症。当事情发展到迫使你不得不做出决策时，已经丧失了对可能出现的问题采取防范措施的时间。

5. 做事情漫不经心

有些时间管理者对时间漫不经心，抱着随便打发的无所谓态度，这是缺乏人生价值观念的表现。其口里经常念叨的是：做点什么打发打发无聊的时间呢？而且在时间管理上，就算是有事业心的人有时也会因漫不经心而丧失时间。因此，要追求高速，就要特别注意漫不经心给我们设下的陷阱。

在生活中或工作上，“漫不经心”伪装的陷阱是非常多的，它随时随处都会出现，就在我们身边。美国的一家报纸曾对此作了点滴入微的描述。比如，因为乱放东西，到用的时候花费了很大功夫才找到；因为记错了时间，耽误了该办的事；因为那边有一伙人在吵吵嚷嚷，不知道是干什么的于是凑上去看热闹；因为听到有两个人在谈论昨天的赛事，也去发表一下自己的看法；因为下棋来了劲，非要和对手见个高低，其他事早已忘得一干二净。如此种种。我们的时间就是被这些习以为常的事所吞噬的，我们的工作计划往往因此而一再往后推延。

因此，倘若你想成为一个优秀的时间管理者，你就应该把它们安排进你的时间日程表里，然后去实施它们。有成就的人正是这么做的。

德鲁克的时间管理法

我们不会记录自己一天的时间是怎么度过的——不光是懒惰的人就连很勤奋的人也不会这样做。大家倾向于认为“只要努力工作就行了”。

管理学大师彼得·德鲁克通过著作《自我管理笔记》指出，职场白领绝不可以那样使用时间。他认为明确自己现在的时间是怎样度过的极为重要，所以他强调应当将在什么事情上所花费的时间全部记录下来并且进行管理，同时还要根据目标将时间进行统合，以便最终达到“为了达成自己的目标，应该对此付出更多时间”的目的。

彼得·德鲁克的时间管理法：

（1）记录时间

（2）管理时间

（3）统合时间

盲目地浪费时间显然是不行的做法。这时，向自己提出应该如何管理时间的问题就很重要。

我们应该在开始做一件事时就问自己：“如果不做这件事情的话会怎么样？”如果能确定自己即使10年之后还会选择做这件事，那就开始做；如果不是就放弃。

此外，人们常常想自己做所有事情，结果做着做着就会被累垮。所以我们还应该先检查一下，看在自己的事情中有哪些是可以委任其他人去做的，然后将精力集中于能最大化地实现自己价值的事情上。

最后，还有些事是只会使人忙碌但却对达成目标没有任何帮助的。我们还应该找出是否有类似这样的浪费时间的事情，并将其剔除。

彼得·德鲁克认为，在管理时间应提出以下问题：

（1）如果不做这件事情的话会怎么样？

（2）在我的时间运用表所记录的活动中，有哪些是虽然别人也会但不如我这样擅长的？

（3）在我所做的事情中是否有对达成目标毫无帮助，同时只会消磨我的时间的？

从时间中寻找出时间

一个日本记者对美国人的调查表明，假如一个人的寿命为72岁，那么他的时间分配大约是这样的：睡觉占去20年，吃饭6年，生病3年，工作14年，读书仅3年；而体育、看戏、看电影等活动则要占去8年，饶舌4年，打电话1年，等人3年，旅行5年，打扮5年。

尽管这些日本记者的统计不见得准确，美国人和中国人的生活习惯也不同，但这些数字能给我们一些启示：睡觉、吃饭、生病，属于生理上的需要，没有它，人的生命就很难延续；而谈天、玩乐、旅行、打扮、恋爱等，是生活中不可缺少的甜蜜事情，它是人们全面发展的需要和丰富生活的需要，也是不可或缺的。

所以，很多遗留的人才往往都处于这样一种矛盾中：一方面不能把比黄金还要宝贵的光阴淹没在这些事情上，另一方面都想方设法把一般人认为不屑利用或难以利用的时间利用起来，并创造了许多从时间中去找时间的切实可行的方法。

1. 并列运筹法

即在某项松散活动进行期间同时开展另一项活动。例如，著名电影艺术家夏衍在看一部片子之前，先把影片说明书拿来，了解一下故事情节；然后自己设想，假使这个本子叫我来编，我该怎样介绍人物，怎样介绍时代背景，怎样展开情节，怎样表现人物性格，心里打下了一个腹稿；在电影开展之后，一边进行艺术欣赏，一边进行学习。

青年编辑王同忆，利用点滴时间勤奋学习多门外语，甚至碰到说话罗嗦的人就在心里思考着如何将此人的空话译成外语。辛勤耕耘自有收获，他熟练地掌握了十多门外语。

2. 交叉输作法

即利用农业上交叉输作以提高产量的方法，把一天的活动内容交错进行安排，以提高工作效率。这是因为大脑细胞长时间接受一种信息刺激、长时间持续同一个活动内容，会导致工作效率降低。如果穿插进行其他内容的活动，人体原有的兴奋产生抑制，在其他部位出现新的兴奋区。为此，注意及时变换学习内容是必要的。

例如，马克思写作时从来不是无休止地持续下去。写作累了，就演算一会儿数学题，或停下来散散步。有时，背诵一段莎士比亚剧本中的人物对话，读一会儿巴尔扎克的名著，或者和孩子们玩上一会儿。接着又精力充沛地投入写作。

3. 定期“盘点”法

从“盘点”中找时间。为了使时间使用更趋合理，使用时间也需定期“盘点”。盘点，始于计划。外国时间利用专家指出，订计划有两种情况：一种是漫不经心的，好像业余摄影爱好者捕捉了几个大有希望的镜头就匆忙冲洗，结果往往使他沮丧。一种是严肃认真的，如同专业摄影师不但事前认真选择镜头，而且冲洗后还要仔细研究，经过剪接、曝光等一系列试验，从中选出几张最好的再作加工，终于成为获奖照片。有了计划之后，就要“盘点”可以投入的时间，确定行事次序，规定完成的最后期限。每隔一段时间，对计划进行重新评价和对投入的时间进行“盘点”。时间是常数，只要运用得当，便能从时间中产生巨大的精神财富。

4. 遇事“三问”法

这种方法的要旨是以尽可能少的时间办尽可能多的事情，从时间中节约时间。具体方法是对遇到的事情提出三个问题：一是能不能取消它？首先找出有些什么事根本不必做，有些什么事做了也全然是浪费时间，无助于成果。如果有些事不做，也不会有任何影响，那么，这件事便该立刻停止。二是能不能与别的合并？就是把能够合并起来的事尽量合并起来办。三是能不能代替它？用费时少的办法代替费时多的办法而同样能达到目的，当然是最佳方案了。

德国化学家李比希有次去英国考察，到一家工厂参观绘画颜料“柏林蓝”的配制过程。他见工人们先用药水煮动物的血和皮，调制成“柏林蓝”的原料。然后把原料溶液放在铁锅里再煮，并用铁棍长时间搅拌边搅边把铁锅捣得咔咔响。李比希感到很奇怪，一个工头向他解释道：“搅拌锅里的溶液时一定要用铁棍搅，而且发出的声音越大，‘柏林蓝’的质量越好。”李比希笑道：“不需要这样搅，只要在‘柏林蓝’原料理加点含铁的化合物就行了。用铁棍使劲磨蹭，无非是把锅上的铁屑蹭下来，使它与原料化合成

'柏林蓝'。这样虽然也行，但太浪费时间啦!"由此看来，采取正确的工作方法，改变不科学的工作程序，实在是从时间中节约时间、从时间中找时间的妙法。

"时间是一种最稀有的资源。"时间和每个人息息相关，对于工人、农民，它就是财富；对于医生护士，它就是生命；对于军人，它就是胜利；对于自学者，它就是知识。身处职场的朋友门，学会到时间中去寻找时间吧！

支配属于自己的时间

一个人的生命是有限的，能力、精神也是有限的，不可能将面对的每件事不分轻重、大小、缓急都统统做完，特别是一些无关紧要的、既耗精力又费时间的事情，如庸俗的应酬、没日没夜地打麻将等。孟子说："人有不为也，而后可以有为。"因此，一个人置身于纷繁芜杂的世间万象中，就要排除其他干扰，专心致志地"有所为"。

合理利用时间是非常重要的，一天的时间如果不好好规划就会白白浪费掉，就会消失得无影无踪，我们就会一无所成。

成功与失败的界线在于怎样分配时间，怎样安排时间。人们往往认为，这儿几分钟，那儿几小时没什么用，但它们的作用很大。

对于每个成功的人来说，时间管理是重要的一环。时间是最重要的资产，每一分每一秒逝去之后再也不会回头，问题是如何有效地利用你的时间呢？

瓦尔达特曾是美国近代诗人、小说家爱斯金的钢琴教师。有一天，他给爱斯金教课的时候，忽然问他："你每天要花多少时间练习钢琴？"

爱斯金说："大约每天三四小时。"

"你每次练习时间都很长吗？是不是有个把钟头的时间？"

"我想这样才好。"

"不，不要这样！"瓦尔达特说，"你将来长大以后，每天不会有长时间的空闲的。你可以养成习惯，一有空闲就几分钟几分钟地练习。比如在你上学以前，或在午饭以后，或在工作的休息空闲，5分钟、5分钟地去练习。把小的练习时间分散在一天里面，弹钢琴就成了你日常生活中的一部分了。"

14岁的爱斯金对瓦尔达特的忠告未加注意，但后来回想起来觉得真是至理名言，其后他得到了不可限量的益处。

当爱斯金在大学教书的时候，他想兼职从事创作，可是上课、看卷子、开会等事情把他白天和晚上的时间完全占满了。差不多有两个年头，他一字不曾动笔，他的理由是“没有时间”。后来，他突然想起了瓦尔达特告诉他的话。到了下一个星期，他就按瓦尔达特的话实验起来。只要有5分钟左右的空闲时间，他就坐下来写作，哪怕100字或短短的几行。

出乎意料之外，在那个周末，爱斯金竟写出了相当多的稿子。后来，他用同样积少成多的方法创作长篇小说。他同时还练习钢琴，发现每天小小的间歇时间足够他从事创作与弹琴两项工作。

利用时间有一个诀窍：你要把工作迅速完成，如果只有5分钟的时间给你写作，你切不可把4分钟消磨在咬你的铅笔头上。思想上事前要有所准备，到工作时间来临的时候，立刻把心神集中在工作上。迅速集中脑力，根本不像一般人所想象的那样困难。

为了恰到好处地掌握处理时间的艺术，请试着遵守以下几点建议：

（1）不断提醒自己，掌握好时间在做事时具有重要意义。

（2）和自己订一项条约：当你被愤怒、恐惧、嫉妒或者怨恨的旋涡所驱使时，千万不要做什么或者说什么。

（3）加强自己的预见能力。未来并不是一本关闭上了的书，大多数将要发生的事都是由正在发生的事所决定的。

（4）学会忍耐。你必须明白，过早地行动往往是欲速则不达。

（5）学会做一个局外人。以一个局外人的角色去了解其他人是怎样看问题的。

珍惜时间，高效工作

老板想要员工高效工作，员工同样希望能高效认真地完成自己的工作，多锻炼自己，提高自己在公司的地位，为自己的发展奠定良好的基础。那么，如何才能高效率地工作呢？

1. 在心中抱有强烈的成功愿望

市场竞争的激烈程度丝毫不亚于战场上的白刃格斗。所以，你必须时刻保持旺盛的斗志，不管处于多么艰难、多么严峻的境况，都必须像格斗竞技中的参赛选手那样随时燃烧着不屈不挠的斗志与气魄，坚持一股不撞南墙不回头的拼劲。

曾经有人这样训练过跳蚤。

把跳蚤放在广口瓶中，用透明的盖子盖上，这时跳蚤会不停地跳起来，撞到盖子，而且是一再地撞到盖子。注意观察它们的时候，你会发现一些有趣的事情。跳蚤会继续跳，但是不再跳到足以撞到盖子的高度。然后你拿掉盖子，跳蚤虽然继续在跳，但不会跳出广口瓶以外。理由很简单，它们已经调节自己跳到那么高，一旦如此便不再改变，并不是它没有跳出去的能力。

人也一样，不少人准备写一本书，爬一座山，打破一项纪录或做出一项贡献。开始时，他的梦想与野心毫无限制，但是生活的道路上并非一切都那么随心所欲，他会不断地碰壁。这时候，再加上他的朋友与同事的消极批评，他就会受到消极的影响。有趣的是，时间管理者也可能会受世界上积极的人的"消极影响"。例如，当路易斯是世界重量级选手时，他一再用"消极的影响"去吓唬他的竞争对手，他们往往还未上场就已惊骇得全身麻木，以致很容易成为路易斯拳击技巧下的败将。当约翰·乌登先生派加州大学的巨熊队员进入篮球场时，他们的对手常常受到"消极的影响"。甚至在正式开赛之前新闻界就传出了一面倒的消息，许多媒体报道的内容早已拟好，就等着把比赛分数往上填了，这也许是加州大学篮球队在12年中赢得10次全国锦标赛的原因之一吧。

这就是教练员为什么一再地告诫每个运动员，要打自己的仗或玩自己的游戏，不可让对手强迫你去玩对方的游戏。那样，你将无法发掘你的内在潜能，你将无法取得成就。

伟大的人物从来不承认生活是不可改造的。他会对他的环境不满意，不过他的不满意不但不会使他满腹牢骚和不快乐，反而使他充满一股想闯出一番事业的热忱，便得出了伟大的结果。

做事情，重要的不是你所做的是什么事，而在于你应当做点儿事。最大的错，便是不做一点事——躲藏于困难的背后。为困难所阻容易造成人的自卑感，以至于对什么事情都不敢下手去做。那么，什么时候一个人应当自认无用，什么时候又应当去和困难搏斗呢?

要想办成一项事业，仅仅是心里有个“这事能成”的漠然想法是不行的，你要让它成为一个强烈的成功愿望，一天24个小时随时随地都去想着它。这样，一个强烈的愿望便会在内心深处期待着、不断描绘着它的前景，并使之渗透到自己的潜意识中去，指导自己的行动。抱着这样的成功愿望去做事情，就会在意想不到的地方得到有如上帝启示一般的启发与灵感，在不知不觉之中，一步步地走向成功。

2. 愉快地去面对

对自己所从事的工作的感觉，会大大地影响自己做这件事的方式。你如果十分快乐地接受一个任务，这件工作就会更好更顺利地完成，你也可以从中获得快乐。但是，如果你对工作感到生气和不满的话，这件工作就会变得冗长而无趣，你更有可能犯下许多错误。

林肯说过：“你想让自己有多快乐，你就会有多快乐。”做到这一点，你只需要一开始便想些快乐的事情，把恐惧、愤怒、挫折感全部从心中除去。在周围尽量找些快乐的事，看些令人快乐的书，看些喜剧片，碰到好笑的事就开怀大笑。养成快乐的习惯，便能轻松面对所遇到的任何困难。

养成一种快乐、健康的态度，然后开始去做你所搁下的工作，现在就去做。你会发觉，你的热忱和快乐在帮助你取得成功。

3. 惜时如金

爱迪生在他79岁生日时宣称自己已经是135岁的人了，这一声明有些让人莫名其妙。但是只要对爱迪生的时间进行一番考察，就会发现爱迪生对时间的利用是惊人的。

一般人每天工作8个小时，而爱迪生每天都要工作15个小时。他把一切可以省去的事情都置之一边，对于生活的琐事不予理睬，全身心地投入工作，使自己的工作时间得以延长，这就相当于延长了生命的时间。因此，他用79年的时间完成了别人要花135年的时间才能做成的事情，宣称自己135岁也是可以理解的。

我们从爱迪生的例子中应当明白，时钟一天中所走过的时间是绝对的24小时。但是一天对每个人来说，就会有不同的生命时间。

如果你混混沌沌、松松垮垮地度过24小时的时钟时间，那么你的生命时间一定会小于24小时。假如将你一天的时间进行压缩，实质上你一天有效的生命时间是23小时，那么当你70岁时你实质的生命时间就不到70岁。

如果你充实而紧张地度过24小时的时钟时间，而且无法再进行压缩，事实上你的生命时间要比时钟时间更多。假定是25小时，那么当你70岁时，你实质的生命时间就超过了70岁。

从上面时钟时间和生命时间的对比分析可以发现，要延长一个人的生命时间是完全可能的，那就是尽量去充实每一天的时钟时间。

曾有人做过分析认为，一个善于利用时间的人如果只活30岁，那么他的实际寿命也要比一个一生中只知道吃饭、睡觉的80岁的人更长久。

4. 付出十倍于别人的努力

俗话说："苦心人天不负。"要想办成一件大事，下苦功是一个必不可少的办法。当确定了具体的目标后，下面要做的事情就是朝着这个目标拼命地努力。只要扎扎实实地去做好每一件虽不显眼但实实在在的事情，坚持不懈地付出努力，达到目标便指日可待。

假如你全身心地投入工作，你就会发现没有什么事情你办不到，而且以前看似困难的工作也变得容易了。完全投入的方法就是：当你开始工作时，要调动所有的感官，这样做会使你专心于所做的工作。

对不速之客说"不"

我们生活在一个复杂的群体中，工作不再是一个人的事情，总会与其他人合作或共处，所以难免会受到他人的干扰，这是无法避免的。但是每个人都希望在工作中不要受到他人的打扰，在自己沉浸于工作之中的时候不要有不速之客来造访。要掌控工作，就要合理安排时间、统筹规划，学会说"不"，你就不会被乱七八糟的事情所左右，从而做个高效能人士。

1. 避免不必要的干扰

做事情要分清轻重缓急，才能够集中精力把事情做好，这就必须避免一些不必要的干扰。当然，完全避免干扰任何人都无法做到。但是不管怎样，我们仍然要尽可能地减少干扰。

（1）我们要为自己营造一个良好的工作环境。很多人工作时精力无法集中，就觉得要消除精神疲劳、改变心情，常常会在办公桌周围摆上各种不相干的东西。其实这些东西，无论是全家福照片、纪念品、钟表、温度计，它们既占据你的空间，也分散你的注意力。它们对你形成的干扰是无形的，是很难察觉的。遇到这种情况办法只有一个，那就是除了办公所必须的东西外，把其他不相干的东西摆放在你的视线之外。

（2）将种种琐事进行归纳整理，这样工作起来会条理清晰。有些信件、邮件，可以归总起来一次写完；尽量安排好时间，尽可能集中依次会见来访者；必须阅读的资料，就可以集中到一起进行阅读，等等。

（3）委婉拒绝别人的托付。在现实生活中，经常会遇到别人托付自己办一些事。如果碍于情面不好拒绝，那么就有可能会把自己的工作给耽误了。不过也不是说对于别人的任何托付都要一概拒绝，而是指在必要时应该巧妙地拒绝别人，这样就不会被那些外在干扰打乱自己的工作计划，工作也能够顺利进行下去。

2. 处理来自上级的干扰

对来自上级的干扰，相对来说是不好处理的，因为你不可能直接对上级说“你不要这样做”或者“对不起，我没有空理你”等之类的话。在必须拒绝上级的额外工作时，你只能委婉地表达出来，甚至还要担心上级会误解你想偷懒，不愿意做事。

一般来讲，来自于上级的干扰往往是由于上级不能很好地体谅下级，或者其本人是一个令人讨厌的人（他喜欢把下级当作机器一样来使唤）。

有一些领导有一种令下级感到尴尬的习惯：

一旦有客人来访，他就让下级同自己一起接待，即使在他与客人谈话时他也要让下级坐在一旁，好像这样能体现出自己的尊崇。但是下级并不是他的花瓶，下级还有一堆工作等着去做。

为了排除上级的干扰，不浪费时间，我们可以试试以下四个秘诀：

（1）和上级商量，与上级一起制定你的预定日程表。这样，上级就清楚了你的工作安排了，就不会再干扰你，打乱你的预定日程。

（2）定期与上级接触，报告工作，询问他有无工作需要你去做。然后，你再把这些工作安排到你的日程表中去，这样就避免了上级要求你做一些你的日程表中没有的工作。

（3）当你要完成重要的工作而周围确实是太不清静干扰太多时，你就明智地在公司以外的地方找一个工作场所。即使上级要吩咐你做别的什么工作，或许因为碰不到你就会吩咐别人去做。

（4）使你的日程表和上级的日程表同步，协调起来。按照工作种类，使你的预定日程与上级的协调起来，就能够减少上级对你的额外干扰。

3. 处理来自下级的干扰

作为上级，当然也存在被下级干扰的可能。上级与下级关系紧密，为完成某一工作就要有上级的授权和工作指导，也要有下级的实干。只有上下级之间配合默契，才能使工作顺利完成。否则，相互不能理解对方的观点和想法，就会走很多的弯路。

下级不理解上级的意图，就要为一件事情反复地向上级请示汇报，因而会给上级造成干扰。

作为上级，如果能够做到以下几点就能较好地减少来自下级的干扰：

（1）对下级不仅仅采取直接面谈的方式，你可以鼓励他们使用备忘录。在备忘录中，简洁地写上下级所想提的问题或者方案。这种备忘录让人看完会立刻明白问题的核心，比起冗长的谈话要省时得多。

（2）每天抽出一点时间，在一定的时间内解答下级的问题，以免他们随时向你请示汇报，打扰你正常工作。

（3）不要在公司内来回溜达，到处闲逛。这样会很容易使下级想向你找事情来请示，干扰你的正常工作。

（4）对于下级的请示要及时给予答复，态度明确、观点鲜明，以免下级不能领悟你的意图而反复地向你请示。

（5）给下级充分的权力和相应的责任。让下级去做某项工作，就给予他充分的权力。如果你还是把权力抓在自己手上，那么就只能让下级打扰你，向你请示工作中每一个小细节。

4. 处理来访者的干扰

突如其来的来访者是打扰我们正常工作的一个主要干扰源。凡是想来拜访你的人，不管是谁，他都是认为有一定的理由的，是非找你面谈不可的，故而会不经过预约就前来找你。

但是对于我们来说，这是很不公平的一件事，因为你的时间不能因为来访者有事而被延长。因此，在处理来访者的干扰时是会造成一方的不满，要么是来访者占上风，你被迫腾出时间来听他说完要说的事情；要么是你占上风，请他自行退回。

不管是哪一种结果都不要做得过分，以免伤害感情。即使在你拒绝对方的来访时，也要不失礼貌。

对于已经预约的来访者，同样要注意会谈的时间，尽量不要超过限定的时间。在与对方交谈时，我们要引导双方的谈话，不要让对方把话题扯离主题。当对方将话题扯到一些没有意义的话题上去时，你可以提一些问题把它拉回原来的方向。如果对方的谈话没有条理、不合逻辑，你也没有必要让对方硬要接受你的想法，而是想办法引导其思维，使其意识到自己的谈话不合逻辑，从而达到较好的谈话效果。

当你感到你们的谈话已经没有必要持续，或者谈话时间已经快要结束了，而对方还在磨磨蹭蹭地不想回去时，你可以采取一些带有暗示性的方法来结束你的会谈。

以下是向大家提供的几种建设性方法，你可以任意选用其中之一，来帮助你排除这些人的干扰。

（1）在你们的谈话之前，托付另外的人，让他到规定的时间进来，告诉他外面还有人等着。

（2）说一些带有总结性或结论性的话，使对方感到谈话的效果已经达到了。

（3）用闲话来代替正式话题，表示正式谈话内容已经结束。

（4）在谈话一开始时就告诉对方你们的谈话时限。或者在谈话接近尾声时告诉对方你们谈话的时间有限，只能到此为止，下次再谈。

（5）在谈话时用装有闹铃的手表定时。预定的时间一到，你的闹铃就响了，使对方注意到你们的会面时间结束了，他也就不好意思再继续聊下去。

“时间差”的妙用

微信朋友圈流传过一篇小文，标题是“从今天起，善用工作第一小时”，并且附录两个公式，非常有参考价值。这里引用如下：

人的自制力和意志力都是清晨最强，应善用每天的第一小时：1.处理最重要最两手的事；2.评估顺序，决定一天任务；3.处理最需要脑力的任务；4.早一小时到达公司，调整好心态；5.深呼吸，静下心，思考难题；6.不要被琐碎事务或娱乐诱惑牵累。

下面的公式中早一点和晚一点产生的正反效果是惊人的：

$$\begin{cases} 1.01^{365} = 37.8 \\ 0.99^{365} = 0.03 \end{cases}$$

这个等式告诉我们，积跬步以致千里，积怠惰以致深渊。

$$\begin{cases} 1.02^{365} = 1377.4 \\ 0.98^{365} = 0.0006 \end{cases}$$

这个等式则告诉我们，只比你努力一点的人，其实已经甩你太远。

在进行个人时间筹划与管理的过程中，只要我们精于观察、善于利用，我们就会发现生活其实已经给我们预留好了很多的“空子”，等待我们去“钻”。

1. 早到公司一小时

利用时间差提高工作效率的方法，一般而言有不少的人都已经会使用了。

有一个在广告公司做事的人，每天都提早一个小时上班。他是这么说的：“其实，这是在家里看报纸时想到的点子。他家里订了两分报纸，每天边用早餐边看报纸，大概要花上整整一小时的时间。而这还都只是把新闻标题大致浏览过去而已。于是他就想到，干脆到公司去看不是一样吗？公司订了四、五份报纸，可以有更多的选择，挑自己喜欢的内容细细阅读啊。而且，遇有重大事件的时候更可以带着报纸到车上看。特别是一大早公共汽车空着的时候，坐起来更舒服!还可以自在地在车上看看书……”

而且他之前也有几次提早一个小时上班的经验，不是为了看报纸，而是赶着处理业务。结果发现，这个没有电话、没有同事打岔的一小时，做起事来效率异常地高。早晨空公共汽车里的时间更能有效运用，所以前后加起来，提早一个小时上班可以多做两个小时的工作。

有些人知道当天的工作将会非常忙碌，便预先把早餐的量加多，抱着不把工作告一段落绝不吃中饭的慷慨赴义精神做事。如果是午休时间可以机动性自行调整的公司，这倒不失为好方法。但如果是为了工作而把午餐舍去的话，就不可取了。而且，偶尔二三点才用午餐倒还无所谓，如果成了习惯，万一把身体搞坏了就得不偿失了。

我们主张活用“时间差”，但必须是在保持身体健康的大前提下使用它。因为，健康的身体才是提升工作效率最大的资本。

2. 午餐时间延后一小时

既然是针对如何有效运用时间，午餐、午休时间的安排自然不该忽视。

一般公司通常订午间十二时至一时为午休时间，相信每一位上班的人都会对午餐时间餐厅的人满为患徒呼奈何，十二点一到，每家餐厅都高朋满座。稍晚几分钟离开公司，到了餐厅不仅要等上好久才找得到位子坐，甚至连上菜都得耗上好一阵子才行。但是，人就是这么奇怪，习以为常就不以为惯了，反正大家都是这么等的嘛!

假如我们把午餐时间延后三十分钟会如何呢？十二点半，用餐的人潮已经过了一波，所以不仅很容易找得到位子，而且由于客人比较少，上菜的速度也会加快许多。且因身边没有站着等位子的焦躁食客，所以吃起来也安心、从容多了。

只是三十分钟的差别就是如此截然不同的景象，所以，有些公司便把午休时间订在下午一点开始，此举颇获同事们的好评。因为不仅可以避开用餐的尖峰时段，而且由于别的公司十二点到一点都是午休时间，所以在这段时间里几乎不会有什么电话打进来。因此，能利用这段时间非常有效率地把上午的工作做一个总结。

高艺在大三那一年准备会计师考试时，发现这个“时间差”的妙用。会计师资格考试的科目有簿记、成本会计等项目，当时规定只能用算盘，计算机是被禁止使用的。他一向习惯在学校的综合图书馆看书，但图书馆里人人都安安静静地看书，岂能噼噼啪啪打算盘？为了找一个能打算盘的地方，他仔细地逛了图书馆一圈，终于想出利用一楼的杂志阅览室的时间差的妙计来。

图书馆是上午八点半开门的。但八点半至十点半由于是第一堂课的上课时间，所以杂志阅览室几乎没有人。而且比起一般的阅览室，平常这里人就不多，少了人进人出的打扰，更是适合打算盘了。找到这个方便的地方和时间带后，隔天起我就利用早上的两个小时尽情地在那儿噼噼啪啪地打算盘，练习簿记及成本计算了。这每天两个小时的练习，在考试时发挥了相当大的效用。

所以，只要我们有心，在对自己的工作时间安排中就会时常收到一些意想不到的惊喜与回报。

500强工作法：把24小时变成48小时

命运之神是公平的，他给每个人的时间都不多不少；但成功女神是挑剔的，她只让那些能把24小时变成48小时的人接近她。下面就是她的助手“时间使者”透露出来的成功秘籍：

（1）“效能”重于“效率”

现今，老式的“效率专家”的时代已经过去了。今天的管理专家多从“效能”来入手，因为“效能”是一个含义更广、更有用的观念。

“效率”重视的是做一件工作的最好方法，“效能”则重视时间的最佳利用。例如，为了即将召开的一次会议，你有一份必须打电话通知的名单。如果从效率观点来看，你就会想什么时候打电话给他们是最好的时机，是不是要把他们的名字放入自动拨号卡片上以节省时间，这张名单是否是最新的正确资料，等等。但是，如果从效能观点来看，你就会问自己，打电话给这些人是不是把时间做最佳的运用，你也许会考虑另一种联络方法；你也许会考虑把打电话的事派给别人做；或把会议完全取消掉，以便把时间用在更有用的地方。

健全的时间管理，应该以效能优先、效率次之的观念为出发点。

（2）灵活运用帕累托法则

19世纪末期与20世纪初期的意大利经济学家兼社会学家帕累托所提出的"帕累托法则"的大意是：在任何特定群体中，重要的因子通常只占少数，而不重要的因子则占多数，因此只要能控制具有重要性的少数因子即能控制全局。这个法则经过多年的演化，已变成当今管理学界所熟知的"80/20"法则——即80%的效果是来自20%的因子，其余的20%的效果则来自80%的因子。

例如，占所有人口不到20%的人，其所犯的罪占所有犯罪案的80%以上；占全公司人数不到20%的业务员，其营业额为营业总额的80%以上等这些情形。只需集中处理工作中比较重要的20%的那部分，就可以解决全部的工作。因此，若不先从重要的事开始，结果会演变成什么正事也没做。打算全部完成的完美主义者，往往到最后什么也没做好。

你只要能熟练应用这个80/20法则，事情过多的烦恼就会消失。你要尽可能地先处理重要的事，而不必将所有的事情一视同仁地完全处理。即使剩下的事到后来出了什么麻烦，也不会影响到全局。

（3）善于利用零碎的时间

成功的时间管理者想把任何一个空闲时刻都利用起来。

将利用零碎时间养成一个习惯，就是在衣袋里或手提包里经常不忘携带一些东西，如图书、笔和小记事本，这样你在排队时、在候机时、在乘公交车上下班时，就不会无所事事地空耗时间了。"集腋成裘""聚沙成塔"一样适用于时间。

零碎时间的利用也包括用一些"非正规"的时间去做一些事。例如上洗手间，宋代欧阳修就着意利用"如厕"时间。据说国外有一位首相就是利用"如厕"时间学习英语的。他每次从英语词典上撕下一页，然后进"1号"。上完"1号"，这一页也读完、记住了，于是把这一页送入下水道。他就是这样学完了一大本英语词典。

（4）少说废话

名人之所以能成为名人，伟人之所以能成为伟人，有一个共同点，那就是：他们都能很好地运筹自己的时间，都懂得一切从现在做起的道理。

在时间的运用上，成功人士非常认真地对待每一分每一秒，尤其是当前的时间利用，而不是将时间用在许多大话、空话或者是无希望达到的计划上。

一位青年人向爱因斯坦询问道：“先生，您认为成功人士是如何成功的，有无秘诀？”爱因斯坦非常认真地告诉他：“成功等于少说废话，加上多干实事。”

爱因斯坦的话听起来很简单，如果我们细想一下，就能领会到这其中的道理。爱因斯坦其实是想告诉这位青年人，不要把时间浪费在一些无聊的闲扯之中，而要抓住现在的每分每秒做一些确实有用的事情，坚持下去，成功就不远了。

（5）挤出点滴时间

时间对于每个人来说都是公平无私的，只要你愿意，就放开地去挖掘时间的潜力，扩大时间的容量，用挤出来的时间去实现更高的梦想。

我们每天只要挤出微不足道的1分钟，一年就可以挤出大约6小时的时间。如果每天能挤出10分钟，那就是相当可观的一个数字了。一周工作5天，每天工作时间为8小时，而一天中再挤出10分钟，那么一年就可以增加5天多的工作时间。再者，即使再忙，每天可支配的零星时间至少有2个小时。如果你从20岁工作到60岁退休，每天能挤出2个小时，有计划地从事某一项有意义的工作，那么，加起来就可达到29200小时，即3650个工作日。整整10个年头！这是一个多么诱人的数字，足可以干一番事业。难怪发明家爱迪生在他79岁时，就宣称自己是135岁的人了。由此可见，时间的弹性是很大的，只要我们善于挤时间，便能大大增加时间的容量。

（6）灵活应用松散时间

这里所讲的松散时间，是指人们的大量工作时间处于很松弛的时候。比如工作的压力不大，工作性质决定了工作本身不需要投入过多的精力。那么这种情况下就应当考虑如何有效利用这些时间。

比如，李女士在行政机关单位上班，她每天的工作就是接一接电话、分发报纸信件，以及通知别人各有关事项。工作虽然轻松，但时间不能少花，每天早晨8点钟就要上班，12点按时下班。下午2点上班，一直到傍晚6点才下班。

对于李女士来说这些工作量不大，做起来不很费力气。真正把工作量压缩起来，一两个小时就能做完。但是，行政机关的工作性质决定了她必须按点坐班。另外，随时都可能有电话打来通知事情，这样李女士只能寸步不离地待在办公室。

为了有效地利用好这些空闲的时间，李女士在工作不受影响的情况下学习了自学考试的课程，在两年的时间内就拿下了大学本科考试的结业证。

在人们的一天工作或生活中，不可能每时每刻的时间都处于紧张的状态。根据人们从事的工作，有的需要集中精力，注意力高度紧张才能完成。而有的工作不需过于集中精力，只要稍微注意即可。而且在一天的工作中，每个时段的工作要求也是不一样的，有时可以适当放松一下紧张的神经，那么这些松散时间就需要进行合理安排。

第 17 章

结果导向：不要只完成任务，更要重绩效

【让上司赏识你的十要诀】 1.让上司看到你的表现；2.要求更多的工作与授权；3.借机会表现你的领导能力；4.开拓自己在公司内外的人际关系；5.永远都提前完成上司交给你的工作；6.胆大，勇于冒险；7.热心参加公司活动；8.向表现优异的同事学习；9.加强自己的业务能力；10.规划好自己的事业。

以结果为导向

在处处讲求实际、讲求成果的当代，人们已经越来越依赖于通过结果来评定一个人的行为价值。因为只有结果才是可触的，无论过程如何努力，如果没有结果，那么很难证明这段过程的存在。以结果为导向是一种重视结果的思维方式，它善于发现和分析问题，且有很强的质量控制意识、强烈的责任心和敬业精神。

1. 有结果，才有生存

现代社会，无论是企业或是个人，在其成长奋斗的历程中都是靠结果生存的，我们依靠对所得结果的评定，确定这是个成功的企业或者卓越的人才。所以没有结果，就不能生存，这成了一条毫无疑问的硬道理。

生存靠的是结果，不是理由。以那些知名企业为例，使它们一直立于不败之地的并不是它们的名牌效应导致了成功的结果。人们不会仅仅因为它们是名牌产品而去购买，更多的是因为它们的产品满足了他们的使用欲望。所以是结果创造出了理由，理由进一步促进结果，这样的良性循环才使企业越来越强壮。

华为在中国被誉为“狼性文化”的代表，既然是狼，就是使用狼性手段来追求结果。“选我不选你”就是华为的核心竞争力。据说华为驻某地的办事处主任，为了和一个大客户拉上关系，平时非常留心观察对方。那时这位客户正在学车，但练习用车很少，练车的人很多，客户要排队等上一两多个月才能轮到。这位主任知道情况后，在当地借了一辆崭新的轿车，趁周末的时间把车开到这位客户那里，陪同一起练车。当时的场地由于刚下过雪，还没有融化完，场里泥泞不堪，加上这位客户还不怎么会开，车子刚进到练习场就陷入了一个结冰的泥坑中，怎么也出不来了。这个主任二话不说，脱了鞋袜跳到泥坑里就去推车，陪同的华为人也纷纷脱了鞋袜推车。当时是严寒时节，这几名华为员工赤脚踏在冰水里，可是他们感到很欣慰，为了成功拿下这个项目，付出这么多是值得的。

个人的生存和发展也是相同的道理。无论做什么事，必须用一个结果来评定它的意义，毫无结果相当于这件事情没有发生。

2. 达成结果，兑现承诺

行为的最终价值是完成结果。收获结果，无论是针对个人还是针对一个企业，都象征着一个承诺的实现。提到承诺这个词，无可避免的会让人想起一个更加流行的字眼：诚信。众所周知，诚信就是要言行一致，对自己说过的话落到实处。

君子一诺千金。他们知道言出必行的重要性，不仅仅在于证明自己的实力与能力，更重要的是用行动维护着自己的名誉。我们不需要空谈，我们需要的是行动。只有行动换来结果，才可以实现承诺。

在异彩纷呈的中国互感器行业中，江西赣电互感器有限公司可谓一匹令人瞩目的“黑马”。这个迅速发展起来的民营企业崛起，与总裁张爱民制定的严格产品质量承诺和售后服务承诺不无关系。这个公司向其客户承诺：凡因公司产品质量或用户使用不当而造成事故，接到用户现场服务通知后，省内保证24小时派人到现场，省外保证48小时内派人到现场。有一次，新疆吐鲁番电业公司打电话来告知一台产品出了故障，张爱民接到电话后急匆匆赶到昌北机场乘飞机然后转车赶往现场，到达现场时已是下午5点。为了早点为客户解决问题，他顾不上休息片刻，直到一个小时后故障排除并重新安装好。吐鲁番电业局技术负责人称赞：“果然说到做到”。

“说到不如做到，要做就做最好”这句歌词想必大家都知道。短短的一句话，却道出了结果思维的精髓。语言再美好都是描述出来的表象，唯有行为结果才证明了你的付出，才会对你说的话，许下的承诺划上一个完整的句号。完成结果、实现承诺，不仅是一个人的品质，一个企业的品质，也成为一个时代的品质。

3. 以结果为导向

要真正做到“以结果为导向”，需要我们从以下几个方面对自己进行严加要求：

（1）以达成目标为原则，不为困难所阻挠。

（2）以完成结果为标准，没有理由和借口。

（3）在目标面前没有体谅和同情可言，所有的结果只有一个：是，或者非！

（4）在具体的目标和结果面前没有感情、情绪可言，只有：成功，或者失败！

（5）在工作和目标面前没有“人性”可言，因为客观世界是没有“人性”可言的，因此再大的困难也要“拼”！

（6）你的事情没有做成，那就“走人吧!”同情有什么用？你需要“同情”做什么？一个老板找不到订单怎么办？

（7）“管理不讲情”，对部下的体谅最后不过是迁就而已。

（8）在客观的困难和异常那边你可以有一千个理由、一万个原因、十万个无能为力、百万个尽心尽力，可是在结果面前来讲却只有一个简单的结果：做，还是不做？

（9）在结果导向面前，我们常常不得不“死马当活马医”，我们不会轻易放弃，因为放弃就意味着投降。

（10）事情没有搞定便表示你的产品没有卖出去，你也就没有营业额，难道你可以下班了吗？产品没有卖出去便没有钱，那你下班回家靠什么吃饭？

结果决定一切

格里·福斯特讲了一个简单的故事，从这个故事中你也许能对怎样为结果负责做出比较清晰的分辨。

作为一个公众演说家，福斯特发现自己成功的最重要一点是让顾客及时见到他本人和他的材料。

事实上，这件事情如此重要，以至于福斯特管理公司有一个人的专职工作就是让他本人和他的材料及时到达顾客那里。

“最近，我安排了一次去多伦多的演讲。飞机在芝加哥停下来之后，我往公司办公室打电话以确定一切都已安排妥当。我走到电话机旁，一种似曾经历的感觉浮现在脑海中：

8年前，同样是去多伦多参加一个由我担任主讲人的会议，同样是在芝加哥，我给办公室里那个负责材料的琳达打电话，问演讲的材料是否已经送到多伦多，她回答说：‘别着急，我在6天前已经把东西送出去了。’‘他们收到了吗？’我问。‘我是让联邦快递送的，他们保证两天后到达。’”

从这段话中可以看出，琳达觉得自己是负责任的。

她获得了正确的信息（地址、日期、联系人、材料的数量和类型），她也许还选择了适当的货柜，亲自包装了盒子以保护材料，并及早提交给联邦快递，为意外情况留下了时间。

但是，正如这段对话所显示的，她没有负责到底直到有确定的结果。

格里继续讲他的故事：

“那是8年前的事情了。随着8年前的记忆重新浮现，我的心里有些忐忑不安，担心这次再出意外。我接通了助手艾米的电话，说：‘我的材料到了吗？’”

“‘到了，艾丽西亚3天前就拿到了。’她说，‘但我给她打电话时，她告诉我听众有可能会比原来预计的多400人。不过别着急，她把多出来的也准备好了。事实上，她对具体会多出多少也没有清楚的预计，因为允许有些人临时到场再登记入场，这样我怕400份不够，保险起见寄了600份。还有，她问我你是否需要在演讲开始前让听众手上有资料。我告诉她你通常是这样的，但这次是一个新的演讲，所以我也不能确定。这样，她决定在演讲前提前发资料，除非你明确告诉她不这样做。我有她的电话，如果你还有别的要求，今天晚上可以找到她。’”

艾米的一番话，让格里彻底放下心来。

艾米对结果负责，她知道结果是最关键的。在结果没出来之前，她是不会休息的——这是她的职责！

所有的领导人都渴望能找到像艾米这样的雇员为他们工作。

成功的管理者一定是负责任的管理者。他们关注于结果，并想尽一切办法去获得结果。他们只关心结果，对找借口不感兴趣。他们只在意是否做了正确的事情，而不愿意为花了精力和资源没能带来积极结果的事情找理由。

只要我们把责任推给别人而不是在自己身上找原因，失败和低水平的表现就会变成理所当然的事实。

市场只相信结果

“不管白猫黑猫，抓到老鼠的就是好猫。”无论人们怎样去评价历史人物，他们闪烁着智慧卓识的话语却永远不可磨灭。邓小平的这句话曾在中国一石激起千层浪，他用这句话完全揭示的我们所处的经济社会的实质：市场的世界只相信结果！

德国安联公司是德国的保险巨头，也是世界上最大的综合必保险公司之一。安联总裁经常对他的助手们说的一句话是：“永远只用你们的保险业绩单来谈问题。”无论哪一家优秀的公司，在评定员工、测定公司业绩时，它所依据的都是实实在在的结果。任何一个公司的崛起和员工个人的成功都是由一砖一瓦的事实结果组成的，从来没有人能够靠臆想去获得丝毫的收获。

不错，整个市场是一个过程，任何活动都是一个过程，但是这样的过程的最终目的却是结果。工作过程只有达到了它应该实现的结果，才能够真正有效。在公司中，任何行动如果没有事实结果说话，它对整个公司来说并没有多少价值。没有结果而寻求借口的过程不过是浪费时间，只有真正出结果才能为团队、个人和公司创造价值。在团队中工作，不用太多的解释，主管与公司看重的是你真正做到的一切，而不是你做错后的喋喋不休。市场世界的竞争是无情而激烈的，在这个世界上里，你需要的是拿出你的结果，拿出你的成绩。要么做到，要么出局，这就是高效社会、高效公司的要求。

世界只相信结果，警惕给自己软弱的理由。实际上，这个世界充满了太多的为失败和不努力而寻找的借口，“过程是最重要的”“只要出发点是好的”……这些语句似乎满是真理，而且很多人还被它们所蒙蔽，似乎这些话语中找到了真理、找到了安慰，然而他们忘了一个最重要的事实，即我们的世界由事实组成，任何空幻的说法都只不过是软弱的人为了安慰自己而对自我和世界的虚构。

要做一个真正优秀的员工，要为公司真正贡献出自己的力量，就必须接受这样一个现实：这个世界最终有作用的是你工作的结果，你所做的一切最终影响公司与自己的同样是你工作的结果，而不是其他。市场的世界只相信结果！

把事情做好、做对

有位老总曾经苦笑着说：他的公司里来了个新会计，做报表的态度很认真，报表的格式也做得漂漂亮亮——整整齐齐三张纸。可惜，报表上的数据与实际发生额相差甚远，不仅老板看了一头雾水，连她自己对报表上的原始数据的来源也说不清楚。于是，这张报表就成了一张废纸，在公司管理层做决策时一点参考作用都没有。

很多人有一个思想上的误区，认为只要完成了老板交代的任务，就是创造了业绩、得到了结果，实际上并不是这样。任务只是结果的一个外在形式，它不仅不能代表结果，有时还会成为我们工作中的托辞和障碍。

工作不简单地等同于"做"，而是要"做对""做好"。在完成任务的基础上追求更高层次的结果，所以说只满足于"完成任务"的员工不是好员工。

你也许会迷惑，已经完成任务了怎么还不算好员工？这就需要我们对"执行"一词进行深层次的解析。长久以来，人们都将"执行"等同于"做"，只要去"做"就算"完成任务"了，以致造成了很多棘手问题。我们所以说只满足于"完成任务"的员工不是好员工，好员工应该"出色地完成任务"——得到办事的结果。

姜汝祥先生在其著作《请给我结果》一书中举了一个"九段秘书"的例子。

总经理要求秘书安排次日上午九点开一个会议。通知到所有参会的人员，然后秘书自己也参加会议来做服务，这是"任务"。下面是秘书的九个段位的具体做法。

一段秘书的做法：发通知——用电子邮件或在黑板上发个会议通知，然后准备相关会议用品并参加会议。

二段秘书的做法：抓落实——发通知之后，再打一通电话与参会的人确认，确保每个人都被及时通知到。

三段秘书的做法：重检查——发通知，落实到人后，第二天在会前30分钟提醒与会者参会，确定有没有变动。对临时有急事不能参加会议的人，立即汇报给总经理，保证总经理在会前知悉缺席情况，也给总经理确定缺席的人是否必须参加会议留下时间。

四段秘书的做法：勤准备——发通知，落实到人，会前通知后去测试可能用到的投影、电脑等工具是否工作正常，并在会议室门上贴上小条：此会议室明天几点到几点有会议。

五段秘书的做法：细准备——发通知，落实到人，会前通知，也测试了设备，还要先了解这个会议的性质是什么、总裁的议题是什么。然后给与会者发去与这个议题相关的资料，供他们参考（领导通常都是很健忘的，否则就不会经常对过去一些决定了的事或者记不清的事争吵）。

六段秘书的做法：做记录——发通知，落实到人，会前通知，测试了设备，也提供了相关会议资料，还要在会议过程中详细做好会议记录（在得到允许的情况下做一个录音备份）。

七段秘书的做法：发记录——会后整理好会议记录（录音）给总经理，然后请示总经理是否发给参加会议的人员或者其他人员。

八段秘书的做法：定责任——将会议上确定的各项任务一对一地落实到相关责任人，然后经当事人确认后形成书面备忘录，交给总经理与当事人一人一份，并定期跟踪各项任务的完成情况及时汇报总经理。

九段秘书的做法：做流程——把上述过程做成标准化的“会议”流程，让任何一个秘书都可以根据这个流程把会议服务的结果做到九段，形成不依赖于任何人的会议服务体系！

从以上九个不同段位的秘书的做法中我们可以看出，执行并不是只有一个结果，不同执行力的人给出的结果也不同。但无疑九段秘书给出的结果，才是最具执行力的体现。

所以，我们在做工作时不能将目光只停留在“完成任务”上，我们应该看得更长远一些，将执行的着眼点放在“结果”上，而且，最好是一个能够创造价值的好结果。

用业绩说话

当企业从“业绩”的角度评价每一个人、评价每一项工作的时候，至少需要清楚两个状态：工作前的状态和工作后的状态。也就是当企业投入了资金、时间、人力等诸多资源之后，它一定需要通过这种投入而获得某种改变。从这个意义上讲，所谓“业绩”就是一种比较，就是一种在投入和产出之间所进行的比较。投入得少，产出得多，就有“业绩”，而这样得出的比例越大业绩就越好；反之，就意味着没有业绩，或者是遭受了很大的损失。

业绩对员工和公司的重要性不言而喻，企业要蒸蒸日上需靠好业绩，员工实现卓越也需要好业绩，没有业绩一切都免谈。一个员工每天辛苦努力工作，如果没有业绩、公司不赚钱，拿什么给员工发工资？

所以，作为一名员工，无论你曾经付出了多少心血，做了多大努力，也不管你学历有多高，工作年限有多长，人品如何高尚，你只要拿不出业绩，老板就会觉得他付给你薪水是在浪费金钱，你的结局也就不言自明。

现实就是如此，千万不要因此而责怪老板和企业薄情寡义。一个员工，必须要把努力创造业绩，为老板和企业谋利当作神圣的天职、光荣的使命。非如此，纵有千般好、万般优，归根结底还是等于零，因为业绩才是硬道理。

在《与公司一起成长》一书中有这样一个案例：

杰西卡一直不明白，为什么自己无论在哪家公司从事哪一份工作，每到年底考核之后自己都会成为被炒鱿鱼的那个倒霉蛋。凯茜、南希和自己学历相当，都是同一批进入公司的，她们现在都有了丰富的业绩，而且在新的一年里都有希望得到进一步的提升。

回首这一年自己的成果确实有些恼人，整整一年，杰西卡都没接到什么大单，也许这是整个行业都不景气的缘故吧。可是凯茜的客户资源依然丰富，她似乎整天都忙着和客户谈判。南希虽然没有像凯茜一样丰富的客户资源，但是她没让自己闲着，她的业务能力一直令杰西卡羡慕不已，即使是最糟糕的去年也有好几笔大单进账。

杰西卡找到了业务主管，希望主管再给她一次机会，她觉得主管并不是一个苛刻的人。主管正在办公室里看文件，杰西卡敲门之后进去了。刚刚坐下，主管就接听了一个电话，是公司总部打来的，杰西卡听到电话的另一端正在向主管下达解聘自己的命令，而主管则竭力向对方证明杰西卡是个不错的员工。对方沉默了一会儿，然后说道：“我们也相信她不错，但是她可能并不适合在我们公司待下去，因为她一直没有像其他员工一样用业绩证明自己的优秀。我也没有办法，她必须离开，因为公司要发展，不能让任何人拖后腿。”

还能说什么呢？杰西卡只有黯然离开公司了。

市场经济下，公司要想获得很好的生存和发展就必须创造价值，而公司价值的获得靠的是员工的业绩。一个为公司着想的员工，应千方百计地想着如何为公司创造价值，而要做到这一点关键就是拿业绩说话。

拿业绩证明能力

在这个以业绩为主要竞争力的时代，没有能力改善公司业绩或者不能出色地完成本职工作的员工，是没有资格要求企业给予回馈的，因为这种人恰好是公司打算“去掉”的人选。

郭士纳就任IBM公司董事长和首席执行官时，在一份备忘录中说出了自己的肺腑之言：“你们中有些人多年效忠公司，到头来反被宣布为‘冗员’；报刊上也登载了一些业绩评分的报道，当然会让你们伤心愤怒。我深切地感到自己是在要大量裁员的痛苦之时上任的，我知道这对大家都是痛苦的，但大家都知道这也是必要的。”

“不解雇政策”是IBM企业文化的主要支柱。公司创造人托马斯沃森认为，这样可以让每个员工觉得安全可靠。如今，郭士纳裁员却是动了手术，辞退了至少35000名员工。

裁员行动结束后，郭士纳对留下来的雇员说：“有些人总是抱怨，自己为公司工作多年薪水太少了，职位升迁太慢。你必须拿出点成绩让我看看，得给我创造出最大的效益。现在，你是否继续留任就看你的表现了。”

通过一系列的治理整顿和改革，郭士纳在短短6年中重塑了IBM这个曾是传奇式偶像企业的美好形象，使之走上了重新增长的复兴之路。

职场中辞退员工是经常见到的事情，有些人已经是处变不惊了。但有一个道理我们必须清楚：公司作为一个经营实体，必须靠利润去维持发展，而发展需要公司中的每个员工都贡献自己的力量和才智。公司是员工努力证明自己业绩的战场，证明自己的惟一法则就是业绩。无论何时何地，如果你没有做出业绩，你迟早是一枚被弃用的棋子。

通常来说，一个成功老板的背后必定有一群能力卓越、业绩突出的员工。老板心中分数很高的职员也一定是那些业绩斐然的员工，当然，他们将获得丰厚的奖赏，而业绩差的员工则随时会有被老板解雇的可能。

高绩效是好员工的显著标志。没有绩效，再聪明的员工也会被淘汰出局。

把能力转化为业绩

“发达国家，当然包括著名跨国公司，对人才标准的界定早已走出了‘惟学历’‘惟学位’的误区，而主要强调‘两个导向’。”著名人才问题专家沈荣华分析说：“一是能力导向。虽然要考虑人才的学历和职称，但更突出其综合能力和专业水平，从而真正做到惟才是用。因为一个人的综合素质，是很难用学历体现出来的。如果一个名牌大学毕业生5年做不出成绩，就很难讲他就是一个有用之才；二是业绩导向。在竞争环境中，业绩是至关重要的，因为只有业绩才能把一个人同其他竞争者区别开来。在进行人才评价时，不能仅看文凭和其毕业的大学，而要看他给社会做了哪结贡献、有何业绩。”

聂灵毕业于一所普通大学，学的是计算机专业。大三那一年，在父亲朋友的帮助下进入一个大城市的一家科研机构实习。刚去的时候他干坐着，领导看他有点可怜就扔给他一个东西，说：“三个月内完成就行了，到时给你个实习鉴定。”

三天里，他几乎住在单位，然后——完成了它。

当天上午，领导吓了一跳。对他刮目相看了。又给他几个任务，并且规定很少的时间，而他居然都提前完成。

实习结束，领导没多说什么，但不久到他的学校要人，点名要他。

这之前，机构的上级部门很奇怪：我这有好几个本科生以及研究生你都不要，偏要一个普通的大专生，不是开玩笑吧。

“不开玩笑。他有能力，能做成事。”那个领导说。

后来，有一次上级临时借调他去帮忙，结果是：这个部门以前的报表都是最后交并且还让返工，但这一次，是第一个送上去的，成为少数几个一次通过的。上面点名要他，下面不愿意放，但硬是被调走了。

明基逐鹿是明基集团下面惟一一家从事IT应用解决方案以及咨询服务的软件公司，倡导能力导向。要把能力转化为业绩，明基逐鹿提出了两个口号："先提升自己的能力，再提升对组织的贡献，财富自然到来"。在薪酬结构上，明基逐鹿全员推行年薪制，以透明公开的原则让每个人都充分了解自己怎样发挥能力才能做出好的业绩。

现在，很多岗位看重的是业绩，业绩决定一切。因此，把能力转化为业绩最重要。

苦劳不是功劳

在生活中，我们经常可以看到这种情形：没有得到奖金或者是没有评上优秀员工时，很多人会这样抱怨："太不公平了，为什么没有我的？我辛辛苦苦干了这么多年了，就算没有功劳也有苦劳啊！"他们的这种说法有道理吗？我们来看一个故事：

古罗马皇帝哈德良就曾经碰到过这样的问题。他手下有一位将军，跟随自己长年征战。有一次，这位将军觉得自己应该得到提升，便对皇帝说："我应该提升到更重要的领导岗位，因为我经验丰富，参加过10次重要战役。"哈德良皇帝是一个对人才有着高明判断力的人，他并不认为这位将军有能力提任更高的职务。于是，他随意指着拴在周围的战驴说："亲爱的将军，好好看看这些驴子，它们至少参加过20次战役，可它们仍然是驴子。"

可见，苦劳永远不能成为功劳。

我们承认，很多人在工作中的确是有苦劳的。他们可能在这个岗位上已经干了十来年，他们可能也在这个项目上加班加点，他们可能也投入了大量的精力在这个工作中。

但是，就是有苦劳又能怎么样呢？他们十来年在同一岗位上可有建树？他们的加班加点可为这个项目来带来任何好的结果？他们投入的大量精力真正是这个工作所需要的吗？如果答案是否定的，他们所自诩的十年业界经验如果只是一年经验重复十次的话，那又有什么成就可言？他那九年的苦劳除了浪费还是浪费。如果他们的加班加点并没有给项目的发展带来一丁点的好处，那加班加点又有什么意义？如果他们投入的大量精力是背离了工作发展的正常轨迹，那不但不能说是没有功劳，还有可能会带来危害。

所以，苦劳在任何时候都不能当成是功劳，相反，它甚至是公司和个人资源的浪费。

带着老黄牛一起飞

以前，“老黄牛”型的员工曾经是备受推崇和赞赏的。

但现在的情况是，老总越来越重视能出业绩、有功劳的员工，不喜欢一天到晚辛辛苦苦最后没有任何成绩的员工。企业最重视的是你的“功”，而不是你有多“苦”！作为一个员工，你要追求的不是“苦劳”，而是“功劳”！

仅仅会埋头苦干、不问绩效的“老黄牛”时代已经过去了，企业更需要能插上效益翅膀的“老黄牛”。

江苏双良集团总裁缪双大在集团的年终总结大会上就改革问题提出：要改变传统的对功劳与苦劳的认识。苦劳只能说明辛苦，功劳是建立在苦劳的基础上的，有功劳才有贡献，功劳包含着勤劳、智慧、机遇。要倡导讲贡献、比贡献，以成败论英雄。

著名的三正半山酒店的酒店管理行动纲领里面写着这样几条：

（1）我们追求出正果。出正果就是我们的工作要富有成效，做任何事都追求一个有效的结果。我们反对只说不做，同时也反对做而无效。只有持之以恒地付出、不折不挠地努力，才能得到理想的回报。

（2）企业对员工价值认可的程度，取决于员工为企业创造业绩的多寡。

（3）我们坚持以绩效的获取和提升作为管理的出发点，以绩效水平作为评核管理工作有效性的依据。

（4）工作价值和市场价值决定着员工的分配基准，绩效水平决定着员工的实际获得。

500 强工作法：向效率要成果

商业时代以效率为先，凭业绩说话。企业中员工不管多么辛苦忙碌，如果缺乏效率，没有业绩，那么一切辛苦皆是白费，一切付出均没有价值。

“拿业绩来说话”不仅是公司对员的要求，更是市场对企业的要求，市场不关心你是否忙碌。如果员工取得的业绩微乎其微，给企业创造的利润少之又少，或者再不时地给公司造成损失，那么即使整天在公司里忙得团团转，又有何实在意义?

对一个优秀的人而言，勤奋只是基本功，只能打60分。

这样的观点肯定使很多信奉勤奋的人感到震惊，他们会问：那更关键的是什么呢？更关键的是另外的40分。

人分三个档次：

（1）人。在单位里整天只知道忙忙碌碌，充其量只能算是一个人。

（2）人才。忙碌而有所成就，算是人才。

（3）人物。有很大影响、愿意付出更多的人，更懂得聪明地工作。他们忙，但绝对不是瞎忙、穷忙。

我们经常听到这样一些话：“量变引起质变”“读书破万卷，下笔如有神”“熟读唐诗三百首，不会吟诗也会吟”，这些观点并没有错，但我们在接受这些观点时应该记住这样一个前提：如果没有主动总结、感悟、不断超越的精神，即使读书不止一万卷，下笔未必会有神；即使你把唐诗念烂了，也未必能写出一首好诗来。

穷忙、瞎忙的人，都是浪费时间的人。鲁迅曾经说过这样一句话：“浪费别人时间的人，无异于谋财害命。”把这句话延伸一下——那些穷忙、瞎忙的人，是双重“谋财害命”。

为何这样说呢?

第一，对自己而言，生命由时间组成。严格来说，我们的生命并不是由一天一天或一小时一小时的时间组成，而是由一个一个有价值的瞬间组成。当你忙碌的时间没有价值的时候，难道不是对自己的谋财害命吗?

第二，对单位而言，一个忙碌而没有效益的人不仅耗费了单位的资源，耽误了单位的时间，导致一些战略无法实现，还拉了同事的后腿，不也是一种谋财害命吗?

第18章

工匠精神：向高价值型员工进化

【**心大业大**】1.心存希望，幸福就会降临你；2.心存梦想，机遇就会笼罩你；3.心存坚持，快乐就会常伴你；4.心存真诚，平安就会跟随你；5.心存善念，阳光就会照耀你；6.心存美丽，温暖就会围绕你；7.心存使命，能量就会涌向你；8.心存大爱，崇高就会追随你。

别只为钱工作，也为价值观工作

截至2016年，寿命达200年的企业中日本超过3146家，为全球最多，德国超过837家，荷兰超过222家，法国超过196家。为什么这些长寿企业扎堆出现在这些国家，是一种偶然吗？他们的长寿秘诀是什么？研究发现，他们都在传承着一种精神——工匠精神！

工匠精神，是美国家族企业历经百年而不倒的秘诀，是瑞士品牌屹立世界之巅的利器，更是一种生命态度。其价值在于精益求精，对匠心、精品的坚持和追求，其利虽微，却长久造福于世。如果你希望改变现状、打造一个与众不同的自己，成为被需要、被尊重、众望所归的成功者，就从当下的事情做起，成为一个充满魅力的工匠。拥有工匠精神，拥有内外丰盛的人生。

在很多人看来，工作的目的就是赚钱养家，谋求生存。那么，我们看看阿里巴巴的老总马云对工作有怎样的看法。

马云曾在一次记者采访中说道："好的团队不应为某个领袖工作，而是为使命感、价值观而工作……""要赚全世界的钱是荒谬的，但要影响世界却是合情合理的。我很相信一个想法：'要赚钱的人必须把钱看轻'。我要赚的不是能计算的money，而是value。"

马云认为，为钱而忙的人才是疯子。"走向社会第一天，我已告诉自己我不要为钱工作，所以钱一直没有影响我，我也没有被钱影响过。别问我身价多少，我连自己工资多少也不晓得。"

的确，人不是为了赚钱而工作，而应该为使命工作，否则世界首富比尔·盖茨已经非常富有了，他还工作干什么？中国最富有的李嘉诚，为什么还要工作？创新工场创始人李开复已经非常富有了，他为什么还工作？还有许许多多身价上亿的富翁，他们为什么还不享受，还要工作？

有一位心理学家发现，金钱积累到一定程度就不再诱惑人了，而能让人继续前进的动力就是更高层次的追求，自我实现便是人最高的层次需要，它能激发人的强大动力。其实，人生的真正意义不仅仅在于维持生计，还在于满足我们的精神需求。只有追求自我实现，人们才能迸发出持久的热情和动力。人的大半生都在工作，如果只把工作当作是自己用来糊口的工具，不去把工作和自我实现相联系，那么我们生活会很痛苦。即便是你正在从事着一份非常感兴趣的工作，如果你以养家糊口为目的，长时间下去，也会变得机械而木讷，开始厌烦这份工作。以养家糊口为目的工作的人，实现了这一目标后，就不再有动力去深入研究工作，去努力向上追求了，不愿意牺牲自己的时间去为公司加班，多做贡献，不愿意为团队的利益而牺牲自己的利益。长此以往，他会被社会淘汰。工作可以挣钱，其实工作也可以给人带来快乐和满足。用心去工作，在工作中实现自我，才能使自己对工作保持持久的兴趣，使自己有动力去向更高的层次追求。

有一位刚毕业的大学生，来到一家广告公司做业务员，他的主要工作是用电话联系指定客户，然后再去拜访那些有广告意向的客户。在办公室里打电话是件很轻松的事情，可每当要出去和客户见面的时候，他就有些不愿意了，因为那时外面的气温很高，而且有些公司地址很偏僻，交通非常不方便。但是后来，他想既然选择了这份工作，就应该好好做。现在，这位大学生已经成为一家跨国公司的销售总监了。回忆起那段在广告公司做业务员的经历时，他说："拜访客户的经历使我学到了很多，让我终生受用。"

美国一位前教育部长曾说："工作是需要我们用生命去做的事！"对于工作，我们要抱着认真的态度去做，要知道工作的使命是什么。因此，作为一名员工，一定要了解公司的使命是什么？自己的使命是什么？这样，工作起来才有真正的动力。当我们为使命而非为金钱工作的时候，不仅能够获得更多的金钱，还能获得更多的成就感，最终达到实现自我价值的目的。

比金了更为珍贵的是忠诚

如果说智慧和勤奋像金子一样珍贵的话，那么还有一种东西比金子更为珍贵，那就是——忠诚。忠诚于公司，从某种意义上讲，就是忠诚于自己的事业，就是以另外一种方式为自己的事业做贡献。忠诚可以体现在很多方面，体现在工作积极主动，工作责任心强，能够细致周到地体察老板和上司的意图。忠诚有一个非常重要的特征，就是发自内心的心甘情愿地付出，但是不求回报。

由下而上的忠诚可以增强领导者的成就感和自信心，增强集体的竞争力，使公司充满朝气。因此，许多老板在用人时，既要考察员工的工作能力，更看重员工的个人品质，而个人品质最关键的一点就是一个人的忠诚度。一个对事业和企业有忠诚度的员工十分难得，一个既忠诚又有能力的员工就更加难得。忠诚的人无论能力大小老板都会予以重用，忠诚的人无论走到哪里都有鲜花和掌声。相反，能力再强的人如果缺乏忠诚，无论走到哪里也往往被人拒之门外，即使一时疏忽让他走进了门，早晚也会被踹出去。人的职业生涯中，需要用智慧做出决策的大事很少，需要用行动来落实的小事却很多。只有少数人需要勤奋而智慧，而多数人需要勤奋而忠诚。

遗憾的是，在如今这个社会，忠诚的人越来越少了。许多公司花费了大量资源对员工进行培训，然而当这些员工积累了一定的工作经验后往往会一走了之，有些甚至不辞而别。而那些留在公司的员工则整天抱怨公司和老板没有给他们提供更良好的工作环境，对公司和老板没有感激之情不说，还将全部的责任都推到了他们身上。不要以为这种现象只发生在那些确实发展不怎么好的公司身上，我们发现，在管理机制良好的公司，员工培训完就跳槽的现象也频繁发生。因此，这种现象的发生，不得不使人们将视线转移到员工本身的心态上来。仔细分析发现，大多数情况下，员工跳槽并非公司和老板的过错，更多的是在于员工对自身目标以及现状缺乏正确认识。他们不是过高地估计了自身的实力，就是对那些向他们频频挥手的公司抱有过高的期望。

当这种风气蔓延到整个商业领域时，许多具有一定忠诚度的员工也受到传染而投入跳槽大军中，使整个职业环境继续恶化。

频繁地跳槽就是缺乏忠诚度的具体体现。直接受到损害的是公司，但从更深层次的角度分析，对员工自身的伤害更深。无论是个人资源的积累，还是已养成的眼高手低的习惯，都使员工自身的价值有所降低。这些人对自己奋斗的目标没有清晰认识，对自己的内心需求没有认真地反思，自然无法正确选择自己的发展方向。

人的一生要走几条路，才能达到自己想要达到的地方。从职业的角度讲，难免要调换几次工作，才能达到自己想要达到的事业高度。但是，这种转换必须依托于整体的职业规划。频繁地跳槽，虽然在新公司收入可能有所增加，但是一旦养成了这种习惯，跳槽就不再是一种目的而成为一种惯性，跳不好就会将自己跳“死”。

跳槽是需要规划的。著名银行家克拉斯年轻时也总是不断地在跳槽，但是他始终抱有一个目标——将来管理一家大银行。在这个目标的指引下，他曾经做过交易所的职员，木料公司的统计员，簿记员、收账员、折扣计算员、簿记主任、出纳员、收银员，等等，他试了一样又一样，跳了一次又一次，最后终于实现了自己的目标。

克拉斯说：“一个人可以有几条不同路径达到自己的目的地。如果能在一个机构里学到自己所需的一切当然很好，但大多数情况下需要经常变化工作环境才能学得到。当然，我认为最重要的是自己必须懂得自己想做什么，为什么要这样做。”

克拉斯还说道：“如果我换工作仅仅是为了比以前赚得多一点，恐怕我的现在早被昨天给牺牲了…… 我之所以换了这么多工作，完全是因为当时的公司和老板无法再给我带来更多的教导了。”

现在的年轻人经常挂在嘴上的是这样一句话：“此处不留爷，自有留爷处。”是的，在跳槽时可以挥一挥衣袖，非常潇洒，但是真正面对工作时却是手忙脚乱，不知所以。一个没有目标、只是盲目频繁转换工作的人，在经历了多次跳槽后就会形成一种习惯：人际关系紧张想跳槽；工作中遇到困难想跳槽；看见能多赚几个钱的工作想跳槽；甚至有时莫名其妙就想跳槽。这种频繁跳槽的人总觉得下一个工作会更好，似乎一切问题都可以用跳槽来解决。这样没有长远规划的跳槽多是出于一种冲动，是一种完全不负责任的行为，无论是对现在的公司还是对自己都是。

频繁跳槽的习惯养成之后，久而久之，会习惯不再勇于面对现实，不再积极主动克服困难，而是在一些冠冕堂皇的理由下逃避、退缩。这些冠冕堂皇的理由无非是不符合自己的兴趣爱好，不被老板重视，处处受人刁难，怀才不遇，等等，总是希望跳到一个新的公司后所有问题都迎刃而解。

有些年轻人，丧失了成就事业最宝贵的忠诚和敬业精神，变得心浮气躁起来，凡事浅尝辄止，遇见困难就开始退却，总是这山望着那山高，空有远大畅想，无心执著的追求。这可以说是个人的悲哀，也是社会的悲哀和国家的悲哀啊。

对工作负责是最好的出路

工作中随处可以看到这样的人，他们没有一点责任心：他们似乎只有等到别人强迫他们工作时，才会去工作。他们从来没有真正考虑过，自己体内到底有多少智力与体能。遇到任何事情，他们似乎都是以敷衍的态度、用极少的精力做漫不经心的处理。结果可想而知，他们怎能得到别人的好评？他们的工作怎么能干好？怎么能成功？

在那些不负责任者的眼里，仿佛世界上一切好的位置、一切有出息的事业都已人满为患。不负责任的人无论走到哪里都不会有立足之地，没有人需要他们，社会的各行各业都急切需要那些负责任、肯努力奋斗、有主张有见地的人。一个富有思想和判断力、具有创造力、对工作负责的人，随处都可以立足，在哪里都有希望成功。而另外一些不愿负责任、只会埋怨机会太少的人，是一辈子都不会有出息的。只有那些不负责任者才会一天到晚埋怨没有事可做，而那些对自己的力量有把握、自信能获得好位置的人，从来不会到人家面前去诉苦，他们始终晓得，对工作负责任才是成功唯一的出路。

刘易斯原来是一名商场的普通职员，后来受聘于一家汽车公司。在公司工作6个月后，他想试试是否有提升的机会，于是向老板写信毛遂自荐。老板给他的答复是："任命你负责监督新厂机器设备的安装工作，但不保证加薪。"

刘易斯没有受过任何工程方面的培训，连图纸都看不懂。但是，他不愿意放弃任何机会，于是他自己花钱请来一些专业技术人员完成了安装工作，还比计划提前了一个星期。结果，他不仅获得了提升，薪水也增加了好几倍。

"我知道你不懂技术"，老板后来对刘易斯说，"如果你随便找个借口推掉那项工作，我可能会让你走人。我最欣赏你这种干工作不找任何借口的人。"

主动承担责任体现了一种对工作和生活的积极态度，同时也决定了你将会是个成功者。

一个优秀的员工，要勇于承担起自己职责范围内的责任，积极地寻找并把握谋求公司利益的机会。也只有这种员工，才是老板值得栽培的人才。

如果是一项非常艰巨的任务，那么你就更应该主动地去承担，就算你最后没有成功，这种迎难而上的精神也会为你赢得大家的认同。尤其重要的是，承担艰巨的任务是锻炼自己能力的难得机会，日积月累，你的能力和经验就会迅速提升。这对你日后的成功是有重要作用的。当然，在完成艰巨工作的过程中，你可能会感到压力带来的痛苦，但痛苦对你的成长是有益的，不经过苦难的人是享受不到成功的果实的。

老板总是需要寻找一些更负责任的人来顶替那些不负责任的员工。他不会无缘无故地解聘员工，除非这些员工都粗心大意没有什么责任感。反之，有较强责任感的员工不仅能得到老板的信任，也为自己的事业通向成功奠定了坚实的人格基础。

在一家医院的手术室里，一位年轻的护士第一次担任责任护士。

当手术完成时，大夫开始准备给病人缝合伤口，她忙说："大夫，你只取出来11块纱布，可我们用的是12块啊。还有一块纱布没有取出来啊！"

但是外科医生似乎没有听到她的话，说："我已经全部取出来了，现在开始缝合伤口。"

"不行，"护士表示强烈抗议，"还有一块纱布没有取出来！"

"由我来负责，快点儿缝合！"医生很蛮横地说。

"你不能这样做！你要为病人负责！"护士毫不犹豫地说。

这时，外科医生突然微微一笑，他摊开右手，让她看到了第12块纱布："好了，你现在是一名合格的护士了。"

原来，外科医生是在考验这位护士是否有责任感，是否能对自己的工作从一开始就尽心尽责。事实证明，她具备了这一点。就是因为护士敢于负责，她很快得到提拔重用，短短3年内就成为了护士长。

医生固然最需要责任感，但作为普通的护士同样需要有高度的责任感。同样，在一个公司中，需要每一个人都对工作认真负责，而不仅仅是那些管理人员。

敬业是你的使命所在

敬业是你的使命所在，是人类共同拥有和崇尚的一种精神。从通常的意义上来讲，敬业就是敬重自己的工作，将工作上的事当成自己的事，敬业的具体表现为忠于职守、尽职尽责、负责严谨、一丝不苟、善始善终等职业道德。敬业的道德感会在社会上发扬光大，使敬业精神成为一种最基本的做人之道。敬业是把人的使命感和道德责任感融合在了一起，是成就事业的重要条件。

任何一家公司，要想在竞争日益激烈的市场万象中脱颖而出，就必须想方设法调动起每个员工的积极性，发挥每个员工的敬业精神。敬业的员工能够给顾客提供高质量的服务，能够生产出高质量的产品。推而广之，一个国家如果想屹立于世界之林，也必须使其人民具有敬业精神。警察应该尽职尽责地为民众服务；行政官员应该勤奋思考并制订和执行相关政策；议员代表应该勤于问政，了解民情。只有每个人干一行爱一行，才能被称为敬业的社会。

遗憾的是，无论从事什么行业，无论到什么地方，我们总是能发现一些投机取巧、逃避责任、寻找借口之人，他们不仅缺乏一种神圣的使命感，而且缺乏必要的敬业精神。

敬业从表面上来看是有益于公司、有益于老板的，但最终的受益者却是自己。

如果我们能将敬业变成一种习惯就能从中学到更多的知识，积累更多的经验，就能全身心投入工作之中，并在工作之中感受到快乐。这种习惯或许不会有立竿见影的效果，但可以肯定的是，当“不敬业”成为一种习惯时，其结果却是立竿见影的。工作上投机取巧也许会给你的公司带来一点点的影响，会给你的老板带来一点点的经济损失，但是却可以毁掉你长长的职业前途。

一个人的成败与自己的道德品质有很大的关系。一个勤奋敬业的人也许并不会马上获得上司的赏识，但至少可以获得他人的敬佩与尊重。那些投机取巧之人即使利用某种手段爬到一个高位，往往被人视为道德品质恶劣，不能获得他人的尊重，这无形中给自己的成功之路设置了障碍，早晚有一天会从高位上跌落。投机取巧、不劳而获也许非常有诱惑力，但很快就会付出沉重的代价，他们会失去最宝贵的资产——名声。勤奋敬业的名声是人生最大的财富，它会带给你意想不到的收获。

有一位颇有才华的年轻人，他聪明机智、能力一流，但是工作散漫，缺乏敬业精神。一次报社急着要发稿，他却搂着稿件在家里睡大觉，影响了整个报纸的出报计划。这种人很难得到尊重与提升。人们往往更尊敬那些能力中等但极为敬业的人，而不会尊敬一个能力一等但没有一点敬业精神的人。

喜欢投机取巧不劳而获的人往往是一个对工作不负责的人，这样的人缺乏自信，也无法体会工作的乐趣。你要知道，当你逃避或将工作推给他人时，实际上是将自己的信心和快乐送给了他人。这样的傻事你怎么舍得去做？

曾经有人问过一位成功学家：“你认为大学教育对于年轻人的将来是必要的吗？”

关于这个问题，我们很多人都想知道，不是吗？先来听听这位成功学家的回答吧：“单单对经商而言，大学教育不是必需的。商场上需要的更多的是敬业精神。事实上，对于大多数年轻人来说，比大学教育更重要的是应当培养自己全力以赴的工作精神。然而，很多年轻人进了大学就意味着开始了他一生中最惬意、最快活的时光，他们在大学里吃喝玩乐。当他们走出校园时正值生命的黄金时期，但在大学期间闲散的生活方式让他们很难将自己的全部身心集中到工作上，结果眼睁睁地看着成功机会从身边溜走，真是可惜极了。”由此可见，人的敬业精神要随时随地的培养，如果本来已经懒散惯了，要想再改变就难了。

薪水只是工作的一种回报

现在很多年轻人将工作视为一种等价交换，认为我在为公司干活，公司付我一份报酬，仅此而已。他们看不到工资以外的价值，更看不到工作本身对自己的人生意义。他们因现在的工作与在校时的理想差距很大，事业心受挫，没有了热情，但为了生存又必须工作，因此在工作中总是采取一种应付的态度，不能在工作中真正负起责任，不愿多干哪怕超出工作时间一分钟的活。他们只想对得起自己目前的薪水，从未想过是否对得起自己将来的薪水甚至是将来的前途。

某公司一位员工，在公司工作了10年，薪水一直未涨。一天，他终于忍不住内心的不平当面向老板诉苦，要求老板给他加薪。老板直言道："你虽然在公司待了10年，但你的工作经验却是不到1年的程度，能力也只是新手的水平。"

这名可怜的员工在他最宝贵的10年青春中，除了得到10年的新员工工资外，其他一无所获。或许这个老板对这名员工的评价有些过激或者稍欠考虑，因为他毕竟在公司待了10年。但我们更应该相信的是，在当今这个日益开放的年代，这名员工能够忍受10年的低薪和持续的内心郁闷而没有跳槽到其他公司，足以说明他的能力的确没有得到更多公司的认可。也可以换句话说，他的现任老板对他的评价是中肯的。

这便是只为薪水而工作的结果！

生活中，我们常能看到一些人因为不满足于自己目前的薪水，不认真工作，频繁跳槽，结果将比薪水更重要的东西都丢光了。到了感叹岁月不饶人时，连本应得到的薪水都可能得不到了。

一个人如果总是为自己到底能拿多少薪水而大伤脑筋的话，他又怎么能看到工资背后的成长机会呢？他又怎么能在工作中获得比薪水更重要的技能和经验呢？他的人生价值靠什么体现呢？

一个只会为自己的懒惰和无知寻找理由的人，一个总是埋怨老板对他的能力和成果视而不见的人，一个开口闭口总是老板太吝啬的人，一个认为自己付出再多也得不到相应回报的人……这样的人只会逐渐将自己困在装着工资的信封里，永远不会知道自己真正需要的是什么。

不要担心自己的努力会被忽视。要相信大多数的老板之所以能当上老板，一定有超出常人的地方，通常来说，他们最不缺的或许就是明智和判断力。为了最大限度地实现公司的利润，他们无疑很愿意尽力按照工作业绩和努力程度来晋升积极进取的员工，他们无一不喜欢那些在工作中能尽职尽责、坚持不懈的人，更重要的是他们的公司需要这样的人。

纵使我们的老板并不是一个有判断力和明智的人，很少能注意到我们所付出的努力，也从来不给予我们相应的回报，那也不用懊丧，我们可以换一个角度来想：现在的努力并不是为了现在的回报，我们可以在工作中学到更多。我们投身于现在的工作自然多半是为了现在的生活，但人生并不只有现在，我们还有更为长远的未来。

年轻人对于薪水常常缺乏更深入的认识和理解，这是很正常的，因为薪水毕竟在一定程度上代表着你目前工作的回报。但也只是一种回报而已，并不能代表你的全部价值。因此，刚刚踏入社会的年轻人更应该珍惜工作本身带给自己的益处。要知道，老板可以控制你的工资，他却无法遮住你的眼睛、捂上你的耳朵，阻止你去思考、去学习。换句话说，他无法阻止你为将来所做的努力，也无法剥夺你因此而得到的回报。要知道，越是艰难的任务越能锻炼你的意志，越是具有开拓性的工作越能拓展你的才能，越是恶劣的工作环境越能培养你的人格，越是细小的琐事越能显出你的品质。

我们从校园走出来，踏上社会、参加工作，公司和单位便是我们成长过程中的另一所学校，它丰富了我们的经验，锻炼了我们的技能，增长了我们的智慧。与这些相比，我们每个月从公司领到的薪水算得了什么呢？

公司支付给你的是金钱，工作赋予你的却是可以令你终身受益的能力。能力显然比金钱重要万倍，因为它不会遗失也不会被偷。许多成功人士的一生跌宕起伏，有攀上顶峰的兴奋，也有坠落谷底的失意，但最终仍能重返事业的巅峰，创造人生一个又一个新的高度。原因何在？因为有一种东西永远伴随着他们，那就是能力。他们所拥有的能力，无论是创造能力、决策能力还是敏锐的洞察力，并不是一开始就拥有的，更不是一蹴而就的，而是在长期工作中积累和学习得到的。

我们虽不能左右老板的思维，但可以让自己按照最佳的方式行事；我们虽不能要求老板明察秋毫，但可以让自己去认真工作；我们虽不能让老板对我们负责，但可以在工作中自己对负责。

薪水只是工作的一种回报方式，它不能完全体现你目前工作的价值。如果你想为了薪水而工作，那也应该是为了将来的薪水而工作。如果只顾眼前，盯着每个月的工资干活，你或许可以轻易领到眼前那点儿薪水，然而它不仅不能使你在工作中得到很好的锻炼，而且最终会毁了你的未来。

追求尽善尽美的态度

很久以前，一位富翁要出门远行，临行前他把他的三个仆人叫到一起，并把财产委托他们保管。依据这三个仆人以往的能力表现，他给了第一个仆人10两银子，给了第二个仆人5两银子，给了第三个仆人2两银子。

拿到10两银子的第一个仆人把富翁给他的10两银子用于经商，最终赚到了10两银子；拿到5两银子的第二个仆人把富翁给他的5两银子用于投资，最终赚到了5两银子；拿到2两银子的第三个仆人却把富翁给他的2两银子埋在了土里，最终这2两银子始终是2两银子。

过去了很长一段时间，富翁回来了，他与这三个仆人开始结算。拿到10两银子的第一个仆人带着本钱和另外赚到的10两银子来见富翁。主人看了说道："做得非常好！你是一个很有想法且充满自信的人，我会让你掌管更多的事情。现在就去享受你的奖赏吧。"

接着，拿到5两银子的第二个仆人带着他的本钱和赚到的5两银子来见富翁。主人看了说道："做得非常好！你是一个很有想法且充满自信的人，我会让你掌管更多的事情。现在就去享受你的奖赏吧。"

最后，拿到2两银子的第三个仆人拿着那始终未变的2两银子来见富翁，并且说道："我亲爱的主人，我知道您是一个把金钱看得很重的人。拿着仅有的本钱去投资，就像收获没有播种的土地，收割没有撒种的庄稼，我很害怕。于是把您给我的2两银子埋在了地下，这样的话就不会有什么损失。"富翁回答道："你是个没有自信而且懒惰的人。你既然知道我看重金钱，想收获没有播种的土地，收割没有撒种的庄稼，那么你至少就应该把钱存到银行里，以便我回来时能拿到我的那份利息。我会把它给帮我赚到银子的人，我要给那些已经拥有很多的人，使他们变得更加富有；对于那些没有给我带来什么收益的人，我甚至会剥夺他已经拥有的。"

第三个仆人原以为自己会得到富翁的赞赏，因为他保住了富翁给他的那2两银子。在他看来，虽然没有使金钱增值，但也没有使金钱减少，他中规中矩地完成了富翁交代的任务。然而他的主人却不这么认为。他不想让自己的仆人顺其自然，而是希望他们能主动些，变得更加优秀。

不要满足于“还可以”的工作表现，要做就要做到最好，要做就要自动自发，这样你才能成为不可或缺的人物。虽然任何事情都不可能十全十美，但是在我们不断增强自己的力量、不断提升自己的时候，我们对自己要求的标准会越来越高。这就是超越平庸，勇于进取的精神。

对于大多数人来说，随波逐流就是平庸。平庸是最容易选择的路。为什么在我们可以选择更好时我们总是选择平庸呢？如果你可以在一年之中有一天超乎寻常，那为什么不能让这365天都超乎寻常呢？为什么我们只能做别人正在做的事情？为什么我们不可以超越平庸战胜自我呢？

如果一个运动员随波逐流的话，那么他也不会赢得奥林匹克竞赛，能摘取金牌的运动员必须超越所有的同项目参赛人员。

不要总认为别人对你的期望值比你对自己的期望值高。如果有人在你所做的工作中挑出毛病，那么你就是不完美的，你不需要去找借口。承认你的确存在一定的问题，并承诺自己可以做得更好。千万不要极力地为自己辩解，所谓的捍卫自己的尊严。当我们可以选择可以做得更好时，又何必偏偏选择平庸呢？我讨厌有人说自己天性如此，要求不太高，没有别人那么强的上进心。

超越平庸，你可以做得更好。这是一句值得我们每个人一生追求的格言。有无数人因为养成了轻视工作、马马虎虎的习惯，以及对手头工作敷衍了事的态度，终致一生处于社会底层，碌碌无为度过一生。

在某大型机构一座标志性的建筑物上，有句很让人感动的格言：“我们这里，一切都追求尽善尽美。”“追求尽善尽美”是值得我们每一个人深思的一句话，如果每个人都能牢记这一句话、实践这一句话，无论做任何事情都会竭尽全力，以求得尽善尽美的结果，那么你的福利不知要好多少倍。

打开历史的画卷，你会发现，充满着由于疏忽、敷衍、畏难、偷懒、轻率而造成的可怕惨剧。不久前，在宾夕法尼亚的奥斯汀镇，因为筑堤工程没有照着设计去筑石基，结果堤岸建成之后全线溃决，全镇都被淹没了，无数人死于这场事故。像这种因工作疏忽而引起的悲剧很多很多，在我们这片辽阔的土地上什么事情都有可能发生。任何地方，都有人犯疏忽、敷衍、偷懒的错误。如果每个人都能凭着良心做事，不怕多一些困难，不会半途而废，那么非但可以减少不少的悲剧，而且会做得更好。

养成了敷衍了事的恶习之后，做起事来往往就会偷奸耍滑。这样，人们最终必定会轻视他的工作，从而轻视他的人品。平庸的工作，就会造成平庸的生活。工作是生活的一部分，做着平庸的工作，不但使工作的效能降低，而且还会使人丧失做事的才能，所以平庸的工作实在是摧毁理想、堕落生活、阻碍前进的大敌。

要想在公司中大有作为，就要在做事的时候抱着非做成不可的决心，抱着追求尽善尽美的态度。世界上那些为人类创立新理想、新标准，扛着进步的大旗为人类造福的人，都是具有这样素质的人。无论做什么事，如果只是以做到"还可以"为满意度或是半途而废，那就不可能取得真正的成功。

有人说过："轻率和疏忽所造成的祸患不相上下。"许多年轻人之所以失败，就是败在了做事轻率这一点上。做事轻率的人对自己所做的工作不可能做到尽善尽美。

大部分年轻人好像不知道职位的晋升是建立在忠实履行日常工作职责的基础上的。只有尽职尽责地做好目前所做的工作，才能渐渐地获得他人的认可，得到晋升的机会。

许多人在寻找自我发展的机会时常常会有这样的疑问："做这种平凡乏味的工作，能有什么希望呢？"其实，在极其平凡的岗位上、极其低微的位置上，往往蕴藏着巨大的机会。只要把自己的工作做得比别人更完美、更迅速、更专注，调动自己全部的智慧把小事做好，甚至做得很精彩，这样才能引起别人的注意，让自己的闪光点发出光芒，实现心中的愿望。

每当做完一项工作以后，你应该这样说："我愿意做那份工作，我已竭尽全力、尽我所能去做了。比起赞誉，我更愿意听取他人的批评。"

成功者和失败者的分水岭在于：成功者无论做什么都力求尽善尽美，丝毫不会放松，失败者无论做什么都敷衍了事，马马虎虎；成功者无论做什么职业都不会轻率、疏忽，失败者做什么都习惯于轻率、疏忽。

在如今的社会，你工作的质量决定你生活的质量。在工作中你应该严格要求自己，要做就做到最好，不允许自己只做到"还可以"；不要半途而废，能完成百分之百就不能只完成百分之九十九。不论工资是高还是低，你都应该保持这种良好的工作习惯。每个人都应该把自己看成是一名杰出的艺术家，而不是一个平庸的工匠，带着不变的热情和信心对待你的工作和公司吧。

干一行，成一行

一个人可能由于能力、经验、生活条件等方面的原因正从事着自己内心不太愿意干的工作，这是现实生活中经常遇见的事情。

不论什么原因，你既然从事了眼前的这一职业、选择了企业的这一岗位，就必须接受它，以高度的事业心投身其中，尽最大的努力实现工作卓越和自我超越。

一位企业老总说过："作为员工，你应该做好自己的本职工作。你选择了哪一行就干好哪一行。浑浑噩噩、得过且过，工作挑肥拣瘦、拈轻怕重，大事干不了、小事不愿干，干一点事就生怕别人不知道，做事张扬，这种人在哪里都不受欢迎。"

身为员工，只要你手头有工作，就要以正确的态度去对待它。即使你自命不凡，心中梦想的是更加美好的职业，但是对于手中的工作也一定要以欢快和乐意的态度接受，以虔诚和认真的姿态完成，不是"爱一行，干一行"，而是"干一行，成一行"。

干一行、爱一行，这是当今的职场人需要具备的最起码的意识。只有具备了这种意识，你才会不断地激励自己。从成为公司一员的那天起，你就该树立起在公司内有所作为的思想。这样，你才能脚踏实地，埋头苦干，一丝不苟地做好本职工作，创造一流的工作业绩。

就社会大环境而言，随着改革的不断深入和竞争的日趋激烈，想找到一份自己满意的工作已经是难上加难，甚至可以说能找到一份工作就已经是很幸运了；另外，人是具有很强可塑性的，无论什么工作，只要用心去做，总是可以发现其中的乐趣的。只有这样去做，才能比原来想象的干得更好。你会发现，当你干好一项工作以后，机会会频频向你招手的。

美国人权领袖马丁·路德·金说：在有生之年，我们都要面临挑战，不倦工作，以期取得卓越业绩。并非所有的人都能学有专长，至于艺术和科学的天才更是少之又少。大多数人还是会在农村、城市默默工作，然而，任何工作都有其意义。所有于人类有所促进的工作都有其尊严和价值，应该努力不倦地把它做好。如果你是清扫工人，那就像米开朗琪罗绘画那样，像贝多芬作曲那样，或者像莎士比亚写诗那样来扫你的地吧！你的出色工作会使天国的神和人们共同停下来赞美：看这个扫地人，他的工作做得多么好，他真是了不起。

你不必否定自己的存在价值。如果细心观察，就会发现我们周围有许多表现出色的职场人也会有陷入坏心情的时候，原因可能就是自我要求太高，过于追求完美，总觉得没有成就感，反而造成压力。此时不妨稍微把标准降低，尝试多给自己一些鼓励与掌声，只要达到了某个阶段的具体目标就让自己休息一下，或是买礼物送给自己作为犒赏。借此缓减速压力，建立自信。

另一方面，不光要干一行、爱一行，更要成一行。成一行是说要干就要干出名堂。俗话说："365行，行行出状元。"既然工作就要力争上游、精益求精，没有最好，只有更好。能够成为行业魁首的人，一般来说工作的最终结果都会朝向自己的意愿。这些人不但拥有自信，还会适当地给自己施加压力。为什么要给自己施加压力呢？下面这个寓言故事或许会对你有所启发。

挪威渔民出海捕鱼，如果抵港时鱼仍活着，卖价要比死鱼高出许多倍。因此渔民们千方百计想让鱼活着返港，但种种努力都失败了。只有一艘渔船却总能带着活鱼回到港内，收入丰厚，但原因一直未明。直到这艘船的船长死后，人们才揭开了这个谜。原来这艘船捕了沙丁鱼后，每次都要在槽里放一条大鲶鱼。放鲶鱼有什么用呢？原来鲶鱼进入鱼槽后由于环境陌生，自然四处游动，到处挑起摩擦。而大量沙丁鱼发现多了一个"异己分子"，自然也会紧张起来加速游动。这样一来，就一条条活蹦乱跳地回到了渔港。

同样，在工作中也如此。要想成长，就要不断地给自己施加压力，这种压力当然是适当的压力，压力过度也会适得其反。在职场中，一旦你选定从事某种职业就要立即打起精神，不断勉励自己、训练自己、控制自己。在你的工作中要保持坚定的意志、凝重的警畏，不断地向前迈进。

500 强工作法：点燃工作的激情

那种在工作时激情四射的状态，几乎每个人在职场上都经历过。

可是，这份激情来自对工作的新鲜感，以及对工作中不可预见问题的征服感，一旦新鲜感消失、工作驾轻就熟了，激情也随之湮灭。一切开始平平淡淡，昔日充满创意的想法消失了，每天的工作只是应付完了即可。他们在老板眼中也由前途无量的员工变成了比较称职的员工。

有时，压力也是人们失去工作激情的原因之一。职场人士承担着巨大的有形或者无形的压力，同事之间的竞争、工作方面的要求以及一些日常生活的琐事，无时无刻不在禁锢着我们的心灵。在种种压力的禁锢之下，无精打采、垂头丧气和漠不关心扼杀了我们对事业的激情。从热爱工作到应付工作再到逃避工作，我们的职业生涯遭到了毁灭性的打击。

但是，如果你周一早上和周五早上一样精神振奋；如果你和同事、朋友之间相处融洽；如果你对个人收入比较满意；如果你敬佩上司和理解公司的企业文化；如果你对公司的产品和服务引以为豪；如果你觉得工作比较稳定，只要对以上任何一个问题你的回答中有一个“是”字，我就要告诉你：“你‘可以’帮助恢复工作激情。”

美国著名激励大师博恩·崔西针对如何恢复工作激情，提出过以下建议：

1. 改正兴趣决定激情的看法

诚然，兴趣的确很重要，但还是让这样的观点见鬼去吧！兴趣可以培养。你可能因为兴趣而选择了某一种职业，但是做久了你会发现，支持你充满激情做下去的不再只是初始的兴趣，更多的是一种责任，一种因为熟悉而产生的眷恋，一种因为取得了成绩而坚持下去的信心。这个时候，兴趣已经转化为一种更加深厚的情绪了。

2. 把工作当作一项事业

如果你把工作当作一件差事，或者只把目光停留在工作本身，那么即使是从事你最喜欢的工作，你仍然无法持久地保持对工作的激情。但如果你把工作当作一项事业来看待，情况就会完全不同了。

有一句话是："今天的成就是昨天的积累，明天的成功则有赖于今天的努力。"把工作和自己的职业生涯联系起来，为对自己未来的事业负责，你会容忍工作中的压力和单调，觉得自己所从事的是一份有价值、有意义的工作，并且从中感受到使命感和成就感。

3. 树立新目标

保持长久激情的秘诀，就是给自己不断树立新的目标，挖掘新鲜感。把曾经的梦想拣起来，找机会实现它；审视自己的工作，看看有哪些事情一直拖着没有处理，然后把它做完……在你解决了一个又一个问题之后，自然就产生一些小小的成就感，这种新鲜的感觉就是让激情每天都陪伴自己的最佳良药。

4. 切勿自满

在工作中，最需要注意的是自满情绪。自满的人不会想方设法前进，对工作就会丧失激情。如果你满足于已经取得的工作成绩，忽略了开创未来的重要性，那么现在这个阶段的工作自然会丧失其吸引力。当你把过去的成绩当作激励自己更上一层楼的动力，试图超越以往的表现，激情就会重新燃烧起来。

有一句谚语说："湿火柴点不着火。"当你觉得工作乏味、无趣时，有时不是因为工作本身出了问题，而是因为你的易燃点不够低。点燃你心中的热情，从工作中发现乐趣和惊喜，在工作的激情中创造属于自己的奇迹吧！

第19章

团队精神：不会合作，你就自己干到死

【关于团队】1. 团队都是为了某件事而存在的，所以执行力最重要，没有执行力的团队就失去了存在的意义；2. 团队中每个成员都是齿轮，那个肯成为链条的人便显得尤为关键，不逞个人之能，带着所有齿轮转动；3. 团队运行中内耗越小效率就会越高，降低内耗是团队管理的第一要务。

硅谷老板为何先解雇中国人

2016年8月21日，中国女排在巴西奥运会勇夺冠军，主教练郎平赛后接受了新华社记者采访。记者问她："您觉得作为球员和教练，您能有今天这样一个成绩，最重要的特质是什么？大家有的说是女排精神，有的说是对排球的执着等，您觉得最重要的是什么？"

郎平回答："我觉得也是比较有运气，像我这样一个女性还能在世界上很多地方执教，包括美国队，我觉得其实是挺幸运的。我的团队都特别好，因为（女排）毕竟是集体项目，你的团队包括你的上司，都是遇到了特别好的人，包括这次女排拿冠军是我们整个团队的力量。另外，我们这些助理教练都特别能干。"

一位在美国IT业工作过多年的知名人士说："一个中国人是一条龙，三个中国人就成了虫。"

他发现了一个奇怪的现象：如果老板要想解雇一个亚洲人，在一个中国人和一个日本人之间做选择，那么，被解雇的一定是那个中国人。为什么呢？因为中国IT业的精英们个个都自信有余而和气不足。

同样是亚洲人，在美国人眼里，日本人做软件的一个最大特点就是整体把握得非常到位，他们的作品特别清晰，满足了客户提出的所有要求，实现了全部功能，而且软件运行也非常稳定。但是，如果只看具体的代码，日本人的水平并不怎么高。

但是，我们中国的软件工程师总是喜欢独自琢磨数据、结构、算法，各干各的。我们对某些特定的开发工具可能非常精通，但不能保证整个软件被稳定、完整地开发出来。我们做事情不注重对问题本身进行分析，而往往侧重显示个人的技术。

这位IT行业知名人士又举例说：在招聘的时候，中国应聘者和日本应聘者做同一张试卷。当招聘方审阅试卷的时候，会发现日本人做的编程答案好像是有统一的答案，程序结构、注释、变量命名……就连表达方式都非常相似。而中国应聘者，每个人都有自己的一套解题方法。等到他们真正到了新的工作岗位上时，就会先把前任的程序数落一通，然后自己再开发有更多问题的代码来代替。他们总认为别人做得太差，自己应该再重新做一套，并且自认为自己的非常有创新性。

社会发展到今天，早已经不是靠比拼逞英雄的时候了。在美国，程序员已经被认为是办公室的蓝领了。

在美国或一些其他国家，有许多公司的经理根本就不懂技术。他们虽然不懂得软件技术，但是，他们知道怎样去领导程序员去做好这份工作，并且没有内部不团结的情况。

而中国企业中这种现象很少存在，领导者往往是业界精英，即便不是精英，最起码也是要懂得每项工作的内容，是个通才。

否则，领导者就很难让属下信服。如果属下不信服领导，那么下属就会跟他搞鬼，或者偷工减料，或者口是心非，能推的责任尽量推，能揽到的好处从来不推辞。

或者在企业内部搞鬼，使企业不团结。甚至有许多技术高手常常会纠结于同管理层作对，忘了自己工作的目标是要实现自己的梦想或者给自己创造财富。

团队成员在内部不是合作共同进步，而是相互拆台，唯恐哪个比自己升得快，比自己表现得出色。还有些人不愿意跟别人合作，总是防着别人从这里学到什么有用的东西。

例如，中国成立的合伙公司常常是刚有点气色，内部就开始争权夺利，闹分家。给老板打工，刚熟悉点业务就要自立门户。这些都是典型的“三人成虫”现象。但是，独木难成林，靠一个人是无法撑起一个团队的，必须有团队精神，大家一起努力才行。否则相互拆台，只能是给自己设置一道道通往成功的障碍，并且独撑一片天是不能长久的。

在生物界，聪明的海豚就是靠团队的力量来捕食的！当一只海豚发现鱼群的时候，它会发出一种声音，把附近的海豚全部叫过来，围成很大的一个圈，紧紧包围住鱼群。所有的海豚全部发出一种声音，鱼群听到后便会惊慌失措、横冲直撞，但这时所有的海豚并不急着吃鱼，而是再次发出这种声音，让鱼群更加惊慌。

这时，鱼群会聚集成很紧密的一团，然后有一只海豚冲入鱼群，张开嘴满满吃了一口后又迅速退回包围圈外，紧接着另一只海豚采取同样的动作上前进食，直到将鱼群全部吃完。

海豚在海洋里很强大，但是，如果海豚不协作，而是一只海豚追逐一条鱼，可能既辛苦又吃不饱。聪明的海豚依靠相互配合、团队作战，结果不费多少力气，每一只海豚都能饱餐一顿，这样每只海豚都成为了胜利者。

逞个人英雄使自己迈向成功的道路更加艰难，为了自己利益而舍弃团队的利益，这样的行为是绝对不可取的。

把团伙改造成高效团队

中国文字表示的“团队”，是指有“口”“才”和“耳”的一群“人”组成的组织，而只讲不听、只讲不做、不听不做的一群人构成的只是团伙。

德国科学家瑞格尔曼做了一个拉绳实验：

参与测试者被分成了4个组，每组人数分别为1人、2人、3人和8人。瑞格尔曼要求各组用尽全力拉绳，同时用灵敏的测力器分别测量拉力。测量的结果有些出乎人们的意料：2人组的拉力只为单独拉绳时2人拉力总和的95%；3人组的拉力只是单独拉绳时3人拉力总和的85%；而8人组的拉力则降到单独拉绳时8人拉力总和的49%。

这说明，人在一起不一定能发挥出个人最大的潜力。而要改变这种情况，就必须把团伙变成团队。

研究一些高效团队后发现他们都具有以下特征：

第一，他们有清晰的目标。他们都很清楚自己做事的目标，并坚信这一目标包含着重大的意义和价值。在有效的团队中，成员愿意清楚地知道希望做什么工作，以及他们怎样共同工作才能最终完成任务。

如果你只是提出一个建议——“我有一个好主意，咱们来创建一个公司吧……但是具体做什么，这我还没有想清楚，不过我认为这一定是个好主意”。那就让人感觉不到其中的任何意义，让人摸不着头脑，更不知道该怎样行动。

设想一下，如果还没有确定公司经营的目标，那么谁会为一个前途渺茫的事情去浪费时间呢？可是有些时候，一些经理人就是仅仅因为相信“这是个好主意”而组建团队。然而，最终往往使“好主意”变成“坏主意”。

第二，他们有相关的技能。一个高效的团队多是由一群有能力的成员组成的。实现目标所必需的技术和能力是团队成功的基础，在此基础上如果能够良好合作，那么出色完成任务的可能性就很大。

高效团队通常离不开有三种技能的人：一个人出主意，有一个人订计划，有一个人实施。

有一个成语叫“狼狈为奸”。狼善奔袭，狈善计谋；狼依靠狈的头脑，狈依靠狼的体能。二者合力，干起坏事来无往不胜。所以，这个成语本意是个十足的贬义词。但是，华为公司创始人任正非却给这个词赋予了新的解读，他所倡导的团队理念之一就是“狼狈文化”，他要求华为内部要形成“狼狈组合”，既要有富有进攻性的狼，又要有精于算计的狈，真正实现前线市场员工的“狼性”和后方支援员工的“狈性”之间的互补。正是这种紧密团结、高度协作的团队理念，使得华为的团队在市场上独树一帜，实力强悍，他们从签合同到实际供货只需要短短四天时间，这种极高的效率不仅让竞争对手心寒，也让客户惊叹。

第三，他们相互信任。成员间相互信任是高效团队的显著特征，每个成员对其他人的品格和能力都确信不疑。信任的直接好处是降低内耗，减少为了防备而产生的监督和控制成本。但是信任这种东西是最脆弱的，需要长时间培养但又很容易被破坏。信任交换信任，不信任换来的也是不信任。组织文化和管理层的行为，对形成相互信任的群体氛围很有影响。如果组织崇尚开放、诚实、协作的办事原则，同时鼓励员工的参与和自主性，它就比较容易形成信任的环境。

第四，他们有一致的承诺。高效的团队成员对团队具有高度的忠诚和承诺，他们甘于奉献。为了能使团队获得成功，他们甘愿做任何事情，愿意为实现这一目标而调动和发挥自己的最大潜能。他们把自己属于该群体的身分看作是自我的一个重要方面。

第五，他们有良好的沟通。这是高效团队一个必不可少的特点。群体成员拥有畅通的信息交流渠道，有利于信息资源的充分利用，有助于提高工作效率。管理层和团队成员之间的顺畅沟通，有利于消除误解。使团队成员能迅速而准确地了解管理层的想法。

如果领导1人，需要沟通的关系数为1，增到5人时团队内部需要沟通的关系数就猛增到15。一些团队的忙乱，正是把许多本可用于工作的时间和精力用到了传递、澄清各种信息、平衡、协调各种人际矛盾与纵横交错的关系上。因此，作为团队领导，既其要尽可能减少冗员，又要通过有效沟通来提高效率，做到反应迅速、指挥灵便。

第六，他们有优秀的领导。优秀的领导者不一定非得指示或控制团队，高效团队的领导者往往担任着教练和后盾的角色，他们对团队提供指导和支持，但并不试图去控制它。有效的领导者能够明确地给成员指出团队的前途和命运，鼓舞成员的信心，让团队跟随自己共渡难关。

管理学家斯蒂芬·罗宾斯根据团队存在的目的、拥有自主权的大小，把团队分为3种类型：

第一种是多功能型团队。这样的团队是由一个组织中同一等级、不同工作领域的员工组成，他们来到一起的目的是完成一项任务。这种团队的领导，重点在于在确定任务之后，能够根据团队成员的专长进行分配工作，并协调他们之间的冲突和人际关系。

第二种是问题解决型团队。侧重点主要是解决问题，团队成员通过调查研究，集思广益，清理组织中存在的问题，为改进组织工作效率等发展问题献言献策。这种团队领导的重点在于营造一个广开言路的工作环境，让团队成员能够按照时间要求在预算范围内解决某一问题。

第三种是自我管理型团队。例如，美国通用汽车公司有一个附属公司——萨杜恩公司，每个雇员都至少属于一个团队，每个团队由5~15名工人组成。生产流程中，自我管理式团队的领导可以对训练、雇用、预算以及作息安排等问题进行决断。

第七，他们所获得内部支持和外部支持。高效团队的最后一个必需条件就是它的支持环境。从内部条件来讲，团队应该有一个合理的基础结构，包括适当的培训、一套用以评估员工总体绩效的测量系统和一个起支持作用的人力资源系统。恰当的基础结构应能支持并强化成员行为以取得高绩效水平；从外部条件来看，管理层应给团队提供完成工作所必需的各种资源。

团队的力量最强大

一次，联想运动队和惠普运动队进行了一次攀岩比赛。惠普队不断地鼓励大家的士气，强调团队成员要齐心协力、注意安全，共同完成任务。联想队则在一旁，没有做太多的士气鼓动，而是一直在一旁不断地商量着什么。比赛开始了，惠普队在全过程中遇到了几处险情，尽管大家齐心协力排除险情，完成了任务，但因为时间拉得太长，最后他们还是输给了联想队。

那么，联想队是怎么赢得这场比赛的呢？原来，他们在比赛前分析着队员各自的特点，把每个队员的优势和劣势进行了精心组合：第一个是动作机灵的小个子队员，第二个是一位高个子队员，胆小的女士和身体庞大的队员放在中间，殿后的队员都是具有独立攀岩实力的队员。经过这样的组合，他们轻松地通过，几乎没有险情地迅速完成了任务。

联想团队最终能够赢得比赛，就是能够让团队成员在才能上互补，每个成员都能充分发挥自己的个性和特长，让整个团队产生协同效应，提高了完成比赛的质量和速度。

狼是最懂得团队重要性的，它们每次狩猎成功都是团结合作的结果。当它们选定目标较大的动物时，它们会几只共同围着一个猎物死死不放过，前面的狼被猎物摔倒了，另一只狼紧追上去继续撕咬猎物，就这样直到猎物精疲力竭倒在地上，而狼群通过合作获得了一顿大餐。

正是因为狼群懂得合作，所以它们能捕捉到比自己大很多倍的动物。而如果是一只狼去捕捉，则绝大多数情况都是以失败而告终。

就人类本身的生理能量与其他许多动物比较，是非常弱势的。在大地上，人凶猛不过狮子、老虎，跑不过马和鹿，力气更比不过大象等动物；在天空中，人飞不过鹰和各种鸟；在水里，人游不过所有的鱼类。但是，几千年来，人类成为了地球的主人，为什么？就是因为人类用智慧凝聚了团队的力量来掌控世界。

百度贴吧里有网友在上面分享了这样一个故事：

我同学的妹妹参加麦肯锡公司的招聘。她的履历和表现都非常的出色，一路过关斩将，轻而易举地就冲到了最后一关。最后一关的题目是以小组形式集体面试。每当主考官提出问题后，这个女生总是抢先他人滔滔不绝地回答一番，伶牙俐齿且气势咄咄逼人，根本不给小组其他成员一点发言的机会。考试结束后，她自信满满地走出考场，心想录取人员非我莫属了。然而，几天后招聘结果出来了，她落选了。这让她感到非常意外，她不知道自己到底犯了什么错误。

后来我同学从该公司的人力资源部的人员口中得知，面试小组认为尽管这个女生各方面能力都很突出，但是在最后一轮面试中，很明显可以看出她缺乏团队精神，这样的人在公司中工作对公司的长远发展没有好处。

团队精神是如此重要，以至于一个才华卓越的应聘者缺乏它而遭到淘汰。这是因为，即使你能力再强，但对优秀的团队力量来说也是微不足道，仅仅依靠个人的力量是难以成就大事的。

项羽在推翻秦王朝的战争中起了非常关键的作用，属于实力派人物，其势力远远超出刘邦，而且他“力拔山兮气盖世”。若论单打独斗，别说他能以一当十，就是以一当百也不为过；在与刘邦争夺天下的过程中，一开始，只要他亲临战斗，则每战必克，刘邦则临战必败。结果却是刘邦势力越来越大，而他的势力越来越小，最终落得个被围垓下、自刎乌江的结局。

再看刘邦，不仅本领不如张良、萧何、韩信这“兴汉三杰”，而且还“好酒及色”。早在当亭长时，“廷中吏无所不狎侮”，简直就是地痞流氓。但在与项羽的战争中，却最终打败项羽夺得天下，胜利还乡，高唱《大风歌》。为什么？刘邦在建国后的一次庆功会上曾向群臣解释说：“夫运筹策帷账之中，决胜千里之外，吾不如子房（张良）；镇国家，抚百姓，给馈饷，不绝粮道，吾不如萧何；连百万之众，战必胜，攻必取，吾不如韩信。此三者，皆人杰也，吾能用之，此吾所以取天下者也。项羽有一范增而不能用，此所以为吾擒也。”

虽然刘邦把胜利的原因归结为他能识人用人，而项羽不能识人用人，但从团队的角度看，刘邦的胜利其实也是团队的胜利。刘邦建立了一个人才各得其所、才能适得其用的团队；项羽则仅靠匹夫之勇，没有建立起一个人才得其所用的团队，所以失败是情理之中的事。

赶走破坏团队的“野狗”

马云把团队成员分成三种类型：

第一类是在阿里巴巴公司的平时考核中，业绩很好但价值观很差的。他们每年销售额特别高，但根本不讲究团队精神，不讲究质量服务，这一类人属于“野狗”，留在团队中会造成极大的伤害，必须赶走。

第二类是那些价值观很好，为人热情、善良、友好，但业绩永远好不起来的，被称之为小白兔。这一类也要离开，毕竟公司不是救济中心。不过，“小白兔”在离开公司三个月后还有机会再进阿里巴巴，只要他能把业绩搞上去，而“野狗”就没有这个机会了。

第三类是阿里巴巴最需要的人才，即业绩好、价值观同样好的猎犬型人才。在阿里巴巴，“猎犬”是最受欢迎的，不仅会得到公司重用，在被“确诊”为货真价实的猎犬进入管理层的“法眼”后，还有机会接受最好的培训，成为公司的好苗子。

马云严厉对待团队中的“野狗”，同时为此制定了严格的员工守则。他说：“善待犯错误的人是对的，但是绝不允许那些‘野狗’破坏团队，损害公司利益，对这些人绝对不容忍。所以在具体规章制度方面，阿里巴巴有许多硬性规定：不能作假、不能作弊、不能欺骗客户、不能夸大服务，不能给客户回扣，不能为客户垫款。”

为什么要赶走“野狗”？“野狗”的业绩非常好，但不讲团队精神，不讲质量服务，这些人短期来看很有用，但是长期来看会对团队造成严重伤害。

公司中业绩好、价值观也好的人被马云称为猎犬型人才。那么，具体什么样的人才是“猎犬”呢？对于马云来说，猎犬型人才需要具备如下几个条件：

（1）诚信和热情是员工最基本也是首要的素质。这种品质之所以重要，是因为它对一个人来说有就是有，没有就是没有，而没有是很难培养的。

（2）员工要乐观上进，健康积极，有朝气，对互联网行业充满兴趣与激情，渴望成功。

（3）员工要有适应变化的能力，具备较好的专业素养和职业修养，善于沟通协作。

（4）员工要富有学习的能力和好学的精神。

马云对于阿里巴巴的“猎犬”设置了很严格的招聘程序。马云认为，对于进入公司的人才阿里巴巴要对他们负责，如果简单地招进来、不满意就解聘，那给这些人带来的不仅是经济成本损失，还有机会成本损失。

阿里巴巴把招聘猎犬的流程分为四步：第一步是海选简历，这是为应聘的人才设立的一个门槛——填写简历后必须进行一个快速测试，只有通过者才能有效提交简历；第二步是校园宣讲，但因为这些投简历者没有经过快速测试，因此录取比例比较低；第三步是笔试；第四步，由业务主管、人力资源部门和事业部总经理对通过海选和笔试的人员进行面试。

只有通过这四道程序的人，才能最终加入阿里巴巴团队。

金庸曾给马云题过一幅字：“善用人才为大领袖要旨，此刘邦刘备之所以创大业也。愿马云兄常勉之。”马云将它挂在办公室，作为对自己的一种提醒。

马云重视用人并坚持务实原则，讲究实用主义。对于能力强又缺乏配合精神的人，无论其业绩多好都要坚决清除；业绩差的自然会被逐渐淘汰，只有可塑造、肯上进的普通人，才是阿里巴巴需要的人才。

在用人上，马云有自己的判断、自己的标准，但前提都是对企业负责、为公司未来发展考虑。如果你不是他需要的人才，他就一定不会选择你，而一旦选择了你就会不遗余力地培养你。对于雇用的人才，阿里巴巴采取的是“请进来、送出去”原则。“送出去”就是与一些MBA学校和培训班建立合作关系，把员工送出去学习。2004年9月10日，阿里巴巴成立了自己的“阿里学院”，这样做的目的就是要让每一个人才在阿里巴巴实现增值！当然，阿里巴巴同时也得到增值！

集体奋斗是团队精神的内核

任正非在华为内部说过一段话：“华为公司是一个以高技术为起点，着眼于大市场、大系统、大结构的高科技企业。以它的历史使命，它需要所有的员工必须坚持合作，走集体奋斗的道路。没有这一种平台，你的聪明才智是很难发挥并有所成就的。因此，没有责任心、不善于合作、不能集体奋斗的人，等于丧失了在华为进步的机会。那样您会空耗了宝贵的光阴，还不如在试用期中重新决定您的选择。”这段话是说给新员工听的，意在在新员工入职的第一天，就将集体奋斗的意识灌输到他们的思维中。

事实上，企业为我们提供了很多有利的资源与平台，我们也应该配合企业，理解企业的营销战略、发展愿景和企业文化。我们只有把个人牢牢地“绑”在公司这条大船上，才能与之共进退。员工一定要有这样的意识，自己不是一个人在单枪匹马地战斗，你的身边还有你的同事、领导，还有团队。在有难题时、在受挫折时、在自己看不清方向迷茫时，不要一个人埋头去苦思苦想，要多与身边的人沟通、求教，必要的时候求助于人。一个团队群策群力、同进同退的力量，要比一个人的战斗力强大很多。

刘畅是联想集团生产部门的一名作业员，她的主要工作是负责将翻倒的零件捡起来以确保生产线不会阻塞。这个工作有点像交通警察，不同的是她得整天盯着生产线看。这原本是非常枯燥乏味的工作，但是当她认识到企业为自己创造了良好的平台，而自己是杰出团队的一分子以后，她的工作态度有了极大的转变。

她说：“以前我总是很骄傲地说我是在联想公司工作。当然了，当别人问到我具体负责什么工作时，我就开始转变话题，因为对我来说，要告诉别人我是生产线作业员很难为情。现在情况完全不一样了，当有人问起同样的问题时，我会说我是团队的一分子，而我们的责任就是以最合理的成本为全世界的用户制造出品质最好的产品。”

刘畅所从事的工作其实很普通，但就是这么普通的一个岗位，一样给大家创造了就业的机会、结交朋友的机会、实现自我的机会。心怀感恩的人不会计较这些小的得失，而是满怀激情与喜悦地投入工作中，骄傲地告诉自己“我是企业这个团队的一分子”，同时悄悄地提醒自己：“我应该为企业做点什么呢？”

现代企业不可能单打独斗，企业发展靠的是团队合作。在职场中，只有互惠互利，合作才能共赢。进入企业，如果想在工作中取得一定成就，就要学会尽快融入集体，接受和认同企业的价值观念，做一个善于合作的人，让自己被团队所认可和接纳，在集体中找到自己的角色和职责。

支撑华为走到今天的就是数万华为人无私奉献，拧成一股绳的信念与行动。任正非曾经说过这样一段话：“求助没有什么不光彩的，做不好事才不光彩。积极主动、有效地进行求助，是调动资源、利用资源、实现目标的动力。积极、有效、无私的支援是低成本实现目标的最优管理。使资源充分发挥效能，需要文化氛围来启发人们共同奋斗的信念，并约束人们按规定支援。不能良好服务的部门主官必须辞职。”群体奋斗中必然少不了互帮互助，只有将互帮互助之间的障碍扫清，员工之间的互助合作才能更好地开展起来。这也企业管理者在这一方面能够发挥的作用。

相应的观点，其他一些企业管理者也是赞同的，并且用自己的行动在践行着。比尔·盖茨说：“微软的发展和成功来源于共同努力。很幸运的是，我们雇用了一些值得信任的员工。”微软的成功，确实离不开优秀的团队。从最初一起设计软件并创建公司的保罗·艾伦、管理天才史蒂文·巴尔默，到首创“菜单”模式的查尔斯·西蒙伊，再到让微软完全占领欧洲市场的鲍勃·奥利尔……盖茨将这些精英人物凝聚在一起，共同开辟了微软的非凡基业。

微软的任何一个团队都记着这样一句名言：没有永远的领导与员工。在一个团队里大家彼此合作，一起打拼，领导与员工之间不会有一道鸿沟。开放的环境形成了开明的领导风气。微软人都有这样的意识：成败皆为团队共有；大家互教互学；互相奉献和支持；遇到困难互相鼓励，及时沟通；依靠团体智慧；承认并感谢队友的工作和帮助；甘当配角。这样具有强烈意识的高素质的团结、协作的集体，形成了积极、向上的士气，这种士气也是微软最宝贵的资产。

可以说，微软的员工与比尔·盖茨一起创造了了不起的微软，虽然现在人们一提到微软第一个想到的必是比尔·盖茨，但是，他深深知道，如果没有背后的团队与自己一起奋斗、一起分享、一起合作，那么，微软或许早就消失在激烈的市场竞争中了。

融入团队，才能发展

如果没有团队中每个成员一点一滴的贡献，也就不会有团队的辉煌成就。所以，每个团队成员对于团队来说都是非常重要的，他们就像是团队这部大机器中不可缺少的零部件。只有团队中每个人都共同朝着一个目标努力，做好自己的分内事，才能使整个团队创造出辉煌的业绩。然而，有许多人都像红玫瑰一样自命清高，总认为别人对自己一点作用都没有。其实，我们每个人都有需要他人的地方。一个团队的成员不应该只注意个人名下的辉煌业绩，而要看到在其背后的团队支持。企业发展最终靠的是全体人员积极性、主动性、创造性的发挥，有团队才有个人，每个人都要积极融入到团队中。

但是，有人固执地认为自己的能力非常强，根本没有必要依靠团队力量帮助自己打造成功。但是一个人的力量就像一滴水，如果不能及时融入团队这个大海中，终究是要枯竭的。尤其是在知识经济时代，竞争已不再是单独的个体之间的斗争，而是团队与团队的竞争、组织与组织的竞争。任何困难的克服和挫折的平复都不能仅凭一个人的勇敢和力量，必须依靠整个团队。一个人是否具有团队合作的精神，将直接关系到他的工作业绩。几乎所有的大公司在招聘新人时，都十分注意人才的团队合作精神，他们认为一个人能够和别人相处与协作，要比他个人的能力重要得多。所以说，真正优秀的员工不仅要有过人的能力、骄人的业绩，更要具备团队精神，为团队整体业绩的提升做出贡献。如果没有团队精神，能力再强的人，他的发展前景也不会良好。

有一个能力很强的员工，在一次与客户的谈判中表现突出，为公司创造了良好的效益，得到了经理的高度赞扬。这次谈判使他更加认识到自己的价值，经理的赞赏使他觉得自己非同一般能力超群了。之后，他在日常工作中不再像以前那样和其他同事交往、沟通，总是摆出一副自命不凡、自高自大、目中无人的态度，在公司里独来独往。这位员工的态度使得同事们渐渐疏远了他，都不愿意与他合作。于是，他成了孤立的人，在许多事情上都陷入了极其尴尬的境地。在一次业务工作中，由于他的判断失误，给公司造成了不小的损失。同事的讥笑、经理的恼怒使他无法再继续待下去，他很不体面地离开了公司。

这名员工太自以为是。团队是一个人得以生存和发展的源泉，只有不断和团队成员交流经验，取长补短，才能使自己有更大的发展。

融入团队能给我们带来很多好处。一方面，团队能给我们带来安全感，尤其是我们还在职业生涯初期时或处在对职业的探索阶段时，我们要在探索中学习经验、知识和技能。当我们感到经验与资源不足时，团队能给我们提供学习的机会、犯错的包容和发展的空间。直到职业生涯中期以后，我们的经验、能力和资源都很充足了，才可能自立门户或自行创业，即使如此，在团体中的安全感仍大于“单打独斗”。

另一方面，团队能满足我们的心理需求。在团体中可以满足归属感、亲和力、自尊心以及自我实现等心理需求。归属感及亲和性，是因为工作场所已经构成了一个小型的社交、联谊中心。当我们受到挫折时会有人安慰，甚至会有人为我们打抱不平；当我们得到奖赏时，会得到很多人的恭贺和祝福。这些心理需求上的满足能激发我们更大的创造欲望，能使我们更充分地发挥自己的才能，甚至激发出我们自己都不知道的自身潜能。

但是，在一些企业，总有些人抱怨自己怀才不遇，感慨工作环境不好，无法融入到团队而频繁地跳槽，这样的人往往不是在行业中做得非常优秀的。原因是没有找到自己与工作不合拍的根本原因，也就没有从根源上想办法去解决它。其实，在一个团队中，每个成员的优缺点都各不相同，我们生活在团队中，就应该多积极主动地寻找并学习团队成员中积极优秀的品质。对于团队成员身上存在的缺点我们应该引以为戒，防止自己身上也产生这些缺点，如果自己身上已经有这些缺点了就及时改正。我们应每天反省自己的生活，想一想为什么有人对你冷漠了，为什么有人对你的言辞有些犀利等，然后分析原因，找出自己身上的不足及时改正。这样就能使自己的品质和能力逐步提高，让自己的缺点和消极态度在团队合作中克服掉。如果不注意总结，不了解自己的优缺点，做事情难免有失偏颇，那么你在团队中很难进一步成长。

在团队中，我们要注意培养与同事之间的感情，多跟同事分享对工作的看法。对同事多些关心和问候，常和同事打招呼，做一个好听众，理解同事，多听取和接受他人的意见。总之，要跟每一位同事都保持友好的关系，在团队中如果你被孤立起来，那将是件很危险的事。融入是一种双方的相互认可、相互接纳，并形成行为方式上的互补互动性和协调一致性。自制力和感悟能力强的人能够非常和谐自然地被群体接受，因此，也就会获得更多的发展机会和条件。

500 强工作法：培养“共同愿景”

也许提到“共同愿景”时大家感觉很陌生，以为是最新的工作法，其实不然，这种方法早在我国的三国时期就有使用。

有一年夏天，曹操率领部队攻打张绣。天气出奇得热，天上一丝云彩也没有，火辣辣的太阳炙烤着行军将士。此时，部队正行走在弯弯曲曲的山道上，两边密密的树林和被阳光晒得滚烫的山石，蒸得人几乎透不过气来。到了中午时分，士兵的衣服都湿透，行军的速度也越来越慢了，有几个体弱的士兵甚至晕倒在了路边。

曹操发现行军速度越来越慢，心里担忧贻误战机，非常着急。可是，眼下几万人马连水都喝不上，又怎么能加快速度呢？他立刻叫来向导，悄悄问他：“这附近有没有水源？”向导摇摇头说：“泉水在山谷的那一边，要绕道过去还需要很远的路程。”

曹操想了一下说：“不行，时间来不及了。”他看了看前边的树林，沉思了一会儿，便对向导说：“你什么也别说，我来想个办法。”他知道此时即便下命令要求部队加快速度也没有什么效果。他脑筋一转，便夹住马肚子，快速赶到队伍前面，用马鞭指着前方说：“将士们，我知道前面有一大片梅林，那里的梅子又大又好吃。我们快点赶路，绕过这个山丘就到梅林了！”

众将士一听，仿佛已经看到了一大片梅林，梅树上长着红红大大的梅子。他们好像都尝到了梅子的酸甜，嘴里都流口水了，这时，他们精神大振，步伐不由得加快了许多。

后来，将士们虽然发现并没有什么梅林，但是，在这一念头的鼓舞下，终于来到了有水的地方，将士们都十分高兴地喝了个痛快。

这就是望梅止渴的故事。曹操巧妙地设了一计，使战士们都有了信心，内心充满了希望，因而能发挥超常的忍耐力，最终摆脱了困境。曹操这一招就是给大家一个共同愿景，达到了鼓舞大家士气的作用。作为一个团队，如果没有一个共同美好的愿望支持着，成员就失去了前进的动力，就可能完不成任务。所以，团队成员心中都有一个美好的愿望非常重要。

我们这里谈到的共同的美好愿望便是愿景。愿景是人们永远为之奋斗希望达到的图景，它是一种意愿的表达，愿景概括了未来目标、使命和核心价值，是哲学中最核心的内容，是最终希望实现的图景。作为一个企业的愿景就是企业的梦想。

当亨利·福特在100年前提他的愿景是“使每一个家庭都拥有一辆汽车”时，人们都认为他是神经病，但从现在美国社会情况来看他的梦想已经基本实现，那我们又怎样理解100年前被认为是疯子的福特说过的话呢?

五四运动时期，共产党人李大钊在《布尔什维主义的胜利》一文提出了“试看将来的环球，必是赤旗的世界!”这一无产阶级劳苦大众和有识之士的共同愿景，但在那个时候，有的人甚至不知道无产阶级是什么。但是，正是因为有了这个愿景，有识之士才带领着千千万万的劳苦大众进行艰苦卓绝的战斗，推翻了压在身上的“三座大山”，终于实现了广大人民翻身做主人，实现了国家和中华民族的解放。

无论是福特的愿景还是李大钊的愿景，在他们那个时代都被认为是不可思议的想法，但是反观今天美国社会情况、看中国的发展，他们的愿景都已经实现了。可见，愿景是一种梦想，并且这种梦想通常会令人感到不可思议，但又会不自觉地被它的力量所感染。因此，如果愿景是一种能立即被人把握并实现，那么它就不是愿景，而只能说是一个战略目标。

愿景的力量就在于它处于可实现而又不可实现的模糊状态，它既是宏伟的又是能够激动人心的。它能使人热血沸腾，甚至热泪盈眶，能使人充满热情，心中涌起一股冲动。如果这种愿景能够顺利地灌输到员工的身上，那么，所有员工为了共同的愿景、努力的激情，将是多么大的力量啊。愿景的哲学智慧就在于，它会激发人群无限的潜能去实现其人生哲学与企业哲学的终极发挥。很多成功的企业都有自己的愿景。

苹果公司——让每个人拥有一台计算机；

腾讯——成为最受尊敬的互联网企业；

阿里巴巴——让天下没有难做的生意；

索尼公司——成为最知名的企业，改变日本产品在世界上的劣质形象；

华为公司——丰富人们的沟通和生活；

迪斯尼公司——成为全球超级娱乐公司；

戴尔计算机公司——在市场份额、股东回报和客户满意度方面成为世界领先的基于开放标准的计算机公司；

通用公司——通用电气永远做世界第一；

沃尔玛公司——给普通百姓提供机会，使他们能买到与富人一样的东西。

正是这些企业创造出让广大员工认同的共同愿景，才激发了员工们强大的动力。

共同的愿景，不仅是对未来的美好描述，而且是组织团队为着一个共同目标努力奋斗的精神力量。使他们充分发挥自己的才能，为实现愿景而努力。当然愿景越具体越能让员工感同身受，越能起到激励作用，越能唤起团队的积极性。

曾获得美国"年度创业家"的企业家奇普·康利（Chip Conley）曾指出，成功的创业家能够把复杂愿景化成简单的概念，让所有人相信势在必行。那么怎样做，才能使企业的愿景和员工产生共鸣呢？他曾提出如下三种方法：

1. 简单的图像或符号

有时候，一个简单的视觉图像、符号就可以清楚地诠释愿景的内涵，并且作为愿景的象征。这个图像或符号的概念可能源于组织的历史事件，或是象征产品特色。

例如，日本一家有名宅急送公司的标志是一个大猫叼着一个小猫，它的意思是为客户运送货物就要像大猫叼着小猫那样小心翼翼。

2. 讲故事的方法

一个令人印象深刻的故事能够非常有效地传达愿景的内涵，还可以营造并维系企业的文化。

比如，沃尔玛的创办人山姆·沃尔顿每周六上午都会通过卫星跟全球各地的沃尔玛超市管理层召开视频会议。他常常在会议上告诉与会者一些成功的故事，这些故事不仅传达了沃尔玛的目标，也增强了员工们的向心力。

3. 让人振奋的标语

大数人都喜欢简洁扼要的沟通方式，所以管理者可以想办法找到一句话或一个词包装自己的愿景，并时常向他人说这个标语，以便表达愿景的重要性。

例如，杰克·韦尔奇出任通用电气公司CEO时提出："在通用电气涉足的每一个产业里，都必须做到不是第一就是第二。"在接下来的20年时间里，通用电气公司上下始终贯彻执行韦尔奇这段话，结果使通用电气公司更为壮大，获得了更高的利润。

在追求远景的过程中，会自然而然地产生强大的勇气和坚强的意志，为了实现目标则会不惜一切代价勇往直前。愿景的作用是巨大的，它使每个人都像战士那样周身充满战斗力。

第20章

自动自发：你在为自己工作

【你在为谁工作】 1.承认吧！为他人工作，也是为自己工作；2.公司付给你金钱，工作赋予你终身受益的能力；3.要对得起目前的薪水，更要对得起将来的前途；4.工作本身没情绪，我们也不能带着情绪工作；5.能在“昨天”完成工作的人永远是成功的；6.保持激情的秘诀就是不断树立新目标！

老板不在，你要干得更好

当今每一个老板要找的人基本上是同样的——能积极主动去工作的人。那些积极行动、推动公司前进的人会赢得他人的尊敬，有更多机会承担更重要、更有挑战性的工作，而报酬和奖赏也将接踵而至。

一名优秀员工的表现应该是这样的——无论老板在不在，他都会一如既往地努力工作。因为他知道，工作并不是做给老板看的，他对自己的要求常常比老板还严格。

老板不在的时候，也是容易放松自己的时候。可是，无论老板在不在，你都应该勤奋工作，你的每一个业绩都是自己努力的结果，你不能仅仅是做出样子来给老板看，老板要的是实际的业绩和工作效果。

当老板不在的时候，一般公司里会有三种员工，第一种，积极自律，比平时更加认真负责地工作；第二种，严谨慎重，老板在与不在一个样；第三种，两面三刀，老板在时是龙，不在时是虫。你是哪一种呢？你认为哪种员工更会有前途呢？毫无疑问是第一种员工。

你的任何努力都是在为你的成长和进步积累资本，尽管表面上是为公司工作，实际却是为自己工作。不仅工资和奖金要靠自己的工作业绩来换取，个人在公司的地位升迁、人格提升和品行锻造无一不是自身努力的结果。

林月是一家公司的销售部经理，他讲过这样一段经历：前一阵，他的公司新推出了一个产品，为了争取更大的市场份额准备对经销商大幅让利，并且找一家信誉好的经销商合作。

林月作为销售部经理，准备到几家公司联系业务。他先到了第一家公司，当他表明前来意图时，一位负责接待他的女员工微笑着对他说：“对不起，我们老总出差去了，我们做不了主。”

林月听了有一点失望，但还是继续向她介绍公司的产品，以及如何进行渠道开拓的设想，试图得到那位女员工的理解和回应。但是令他失望的是，不管他说了多少次，对方虽然仍是笑脸相迎，但还是那一句：“对不起，老总不在，我们做不了主。”

无奈之下，林月只得去了另一家公司。巧得很，这家公司的老总也不在。正当他失望时，接待他的员工却主动向他询问新产品的信息，于是林月向她进行了详细的介绍。

最后这位员工说：“我觉得这是个不错的项目，可是您看我们老总碰巧不在。这样吧，您明天送几个样品过来吧，我和老总联系一下，具体的事宜等老总回来以后再详谈。”

就这样，双方谈得都很愉快，第二天林月送去了样品。那位员工已经和老总通了电话，她的老总也很看好这个项目，就让她负责这件事，先进一批货试销。

结果因为上货及时，整个市面上只有这一家公司经营。货品还不到一个月就销售一空，这家公司净赚了10多万元。老总很高兴，决定再进一批货。

就在这个时候，林月去的第一家公司给他打来电话，也希望进一批货。可是此时库里的货存有限，加上林月对第一家公司的印象也不太好，所以还是把所有的货都给了第二家公司。

后来，林月把这件事告诉了第二家公司的老总，老总当然非常高兴，对自己的这名员工很满意，不仅在公司全员大会上表扬了她，而且对她进行了提拔与奖励。

每个老板想要的都是这样的员工：无论他在与不在的时候员工都一样努力，一样忠实可靠，甚至在无人监督的情况下仍然卖力工作。而那些迅速晋升的人，往往随时随地都会考虑企业的利益，他们会替老板分担工作，竭尽全力来协助老板实现经营计划。

所以，在工作中要获得成功的秘诀有三条：第一，忠于自己的职责，诚实可靠；第二，随时随地考虑企业的利益；第三，刻苦耐劳，全力以赴。

如果你希望尽快晋升，早些获得较高的职位，那就不要养成非监督逼迫不能好好工作的恶习。你必须主动去做好每件事情，你还必须调动你所有的创造力、洞察力、执行力去迅速地解决随时随地产生的问题。做任何职业你都不能这样想：“只要照着上司的吩咐去执行，按部就班去做就可以了。”

你要认真观察周围的事情，其中有很多事是可以不必等上司吩咐就应该去做的。如果对于这些事，你这样想——“反正老板不在，就省省力气吧”，那你的前途就岌岌可危了。事事马马虎虎，处处投机取巧，时时都认为自己所耗的精力和时间已经大大超过薪水的酬报，因为没有额外的津贴便不再多加努力，也不肯多提一些如何改善经营的建议；对同事，表现出冷淡、轻视的态度，还常常对同事们说不要白白替老板效劳，这样的人，无论学识多高、本领多大，也绝不会有出人头地的一天。

当老板不在的时候，你就是自己的老板。不管老板在不在，也不管别人有没有看到，自己一定要努力，因为这样做了以后收获最大的是你自己。不要以为那是公司的事情，所以能不管就不管，这恰恰是对自己最大的不负责任。

以老板的心态对待工作

美国钢铁大王卡内基曾说：“无论在什么地方工作，都不应把自己只当作公司的一名员工——而应该把自己当成公司的老板。”

就一般情况而言，老板与员工最大的区别就是：老板把公司的事情当作自己的事情，员工则把公司的事情当作老板的事情。

在这两种不同心态的驱使下，他们工作的方式不可同日而语。老板自然不用说，任何关于公司利益的事情他都会去做。但是员工在公司里却往往只做那些分配给他们的事情，对于其他职责外的工作，他们会很自然地用“那不是我的工作”“我不负责这方面的事情”来推脱责任。如此，在公司上班的8小时之内他们为公司工作，下班之后就完全与公司没有任何关系了。

在任何一家公司中，这样的人都不在少数。他们在脑海里把公司和自己分得很开，除非被领导重用，否则他们很难把自己看成公司里一个重要的组成部分。因此，这些人也一定融入不了公司，更成不了优秀的员工。

利尔在一家快速消费品公司已经工作了两年，一直是不温不火的状态，待遇不高，但也还过得去，用他的话讲就是：“这工作不用人操多少心，薪水也马马虎虎过得去。”但最近在和一些老朋友的交流过程中，他发现大家都发展得不错，好像都比自己好，这使得他开始对自己目前的状态不满意了，考虑怎么和老板提加薪或者找准机会跳槽。

终于，他找了一次单独和老板喝茶的机会，开门见山地向老板提出了加薪的要求。老板笑了笑，并没有理会。于是，他对工作再也打不起精神来，开始敷衍应付起来。一个月后，老板把他的工作移交给其他员工，大概是准备“清理门户”了。他赶紧知趣地递交了辞呈。

可令他始料未及的是，接下来的几个月里他并没有找到更好的工作，招聘单位开出的待遇甚至比原来的还差了。

今天工作不努力，明天努力找工作。利尔的经历是对这句话最好的印证。

戴尔·卡耐基说：“仅仅‘喜爱’自己的公司和行业是远远不够的，必须让每天的每一分钟都沉迷于此。”一个以老板心态对待自己工作的人，无论自己的职位如何卑微，所从事的工作如何微不足道，都会以超强的热情和敬业的态度捍卫公司的荣誉。

日本的著名企业家井植薰说：“对于一般的职工，我仅要求他们工作8小时。也就是说，只要在上班时间内考虑工作就可以了。对于他们来说，下班之后跨出公司大门，爱干什么就可以干什么。但是我又说，如果你只满足于这样的生活，思想上没有想干16个小时或者更多的念头，那么你这一辈子可能永远只能是一个一般的职工。否则，你就应当自觉地在上班以外的时间多想想工作、多想想公司。”

微软总裁比尔·盖茨在被问及他心目中的最佳员工是什么样时，他也强调了这样一条：一个优秀的员工应该对自己的工作满怀热情，当他对客户介绍本公司的产品时应该有一种“传教士传道般的狂热”。只有把自己的本职工作当成一门事业来做的人才可能有这种热情，而这种热情正是驱使一个人去获得成就的最重要因素。

所有的老板都一样，他们都不会青睐那些只是每天在公司8小时得过且过的员工，他们渴望的是那些能够真正把公司的事情当作自己的事情来做的员工，因为这样的职工任何时候都敢做敢当，而且能够为公司积极地出谋划策。作为一个员工，如果你真正热爱这个公司的话，你就应该把公司的事情当成自己的事情。

什么样的心态将决定我们过什么样的生活。当你具备了老板的心态，你就会去考虑企业的成长，就会去考虑企业的明天，就会感觉到企业的事情就是自己的事情，就知道什么是自己应该去做的、什么是自己不应该去做的，就会像老板一样去思考、会像老板一样去行动。

假设一下，如果你是老板，你对自己今天所做的工作完全满意吗？别人对你的看法也许并不重要，真正重要的是你对自己的看法。回顾一天的工作，扪心自问一下："我是否付出了全部的精力和智慧？"

以老板的心态对待公司，你就会成为一个值得信赖的人、一个老板乐于雇用的人、一个可能成为老板的得力助手的人、一个和老板一样的人。

不要只做吩咐你做的事

虽然听命行事的能力相当重要，但个人的主动进取精神更应受到重视。许多公司都在努力把自己的员工培养成主动工作的人。所谓主动工作，就是没有人要求你、强迫你，却能自觉而且出色地做好需要做的事情。

著名企业家奥·丹尼尔在他那篇著名的《企业对员工的终极期望》一文中这样说道：

"亲爱的员工，我们之所以聘用你，是因为你能满足我们一些紧迫的需求。如果没有你也能顺利满足需求，我们就不必费这个劲了。我们深信需要一个拥有你那样的技能和经验的人，并且认为你正是帮助我们实现目标的最佳人选。于是，我们给了你这个职位，而你欣然接受了。谢谢！

"在你任职期间，你会被要求做许多事情：一般性的职责，特别的任务，团队和个人项目。你会有很多机会超越他人，显示你的优秀，并向我们证明当初聘用你的决定是多么明智。然而，有一项最重要的职责，或许你的上司永远都会对你秘而不宣，但你自己要始终牢牢地记在心里，那就是企业对你的终极期望——永远做非常需要做的事，而不必等待别人要求你去做。"

任何老板都希望自己公司的员工有一种主动精神。那些能沉浸在工作状态中、独立自主地把事情做好的员工——无论他们的背景、训练或技能如何——无疑将会成为老板最需要的人。

美国钢铁大王卡内基说过："为我工作的人，要具备成为合伙人的能力。如果他不具备这个条件，只做交给他的工作，我是不会考虑给这样的年轻人机会的。"

在办公室里，经常会听到很多人这样说：

“一个月只有这么点钱，凭什么要做那么多工作。”

“我不过是在为老板打工，为啥那么拼命。”

“只要能对得起薪水，上班干活，下班走人，天经地义。”

“这又不是我份内的事，谁爱干谁干。”

这种将工作等同于薪水，认为自己不过是在为老板打工的想法，在现在这个社会的年轻人中间相当普遍。他们本来有着丰富的知识、不错的能力，同时也有很好的潜力，但却因为观念上的一时狭隘，认为工作中只是一种简单的雇佣关系，只要每月能拿到薪金，做多做少，做好做坏，对自己的意义不大，只要达到要求，无愧于心就行了。未曾想，正是这样一种观念，使他们错失了人生中最宝贵的成功机会，甚至使自己的一生从此与成功无缘。因此，每一个工作着的人都应该问问自己，我们到底是在为谁工作？如果不在年轻的时候弄清这个问题，此后的一生或许也只能碌碌无为。

英特尔总裁安迪・格鲁夫应邀在一次对大学生的演讲中说道：“不管你在哪里工作，都别把自己当成员工，不要只做吩咐你做的事情。你的职业生涯除你自己外，全天下没有人可以掌控，这是你自己的事业。”

如果你想获得更多的报酬，得到更大的发展空间，你就必须永远保持主动率先的精神，即使面对缺乏挑战或毫无乐趣的工作。当你养成了这种主动工作的习惯之后，你就可以用行动证明自己是一个勇于承担责任、值得信赖的人，一个有可能成为企业家和管理者的人。

一个来自偏远山区的打工妹，由于没有什么特殊技能，于是选择了餐馆服务员这个职业。在常人看来，这是一个不需要什么技能的职业，只要招待好客人就可以了。许多人已经从事这个职业多年了，但很少有人会认真投入这个工作，因为这看起来实在没有什么需要投入的。

这个小姑娘却恰恰相反，她从一开始就表现出了极大的耐心，并且彻底将自己投入到工作之中。一段时间以后，她不但熟悉了常来的客人，而且掌握了他们的口味。只要客人光顾，她总是千方百计地使他们高兴而来，满意而去。她不但赢得了顾客的交口称赞，也为饭店增加了收益——她总是能够使顾客多点一两道菜，并且在别的服务员只能照顾一桌客人的时候，她却能够独自招待几桌的客人。

就在老板逐渐认识到其才能，准备提拔她做店内主管的时候，她却婉言谢绝了这个任命。原来，一位投资餐饮业的顾客看中了她的才干，准备与她合作，资金完全由对方投入，她负责管理和员工培训。对方还郑重承诺，她将获得新店25%的股份。

现在，她已经成为一家大型餐饮企业的老板。

一个普通的餐馆服务员之所以能够脱颖而出，关键在于她充分发挥了自己的积极性与主动性。在本职工作之外，她思考更多的是如何完善服务和实现突破，而不是只做一些老板交代的事。相比那些只知道招呼客人的服务员而言，她的积极和主动无疑是使自己获得发展机遇的最大原因。

现代社会，激烈的竞争环境呈现出越来越多的变数，在快节奏的商战中，即便能力再强的老板也不可能面面俱到。因此，任何一个公司都需要主动做事的员工，而那些事事等待老板吩咐的员工，就好像站在危险的流沙上，早晚会被淘汰。

职场中没有分外的工作

职场中没有“分外”的工作，要想登上成功之梯，你必须永远保持主动率先的精神，这种额外的工作可以使你对本行业拥有更宽广的眼界，与此同时获得更多的机会。要知道，超过别人所期望你做的会使自己更容易如愿以偿。事业成功的人和工作平庸的人之间最本质的差别在于，成功者将工作当作一种储备，多多益善，而工作平庸的人则死守职责，对职责外的工作置若罔闻。

美国船王罗伯特·达拉有一位得力女助手是位女士，最早她只是一名速记员。谈到她之所以能得到这个公司里所有女士都眼红的秘书位置时，罗伯特·达拉说：“我在最初雇用她时，她的工作只是听取我的口述记录内容，替我拆阅、分类及回复我的私人信件。她的薪水与公司其他普通的职员没什么两样。但是，与其他普通职员不同的是，用完晚餐后她还常常回到办公室来，积极地做那些本来不是她分内的、也没有报酬的工作，并把她替我写好的回信和其他一些文件送到我的办公室来。她的能力增长很快，有时候替我写的信就如同我写的一样。

“后来，当我的秘书因故辞职时我自然而然地想到了她，因为她早已做着这样的工作，并且早已有了这样的能力。我多次提高她的薪水，直到她的薪水是普通职员的四倍。但是，这是没办法的事，她已经使她自己变得对我极有价值，是我在事业上不能离开的帮手。”

美国成功学大师拿破仑·希尔曾说：“人与人之间只有很小的差异，但是这种很小的差异却造成了巨大的差异！很小的差异就是所具备的心态是积极的还是消极的，巨大的差异就是成功和失败。”

中国有位著名的企业家也说过：“除非你愿意在工作中超过一般人的平均水平，否则你便不具备在高层工作的能力。”

社会在进步，公司在扩展，个人的职责范围也会跟着扩大。不要总拿“这不是我职责内的工作”为由来推脱责任，当额外的工作分摊到你头上时，这也可能是一种机遇。

卡洛·道尼斯刚开始在世界著名汽车制造商杜兰特手下工作时职务低微，但很快他就被杜兰特先生当作左膀右臂，担任其下属一家公司的总经理。他之所以能升迁得如此迅速，原因就是他多做了一点职责外的事。他说：“刚为杜兰特先生工作时我注意到，每天当所有的人都下班回家后，杜兰特先生依旧会留在办公室里继续工作到很晚。为此，我决定下班后也留在公司里。是的，确实没有人要求我这样做，但我觉得自己应该留下来，在杜兰特先生需要时为他提供一些帮助。

“工作时杜兰特先生常会找文件、打印材料，以前这些事都是他自己亲自来做。很快，他就发现我时刻在等待他的吩咐，久之逐渐养成召唤我的习惯。”

在当今的商业社会，传统的对待职业的态度已经越来越不适应了，只做到恪守职责已远远不够。那些事事待命而行、满足于完成上级交付给自己的任务的员工，将会在工作竞争中越来越力不从心。只有那些像卡洛·道尼斯这样积极、主动、全身心投入工作中的员工，才是雇主、企业真正需要的人。

无论你的想法是什么，目标有多么远大，要想实现它，你必须干得比其他人更多，不要像机器一样只做分配给自己的工作。一些看起来似乎是很平凡的事，你默默地多做一些，多承担些责任，多为公司和老板分担一些，公司和老板自然会给你更多的发展机会。

问自己能为企业做什么

约翰·肯尼迪在总统就职典礼上曾说过这样一句话：“不要问你的国家能为你做些什么，而应该问你能为国家做些什么。”

肯尼迪总统的这句话，道出了大多数人无法获得事业成功的原因，并改变了我们对工作的看法。在过去，我们更关心自己的利益，关心自己是否能够获得足够的支持；而现在我们发现，其他人也都一样“精明”，这使得职场生存变得举步维艰。在和家人、朋友相处的过程中，很少有人考虑“我能为他们做些什么”，他们总认为人是自私的，索取是天经地义的。

肯尼迪的这番话完全可以改变你我。在商场上，我们应该提供物超所值的产品和服务给客户——这是我们能为他们做的，也是他们渴望得到的。毕竟，我们对客户的需要远远大于客户对我们的需要。

在职场上，你要学会站在企业、主管、员工、同事的立场来想“我能为他们做什么”，这会为你带来更愉快的合作和更高的工作效率。面对家人和朋友，“我能为他们做什么”的想法会使生活变得更加丰富而让人留恋。当你这样做时你就会发现，给予他人越多，你就能获得更多。

在满世界都是“聪明人”的今天，肯尼迪的提问仍应是每个人的行为准则。想一想，难道你在企业中的位置真的是无人可替代吗？你的客户非得和你做生意吗？显然，这不是事实。

那些始终思考“我能为企业做些什么”的员工根本不用担心没有出头的机会，更不用担心失业。因为他们想对了问题，做对了事。

在美国西部，有个年轻的小伙子梦想着自己能够成为一名新闻记者，可他没有经验也没有熟人，他不知道如何才能得到一份报社的工作。有一天，他灵机一动，给报界名人马克·吐温写了一封求助信。

几天后，他就收到了这封改变他未来命运的信。信中说：“假如你能按照我所说的去做，我可以帮助你在报界谋得一个职位。你现在要告诉我的是，你想到哪家报社去工作？”

小伙子把这封信翻来覆去看了几遍，又异常兴奋地写了一封回信。信中说明了他所心仪报社的名称和地址，并向马克・吐温诚恳表态，表示愿意听从他的指示。

又过了几天，小伙子收到了马克・吐温的第二封信。信中说：“如果你肯暂时只做工作而不拿薪水，那么你到任何一家报社，人家都不会拒绝你；至于薪水问题，你可以慢慢来争取。你可以对报社的人说，我非常热爱记者的工作，我可以从零做起，并且不要任何报酬。听我的，我保证你会找到一份你想要的工作。

“在你得到第一份工作之后，不要以为不拿薪水就可以没有工作压力；正相反，你一定要全力以赴。得到那家报社的重视以后，你再到各地去采写新闻。如果你所采写的新闻稿件确实符合编辑的要求，报社自然就会陆续发表你的作品。当你正式成为一名外派记者或编辑时，也就自然成为这个报社中的一员了。慢慢地，大家就会觉得离不开你，你自然也就不用为自己的薪水担忧了。”

读完这封信，年轻人很兴奋也很担心，这确实是一个好办法，但问题是能否行得通。但最后他还是照做了。就这样，他来到了一家向往已久的在当地很有名气的报社。在报社工作的第一个月里，他遵照马克・吐温先生的嘱咐兢兢业业地去做好每一件很琐碎的事情。不久他就能采写新闻稿件供给编辑室了，而编辑部也注意到了这样一位与众不同的小伙子，于是，他采写的新闻频频出现在报纸上。

渐渐地，这位年轻人的才气与名气已广为其他报社所熟知。几个月后，他收到了另外一家知名报社的聘书，表示愿意出高薪聘请他。他所在的报社听说此事后，以双倍的薪水待遇将他留了下来。就这样，他在那里继续做了四年。四年后，他成了那家报社的主编。

除了他之外，另外几个年轻人也在马克・吐温的点拨下找到了理想的工作。这位世界级的大师告诉年轻人：只要用心，走到哪里都不难找到工作；只要有了工作，就不难迅速晋升。在此过程中，不要只想着企业能给你什么，而应想着你能为企业做些什么，那些只知道向企业索取的人则会遭遇失败。

那些整天在考虑“企业能给我提供什么、能为我做些什么”的员工不妨想一下，你是否值得别人为你付出？是否已到舍你其谁的地步？

不要只想着企业能给你什么，而应该问你能为企业做些什么。如果说那些在职场中取得巨大成就的员工有什么成功秘诀的话，深悟此言当是其中之一。

从“要我做”到“我要做”

工作中，我们不应该抱有“公司要我做些什么”的想法，而应该多想想“我要为公司做些什么”。某些时候，全心全意、尽职尽责是不够的，还应该比自己分内的工作多做一点儿，比别人期待的更多一点儿，如此才可以吸引更多的注意，给自我的提升创造更多的机会。

当然，你没有义务去做自己职责范围以外的事，但是你也可以选择自愿去做，以驱策自己快速前进。率先主动是一种极珍贵、备受看重的素养，它能使人变得更加敏捷、更加积极。积极的工作态度能使你从竞争中脱颖而出。

我们不应该抱有“我必须让公司多给我些什么”的想法，而应该多想想“我能为公司多做些什么”。一般人认为，忠实可靠、尽职尽责完成分配的任务就可以了，但这还远远不够，尤其是对于那些刚刚踏入社会的年轻人来说更是如此。要想取得成功，必须做得更多更好。

一开始我们也许从事秘书、会计和出纳之类的事务性工作，难道我们要在这样的职位上做一辈子吗？成功者除了做好本职工作以外，还需要做一些不同寻常的事情来培养自己的能力，引起人们的关注。

如果你是一名货运管理员，也许可以在发货清单上发现一个与自己的职责无关的未被发现的错误；如果你是一个过磅员，也许可以质疑并纠正磅秤的刻度错误，以免公司遭受损失；如果你是一名邮差，除了保证信件能及时准确到达之外，也许可以做一些超出职责范围的服务……这些工作也许是专业技术人员的职责，但是如果你做了，就等于播下了成功的种子。

如果不是你的工作，而你做了，这就是机会。有人曾经研究为什么当机会来临时我们无法确认，因为机会总是乔装成“问题”的样子。当顾客、同事或者老板交给你某个难题，也许正为你创造了一个珍贵的机会。对于一个优秀的员工而言，公司的组织结构如何、谁该为此问题负责、谁应该具体完成这一任务都不是最重要的，在他心目中唯一的想法就是如何将问题解决。

500 强工作法：我们都是自己的老板

有一位公司总裁说：“这个世界有两个部分——有意义和无意义，你的工作就是找到有意义的答案。”投入到就业的行列，每个人多少都有自己预设的目标。

刚开始到公司工作，你最想知道的一定是薪水、福利、组织结构、营业性质、运作方针、同事是否好相处、上司是否和蔼等问题。有些事情不是短时间内就可以得知的，如上司的性格、工作的障碍等，有些事却是刚踏入公司大门就必须探听清楚的，如薪水、福利、公司的营业内容。

我们常听到某人误信报上不实广告：月入数万、储备干部免经验……而前往应聘，到公司才知道原来从事的是保险、直销、期货、推销甚至涉及违法乱纪等工作，与原先所希望的工作相差十万八千里。所以，一旦决定到公司上班，之前就得事先了解公司是否合法及相关的营业政策。否则，等到工作一段时间才发现自己上当而大呼荒费时光已经太晚了。

《我们都是自己的老板》这本书的作者强调，如果你希望从工作中得到满足，你必须妥善规划你的职业生涯：找出下一步怎么走，学习必要的技能，积极追求自己的目标。老板是不会为你做这些事情的，正如有句俗话所说：“对方是老板，不是你老妈。”

以下这些建议或许能给你一些帮助：

1. 要有面对不愉快的心理和准备

正如《心灵地图》一书中所指出的——“生活不容易”，工作也一样——即使是你所喜欢的工作也是如此。幸运的上班族，会对各种的不愉快淡然处之，时时想起甜美的一面（就和人们对婚姻的建议一样）。

2. 不断学习

想要有“健康”的事业，你就得让自己不断汲取新知。我的方法是：每个月读一本加强技能或观点的书，多和真正乐在工作中的成功人士相处。

3. 爱你所爱

有些人的确很幸运，可以将自己喜欢做的事情当作事业。但是对大部分的人来说，问题就比较多。我们必须想办法“喜欢”我们正在做的事。其实，这也不难：只要把公司交付的工作当做自己的任务，不要老想着应付工作要求，同时设法在工作中满足自己的需要。当你觉得自己已经有所成长，也学到东西之后，继续追求下一次的成长和学习机会。

华尔街大王、银行家摩根说，在决定投资一项事业前最重要的是“热情”。对你而言，也应如此。激发你对每一项工作的热情，别受不愉快的心情所影响，并且通过不断的学习维持这股热情，这等于为你的职业生涯招来了宝贵的投资。

第 21 章

停止抱怨：忍受办公室里的不公平

【11 招赢取上司最佳印象】1. 早到；2. 不要过于固执；3. 苦中求乐；4. 立刻动手；5. 谨言；6. 听从上司的临时指派；7. 荣耀归于上司；8. 保持冷静；9. 别存太多的希望；10. 敢于做出果断决定；11. 广收资讯。

这个世界有太多的不公平

中软国际副总裁林惠春说："抱怨是失败的借口，是逃避责任的理由。这样的人没有胸怀，很难担当大任。"中国著名职业经理人唐骏说："遇到挫折要从容面对，不抱怨、不放弃……只要继续努力，就一定会成功。"

爱抱怨的人，看什么都不顺眼，想什么都不顺心。他心情不好时就抱怨天气，交通堵塞时就抱怨社会，上班迟到时就抱怨闹钟，工作太重时就抱怨老板。他抱怨工作乏味，抱怨老板苛刻，抱怨工作时间过长，抱怨公司管理制度过严。在他看来，什么事情都和他作对，什么事情他都无法掌控。如果一个人总是抱怨自己的命运，把自己的不幸归咎于他人，这样只会影响到工作和生活。

在这个世界上，许多人都认为公平合理是工作上应有的现象。我们经常听人说："这不公平！""因为我没有那样做，所以你也没有权利那样做。"我们整天要求公平合理，每当发现公平不存在时心里便不高兴。应当说，要求公平并不是错误的心理，但是，如果因为不能获得公平就产生一种消极的情绪，这个问题就要引起注意了。

实际上，绝对的公平并不存在。你要寻找绝对公平，就如同寻找神话传说中的宝物一样，是永远也找不到的。这个世界不是根据公平的原则而创造的，譬如：鸟吃虫子，对虫子来说是不公平的；蜘蛛吃苍蝇，对苍蝇来说是不公平的；豹吃狼、狼吃獾、獾吃鼠……只要看看大自然就可以明白，这个世界上并没有公平。飓风、海啸、地震等都是不公平的，公平只是神话中的概念。人们每天都过着不公平的生活，快乐或不快乐是与公平无关的。这并不是人类的悲哀，只是一种真实情况。

黄文涛，1970年出生于上海，他生下来就双目失明；他从小上盲校，离开父母的怀抱，养成了自己照顾自己的习惯，懂得了自立、自信、自尊、自强。1985年黄文涛加入盲童学校田径队，开始了他的体育生涯。他的主攻方向是短跑和跳远，可想而知，残疾人搞体育会给他带来多少无法想象的困难和意外。当时使用的是非常落后的助跑器。踏脚板是用一支细长的铁钉支着的。有一次训练中，铁钉斜伸出来，如果是正常人，可以很轻易地看出来，但他却什么也看不见，一脚踏上去，一股钻心的疼痛便从脚底下传来，他一下子昏了过去。后来才知道，铁钉穿过了跑鞋底和他的脚掌，又从鞋表面伸了出来。因为先天的缺陷，他搞体育运动要付出许多在正常人看来非常无谓的代价。教练员的示范动作，他看不清，只能“盲人摸象”似的一步步分解、揣摩，一遍遍练习。因为没有视力，经常发生碰撞而流血。通往跳远用的沙坑原来长满了青草，但两年后，在黄文涛的脚下出现了一条寸草不生的跑道。

1992年，黄文涛参加了巴塞罗那残奥会。沉着冷静的他超水平发挥，以3厘米的优势打败了西班牙的胡安，赢得了冠军。当他站在领奖台上，聆听着庄严的国歌奏响的时候，心中充满了自豪感。

如果黄文涛对自己悲观失望，如果踩到钉子后他向命运认输、放弃追求，如果……在挫折、失败面前一旦意志涣散，人就会很快并永远地沉沦下去，命运就会把他踩在脚下。只要摔倒后再爬起，失败后再坚持，不停地努力，困难也会怕你，挫折、厄运也会向你低头。

英国劳埃德保险公司曾从拍卖市场买下一艘船，这艘船1894年下水，在大西洋上曾138次遭遇冰山，116次触礁，13次起火，207次被风暴扭断桅杆，然而它从没有沉没过。

劳埃德保险公司基于它不可思议的经历及在保费方面带来的可观收益，最后决定把它从荷兰买回来捐给国家。现在这艘船就停泊在英国萨伦港的国家船舶博物馆里。

使这艘船名扬天下的是一名来此观光的律师。当时，他刚打输了一场官司，委托人也于不久前自杀了。尽管这不是他的第一次失败辩护，也不是他遇到的第一例自杀事件，然而每当想到这件事情，他总有一种负罪感。他不知该怎样安慰这些在生意场上遭受了不幸的人。

当他在萨伦船舶博物馆看到这艘船时，忽然有一种想法，为什么不让他们来参观参观这艘船呢？于是，他就把这艘船的历史抄下来，和这艘船的照片一起挂在他的律师事务所里，每当商界的委托人请他辩护，无论输赢，他都建议他们去看看这艘船。因为在大海上航行的船没有不带伤的。

成功的秘密其实很简单，这就是虽然屡遭命运的百般折磨，却能够坚强地挺住。

威廉·詹姆士曾说：“心甘情愿地接受吧！接受事实是克服任何不幸的第一步。”

新英格兰的妇女运动名人格丽·富勒曾将“我接受整个宇宙”这句话奉为真理。

成功学大师卡耐基也说：“有一次我拒不接受我遇到的一种不可改变的情况。我像个蠢蛋，不断做无谓的反抗，结果带来无数个不眠的夜晚，我把自己整得很惨。后来经过一年的自我折磨，我不得不接受我无法改变的事实。”面对不可避免的事实，我们应该学着做到诗人惠特曼所说的那样：“让我们学着像树木一样顺其自然，面对黑夜、风暴、饥饿、意外等挫折。”

面对现实，并不等于束手接受所有的不幸。只要有任何可以挽救的机会，我们就应该奋斗！但是，当我们发现情势已不能挽回时，最好就不要再思前想后、拒绝面对，要坦然地接受不可避免的事实，唯有如此，才能在人生的道路上掌握好平衡。

抱怨起不到任何作用

一个受过良好教育、才华横溢的年轻人抱怨自己在公司长期得不到提升，其间流露出对老板的不满。在他眼中，老板只不过是用“敬业”和“忠实”来麻痹员工，作为剥削员工的一种手段。没过多久他就被公司辞退了。

对于生活中那些喜欢抱怨的人，大多数人都会避而远之；对于在工作中表现消极并喜欢抱怨的人，大多数公司都不会让他存留太久，更别说给他奖励和晋升的机会。

生活中的许多失业者都有一个共同的特点，那就是充满了抱怨。失业的痛苦困扰他们的身心，使他们觉得自己仿佛被命运挤到墙角，因此只有通过抱怨来平衡自己。然而，这种抱怨的行为恰好说明他们所遭遇的处境是咎由自取。

季某是北京一名牌大学的毕业生，能说会道，各方面表现不同凡响。他在一家私营企业工作两年了，虽然业绩很好，为公司立下了汗马功劳，可就是得不到提升。

季某心里有些不舒畅，常常感叹老板没有眼力。一日，和同事喝酒时季某发起了感慨："想我自到公司以来努力认真，试图在事业上有所成就，我为公司建立了那么多的客户关系，业绩也很不错。虽然兢兢业业，成就人所共知，却没人重视、无人欣赏。"

世上没有不透风的墙，老板本来准备提升季某为业务部经理，得知季某之言心里不是滋味，后来放弃了提升他。季某之所以得不到老板的提升，就在于他不了解老板的心理，而只是一味地从自己的利益出发抱怨老板没有识人之"能"。

抱怨是无济于事的，只有通过努力才能改善处境。人往往就是在克服困难的过程中，形成了高尚的品格。相反，那些常常抱怨的人，终其一生，也无法产生真正的勇气、坚毅的性格，自然也就无法取得任何成就。不妨假想一下，你喜欢与那些抱怨不已的人为伍，还是与那些乐于助人、充满善意、值得信赖的人一起共事呢？哪一种同事更受欢迎呢？

有时候碰到一些并非我们职责范围内的工作，只要我们站在公司的立场上为公司着想，不置身事外采取观望态度，那么，我们所做出的努力就会得到回报。在现实中，我们难免要遭遇挫折与不公正待遇，每当这时，有些人往往会产生不满，不满通常会引起牢骚，希望以此引起更多人的同情，吸引别人的注意力。从心理角度上讲，这是一种正常的心理自卫行为。但这种自卫行为同时也是许多老板心中的痛，牢骚、抱怨会削弱员工的责任心、降低员工的工作积极性，这几乎是所有老板一致的看法。

许多公司管理者对这种抱怨都十分困扰。一位老板说："许多职员总是在想着自己'要什么'，抱怨公司没有给自己什么，却没有认真反思自己所做的努力和付出够不够。"

对于管理者来说，牢骚和抱怨最致命的危害是滋生是非，影响公司的凝聚力，造成机构内部彼此猜疑，涣散团队士气，因此他们时刻都对公司中的"抱怨者"有着十分的警惕。

抱怨的人很少积极想办法去解决问题，不认为主动独立完成工作是自己的责任，却将诉苦和抱怨视为理所当然。其实这样的抱怨毫无意义，至多不过是暂时的发泄，结果什么也得不到，甚至会失去更多的东西。一个将自己的头脑装满了过去时态的人是无法容纳未来的。聪明的做法是停止计较过去，不要对自己所遭遇的不公正待遇耿耿于怀。

现在一些刚刚从学校毕业的年轻人，由于缺乏工作经验无法被委以重任，工作自然也不是他们所想象的那样体面。然而，当老板要求他们去做应该负责的工作时，他们就开始抱怨起来："我被雇来不是要做这种活的。""为什么让我做而不是别人？"于是他们对工作就丧失了起码的责任心，不愿意投入全部力量，敷衍塞责，得过且过，将工作做得粗陋不堪。长此以往，嘲弄、吹毛求疵、抱怨和批评的恶习，就会将他们卓越的才华和创造性的智慧悉数吞噬，使之根本无法独立工作，成为没有任何价值的员工。

一个人一旦被抱怨束缚，不尽心尽力，只是应付工作，在任何单位里都会自毁前程。

抱怨和嘲弄是慵懒、懦弱无能的最好诠释，它像幽灵一样到处游荡扰人不安。如果你想有所作为，想让自己变得优秀，不妨在遇到不公或是心情郁闷想要发泄时多问一下自己："我抱怨什么？有什么可值得我去抱怨的？"然后平静地将答案告诉自己。

抱怨让你一无所获

在我们的社会生活中，每份工作都有它的价值。你在这个世界上找到什么样的工作，你便会过着什么样的生活。工作是我们赖以生存的基础，是陪伴我们安然行走在人生大道上的重要保障。因此，对我们来说，一切合法的工作都值得我们去尊重，一切值得我们尊重的工作都有它不容轻视的价值。

通泰电子集团首席执行官约翰·克林斯顿在向外界介绍他的成功秘诀时说："我并不认为自己有多么优秀，我只是经常对自己的员工强调：在公司中无论你是什么身份，干着什么样的工作，是CEO还是普通员工，都必须记住一点，即否定自己的劳动是个巨大的错误，只有看重自己所从事的工作才会有发展。"

现在，有很多人认为自己所从事的工作只能勉强领薪，在人生事业上无足轻重。正是这样的态度严重地限制了他们的人生价值，阻碍了他们事业的发展。他们置身于自己所从事的工作之中，虽也将工作当成一种必需，却认识不到工作的真正价值，日复一日、年复一年的辛苦劳作不过是为了生计。他们轻视自己的工作，对工作敷衍了事，总把心思放在怎样才能干一件大事来摆脱自己的现状上。这样的人怎么可能有大的发展！

我们知道，一个人认为自己是怎样的，他便会朝着他认为的那个方向发展。你认为自己的工作很卑微，没有前景，之所以每天要去工作只是为了糊口，你对工作缺乏热情甚至消极怠工，工作自然不会使你成功。同样，你认为自己能力有限，不能承担重任，因此在工作上只做到不马虎行事，从不去积极进取。这些想法就注定你只能成为公司的二流员工，平平庸庸地过一辈子。

反过来，如果你认为自己很重要，自己的工作亦非常重要，便能在工作中不断总结经验，接收到一种积极的心理信息，会帮助和促使你把工作中的每一件事都做得更好。一件做得更好的工作意味着更多的升迁机会、更多的薪金、更多的权益，以及更多的发展空间。

因此，尊重自己的工作其实就是尊重自己。

著名的管理咨询专家蒙迪·斯泰尔在为《洛杉矶时报》所撰写的专栏中曾经说道："每个人都被赋予了工作权利，一个人对待工作的态度决定了这个人对待生命的态度。工作是人的天职，是人类共同拥有和崇尚的一种精神。当我们把工作当成一项使命时就能从中学到更多的知识，积累更多的经验，就能从全身心投入工作的过程中找到快乐、发现机会，取得成功。当然，拥有这种工作态度或许不会有立竿见影的效果，但可以肯定的是，当'轻视工作'成为一种习惯时，其结果可想而知。工作上的日渐平庸虽然表面上看起来只是损失了一些金钱和时间，但是将给你的人生留下无法挽回的遗憾。"

奎尔是一家汽车修理厂的修理工，从进厂第一天起，他就开始喋喋不休地抱怨：修理这活太脏了，没本事的人才干这样的活，一天到晚累个半死，浑身上下没一处干净地方，真是丢死人了。

如此，奎尔每天都在这种抱怨和不满的心情中度过。他认为自己的工作是一份很低等的工作，只是日复一日地在为一点可怜的工资出卖苦力。因此，他便慢慢地开始消极怠工，当同他一起进厂的同事将眼光盯着师傅手上的“活”时，他却窥视着师傅的眼神和举动，稍有空隙便偷懒耍滑，应付手中的工作。

几年过去了，当时同他一起进厂的三个工友各自凭着自己的技艺和工作的劲头，或升职做了他的上司，或另谋高就有了自己的事业，或被公司送进大学进修；只有他，仍旧在抱怨声中做着他自己蔑视的修理工。

奎尔的行为所造成的结果难道是一种偶然吗？不，这是一种必然。作为员工，不要幼稚地认为你对工作的轻视会瞒得过老板的视线。老板们或许并不了解每个员工的具体表现，熟知每一项工作细节，但他能做为你的老板，或者因为经验，或者因为曾经在某方面付出过卓有成效的努力，一定有他超出一般人的能力和见识。你轻视他给你的工作，他自然也会根据你对工作态度来设定你在公司的未来。这一点，无需质疑。

在我们身边，像奎尔这样的人并不少见，他们不尊重自己的工作，不将工作看成是创造人生事业的必由之路和发展人格的助力，而把它视作衣食住行的供给工具，认为工作是生活的代价，是无可奈何、不可避免的劳碌。这样的错误观念将他们的人生和事业都定格在一种永远被动的生活方式里，使他们不愿意奋力崛起努力改善自己的生存环境。对他们来说只有体面的工作才是真正的工作，只有从事有高薪的工作才能使自己致富。岂不知任何伟大的工程都始于一砖一瓦的堆积，任何耀眼的成功也都是从一点一滴中开始的。这一砖一瓦、一点一滴的累积，都需要他们在工作中以尽职尽责的精神去努力。

好岗位、好工作人人趋之若鹜，普通、琐碎的工作人人唯恐避之不及。但好工作和好岗位是从哪里来的呢？什么样的工作才算是普通、琐碎的工作呢？

亨利和阿尔伯特是同班同学，两个人大学毕业后恰逢英国经济动荡，都找不到适合自己的工作，便降低了要求，到一家工厂去应聘。恰好，这家工厂缺少两个打扫卫生的职员，问他们愿不愿意干。亨利略一思索，便下定决心干这份工作，因为他不愿意依靠领取社会救济金生活。

尽管阿尔伯特根本看不起这份工作，但他愿意留下来陪亨利一块儿干一阵子。因此，他上班懒懒散散，每天打扫卫生时敷衍了事，一次，两次，三次……老板认为他刚从学校毕业，缺乏锻炼，再加上恰逢经济动荡，也同情这两个大学生的遭遇，便原谅了他。然而，阿尔伯特内心深处对这份工作抱着很强的抵触情绪，每天都在应付自己的工作。结果，刚干满了三个月，他便彻底断绝了继续干这份工作的念头，辞了职，又回到社会上，重新开始找工作。当时，社会上到处都在裁员，哪有适合他的工作呢？他不得不依靠社会救济金生活。

相反，亨利在工作中抛弃了自己作为大学生——高等学历拥有者的身份，完全把自己当作一名打扫卫生的清洁工，每天把办公走廊、车间、场地都打扫得干干净净。半年后，老板便安排他给一些高级技工当学徒。因为工作积极、认真勤快，一年后，他成为了一名技工。尽管如此，他依然抱着一种积极的态度，在工作中不断进取，认真负责。两年后，经济动荡的局面稍稍稳定后，他便成为了老板的助理。而阿尔伯特此时才刚刚找到一份工作，成为一家工厂的学徒。但是，他认为自己是高等学历拥有者，应该属于白领阶层。结果，在自己的工作岗位上仍然把活干得一塌糊涂，终于在某一天又回到街头，去寻找工作。

今天工作不努力，明天努力找工作。一个不轻视自己工作的人，工作中任何一件琐碎、不起眼小事都会成为他成长和锻炼自己的机会。一个尊重自己所从事工作的人，根本无须为他的未来担心。

平凡的是工作岗位，平庸的是工作态度。无论你从事的工作多么琐碎，都不要看不起它。要知道，所有正当合法的工作都是值得尊敬的。只要你诚实地劳动，没有人能够贬低你的价值，你在工作中所能收获到的一切，完全取决于你对工作的态度。

用勤奋为抱怨画上句号

我们不得不承认，个人利益与组织利益之间存在着你多我少或者你少我多的选择，从某一个时点上看，个人利益和组织利益是冲突的。但事实上，从一个较长时期来看，个人利益与组织利益绝对是统一的。这非常好理解。你看看那些效益好的企业，员工的收入不是很高吗？反之，那些效益差的企业，员工的收入不是很微薄吗？不要太计较一时的你多我少。如果每一个员工都把目光放长远一点，今天少索取一点，让企业发展得更快，明天获取的就不会是这一点了，而是今天的许多倍。

很多人就某一时点上个人利益与企业利益的冲突引申出老板剥削员工的理论。更有人说："我不可能长久地待在这个企业里，我不可能看那么长远，我就看现在，我不能容忍属于我的不给我。"

你真的在被剥削吗？真的有属于你的工资而没给你吗？如果你没有创造价值，就是你在"剥削"老板了。公司房租是谁在支付？固定资产的折旧谁在承担？办公耗材是谁掏的钱？水电费是谁在埋单？老板雇用一个人，即使不支付一分钱薪水，他也得为这个人付出高昂的办公成本。假如你是一个老板，一个不能为你创造价值的人对你说："让我为你工作，我一分钱工资也不要。"你会接受吗？你肯定不会！把这样一个人弄进你的公司，你起码得给他弄把椅子和办公桌吧，这不得花钱吗？在很多人眼里，勤奋是一种过时的品格。他们认为，现代社会需要的是头脑和机遇，只要两者兼备就可以轻松获得成功。这种错误的认识让许多人尝到了苦果。要知道，勤奋才是通往成功人生的必经之路，也唯有勤奋才能让你减少抱怨，直到远离抱怨。

加伦如今是一家建筑公司的副总经理，五六年前，他是作为一名送水工被建筑公司招聘进来的。在送水工作中，他并不像其他送水工那样，刚把水桶搬进来，就一面抱怨工资太少，一面躲起来吸烟，而是每一次都给每位建筑工人的水壶倒满水，并利用工人们休息的时间请他们讲解有关建筑的各项知识。没几天，这个勤奋好学、不满足现状的送水工就引起了建筑队长的注意。两周后，他被提拔为计时员。

当上计时员的加依然精益求精地工作，他总是早上第一个来，晚上最后一个走。由于他勤奋好学，对包括地基、垒砖、刷泥浆等在内的所有建筑工作都非常熟悉，当建筑队长不在时，工人有了问题总爱问他。

一次，建筑队长看到加伦把旧的红色法兰绒撕开套在日光灯上以解决施工时没有足够的红灯照明的难题后，便决定让这位年轻人做自己的助理。就这样，他通过自己的勤奋努力抓住了一次次机会，用了短短的五六年时间便晋升到这家建筑公司的副总经理的位置。

虽然加伦当上了公司的副总经理，但他依然坚持自己勤奋工作的一贯作风。他常常在工作中鼓励大家学习和运用新知识、新技术，还常常自拟计划，自画草图，向大家提出各种好的建议。只要给他时间，他就可以把客户希望他做的事做到最好。

在这个世界上到处都有一些看起来很有希望成功的人，他们身上有着非凡的品质，眼光之中也洋溢着聪明之光。但是，他们最终并没有成功，原因就在于他们只知抱怨，缺乏勤奋的工作精神。

干得好胜于说得好。无论什么事，都要勤奋地去做事，脚踏实地地去做事，默默地在自己脚下多垫些“砖头”，在良好的基础上继续努力，才会更加接近成功。

感谢工作的馈赠

有位父亲告诫刚踏入社会的儿子：“若遇到一位好老板，便要忠心地为他工作；假如第一份工作就有很好的薪水，那算你的运气好，要努力工作以感恩惜福；万一薪水不理想，老板也不太好，就要懂得在工作中磨炼自己的技艺。”

这位父亲是睿智的，所有的年轻人都应将这些话牢牢地记在心底，始终秉持这个原则做事。即使起初位居他人之下，也不要计较。在工作中不管做任何事，都应将心态回归到零，学会感激工作中的一切：感谢工作环境，感谢你的老板，感谢每一次的工作机会，并积极地将每一次工作任务都视为一个新的开始、一段新的体验、一扇通往成功的机会之门。

或许每一份工作都无法尽善尽美，但每一份工作中都有宝贵的经验和资源。如失败的沮丧、成长的经验、老板的严苛、同事间的竞争，等等，这些都是任何一个工作者走向成功必须体验的感受和必须经历的锻造。

一种感恩的心态可以改变一个人的一生。如果你能每天怀着感恩的心情去工作，在工作中始终牢记“拥有一份工作，就要懂得感恩”的道理，你一定会收获很多。

当我们清楚地意识到自己无任何权力要求别人时，就会对周围的点滴关怀或任何工作机遇都怀有强烈的感恩之情。因为要回报这个美好的世界，我们会竭力做好手中的工作，努力与周围的人快乐相处。结果，我们不仅心情会更加愉快，所获帮助也会更多，工作会更出色。

我们生而为人并能顺利走到今天，要感谢父母的恩惠，感谢大众的恩惠，感谢师长的恩惠，感谢国家的恩惠；没有父母养育，没有大众助益，没有师长教诲，没有国家爱护，我们何能存于天地之间？所以，感恩不但是美德，而且是一个人之所以为人的基本条件！

感恩已经成为一种普遍的社会道德。然而，人们常常为一个陌路人的点滴帮助而感激不尽，却无视朝夕相处的老板的种种恩惠和工作中的种种机遇。这种心态总是导致他们轻视工作，并把公司、同事对自己的帮助视为理所当然，还时常牢骚满腹、抱怨不止，就更谈不上恪守职责了。

人们对工作心怀感恩的心情是基于一种深刻的认识：工作为你展示了广阔的发展空间，以及施展才华的平台。你对工作为你所带来的一切都要心存感激，并力图通过努力工作以回报社会来表达自己的感激之情。

感恩既是一种良好的心态，又是一种奉献精神。当你以一种感恩图报的心情工作时，你会工作得更愉快、更出色。

真正的感恩应该是真诚的、发自内心的感激，而不是为了某种目的，迎合他人而表现出的虚情假意。时常怀有感恩的心情，你会变得谦和、可敬且高尚。每天都应当抽出几分钟时间，为自己能有幸拥有眼前的这份工作而感恩，为自己能进这样一家公司而感恩。

对工作心怀感激并不仅仅有利于公司和老板。“感激能带来更多值得感激的事情”，请相信，努力工作一定会带来更多更好的工作机会和成功机会。

此外，对于个人来说，感恩赋予我们富裕的人生。感恩是一种深刻的感受，能够增强个人的魅力，开启神奇的力量之门，发掘出无穷的智慧。

一个人若失去感激之情会马上陷入一种糟糕的境地，对许多客观存在的现象日益挑剔甚至不满。如果你的头脑被那些令你不满的现象所占据，你就会失去平和、宁静的心态，并开始习惯于注意那些琐碎、消极、猥琐、肮脏甚至卑鄙的事情。放任自己的思想关注阴暗的事情，就会让自己也慢慢变得阴暗。相反，若你把注意力全部集中在光明的事情上，你将会变成一个积极向上的人、一个大有作为的人。

不要浪费时间去分析和抨击公司领导，不要无休止地指责和厌恶在某些方面不如自己的部门主管，指责别人并不能提高自己。相反，抨击和指责他人只能破坏自己的进取心，给自己徒增烦恼和不满。请相信，市场永远是公平的，它会以自己的方式去实现公平。

那些牢骚满腹的年轻人，请将目光从别人的身上转移到自己手中的工作上，心怀对工作的感激之情，多花一些时间想想自己还有哪些需要改进和提高的地方，看看自己的工作是否已经做得很完美了。如果你每天能怀着一颗感恩的心而不是抱怨的心态去工作，相信工作时的心情会是愉快而积极的，工作的结果也将大不相同。

500 强工作法：没有无缘无故的好运

当你数十年如一日全力以赴地投入到工作中，结果发现尽管自己累得半死，却始终得不到提拔甚至还被降职，这时，你有没有想过问题究竟出在哪里？升降有因，没有无缘无故的升迁，也没有无缘无故的降职，请学会检讨自己。为公司打拼了很多年，始终得不到升迁机会的你，应该考虑找出阻碍你升职的绊脚石。

以下几个方面看似无关紧要，实际上却都是致命的坏毛病，好好检查一下自己吧。

1. 乐于在办公室剖析自己

如果你自我感觉相当良好，对自身存在的不足经常挂在嘴边，以此来表白你有足够的自知之明，敢于剖析自己，这种“看我有多糟”的姿态会使上司认定你是个“永远有待完善的人”，从而一再地推迟晋升你的计划。

2. 天生的“反对派”

在活跃的工作氛围中，上司总希望有人对他提出的方案发表意见，出现反对意见也有气量照单全收。但是，如果你是天生的“反对派”，专门喜欢给大家澎湃的热情泼冷水，那么，再民主的上司也会把你归为另类弃之不用。

所以，一定要设法加以改变，学会强迫自己保持沉默。

3. 只工作不合作

假如你能力出众，又肯埋头苦干，工作的质量和效率均出类拔萃，但是不愿与同事交流。一旦与他人合作就显得闭塞、慌张，宁肯一头埋没于专业之中，也不愿与同事积极沟通，那么，即使你的业绩遥遥领先，也不会因为这一技之长把你带到事业的顶峰，至多只能为你赢得一个技术权威的头衔。至于行政职务上的攀升，恐怕都会与你无缘。

4. 过度推销自己

懂得证明自己的价值固然勇气可嘉，但是如果你推销自己的欲望总是一触即发，那么，取得的效果肯定适得其反。在与你相处一段时间以后，上司、同事很可能把自吹自擂视为你的头号本领，反而忽视你的其他长处。实际上，自吹自擂总会给人底气不足、用吹嘘来壮声势的感觉。考查你时，大家多半会把你的能力打个折扣。

而且，在任何场合都过分突出自己的人必然会忽略他人的感受，往往给人不尊重人的坏印象。这种品格，极难获得好口碑。

5. 出勤率低

“我常缺勤，可我有才能！”不要妄想用这样的言语打动老板，要知道，缺勤请假也是升职加薪的拦路虎。

切不可做一个先斩后奏的自由主义者。请假对上班族而言是常有的事情，但请假按规定应事先向单位主管报批，待获得允许后才能离开工作岗位。请假的方式和频率，往往也会成为公司评价你的重要依据。公司将以此评定一个人的工作态度，进而直接影响到你的考核成绩。

两强相遇，取出勤率高者。当上司在评价两个实力相当的员工以及决定给他们奖赏时，有很多指标都是模糊的，最后你们的出勤时数就有可能作为参考衡量的指标之一。在此情形下，诸如责任心、合作精神、创造性等反而会处于次要的地位。

模糊不清时，取其可衡量者。此外，就上司而言，在评定员工的同时，上司本身的能力会成为被质疑的对象，一旦心存成见又识人不足，自然难让人心悦诚服；但如果能就员工出勤率作为具体、可信的依据标准，当然能杜绝其他人的七嘴八舌，给人留下较为公平的印象。

在现今的就业体制之下，企业都把“出勤率”作为重要的评价标准。因为分工制度的实行，个人应该分担的责任相对减少，这样，出勤率自然成了评定考绩的重要标准。由此可见，员工对于休假所持的态度对于个人的升职和对公司的整体发展有着极其重大的影响。这种现象和趋势，对于基层人员及低级干部以下人员影响力更大。

无论如何，不可肆无忌惮地想请假就请假，也要多为他人着想。当心留下不良记录，影响自己的业绩考核。因此，只有找出阻碍你晋升的绊脚石，才能顺利走上晋升的道路。

你不妨对照以上几点检讨一下自己，有则改之、无则加勉，免得自己多年的辛勤付出坏在了这些琐事上。

第 22 章

人脉拓展：搞好人际关系，你就赢了

【职业发展的4个幸运】1.第一份工作遇到了某一行业的标杆公司，建立了自己的专业框架；2.遇到一个高水平的领导，让你尝试，同时还培养你；3.遇到了一批拥有梦想的同事，每天都有新的想法并且为之行动；4.工作外结识了一批志同道合的朋友，建立了高质量的人脉。

经营好你的人际资产

人生中，有一种被称为“人际资产学”的感情户头，视此为个人的本钱。这种“人际资产”在你面临事业上的竞争、拓展与人际事务时，就可能会产生很大的助益。而随着岁月的累积，这些持续下来的人际关系也将变得更坚实、更可靠。因此，不仅才华是你的资源，人际也一样重要，它们是职业生涯规划中不可或缺的两个利器。

成功的人们大多喜欢广泛交际，并结成自己的“事业发展网络”。比如，你要某人推荐几个供你拜访的朋友，如果这个人是个失败的人，他好不容易才能为你提供一两个人，而且好不容易才找到这一两个人的地址和电话。成功的人就不同了，他们会推荐出一大堆朋友，而且是在长长的名单上寻找，因为名单上包括各式各样的朋友。由此显示出成功者与失败者在交友方面的差别。

成功的人大多是有社会关系网的人。这种网络由各种不同的朋友组成，有过去的知己、有近交的新朋，有男的、有女的，有前辈、有同辈或晚辈，有地位高的、有地位低的，有不同行业的，有不同特长的，也有不同地方的……这样的社会关系网，才是一个比较全面的网络。也就是说，在你的关系网中，应该有各式各样的朋友，他们能够从不同的角度为你提供不同的帮助；当然，你也要根据他们不同的需要为他们提供不同的帮助。

广泛与人交往是机遇的源泉。交往越广泛，遇到机遇的概率就越高。有许多机遇就是在与朋友的交往中出现的，有时甚至是在漫不经心的时候，朋友的一句话、朋友的帮助、朋友的关心等都可能化作难得的机遇。在很多情况下，就是靠朋友的推荐、朋友提供的信息和朋友的多方面帮助，人们才获得了难得的机遇。

每一个伟大的成功者背后都有另外的成功者。没有人是自己一个人达到事业的顶峰的，假如你决心成为出类拔萃的人，千万不能忽视人际关系，一定要建设好自己的人际关系网，因为它是能让我们终身受益的一种资本。

1. 以真诚换真诚

大家也许听过这样一个故事：一个生气的男孩想向他妈妈大喊他恨她，又害怕受到惩罚，就跑出家，来到山腰上对着山谷大喊："我恨你！我恨你！我恨你！"山谷传来回应："我恨你！我恨你！我恨你！"男孩吃了一惊，跑回家去告诉他妈妈说，在山谷里有个可恶的小男孩对他说恨他。于是他妈妈就把他带回山腰上并让他喊："我爱你！我爱你！"男孩按他妈妈说的做了，这回他发现有个可爱的小男孩在山谷里对他喊："我爱你！我爱你！"

如果你用真诚对待身边的人，别人也会用真诚对待你，那么你将会赢得更多的东西。

在我们所接触的人中，会有各种各样的人，他们中有与自己合得来的，也有合不来的。虽然我们有权利选择和什么样的人来往，甚至可以尽量不和自己性格不和的人交往，但是，这绝不是一个英明的选择。因为无论在任何时候，我们都生活在一个集体之中，这就注定必须和这样那样的人相处。我们只有积极主动地努力适应对方的性格特点，真诚地对待身边的每一个人，才能建立良好的人际关系。

2. 保持适当的距离

人际交往是满足人们需要的活动。心理学家霍曼斯早在1974年就曾经提出人与人之间的交往本质上是一种社会交换，这种交换同市场上的商品交换所遵循的原则是一样的，即人们都希望在交往中得到的不少于所付出的。如果得到的大于付出的，会令人们心理失去平衡。

人际交往要有所保留，初入社交圈中的人常犯的一个错误就是"好事一次做尽"，以为自己全心全意为对方做事就会关系密切。事实上并非如此。因为人不能一味接受别人的付出，否则心理会感到不平衡。"滴水之恩，涌泉相报"，这也是为了使关系平衡的一种做法。如果好事一次做尽，使人感到无法回报或没有机会回报的时候，愧疚感就会让受惠的一方选择疏远。留有余地，好事不一次做尽，这也许是平衡人际关系的重要准则。

留有余地，适当地保持距离，因为彼此心灵都需要一点空间。如果你想帮助别人，而且想和别人维持长久的关系，那么不妨适当地给别人一个机会，让别人有所回报，不至于因为内心的压力而疏远了双方的关系。而"过度投资”不给对方喘息的机会，就会让对方的心灵窒息。留有余地，彼此才能自由畅快地呼吸。

3. 让别人信任你

良好人际关系的一个重要条件就是人际信任。人的感情沟通是同质的：爱引起爱，嫉妒引起嫉妒，恨引起恨。这是感情的正相关效应。所以，我们只能是以爱来唤起爱，以爱来回报爱；以信任来唤起信任，以信任来回报信任。

由于许多原因，现在很多人在人际交往中存在的一个问题就是对他人难以信任。在有些人眼中，社会复杂得就像个大黑洞，你无法看清它的真面目；他人都是心怀叵测不可相信的。因此，在与人交往中疑虑重重，唯恐上当受骗。有些居心不良的人固然是要防备的，但毕竟是少数，不能因此连朋友也拒之千里。过分地孤疑、猜忌、不信任会使人难于交友，无法形成相应的人际关系，在这种氛围中工作学习都会受到影响，个人心理压力也会很大。

但是，有些人容易走极端，在人际交往中对任何人都是以不设防的心态高度信任，这种做法也并不可取。有的人的鉴别能力不是很高，过度信任他人会使人丧失应有的警惕，使别有用心的人有机可乘。

主动接近成功人士

人脉是与每个人发生联系的人际关系的网络。“书到用时方恨少”，人际关系也一样。对每个人来说，人际网的建立都要花时间和精力。而且，建立人际关系之初未必能发现它对自己有多大帮助，可一旦建立起来，你就会懂得人脉的力量真的很大。

凡是事业上成功的人都有一个共同的特点，即来自主观上的自己不懈的努力和来自客观上他人的帮助，尤其是成功人士的帮助。不管你多么聪明，不管你具备多么优越的条件，只要没有人帮助你或者有人故意刁难你，那么，你就很难成为一个成功的人士。

如果你经常读成功人物传记，会发现：许多人能够成功完全是因为紧紧跟在一位成功人士的后面。因此，你的未来和你的上司或者老板关系密切。

美国微软公司董事长比尔·盖茨之所以成功，也是因为他在创业初期得到了名叫斯蒂文·扎布斯的一位成功人士的帮助。不管你从事的事业大小与否，如果没有成功人士相助，你就很难获得成功。

汉斯从哈佛大学毕业之后进入一家企业做财务工作，尽管赚钱很多，但汉斯很少有成就感，沮丧的情绪经常笼罩着他。汉斯其实不喜欢枯燥、单调、乏味的财务工作，他真正的兴趣在于投资，想做投资基金的经理人。

汉斯为了排遣自己的沮丧情绪就出去旅行。在飞机上，汉斯与邻座的一位先生攀谈起来，由于邻座的先生手中正拿着一本有关投资基金方面的书籍，双方很自然地就转入了有关投资的话题。汉斯觉得特别开心，总算可以痛快地谈论自己感兴趣的投资，因此就把自己的观念以及现在的职业与理想都告诉了这位先生。

这位先生静静地听着汉斯滔滔不绝的谈话。时间过得飞快，飞机很快到达了目的地。临分手的时候，这位先生给了汉斯一张名片，并告诉汉斯，他欢迎汉斯随时给他打电话。

这位先生从外表来看就是一名普通的中年人，汉斯因此没有在意，继续自己的旅程。

回到家里，汉斯整理物品的时候发现了那张名片。仔细一看，汉斯大吃一惊，飞机上邻座的先生居然是著名的投资基金管理人！自己居然与著名的投资基金管理人谈了两个小时的话，并留下了良好的印象。汉斯毫不犹豫，马上提上行李飞往纽约。一年之后，汉斯成为一名投资基金的新秀。

对每个人来说，必须具备良好的人际关系。尤其碰上了成功人士，你就会觉得心情豁然开朗、耳目一新，成功的大门也随之向你敞开。成功人士远在天边，近在眼前。如何结识成功人士？如何获取他们的支持？

1. 主动接触成功人士

生意场上，初创业者往往起步艰难，如果能得到事业有成人的帮助，一定会飞得快、跑得远。因此，你的交际圈子中有几位大老板为你“呼风唤雨”是非常重要的，但你这个“小字辈”又如何与他们接触并如何让他们喜欢你呢？

首先，必须掌握大老板的社会关系。大公司或知名老板是很难与一般老板会面的，但是，如果能与他们合作或与他们交上朋友，那真是很荣幸也很珍贵的，因为从他们那里你会大开眼界，学到许多平常学不到的东西。

要与大老板交往，最基础的工作就是要掌握他们的社会关系。大老板是人，不是神，他们有各种社会关系，有各种各样的业务，也有各种各样的喜好、性格特征。特别是现代媒体，经常关注一些大老板的情况你从中定会了解一二。你可以从他的历史上认识他的过去、他的经历、他的祖辈、父辈，也可以从他的亲属、他的朋友、他的子女等那儿认识了解他。

从业务上了解大老板也是一条好途径。他经营的业务范围主要是哪些，次要的是哪些，他的分公司、子公司分布在什么地方，这些公司的经营者是谁，他多长时间会查看分公司、子公司，等等。

从兴趣爱好上了解大老板。他喜欢什么运动、什么物品、什么性格的人，他喜欢或经常参加什么聚会，他休闲、娱乐的方式有哪些，常到什么地方去，等等。

总之，要结交一个大老板又没有机会的时候，你不妨从以上几个方面去了解，总会发现一些机会的。

其次，制造初次见面的氛围。当你发现了或者创造了与大老板见面的机会后，最重要的便是如何制造一种特殊的会面氛围。因为，在众多人物中，也许你本身就是芸芸众生中的一员，说不定连话都跟大老板说不上。

在共同出席的会议或聚会上选择位置时，一定要选择一个与大老板尽可能近的位置，以便他能发现你，并且一有机会便可有机会交流。

同时，要以穿着表现自己的个性，因为与人第一次交往，别人往往是从服饰上得来第一印象。着装要表现个性、特色，给人舒服的感觉。

要针对大老板关注的事予以刺激，要尽快发现对方关心注意何事，找到适当的话题，抓住对方的注意力，刺激对方对自己的兴趣。话语要力求简洁、有独创性，使对方产生震撼，留下较为深刻的第一印象。

最后，适当展示自己的能力，以赢得大老板的青睐。大老板一般都爱才、惜才，如果你一贯表现出对他意见的赞同，不敢表现自己独到的见解，他会反感你的。因此，适当地表现自己的独特才干是会受大老板喜欢的。当然，你不能表现得太过锋芒毕露，让人一见就觉得有喧宾夺主之感。

与大老板有过几次接触并感觉到他对你态度不错，那么别出心裁送赠礼品是联系大老板情感的重要方式。这要针对大老板的具体情况，不能千篇一律，也不能委托他人。不一定昂贵就是好礼品，要赠送，就要送他特别喜爱的东西才是。同时在赠送方式上也要别出心裁，从包装样式、赠送仪式都要显得别具一格。

写信是交流思想、联系感情的好方式。随着电讯事业的发展、电脑技术的开发，很多人的联系方式都是通过电话、电子邮件等形式联系，很少再看见以书信方式交流了。你用书信方式向大老板请教问题、交流思想，他会感到很亲切，所以这是你结交大老板的恰当方法。

2. 有技巧地赞美成功人士

在积累人脉资源的过程中，懂得如何赞美别人是讨得对方欢心的最佳方式。“良言一句三冬暖”，适当的赞美温暖别人的心，也温暖自己的心，缩短了心与心的距离。赞美是一门学问，其中的奥妙无穷。

“赞美”的实质是能抓住赞美的事物的实质。许多人常犯的错误就是见了什么都说好，见了谁都说高，有的是不懂装懂，有的是只知其一不知其二，语言不到位，说不到点子上去，切不中要害，缺乏力度。在书法展上我们经常听到一些似懂非懂、不懂装懂的人发出这样的赞叹：“这字写得真好！”问他究竟好在哪里，他支吾半天说不出个一二三来。或者有人慨叹：“这手字真乃绝活！我一个也认不出来！”如此赞扬，自露浅薄。

做一个赞美者要懂专业知识。“隔行如隔山。”现代社会中专业分工很细，各专业相对独立，自成相对封闭的系统。如果知识面狭窄，无疑就成了“门外汉”，空怀一颗善良的心却找不到赞美的话题。

首先，要善于使用专业术语。术语是构成一门学问的细胞，是其基本构成要素和基本概念。

其次，对某一行要有一定的造诣，你的赞美才会令人接受，并视你为知己好友。

赞美者还要表现独具慧眼。独具慧眼的赞美者善于发现别人发现不了的优点、长处和意义。

再次，了解引以为荣的事。

人不是历史的符号，但在每个人成长发展的历史过程中又满载着历史记录，其中不乏自己引以为荣的事情。对这些引以为荣的事情，每个人都渴望得到别人较高的评价，如果能够得到衷心地肯定和赞美更是让人高兴和自豪的事。

有时你看准的人，他却不一定愿意与你相处、与你共事、为你效劳。怎么办？世上没有攻不破的堡垒，更没有感动不了的人。你求人帮助，尤其求那些功成名就的人、那些身怀绝技的人、那些个性特异的人，是需要下一番工夫的。

看准谁是你的交际对象

建立社交商业圈是为了拓展人脉，有人把这种见面的目的描述为“喝茶”或者“喝咖啡”，而非谈生意，确有道理。

社交是门艺术，商业领袖们无不热衷于此。但有些人并不擅长与陌生人打交道，在社交中往往显得手足无措、无所适从，从而不得不放弃某些可以与大人物接触的机会。这里将从识别身体语言信息的角度为你支招，让你在较短时间内辨别出“谁是你的交往对象”，减少沟通的时间成本，迅速“破冰”。

1.从表情判断你可以攀谈的人

人们对他人的印象90%来自于初次见面的前20秒。面带微笑所传递出的友好远胜于其他任何一种身体语言，它会让远在30米外的人都能感受到你的真诚和热情。

所以，当我们在社交场合中看到有人用挂着笑容的脸庞面对自己的时候，这就是一个好的开始。他会是一个非常好的攀谈对象，因为他的表情已经给了你答案。这时候如果你主动走上前去和他打招呼，会极少受到冷遇。

如果你看到一个正在和他人交谈眼睛却不断瞄向你这里的人，说明他可能会对你感兴趣，这时只要你走过去，用目光迎接他，主动说：“请问我们能不能认识一下？”他通常都会热情地回应你，不会让你受冷落。

如果你在社交场合中遇到一位总是把手放到裤兜里的人，这不大可能是个容易套近乎的人。他们看起来好像很酷、很自信，事实上恰好相反，他们往往是自以为是的人，似乎并不期望与你有什么深入交流，你千万不要自找没趣。

2. 通过握手姿势感知对方的诚意

初次与他人见面，首先要互致问候，如果对方说“你好”或者“早晨好”“下午好”之类的话，说明他很在意你。如果对方只是轻微点点头之类很随便地打招呼，表明诚意不够或者这人过于随便。

问候中通常会伴随着握手，这最能够直接感知到对方传递出的信息。了解对方是否对你有好感，是否愿意与你深入攀谈，握手是最重要的一环。

见面握手问候，并不是中国的传统，纯粹是来自于西方的问候礼仪。在早期的西方社会，男士们用左手握手，是因为他们习惯将匕首藏在左手的袖子里，所以用左手握手是表明自己没有携带武器。后来握手的习惯换成了右手，因为男士们改用右手拿剑。把剑放入剑鞘，伸出右手握手，来证明彼此并没有恶意。右手握手由此而来。

现在随着中西方文化的交融，握手已经非常普遍地运用在世界各国商务和社交场合中。我们可以通过握手与客户或者新朋友有简单的皮肤接触，在较短时间内直接获得关于对方的信息。比如，他是有力的、热情的、真诚的，还是冷漠的、敷衍的、虚假的，等等。

伸手的姿势也十分重要。正确的握手姿势是让身子略微前倾，把整个手臂伸出来，让手掌垂直于地面伸出，且始终目视着对方面带微笑。如果对方握你的手结实而有力，说明他是自信和坚定的。如果对方握手时，将掌心向下压着你的手，而不是垂直地面立手伸出，这说明他是个控制欲很强的人。碰到这种情况，你可以在握手时将其手掌扭转至垂直地面的方向，也可以用你的另外一只手再放到他的手上面，相当于用你的双手牢牢地抓住他，不让他占上风。

如果对方手掌向上伸出握你的手，通常这个人的性格很柔顺、温和。这是一种消极的身体语言，会给人以弱者的印象。除非是文化需要，否则握手时决不可“手软”。无论男士还是女士，没人喜欢软弱无力的握手！某些女士习惯于把手无力地搭给他人，显得自己很矜持，这种被称之为“死鱼式”的握手实在是不可取。商务场合和社交场合中，任何人都应当自信地递出有力的手掌。

如果对方故意地轻握你的手，也足以说明对你的热情有限。顺便提一下握手中必要的一个礼仪常识，如果你手掌心喜欢出汗，最好在与人握手前用纸巾擦除掌心汗渍。通过这个细节，能看出你事事为他人着想的美德。

3. 通过对方的眼神判断是否应该抽身离开

打造商务社交圈的重点就在于结识尽可能多的可以日后交往的人。但当你发现谈话对象的兴趣点已经不在自己的身上时，就应该适时地结束交流。这可以通过眼神来判断。当你发现他的目光已经从你的脸上开始不断地向别处漂移，双脚也伴随着朝向其他方向，意味着他已经没什么可说的了，你就可以大方地离开对方了。此时你可以说“和你聊天真的很愉快，但我怕占用了你太多时间。”或者你也可以说“见到你真的很荣幸，但我必须得过去和一位老朋友打个招呼，待会儿见！”再或者说，“你肯定还要去问候下其他人吧。这是我的名片，我们下周见”诸如此类的话。这么做可以让你掌控局面，同时向对方表明你很善解人意、通情达理，彼此都很有面子。

如果你本身对聊天内容没太大兴趣，即便你绞尽脑汁也找不到合适的说辞，那么这个时候你也可以以同样的借口离开。

4. 通过对方的双脚判断是否能加入他们的交谈中

当你进入一个新的社交场合，步入室内时最好面带微笑站立数秒钟，这么做不仅能够展现出你温暖、友好且自信的一面，而且还能够趁此机会观察下房间中的人。你可以通过他们的着装、年龄，面部表情，以及与自己的相似度，来决定应当首先和谁交谈。

如果你试图加入一个正在聊得起劲的小圈子，你可以留心一下这个圈子每个成员的双脚。如果他们的双脚都朝向彼此，并保持着眼神的接触，就是典型的“封闭式”交谈圈，他们并不希望别人介入，你最好避开为好。如果你发现这个圈子的成员大部分人的脚已经都朝向其他方向，表明他们随时欢迎他人加入谈话阵营，这种“开放式”的圈子有接纳你的空间，所以你就可以露出最迷人的笑容，放心、大胆地走向他们。在开口介绍自己的名字前，可以用诸如“希望我没有打扰到各位”诸如此类的开场白，然后适时地递上、互换名片。拿到对方的名片最好念出他的名字和职务，此举一方面会提醒自己记住，另一方面也让对方感到你对他是另眼相待。

5. “花蝴蝶”和“小蜜蜂”式的人物不是你的交往对象

有些人在社交场合不受欢迎，总觉得是因为其他人太势利，并没有认真反思自己的举止。那些一心想着结交新朋友、根本不在意深入交流的人，如同小蜜蜂一样满场子到处发名片、拉人合影、加微信。我想，不用我说你也懂的，这样的人，你完全没有必要结识。

也有些所谓的成功人士，见到自己熟悉的人就立马把正聊得来劲的朋友晾到一边，自顾自地转身离去，连个道歉都没有，令原来的谈话对象尴尬无比，实在是失礼。

如果你正在和一个人交谈，看到了其他熟悉的朋友想过去打招呼，最好把眼前的谈话对象引见给他人，然后再离开当前的聊天对象。

社交商圈之所以重要，是因为你可以利用这些资源以最低的成本，宣传自己和企业、发展潜在的商机。

勇敢地迈开第一步，逐个运用以上提到的五大招数，坚持下去你就会很快变身为社交达人!

对别人表示关心

法国有个孤独的老人，无儿无女，身体也不好，他决定搬去养老院，老人准备卖了他漂亮的住宅。

这所住宅很有名，所以大家都来买。住宅的底价是15万欧元，但人们很快就将它炒到20万欧元，而且价钱还在不断上涨。老人很忧郁，因为要不是身体不行了，他是不会卖掉这栋他度过大半生的住宅的。

有个小伙子来到老人面前，弯下腰低声说："先生，我也想买这栋住宅，可我只有法郎。""它的底价是15万欧元，"老人淡淡地说："而且现在它已经升到20万欧元。"小伙子并不灰心，他诚恳地说："如果您把房子卖给我，我保证会让您生活在这里，和我一起喝茶、读报、散步。相信我，我会用心来照顾您！"

老人站起来，叫人们安静下来。"朋友们，这房子是他的了。"小伙子出人意料地赢得了胜利。

这个小伙子为什么凭 1 万法郎就胜出了？原因很简单，因为他表示他将用心照顾一个孤独的老人。要知道，孤独的老人需要的就是别人的照顾和关心。虽然有人愿意出20万欧元购买他的房子，但老人最终在金钱和爱心之间选择了后者。因此我们也可以肯定地说：那些真心关心别人的人，总能得到别人的回报。

不用怀疑，人最关注的就是自己。所以，你要上班就要对别人表示关心。

有家餐厅，一群人坐着聊天，适逢餐厅员工下班，有位服务员推自行车时不小心摔了一下，只见经理快速起身跑了过去，扶起那位服务员关切地问："摔伤了吗？要不要去医院看看？"服务员回答："不用。""你看腿都摔破皮了，去餐厅搽点药，歇歇再走吧。"经理小心地扶着她回到餐厅，然后就去找药。找到药后，又亲手替小姐擦上，还对她说如果不舒服下午就不用来上班了，工资照发。那位服务员连声说："不用，不用。"这种做法比发几百元钱奖金更能赢得这位服务员对工作的热爱。

对小事的处理能反映人的素质。同事见面，相互打个招呼，问一声："身体完全好了没有？要不要再多休息几天？"或者："家里的事解决了吗？要不要帮忙？"这种简短的问话，能温暖人心。你心里关怀别人，但不说出来，别人又怎能知道？即使有些极端自私的人表面做出一些关切和问候，在一定程度上也能打动人心。

有些人和同事许久没见面了，但见了面后仍然还像平时一样，这样岂不令人伤心。试想如果你许久没上班，上班后别人见到你没有任何特别的表示，你心里一定会有这种感觉：我这么久没来上班原来他们还不知道，我在他们心里太不重要了。既然你有这样的感觉，别人也一样。下次你遇见许久没见的朋友时，别忘了用惊讶、亲热的语气表达你的问候。"好久没见你了，干什么去了？""好久没见了，真有些想你。"

关心别人，意味着被他的兴趣所吸引，为他的高兴而高兴，因他的担忧而担忧。一个人只要对别人真心感兴趣，他必将赢得真正的友情，必将在需要帮助的时候获得毫不犹豫的帮助。

记住对方的名字

把别人放在心上，就要记住他的名字。我们经常听到有的人发出这样的抱怨："我的记性太差了，刚见过一个人，眨眼就忘了他的名字。"其实，有时并不是你忘了人名，而是第一次见面时你根本没听清对方叫什么。

当你遇到一个陌生人，而且听到对方的自我介绍很含混时，你可以马上跟一句："对不起，我没听清您该怎样称呼。"大多数人可能认为，请求对方重复一遍姓名比较难堪。实际上，一个人最珍视的"私有财产"就是他（她）的名字。如果你能给予哪怕是最细微的注意，他（她）都会对你产生好感。

美国的钢铁大王卡内基从小就显示出其组织、领导才能。10岁时，他就懂得一个人的名字与他自己有着微妙而不寻常的关系。他便利用人们的这种心理获得很多人的协助，成就了不凡的事业。下面的故事是其中的一则：

少年时代的卡内基，有一天抓到了一只母兔，不久母兔生了一窝小兔子，饲料因而不够食用，卡内基如何处理呢？他一点也不头痛，他的脑海里早有了很美妙的构想，他把邻近的孩子们集合起来宣布：谁能拔最多的草来喂小兔子，就以他的名字给小兔子命名。于是孩子们都争先恐后地为小兔子寻找饲料，卡内基的计划顺利地实现了，他始终没有忘记这一次的成功。终其一生，他就是利用人们的这种心理成功地领导着许许多多的人。

凡是成功成名的人，都知道记住别人的名字将会给自己的人生带来莫大的助益。他们了解，掌握人心之法并不在于很深的理论，而是在于记住别人的名字，并且亲切地招呼对方。

一个餐馆老板这样记住他的顾客的名字：这位老板在餐馆时会留心别人的谈话，然后把名字暗暗记下。如果有4个人坐在一张方桌，他就会走上前去介绍自己，同时问这 4 个客人的名字。然后他便将他们4个人跟东、南、西、北4个方位连在一起，比如赵弘北、李笑东等。如果是6个或8个人坐在一张圆桌上，他就将他们跟手表的指针方向联想在一起，如赵弘在2点钟方向、李笑在8点钟方向，依次类推。这个老板还会把这些名字写下来，晚上就寝之前，他就把这些名字再拿出来浏览回想一遍。他坚信，重复是记忆的最好办法，而他的方法也确实有效。

在社交中，假如记住别人的姓名并容易地呼出，你就对他已有了巧妙且很有效的恭维。以下是巧记人名的方法：

确信自己听清对方的名字；问明白对方的名字是如何拼写的；在初次交谈中适时地直呼其名；分手时再直呼其名。

增加见面的次数

有一位著名的心理学家查荣茨做过这样一个实验：先向被试验者出示一些照片，有的出现了20多次，有的出现了10多次，有的只出现了一两次，然后请被试验者评价对照片的喜爱程度。结果发现，被试验者更喜欢那些看过很多次的熟悉照片，而非那些只看过几次的新鲜照片。也就是说，看的次数增加了喜欢的程度。

这种对越熟悉的东西就越喜欢的现象，心理学上称为“多看效应”。

人心既坚强又柔弱，是一个很奇妙的存在体。有些感情因素，如喜欢，会在不知不觉的接触中产生。接触频率或者说见面次数越多，越会喜欢。

有社会心理学家为了证明这个效应，曾做过一个实验：在一所大学的女生宿舍楼里，他们随机找了几个寝室发给不同口味的饮料，然后要求这几个寝室的女生可以以品尝饮料为理由，在这些寝室间互相走动，但见面时不得交谈。一段时间后，心理学家评价她们之间熟悉和喜欢的程度。结果发现：见面的次数越多，相互喜欢的程度就越大；见面的次数很少或根本没有，相互喜欢的程度也较低。

闭上眼睛，仔细回想一下，我们对有些人的印象一般，但是随着经常的接触是不是会越看越顺眼，甚至会越来越喜欢？

有些人我们第一次可能觉得她不漂亮、不温柔，不是自己喜欢的类型，但是却天天见，时间长了，是不是也会越看越觉得她很漂亮、可爱？

聪聪、小华和明明三个人在高中念同一个班，彼此都是很好的朋友。但是高考之后，聪聪和小华都考在了同一所大学读书，而明明则考到了另一座城市的一所大学里上学。

聪聪和小华几乎每个星期都会碰面四五次，有时是相约一起出去玩，有时是一起吃个饭，有时是在校园巧遇。明明在新学校也结识了许多自己的新朋友，和聪聪、小华则是只在寒暑假才在家乡见面，一起开心地玩几天。结果却是，尽管他们三人还是好朋友，但不知不觉中，聪聪和小华的关系更加亲密，而与明明则有些莫名其妙的生疏。

可见，若想增强人际吸引，就要留心提高自己在别人面前的熟悉度。

当一个男生喜欢一个女生的时候，就可以时不时地故意制造见面的机会。假如她经常去某个教室上自习，你就故意也在那个时间点去那个教室上自习，“嗨，这么巧，你也来这上自习呀”，并想尽办法坐得离她近点儿。

试想，你每天都这样见到她，在她旁边学习，就有机会了。所谓“近水楼台先得月”，你在时不时地和她探讨下问题，送她回家/寝室。她会对你的印象越来越深，很可能会不知不觉地就喜欢上你。

假如你想做好本职工作，得到领导的重视和赏识，你就有必要经常向领导汇报工作。工作一开始就要先汇报，工作进行到一定阶段要按时汇报，进行到一定程度要及时汇报，工作完成要立即汇报。这样，经常性地汇报，与领导接触的机会就多了，见面的次数也多了，让领导了解你的机会也多了。与领导越熟悉，领导越有可能喜欢你，这样，提拔你的可能性就大了。

如果我们想与某人建立良好的关系，就不妨多找机会和他见面。

别独自享受荣耀

人脉广的人不会独享荣耀，因为自己的荣耀会令别人变得暗淡，甚至令人产生一种不安全感，而你的感谢、分享、谦卑却能让他们吃下一颗定心丸。

有位编辑很有才气，他编辑的杂志很受欢迎。有一年他得到了大奖，一开始他还很快乐，但过了个把月却失去了笑容。他说，社里的同事包括他的上司，都在有意无意间和他作对。

这是为什么呢？原因是他犯了“独享荣耀”的错误。事情是这样的：

他得了大奖，老板还另外给了他一个红包，并且当众表扬他的工作成绩。但他并没有现场感谢上司和属下们的协助，更没有把奖金拿出一部分请客，所以大家虽然表面上不便说什么，但心里感到不舒服，和他产生了隔阂。

就事论事，这份杂志之所以能得奖，这位编辑贡献最大，但是当有“好处”时，别人并不会认为哪一个人才是唯一的功臣，总是认为自己“没有功劳也有苦劳”。所以他“独享荣耀”，就会引起别人的不舒服。尤其是他的上司，更因此而产生不安全感。为了巩固自己的领导地位，这位先生自然就没有好日子过了。

由于上司的白眼、同事间关系的冷漠，两个月后这位编辑就因为呆不下去而辞职了。

这位编辑造成最后这种局面的根源还是在于他自己。谁让他忽略了别人的感受呢？其实每个人都认为别人的成功总有一份自己的功劳和苦劳，而他却傻乎乎地独自抱着荣耀不放，别人当然不会为他如此自私的做法而感到舒服了。

1931年，因为卢瑟福在科学界的地位而被英国政府授予“勋爵”称号。他本人从来不把这些荣誉当作包袱，他声明说：“我并不看重这个勋爵形式，因为它对我这样的科学家有明显的不利。”

卢瑟福从不掠人之美，他总是怀着无限感激的心情来记述那些曾经帮助过他的朋友和团体。例如1932年，他在《麦克吉尔新闻报》上发表的一篇文章中强调说：“关于原子转变的第一个确切证明的荣誉是属于麦克吉尔大学的。”他还进一步指出，1902年至1904年几年间所积累的实验证据是索迪和他本人一起取得的，并且明确指出，“这个近年来激动人心的发现，它的第一步是在蒙特利尔完成的。”他从来都不把一切荣誉和成就都记到自己的功劳簿上，他认为：“科学家不是依赖于个人的思想，而是综合了几千人的智慧，所有的人想一个问题并且每人做它的部分工作，添加到正在建立起来的伟大的知识大厦之中。”卢瑟福就是靠着集体的智慧而在科学研究中才取得一个又一个的成就。

卢瑟福在皇家文学学会（该会后来授予他艾伯特奖章）的一次演讲中，详细论述了玻尔的原子结构学说，并且指出，在他看来，25年来，精确地说，从19世纪末开始算起，总共只有三个基本的发现，那就是：1895年的X射线、1896年的放射性和1897年为汤姆生所证实的电子。按照卢瑟福的这一看法，后来的一切科学研究工作实际上都是来源于这三大发现。他所列举的三个重大的发现竟然没有一个是属于他本人的——从这里，人们也可以再一次看到他那谦虚、纯朴的思想作风和高尚的情操。

把功劳和荣耀送给别人是一个聪明的做法，独自贪功是自私和愚蠢的，它会给你带来人际关系上的危机。

为了让这份荣耀为你带来益处，你需要做好这样几件事：

1. 感谢

感谢同事的鼓励、帮助和协作。不要认为这都是自己的功劳，尤其要感谢上司，感谢他的提拔、指导、授权。如果实际情况果真是如此，那么你的感谢就是应该的；如果同仁的协助有限，上司也不值得恭维，你也有必要感谢他们，这样做虽然勉强一些，却可以使你避免成为靶子。

2. 分享

口头上的感谢也是一种分享，这种“分享”可以无穷地扩大范围。另外一种是实质的分享，别人倒也不是要分你一杯羹，但是你主动的分享却让旁人有受尊重的感觉。如果你的荣耀事实上是众人鼎力协助完成的，那么你更不应该忘记这一点。“实质”的分享有很多种方式，小的荣耀请吃糖，大的荣耀请吃饭，分享了你的荣耀，就不会有人和你作对了。

3. 谦卑

人往往一有了荣耀就“忘了我是谁”地自我膨胀，这种心情是可以理解的，但旁人就遭殃了，他们要忍受你的嚣张气焰却又不敢出声，因为你正在风头上。可是慢慢的，他们会在工作上有意无意地抵制你，不与你合作，让你碰钉子。因此有了荣耀，要更谦卑。要不卑不亢不容易，但“卑”绝对胜过“亢”，别人看到你的谦卑会说“他还蛮客气的嘛！”当然就不会找你麻烦。

谦卑的要领很多，但做到两点就差不多可以了：对人要更客气，荣耀越高头要越低；别再提你的荣耀，再提就变成吹嘘了。事实上，你的荣耀大家早已知道，何必再提呢？

如果你只想独自享受荣耀，那么总有一天你会自吞苦果。

500 强工作法：8 大招点旺你的人气指数

人与人之间相处人气指数很重要，人气指数与人缘关系成正比。

1. 努力使自己永远受到热情接待

一个对周围人真诚感兴趣的人，两个月结交的朋友比另一个力求使周围的人对他感兴趣的人两年结交的朋友还要多。

不过，我们知道有一些人一生都在努力使别人对他感兴趣，而他们自己对谁也没表示过任何兴趣。当然，这不会有什么结果。人们对您和我都不感兴趣，他们首先对他们自己感兴趣。

为了交朋友，不能自私，要努力关心他人，为此需要时间和热情。有一位亲王为周游南美洲曾花几个月的时间学习西班牙语，以便用出访国语言进行公开讲演。这使他博得了南美洲居民的热爱。

所以，你想引起人们的钦慕，你应遵循的第一条准则是："对人们表示出真诚的兴趣。"

2. 给人留下好印象

一次宴会上，宾客中有一位继承了一大笔遗产的妇女，她渴望给所有人留下美好的印象。她拿自己的财产买貂皮、钻石和珠宝，但她不注意自己脸部表情易于激动，也不懂得女人的脸部表情比服饰更重要。

行动比语言更富有表现力，而微笑似乎在说："我喜欢您，您使我幸福，我高兴看见您。"这就是我们为什么喜欢狗的原因吧。狗总是高兴看见我们，满意地跳来跳去！自然，我们也高兴看见它。也有装出来的笑容，不过这种笑谁也瞒不过。装出来的笑容只能使人感到痛苦。我们在这里说的是真诚的微笑——使人感到温暖的微笑，发自内心的微笑。

3. 善解人意，体贴别人

一个体贴别人的人总是设身处地地为别人着想，不让别人紧张、拘束，更不会让别人尴尬难堪。据说，莎士比亚就具有善解人意的神奇能力。在和人交往的过程中，他就像一条变色龙，能根据交往对象的不同特点，随着时间、地点的变化进行应变。文学批评家威廉·哈兹里特指出："莎士比亚完全不具有自我，他除了不是莎士比亚之外，可以是其他任何人，或是任何别人希望他成为的人。他不仅具备每一种才能以及每一种感觉的幼芽，而且他能借着每一次的命运改换或每一次的情感冲突，或每一次的思想转变，本能地预料到它们会向何方生长，而他就能随着这些幼芽延伸到所有可以想象得出的枝节。"

4. 成为好的对话人

成功交谈的秘密在哪里？著名学者查理·艾略特说："一点儿秘密也没有……专心致志地听人讲话这是最重要的。什么也比不上注意听——对谈话人的尊敬了。"倾听可以使他人感受到受尊重和欣赏，而这一点正是对方要的。

您如果想成为被害人喜欢的人，请记住第四条准则："要善于注意听别人讲话并鼓励其讲话。"

5. 激起他人的兴趣

假若你想使人喜欢你，遵循的第五条准则是："请谈论使你的对话人感兴趣的东西。"要想找到打开人心扉的钥匙，必须同他谈他最向往的东西。

兰博在即将被选为副经理时忽然有一位董事表示反对，这个意外的出现使兰博的任命搁置下来。

兰博从朋友那打听到这个董事有收藏古籍珍本的嗜好，每当遇到知音和称赞时就非常兴奋。兰博打电话给这位董事，真诚地说："如果在你的书室能欣赏到被人们赞誉的宝书，将是我一生的荣幸。"

董事邀请兰博来到自己的书室，并向兰博介绍了部分古籍的来历。

兰博一边看一边由衷地称赞，感谢董事让他大开了眼界，增长了见识，并时不时地向董事投去钦佩和敬仰的目光。

通过这次交流，董事对兰博当副经理的事完全赞成。而兰博也敬佩董事的博才，两人成了知心的朋友。

6. 一见面就使人高兴

有一条十分重要的涉及人们品行的准则。你如果不轻视这条准则，你几乎永远不会落入困难的境地。谁遵循这一准则，谁将有众多的朋友并经常感到幸福。谁违反这条准则，谁就会遭受挫折。这条准则是："尊重他人的优点。"

人与人交往沟通中主要靠语言的应用，讲对方想知道的、感兴趣的、关注的话题，讲他爱听的话，多赞美他人。如果说，批评和鼓励都是催人上进、激人发奋的一种手段的话，那么在多种情况下，适当的赞美就往往能收到更好的效果。一个笑容可掬、善于发现和挖掘他人优点并给予赞美的人，肯定会受到别人的尊重和喜爱。

生活中的每个人都希望得到他人的赞美。赞美会激发受赞美者的自豪和骄傲，从中了解自己的优点和长处，认识自身的价值；赞美能和谐人际关系，给人带来美好的心境；并且，当人们在鼓励、尊重对方的同时，也丰富了自己的生存智能。

7. 会给别人保面子

你伤害过谁也许早已忘了，可是被你伤害的那个人永远不会忘记你。他决不会记住你的优点。

给他人保住面子！这一点十分重要！而我们很少想到这一点。我们常常是无情地剥掉了别人的面子，伤害了别人的自尊心，抹杀了别人的感情，却又自以为是。我们在他人面前呵斥一个小孩或下属，找差错、挑毛病，甚至进行粗暴的威胁，却很少去考虑人家的自尊心。其实，只要冷静地思考一两分钟，说一两句体谅的话，对别人的态度宽大一些，就可以减少对别人的伤害。事情的结果也就大不同了。

1922年，土耳其同希腊人经过几个世纪的敌对之后，土耳其终于下决心把希腊人逐出土耳其领土。穆斯塔法·凯墨尔对他的士兵发表了一篇拿破仑式的演说，他说："不停地进攻，你们的目的地是地中海。"于是，近代史上最惨烈的一场战争展开了。土耳其最终获胜。

当希腊的迪利科皮斯和迪欧尼斯两位将领前往凯墨尔总部投降时，土耳其士兵对他们大声辱骂。凯墨尔却丝毫没有显现出胜利的骄气，他握住他们的手，说："请坐，两位先生，你们一定走累了。"

在讨论了投降的有关细节之后，凯墨尔安慰这两位失败者，他以军人对军人的口气说："两位先生，战争中有许多偶然情况。有时最优秀的军人也会打败仗。"

凯墨尔即使在全面胜利的兴奋中，为了长远的利益，仍然记着这条重要的信条——让别人保住面子。

8. 给对方一条退路

要爽快地接受别人的意见，的确是一件很不容易的事。但是，如果是你的意见比较占优势，而他人想要逃避责任的话，这又该如何是好？这样的情况比起自己爽快接受他人的意见难得多了。

这个时候，最差劲的做法就是逼得他喘不过气，或说不出半句话，这也就是所谓的"赶狗入穷巷"。他人被你逼得走投无路的时候，只好抓你的语病反击。如果在这种情况之下，你还不懂得给对方留些余地，对方表面上可能表现得很宽容，匆匆的随便找个台阶下，内心的煎熬却不像表面的那样，这种屈辱有机会他一定会讨回来。

如果你能够遇到一位心胸宽大且真正欣赏你的人，这是你的福气，你要心存感谢，千万不要因为这样就趾高气扬不可一世。《孙子兵法》中也说过，攻敌时要留一条退路给敌人，若是把敌人团团围住而不留一条活路，敌人在走投无路的情况之下只好决一死战，倾全力反击。

因此，在与人意见的交涉中一定要为对方留一条退路，于人于己都行得方便。

能够仔细分辨别人的意图、动机、心情、感受和思想。一个社交能力强的人，必定是会盘算的人，他们会考虑到自己行为的后果，会盘算别人的可能行为，会计算自己的利益和损失，而所有这些盘算都是在相关因素可能变动的情况下做出的。因此，只有认知能力较强、善于察言观色的人，才能在复杂多变的情况下做出这些盘算来。这种人际交往智慧每个人都具有，关键是怎样使之不断增强，怎样把它们在生活中发挥出来。

第 23 章

懂点礼仪：你的礼仪价值百万

【职场十点需牢记】1. 知人不必言尽，留些口德；2. 责人不必苛尽，留些肚量；3. 才能不必傲尽，留些内涵；4. 锋芒不必露尽，留些深敛；5. 有功不必邀尽，留些谦让；6. 得理不必争尽，留些宽容；7. 得宠不必恃尽，留些后路；8. 气势不必倚尽，留些厚道；9. 富贵不必享尽，留些福泽；10. 凡事不必做尽，留些余德。

不懂礼仪，还敢来上班

办公室是一个团队，无论是对本单位还是外来人员，都应体现一个团队的每个成员对他人、对社会的尊重和责任心。一个企业待人接物的礼仪水平，正是从每个职工的言行举止中体现出来的。因此，每个员工都应牢记，自己的言行代表着企业的形象，应自觉地遵从办公室礼仪。

1. 仪表端庄，仪容整洁

无论是男职员还是女职员，上班时应着职业装。有些企业要求统一着装，以体现严谨、高效率的工作作风，加深客人对企业的视觉印象。有些企业虽没有统一服装，但都对上班时的服装提出明确的要求。

男士上班应穿白衬衣或西服，扎领带。衬衣的下摆一定要扎入裤腰里。应穿深色的皮鞋。服装必须干净、平整，不应穿花衬衣、拖鞋、运动服上班。不留胡须，不留长发，头发梳理美观大方，才能衬托出本人良好的精神状态和对工作的责任感。

女士上班应着西服套裙或连衣裙，颜色不要太鲜艳、太花哨。上班不宜穿太暴露、过透、太紧身的服装或超短裙，也不能穿奇装异服、休闲装、运动装、牛仔装等。应穿皮鞋上班，皮鞋的颜色要比服装的颜色深。应穿透明的长筒丝袜，袜口不能露在裙口下，不能有钩破的洞。不应穿凉鞋、旅游鞋上班。佩戴首饰要适当，符合规范。发型以保守为佳，不能新潮。最好化淡妆上班，以体现女性端庄、文雅、自尊自重的形象。

2. 言语友善，举止优雅

办公室工作人员的站坐行走、举手投足、目光表情，都能折射出一个人良好的文化素养、较强的业务能力和工作责任心，同时也体现了企业的管理水平。

真诚微笑是一般社交场合最佳心态的表现。微笑是一种无声的语言，它是对自己价值的肯定，对他人的宽宏和友善，是稳重成熟的表现。微笑是自信、是真诚、是自尊、是魅力的体现。上班时与同事、领导微笑问好，下班微笑道别。接待人物、邀请、致谢都应有真诚的微笑。不要把喜怒哀乐都流露于脸上，否则会让人感到你不够成熟、自控力不强。

在办公室讲话时话语要谦和，声音要轻，不能在办公室、过道上大声呼唤同事和上级，无论是对同事、上级还是来访者都应使用文明用语。在办公室里，说话不要刻薄，与同事开玩笑要适度，不能挖苦别人、恶语伤人，更不能在背后议论领导和同事。

体态优雅，公司职员的行为举止应稳重、自然、大方、有风度。走路时身体挺直，步速适中、稳重、抬头挺胸，给人留下正直、积极、自信的好印象。不要风风火火、慌慌张张，让人感到你缺乏工作能力。坐姿要优美，腰挺直，头正，不要趴在桌子上，歪靠在椅子上。有人来访时，应点头或鞠躬致意，不能不理不睬。工作期间不能吃东西、剪指甲、唱歌、化妆，与同事追追打打有失体面。谈话时手势要适度，不要手舞足蹈，过于做作。

3. 恪守职责，高效稳妥

公司职员应树立敬业爱岗的精神，以饱满的工作热情、高度的工作责任心，开创性地干好自己的工作。工作中一丝不苟，精益求精，讲究效率，减少或杜绝差错，按时、按质、按量完成每一项工作。领导交给任务时应愉快接受，做好记录，确保准确。然后认真办理，及时汇报。恪尽职守，严守机密。

礼仪是职业之路的黄金护照

职场上每一个人都要树立自己的职业形象，良好的职业形象不仅作为企业的门面，而且能够提升个人品牌价值，提高自己的职业自信心。个人形象指的主要是容貌、魅力、风度、气质、化妆、服饰等直观的包括天生的外表感觉的东西，这是一种值得开发、利用的资源。现在几乎所有国际大机构都非常重视公司员工的形象塑造，力图把形象这属于静态的因素变成一种动态的竞争力去超越对手，使其成为公司征战市场的有力武器。

一个人的职业形象包括内在的和外在的两种主要因素，而每一个职场人都需要树立塑造并维护自我职业形象的意识。了解并掌握一定的职业礼仪，有助于完善和维护职场人的职业形象。一些日常的职业礼仪，对完善、维护自身职业形象都会有所帮助，职业形象的更高境界让你前程无忧。

1. 上班族的多彩时装秀

在办公室工作，服饰要与之协调，以体现权威、声望和精明强干为宜。男士最适宜穿黑、灰、蓝三色的西服套装领带，女士则最好穿西装套裙、连衣裙或长裙。男士注意不要穿印花或大方格的衬衫；女士则不宜把露、透、短的衣服穿到办公室里去，否则使内衣若隐若现很不雅观。

热爱流行的时装是很正常的现象，但不能盲目地追求时髦。例如，有个女孩在一家公司担任秘书，穿的衣服样式十分古怪，在指甲上同时涂了几种鲜艳的指甲油，当她打字或与人交谈时都给人一种厌恶感。一个成功的职业人士对于流行的选择必须有正确的判断力，同时要切记：在办公室里，主要表现工作能力而非赶时髦的能力。

夏天的时候，女性一定要注重自己的身份，不能因为天气太热而穿颇为性感的服装出现在办公室。再热的天气，也应注意自己仪表的整洁、大方。

太过正式的服装往往给人以死板严肃的感觉，很容易让别人对你有误解，产生不良印象。除非是有严格着装标准的特殊行业，或有统一服装的公司，在没有严格规定的公司里，办公室内的着装可以适当地活泼一些，以展现不同的个性风采。在服装市场上有许多可爱俏丽的款式，但一定要有所选择。不要穿太显幼稚的衣服，尽量突出端庄、秀丽的一面。穿着上给人的感觉或者优雅大气，或者精明强悍，或者小巧灵秀，或者体态匀称，都是适合职场的。在办公室里工作不能穿背心、短裤、拖鞋，也不适合赤脚穿鞋。戴首饰不宜过多，走起路来摇来摇去的耳环会分散他人注意力，叮当作响的手镯也不宜戴。

2. 说话办事有礼貌

新人刚进职场，礼貌很关键，人际关系一定要妥善处理，不能以貌取人或者想当然。要记得地位低下的员工同样也是前辈或者长辈，哪怕是打扫卫生的阿姨，如果正好清理到自己的纸篓什么的，不忘记说一声“谢谢”，这样，会平添自己几分的亲和力和人缘。

在办公室里对上司和同事们都要讲究礼貌，不能由于大家天天见面就将问候省略掉了，“您好”“早上好”“再会”之类的问候语要经常使用。

另外，同事之间不能称兄道弟或乱叫外号，而应以姓名相称。对上司和前辈要用职务来称呼，也可以用“先生”“老师”称呼。

不能在大庭广众之下与领导和前辈开称呼上的玩笑。

3. 商务饭局的吃相问题不能忽视

职场新人应明白的一个礼仪问题是，公务的一些饭局应酬是为了联络客户事宜、加强与客户的感情沟通，并非仅仅是满足大饱口福的目的。如果在双方一边就餐的同时一边谈论公事，你不顾旁人埋头大吃特吃，势必给客户方造成不好的印象，当然也损害了公司的形象。所以，职场新人在陪同客户吃饭时，一定要注意吃相。

4. 递名片

递送名片时，应用双手拇指和食指执名片两角，让文字正面朝向对方。接名片时要用双手，并认真看一遍上面的内容。如果接下来与对方谈话，不要将名片收起来，应该放在桌子上，并保证不被其他东西压起来。参加会议时，应该在会前或会后交换名片，不要在会中擅自与别人交换名片。

5. 介绍

介绍的原则是将级别低的介绍给级别高的；将年轻的介绍给年长的；将未婚的介绍给已婚的；将男性介绍给女性；将本国人介绍给外国人。

客人来访时，应主动从座位上站起来，引领客人进入会客厅或者公共接待区，并为其送上饮料。如果是在自己的座位上交谈，注意声音不要过大，以免影响周围同事。

6. 损害你职场形象的5杀手

工作中看起来无关紧要的疏忽，有可能会大大损害你的职业形象。

杀手1：脸红。虽然脸红让你看起来甜美、可爱，但也传达了你不成熟和不坚定的心态。

杀手2：哭泣。在工作时哭泣不但使你显得脆弱、缺乏自制力，而且让人怀疑你会破坏公司形象，你应该学会控制情绪。

杀手3：不确定的“嗯”“呵”等语气词只能说明你犹豫不决、紧张而缺乏智慧。

杀手4：着装不成功。不成功的着装所传达给老板的唯一信息是：重要的任务不能放心交给你去做。你应该为你希望做的工作选择着装，而不是为你已有的工作着装。当然，衣服还远远不够——不合适的发型和化妆照样会损害你的职业形象。

杀手5：怯场。当你表现出怯场，就是在告诉老板，你缺乏最基本的职业技巧。记住，事前充分的准备是降低紧张情绪的有效措施，在正式发言前做彩排是必要的。

彬彬有礼的人怎能不升职加薪

商务活动中的迎来送往在所难免，那些杰出的商业领袖个个都是彬彬有礼，关注细节的。他们把“守时”视为人品，把名片视为脸面，把得体的问候和介绍视为尊重的第一要务。无论是在电梯里还是乘车中，他们的一举一动、一言一行无时无刻不在散发着超凡的领袖魅力。正所谓细节决定成败，气度决定高度。

有人问礼仪学家，如何在商务宴请中让自己看起来更有气场？礼仪学家告诉他这样一个细节：出席商务宴请时，如果有人迎送你，在你进出轿车的刹那间你就可以制造出强大的气场：下车的时候先不急于把身子探出来，而是先让双腿先移到车外，尽量保持膝盖并拢，然后再借用双手的力量支撑住车座，起身站立；上车的时候，先不要低头弯腰、迈腿进车，而是背对着车厢，让身子先坐到车椅上，然后再把双腿收进来，始终保持膝盖与双脚的并拢。这样做会让你看起来气定神闲，有大家风范。

每一位商务人士都希望自己看起来有气场，更像个成功人士。其实，良好的外在形象不仅可以展露你的品位、彰显你的实力，更决定了你受他人欢迎的程度，决定了你是否可以获得更大的成功。

所以，日常商务活动中那些必要的商务礼仪你不可不知，就像如何上下车这样的细节，会随时透露你的涵养和气度。本章将介绍8项商务礼仪规范，打造你与众不同的商务精英气质。

1. 准时赴约，让你值得信赖

卡耐基有句名言：“如果你想和有影响力的人交朋友，就要准时。”

商务活动中，如果你习惯于迟到，会给人留下“不靠谱”的糟糕印象，这关乎到你的“人品”。

有人经常为自己的“不守时”找借口，最常见的是拿交通拥堵和天气原因说事。拿北京来说吧，“堵车”已是常态，如果你再以“路上太堵”为由解释为什么无法准时出席商务活动，已经无法博得他人的同情和原谅了。大家都知道会堵车，为什么你不提前出发避开车流的高峰期？分明是不够重视。

对于那些经常以姗姗来迟应对各种商务活动的人，心理学家给出的结论一针见血：这是典型的渴望被人关注、自恋的表现。这种自恋使他们无法尊重别人，也无法获得别人的尊重。如果改不了这个习惯，将会失去很多。

守时是对他人、对自己尊重的一种表现。不守时，意味着时间意识淡薄，既浪费了别人的时间，也失去了自己的信誉。守时者总是强大的，他们有足够的毅力和决心，去克服各种障碍和困难，令人信赖！看看那些成功的商业领袖，有几个身上贴着“不守时”的身份标签呢！

中国知名的礼仪专家王姗在演讲中讲过自己的一个故事：

我曾经因为一次迟到被老板严厉地训斥。那是二十年前初到深圳特发集团工作，一天因为刮台风，车子开得太慢，没能像平日那样准时到达单位，恰好集团当天有一个重要会议，我负责做会议纪要。当我急急忙忙赶到公司时，会议早已开始，我的顶头上司已经代替我坐在会议室里。

会后，我的老板问我为什么迟到，我说因为台风车开慢了。他驳斥我说：“台风昨天就来了，你不知道吗？为什么早上不能提前出家门？别人都能准时到，为什么你可以迟到？这根本不能成为你晚到的借口，只能说明你对这份工作不重视。你可以考虑休假了。”从那以后，我对守时的理解完全不同。

2. 热情的恭迎，让他人感受到你的真诚

商务往来中的见面问候不可太过随意。问候时的微笑与语调应当能够让客人感受到足够的热情和温暖，这是成功商务人士应有的职业习惯。

最为正式的问候语是“您好，很高兴见到您”，回答方式也是“您好”。如果你认为这一用语过于正式，可换用“早晨好”“下午好”“晚上好”等问候语，问候对方的同时别忘了与其握手或者鞠躬致意。有些人或许是“惜字如金”，或者是出于无知，在很正式的商务会谈和拜访中都只是以“点头”代替打招呼，然后就开始进入交谈，这实在不是成功商务人士所为。

如果你想给客人留下一个好印象，起身、微笑、快步上前问好、握手寒暄，都是恭迎中必要的礼节。

有人在见面问候时，特别喜欢拍对方的肩膀或者是胳膊。请记住，这通常是上级对下级、长辈对晚辈、地位高对地位低的人的惯用之举。

如果你不确信在某些方面有优势，这么做只能让人感觉你太过随便，或者是傲慢无礼。

当你会见特别重要的客人时，最好亲自走出办公室在电梯口等候，或者走出室外在楼前等候，甚至到更远的地方迎接，如机场、车站、宾馆等，让他足以感受到你对他的重视。

正式的商务活动中，即使是见到了老朋友，也不要因为太熟而随意懈怠，还是要礼貌地握手，微笑着打招呼问候。

3. 正确地握手，显示出你的友好

商务活动中，经常看到有人不时主动伸手与人握手，而且长时间握住不放，这并非礼貌之举。

握手是国际通用的见面礼节，谁先伸手、握手时持续的时间、力度都是很有讲究的。

伸手顺序一般遵守“尊者先伸手”的原则，也就是说，位尊者先伸出手来，位低者随后伸出，否则是失礼的表现。长幼之间，年长的先伸手；上下级之间，上级先伸手；男女之间，女士先伸手； 宾主之间，则由主人先伸手。商务场合中，一般根据职务、职称高低考量谁为“尊”，不分男女性别。

握手多长时间合适呢？这根据与对方的熟悉程度来定。初次见面，3~5 秒就好；好久不见的老朋友，时间可略微长些，但也不能一直握着手说个不停。

握手时用力最好七八分，无需用十足的力气，这同样适用于女性。不能太过用力握到手疼，也不要轻轻一搭敷衍了事。

如果你想特别表达对对方的敬重，可以采取双手握住对方的手，尤其是对德高望重的领导、前辈，这样做非常合适。请注意，握的时间同样也不能太长。

除了要掌握以上的正确礼仪外，千万不要忽略了握手时的神态，专注、友好、自然的眼神，会让你看起来更为真诚热情。

4. 得体地介绍，显示出你的尊重

宾主见面时，是先介绍主人还是先介绍客人？通常遵循以下礼节：把年轻的先介绍给年长的，把地位低的先介绍给地位高的。请记住，尊者有优先知情权。

正式场合中，即便发现双方已经互相认识，但你依然要向双方介绍彼此。

介绍他人时一定不要说错别人的名字。你要想办法迅速记住他人的名字，如果你不记得对方名字，这个时候你应当道歉并承认自己的失误，这远好于整个会谈中都记不得对方或者叫错他的名字。

有位职业培训师给学员分享过他的经历。他说："成功的商务人士大都有过目不忘的特异功能。我有一位客户，台湾鸿海集团（富士康的台湾投资方）副总裁林总。与他初次交流只有十几分钟，可在第二天的培训课堂上，当他介绍我和我的助理时居然能完整地说出我助理的名字。要知道，之前我们见面交谈的时间不过十几分钟，而且他当时并没有与我的助理有太多的交流。他的记忆力真是超强！"

5. 适时地交换名片，表达你的谦卑和周到

名片代表了你的身份和职务，也传递着你的修养水平和职业精神。递送名片要注意先后次序：职务低、资历浅的先给职务高、资历深的递上名片；如果是给多人发名片，一定要依次进行，不能"跳跃式"地挑着人给。

对于他人递过来的名片要认真观看，然后郑重地放入自己的名片夹或者其他稳妥的地方，不要连看都不看一眼就随手放在一边，或者在手中随意玩弄，这会伤害对方的自尊，影响彼此的交往。我曾拜访一位客户，她拿到我的名片后居然放到大腿上反复揉搓，令我愤懑不已！这同那种在他人递来的合同、文件、书籍上放水杯一样，都是非常不礼貌的行为。

另外，穿过两个正在交换名片人的胳膊上方去给另外一个人递名片，四双手搭起来，侧面看像是一个十字架，也是极其不礼貌的做法。正确的做法是绕过眼前的两个人，直接来到你想递名片的这个人面前，与他交换名片。

不同国家递送名片的方式也有所不同。比如在美国，单手递送名片就好，一手接一手递；日本人也是单手递送名片，同时伴有鞠躬的姿势，身体是一个30度左右的前倾；中国人崇尚双手递送，以示尊重，把名片齐胸递出。

6. 进出电梯，同样也要彬彬有礼

陪同客人进出电梯，最能看出你的职业修养。通常，迎接客户时，主人在电梯门外恭候。等电梯门打开，客人出来后主人会自动地稍后退步，让客人走在右前方，随时为他引路。

送客人进电梯时，主人会主动为客人按电梯按钮。等电梯到达后再主动挡住电梯的门，等客人进去，电梯门关闭后再离开。

如果需要陪同客人一起上电梯，先请客人进去再随后跟入，等电梯到达时让客人先出，然后再跟着出去。

这个礼节同样适合于对待比我们年长的、德高望重的、职务和资历都比我们深的人，或者是女士，即使他们并不是我们合作的伙伴。

如果需要在楼梯上行走陪同客人，一般需要站在距离客人2~3个台阶的左侧，为其引路。如果身份相当，保持同步台阶在其左侧就好。下楼时也是如此。

7. 讲究座次，乘车中不要坐错位子

座次礼仪是乘车礼仪的核心。当你送别尊敬的人，如领导或者客户时，首先为领导或客人打开车门，用手挡住车门上框，等其坐好后再关门。

如果你和你的领导或者客人同坐一辆车，通常让其坐在后排最右侧。或者你也可以视实际情况，由他自己决定位置坐好后，你再任意选个空位坐下。下车时，你需要先下车，从车的前侧绕过去为其打开车门，并用手挡住车门上框。

在《品位致胜》一书中，作者写过自己亲身经历的一件事：我在北京市平谷区人大为机关公务员培训时，一位办公室工作人员问我："随领导坐面包车外出调研，下车时想先于领导下车接扶领导，又担心其他人有误会怎么办？因为按照'长者前、幼者后'这个传统礼仪，通常是领导要先下车的。"我告诉他这很简单，当你走到车门口的时候只需要说一句"请领导稍等，我先下去扶下门"就好了。礼仪的核心是尊重，必要的语言表达加上行动，会让对方更能感受到你的礼貌和周到。

乘坐吉普车时，无论是由主人驾驶还是司机驾驶，都应以前排右坐为尊，后排右侧次之，后排左侧为末席。

在接待团体客人时，多采用面包车接送客人。面包车以司机座位后第一排，即前排为尊，后排依次为卑；其座位的尊卑，依每排右侧向左侧递减。上车时，后排位低者先上车，前排尊者后上；下车时前排客人先下，后排客人再下车。

8. 礼尚往来，选择适宜的商务礼品

中国人常讲礼尚往来，礼轻情义重，其实这在国际上也通用。商务活动中，拜访客户或者面见客户时都要事先准备一些小礼物以示敬意。很多人为带什么礼物合适而发愁。通常来讲，那些带有公司LOGO和标识的订制的纪念品，始终是商务礼品的最好选择。当然也有例外，这在前面章节已经讲过。

另外，一些茶叶、工艺品、字画也都是较好的商务礼品。特别要注意的是，商务礼品不要太昂贵，要注重等级的对等，还要注意体积不要过于庞大，因为这样会不利于双方打开后观赏，当你吃力地抬起或者打开这个“庞然大物”时，自己的体态一定不优雅。

最棘手的是在国际事务交往中礼品的选择了。不同的国家有不同的风俗和禁忌，入乡随俗最重要。

社交礼仪的形象，包含着对他人深深的敬意，也包含着对自己的高度自信。以礼悦人，就是在得体的行为举止中、待人接物中，保持正面、积极的形象，透着你的内涵与修养，怎么可以不成功？

商务宴请看的是你的人品

没有谁会在商务宴请中真正吃饱，这只不过是把会谈从会议室换到了另外一个比较轻松的地方而已。越是大型的宴请活动仪式感越强，千万别指望把自己吃得饱饱的，那时恐怕你只需做一件事，就是比以往表现得更加斯文、安静。时刻注意保持好优雅的仪态。

如果你想了解合作伙伴的修养和内涵，只要请他吃顿饭，他在饭桌上的举止基本可以给出你答案。那些喝得语无伦次、吃饭“杂音不断”的、频频起身夹菜敬酒的人，你对他的印象会好吗？

商务宴请是一种社交活动，是工作之余和同事、上司、商业伙伴友好地进行交往应酬的一种方式。

渴望在商场上塑造成功形象的你，千万不可忽略餐桌上的细微动作。那些不礼貌的举止只会有损你的形象，让你前功尽弃。成功的出席商务宴请，主要有以下6大要素：

1. 穿对衣服，这会让你看起来更自信

商务宴请中，着装不恰当是非常影响自信的。参加中式饭局，如果是正式的宴请，不论是午宴还是晚宴，男女都要穿得隆重些。男士可以选择西装、中山装，女士可以穿旗袍或西式套裙。即便是一般性的商务宴请，也不能穿着过于随便，诸如拖鞋、短裤、背心之类非常随意的衣服一定不能穿。

参加西式宴请，要特别留意邀请函上的衣着提示。如果邀请函上写明“晚礼服”，则意味着男士应当穿黑色缎面翻领的小礼服或西装，并佩戴黑色领结；女士应当穿长款晚礼服，胸、背适当地裸露。

如果邀请函注明“非正式着装”，则意味着男士不必穿礼服（如燕尾服），只需穿着时尚套装就好；女士可以穿优雅的便服。如果邀请函注明“随意着装”，则意味着客人可自由着装，牛仔裤与短裤亦可，像烧烤聚餐这类的场合是完全可以这么穿的。

2. 注意举止，不雅的吃相会让你粗俗无比

商务就餐中的肢体语言最能反映我们的涵养和气质。请务必保持优雅的坐姿和得体的吃相。无论中餐、西餐，进食时尽量让自己上身挺直，而不是堆在餐桌上。吃西餐时，让上身与桌子保持一定的距离，肘部靠近自己身体，小手臂放低在桌面；将食物送到嘴边，不要低头去就食物。吃中餐时，最好把饭碗端起来，不要埋头扒饭。

坐立时频繁变换姿势是在告诉对方：你很不舒适，疲倦，不耐烦，或者想离开。

优雅的吃相除了包括得体的姿势，还要有恰当的眼神：不要把你的目光都盯在食物上，要尽可能多地接触他人。商务人士在宴请中太过贪吃会给人品位太低之感。

宴请中太过贪吃，有时也是一种不自信的表现，可能因为不知道说什么好，或者干脆因为插不上嘴就用吃东西来逃避与他人的交流，缓解紧张不安的心理。

当然，如果是对方只顾着自己吃，并不在意与你的交流，除了他个人的修养和习惯欠佳外，还有一种可能就是对你的谈话不感兴趣。这时，你需要变换一下谈话的内容，来引起对方的关注。

3. 回避敏感话题，不要倒大家的胃口

为了活跃气氛，商务宴请中，我们经常会在餐桌上聊些轻松的、非商业的话题。如果想达到理想的沟通效果，某些话题最好不要涉及，比如那些让人感伤、悲痛，甚至耸人听闻、恐怖的事情，低级的笑话，最好都不要谈及，因为这会破坏欢愉的气氛，让人没胃口。

聊聊天气情况、体育赛事、笑话之类的话题，并不只是外国人的喜好！那些好笑的趣闻、段子，高兴吉利的话都很适合用在餐桌上来调剂气氛。什么老鼠、蟑螂、生病、呕吐之类的词汇还是要尽量回避；宗教也是个非常私密的话题，很容易引起争论，要尽量回避；再如性话题，应仅限于自家卧室中讨论；讨论薪水和私有财产也是不合适的；谈论疾病会让他人感到不舒服。绝大多数人都不愿意在进餐时讨论这一话题。

交谈的内容是否让别人有兴趣，你可以通过对方的身体语言判断。如果对方的身体开始后仰、把头扭向旁边，或者不断晃动头部以缓解脖子压力，玩弄餐具、身上的饰物，这些动作都表明对方对谈话内容已经没了兴趣，这时你最好改变话题。

4. 商务晚宴，以营造愉快气氛为主

很多商业洽谈都是在晚宴上讨论达成的，因此宴请气氛一定要有利于商业谈判。吃饭前最好先去洗手间，尽量不要在进餐时因此而离席，这特别容易让对方感到暂时受冷落。

如果事先已经约定好在晚宴上讨论生意合作上的事情，最好提前到酒店，开餐前先讨论商务事宜。

因为吃饭的时候，身体血液都会集中在胃中而不是大脑，客人的关注点也是在美食上，此时并不利于我们做商业决定。先谈完事情再尽情享受晚宴是最好的处理方式。而那些专门喜欢在吃饭当中借点酒劲谈及关键、敏感的商业合作话题的人，通常会令对方不满。

有些人喜欢用圆桌而非方桌请客，因为方桌能够显示出较强的冲突。如果你在一个方桌上吃饭，想给客人更亲密的感觉的话，就千万不要坐在客人对面，而要坐在其身旁。如果你是作为客人出席商务宴请，请不要轻易说出

“这菜味道一般，改天我请你去另外一家店试试”之类扫兴的话，这会让请客的人很没面子；如果你是主人请客人吃饭，最好也要回避诸如“点的菜寒酸了点，对付着吃吧”这样的所谓客套话。这也会让对方听起来你准备工作做得不好，没有什么诚意。

商务宴请中最忌讳的是在就餐时不断地打电话、给他人发短信。重要的商务宴请，就餐时应当关闭手机。现在微信盛行，许多人在商务宴请时不停地刷微信，实在是对同桌人的不礼貌。

5. 分清主次，不要胡乱敬酒

无论是中式还是西式的商务宴请，当你参加宴席时，在主人还没有提议你就开始向他人敬酒，都是极其鲁莽、失礼之举。

商务宴请中，主宾之间敬酒的顺序通常是这样的：开餐前，主人要把到场的所有嘉宾介绍一下，然后致祝酒词，向主宾敬酒，感谢客人的赏光莅临。然后，主宾要代表客方回敬。

双方主要人物都已表达诚挚谢意之后，其他随行人员才可以陆续向主客双方负责人敬酒，或相互敬酒。

如果是同事或者朋友一起喝酒，敬酒的顺序应考虑年龄大小、职位高低，要分清主次。如果在场有职务更高、资历更深的或者年长的人，要先向他们敬酒。如果是上下级一同进餐，下级应主动向上级敬酒。

如果你想同时敬很多人酒，一定要站立起来，用右手拿着杯子，左手托底，手举酒杯到双眼高度，说完祝酒词或“干杯”之后再喝。喝完后，还要手拿酒杯和所有人的目光对视一下。

最好不要用酒杯杯底碰击桌面以“过电”方式来碰杯，有欠真诚。不要逼迫他人喝酒，甚至用威胁的言语相要挟。诸如，“你如果不喝就是看不起我”等逼迫他人的话，都在暴露你的霸道和无礼。

那种隔着许多人敬酒的行为，有敷衍之嫌。如果你想单独敬某个人酒，最好离开椅子走到他的面前。敬酒的时候，请双手端杯，让自己的酒杯略低于对方的酒杯，以表示对对方的尊敬。正式宴会中，最好不要端着酒杯到其他餐桌敬酒，让服务生再端给你一个空杯，重新倒上酒比较合适。

6. 讲究尊卑，不要坐错位置

大多数人都不喜欢座位背对着门或窗，这会让人没有安全感，所以不要把重要的客人安排在这个位子上。你可以请客人面对着门、背对着墙而坐。中式宴请，通常是重要的人物坐离门最远、最中间的位置，其他人以从右到左，主客双方交叉的方式落坐。

西式宴请，客人入座前应等待主人的安排。如果主人邀请客人随意入座，此时夫妻或同伴应当分开就座，男女间隔而坐。让女性先入座，男士们通常要在女性的右侧为其拉出椅子。在正式场合，男主宾1号应坐在女主人右边，男主宾2号坐在女主人左边。女主宾1号坐在男主人右边，女主宾2号坐在男主人左边。商务晚宴中，主客均为同性时，此规则依然适用。正式晚宴中，主人夫妇通常会先同右边的客人说话，作为客人的你只需要跟随主人的引导即可。

好的用餐习惯，传递着一个人的学识和修养。

越是大型的宴请，仪式感越强，你千万别指望把自己吃得饱饱的，那时恐怕你只需要做一件事情，就是比以往更加的斯文安静。记住，人们在餐桌上看到的不只是菜品，更有你的人品。

500 强工作法：修好职场礼仪第一课

不懂礼仪，还敢拼职场？进入职场，就必须了解和掌握一些必备的基本礼仪，这有助于你更快地进入角色，建立融洽的工作环境。以下的一些礼仪是需要知道的：

（1）早晨进办公室时互相问早，下班回家时互相道别。

（2）打电话时尽量放低声音，如果是私人电话，尽量减少通话时间。转接电话时使用文明用语。

（3）在同事需要帮助的时候伸出援助之手。打扰别人时应说对不起，得到他人帮助时要表达谢意，无论是上下级，秘书还是办公室的后勤人员。

（4）不议论任何人的隐私。

（5）进出电梯时为需要帮助的人按住电梯门。

（6）在开会或同事聚集的场合，不对任何不同意见做出轻蔑的举止。

（7）与来访者握手时做到大方得体，不卑不亢。

（8）不在办公室里脱鞋、赤脚。

（9）将手机的声音调低或关机，以免影响他人。

（10）不翻动其他同事桌上的文件资料，甚至电脑、传真机上与自己无关的任何资料。

（11）有任何资料需要移交给他人，一定要贴上小便签，写清时间、内容、签名并且不忘谢谢。

（12）男士尽量不在办公室抽烟，以免污染环境；女士尽量不在办公室里化妆、涂指甲，也不穿过分性感的衣服。

（13）在办公室里见到同事或是来访者不忘微笑。

（14）不在办公室里制造流言飞语或传播小道消息。

（15）尽量避免在办公室里与同事发生财务纠纷。

第 24 章

学会变通：不固执，做事头脑放灵活些

【职场六到，让你离成功更近一步】1. 耳到——善于倾听，听中有悟；2. 眼到——眼中有活，眼看玄机；3. 嘴到——能说会道，关系融洽；4. 手到——动手做事，磨炼技艺；5. 心到——恒心坚持，成功在望；6. 身到——投身干活，打动人心。

学会变通，才能无往不利

一流之人善于变通，末流之人固步自封。凡能变通地运用方法的人，都是能够主动创新的人，也是最受欢迎的人。凡取得卓越成就之人，无不深知变通之理，无不熟谙变通之术。

更多的时候，我们在生活的路上走得不好，不是路太狭窄了，而是我们的眼光太狭隘了，我们死守固定的想法，不知道积极地去寻找解决问题的方法。往往堵死我们的生存和发展之路的并非他人，而正是我们自己狭隘的眼光和封闭的心灵。

随着社会的发展，变通地运用方法解决问题越来越显得重要，也越来越被人们所认识。只有善于变通、勤于寻找方法的人，在社会上才具有更大的价值，才是企业社会所需要的人。

刘继明曾是一家能源公司的业务员。当时公司最大的问题是如何讨账。产品不错，销路也不错，但产品销出去后总是无法及时回款。

有一位客户，买了公司30万元产品，但总以各种理由迟迟不肯付款，公司派了三批人去讨账，都没能拿到货款。当时刘继明刚到公司上班不久，就和另外一位姓张的员工一起被派去讨账。

他们用尽一切软磨硬泡的功夫，想尽了各种方法，终于在三天之后收到了那笔30万元的现金支票。

他们拿着支票到银行取钱，希望能够立刻换成现款，结果被告知，账上只有299900元。很明显，这是那个客户故意刁难他们的小动作，给的是一张无法兑现的支票。第二天就要放年假了，如果不及时拿到钱，不知又要拖延多久。

遇到这种情况，小张当下就想冲回客户公司大吵一架，但是刘继明为人谨慎灵活，他突然灵机一动，主动拿出100元钱，让小张存到客户公司的账户里去。这一来，账户里就有了30万元，他立即将支票兑了现。

当他带着这30万元回到公司时，董事长对他大加赞赏。之后，他在公司不断发展，3年之后当上了公司的副总经理，后来又当上了总经理。

显然，在这个故事中，因为刘继明的智慧，一个看似难以解决的问题迎刃而解了，他能够变通地运用方法解决问题，才得以获得不凡的业绩并得到公司的重用。

变通能够用最巧妙的方法解决工作中的困难，使工作的效率倍增；变通能够使员工开阔思维，活跃头脑，增长见识；变通是当代员工与企业的多赢艺术。员工要学会变通可以从以下几方面锻炼自己：

1. 平面思维法

换个地方打井，那么许多原本棘手的问题都会在不知不觉之中轻易地得到化解，而且并不需要耗费你多大的精力与财力。

2. 类比思维法

所谓类比思维方法，是从两个或两类对象具有某些相似或相同的属性事实出发，推出其中一个对象可能是有另一个或另一类对象已经具有的其他属性的思维方法。类比法是解决陌生问题的一种常用策略。它教我们运用已有的知识、经验将陌生、不熟悉的问题与已经解决了的熟悉的问题或其他相似事物进行类比，从而解决问题。

类比思维具有举一反三、触类旁通的作用。类比思考往往遵循这样三步：

（1）对现象的警觉，即“临机触动”。

（2）触类。

（3）旁通。

这三点在瞬间的合一，就是相似性的直觉。

3. 逆向思维法

工作中遇到困难时，如果能够避免与问题正面交锋而采取逆向思维，从逆向入手来分析、解决问题，往往能取得意想不到的良好效果。

4. 逻辑思维法

运用“逻辑思维”方法解决问题，可以使我们更深入地理解问题的条件，分析其关键所在，找到突破口，由此入手进行有根有据的推理，做出正确的判断，从而找到问题的答案。

5. 联想思维法

联想思维方法是指人们在头脑中将一种事物的形象与另一种事物的形象联系起来，探索它们之间的共同的或类似的规律，从而解决问题的思维方法。联想思维是一种重要的思维方式，具有流畅性、多端性、灵活性、新颖性和精细性等特点。掌握联想思维方法的人，处理问题时办法多、心眼活、效果好。

6. 发散思维法

发散思维是观察一个事物时，通过联想与想象将思路拓展开来，而不仅仅局限于事物本身的一种方法。

世界在变，思路也要更新

世界一直在改变，人们所掌握的知识越来越多，许多过去我们无法给出答案或是给出了错误答案的一系列问题，在今天都已不再神秘。既然问题在不断变化，人们掌握的东西也在不断发展，那方法也必定是在不断更新的。

思路是需要不断更新的，对于同样的问题，随着时代和科技的进步，我们采用的解决方法也越来越科学。今日最佳的方法，并不代表永远是最佳的方法，我们必须树立一种与时俱进的态度，不断学习，不断更新，永远追逐更好的方法。

问题在不断变化，环境也在不断变化，我们了解得越来越多，我们解决问题的方法也越来越多。亨利·福特说："任何停止学习的人都已经进入老年，无论他在20岁还是80岁；坚持学习的人则永葆青春。"一个孩子不可能在学习时期把一生所需要的知识都学到手。时代的发展向我们重申了必须"活到老，学到老"的重要性，这就需要我们不断吸取新知识、新观念，做到随着问题的发展变化而不断更新我们的思维。

1928年的暑假，天气格外闷热，英国赖特研究中心的弗莱明医生心情异常烦躁，他放下手中的实验，准备去郊外避暑。实验台上的器皿杂乱无章地放着，这在一向细心的弗莱明二十多年的科研生涯中还是第一次。

9月初，天气渐凉。弗莱明回到了实验室。一进门，他习惯性地来到工作台前，看看那些盛有培养液的培养皿。望着已经发霉长毛的培养皿，他后悔在度假前没把它们收拾好，但是一只长了一团团青绿色霉花的培养皿却引起了弗莱明的注意，他觉得这只被污染了的培养皿有些不同寻常。

他走到窗前，对着亮光，发现了一个奇特的现象：在霉花的周围出现了一圈空白，原先生长旺盛的葡萄球菌不见了。会不会是这些葡萄球菌被某种霉菌杀死了呢？弗莱明抑制住内心的惊喜，急忙把这只培养皿放到显微镜下观察，发现霉花周围的葡萄球菌果然全部死掉了！于是，弗莱明特地将这些青绿色的霉菌培养了许多，然后把过滤过的培养液滴到葡萄球菌中去。奇迹出现了：几小时内，葡萄球菌全部死亡！他又把培养液稀释10倍、100倍……直至800倍，逐一滴到葡萄球菌中，观察它们的杀菌效果。结果表明，它们均能将葡萄球菌全部杀死。

进一步的动物实验表明，这种霉菌对细菌有相当大的毒性，而对白细胞却没有丝毫影响，就是说它对动物是无害的。

一天，弗莱明的妻子因手被玻璃划伤而开始化脓，肿痛得很厉害——这无疑是感染了细菌。弗莱明看着妻子红肿的手背，取来一根玻璃棒，蘸了些实验用的霉菌培养液。第二天，妻子兴奋地跑来告诉弗莱明："亲爱的，您的药真灵！瞧，我的手背好了。您用的是什么灵丹妙药啊？"望着妻子消尽了红肿的手背，弗莱明高兴地说："我给它命名为盘尼西林（青霉素）！"

现实中，每天都会产生出许多新问题，也会发现许多新思路。在青霉素发明之前，人们遇到细菌感染问题采用的是另一类方法，而在青霉素被发现之后，细菌感染的问题有了新的更有效的解决思路。

美国MIT多媒体实验室主任尼葛洛·庞蒂说："我们在招人时，喜欢招不循规蹈矩地做事情的那些人。这些人往往很有创造性，对事物很警觉，反应非常机敏。遇到问题往往能够主动思考，找办法去解决它，这样的员工才是推动企业发展的关键力量。"可见，只有善于在工作中找方法的员工才是现代企业的最爱。一个缺乏创造性，遇到困难不能够找方法解决的员工能被企业所淘汰。聪明的人都是善于找方法的人，那么如何做到这些呢？

1. 换个思维想问题

我们无法改变生存的外在环境，但是我们可以转换一下自己的思维，适时改变一下思路。只要我们放弃了盲目的执著，选择了理智的改变，就有可能开辟出一条别样的成功之路。

2. 甩掉"金科玉律"的束缚

经验成了我们判断事物的"金科玉律"，随着知识的积累、经验的丰富，这些“金科玉律”使我们变得越来越循规蹈矩，越来越老成持重，要找到新方法，我们就必须甩掉“金科玉律”的束缚。

（1）走出囚禁思维的栅栏。形成创造力自囚的“栅栏”，通常有其内在的原因，是由于思维的知觉性障碍、判断力障碍以及常规思维的惯性障碍所导致的。

从自囚的“栅栏”走出来还创造力以自由，首先就要还思维状态以自由，突破常规思维。在此基础上，对日常生活保持开放的、积极的心态，对创新世界的人与事持平视的、平等的姿态，对创造活动持成败皆为收获、过程才最重要的精神状态，这样，我们将有望形成十分有利于创新生涯的心理品质，并使得有可能产生的形形色色的内在消极因素及时得以克服。

（2）抛弃传统的想法。传统的想法会冻结你的心灵，阻碍你的进步，干扰你的创造能力。以下是对抗传统性思考的方法：

要乐于接受各种创意。要摒弃“不可行”“办不到”“没有用”“那很愚蠢”等思想渣滓。

要有实验精神。废除固定的例行事务，去尝试新的餐馆、新的书籍、新的戏院以及新的朋友，或是采取跟以前不同的上班路线，或过一个与往年不同的假期，或在这个周末做一件与以前不同的事情，等等。

要主动前进，而不是被动后退。成功的人喜欢问：“怎样才能做得更好？”

抛弃传统的想法不仅要求打破传统思维，建立理性的思维，还要求人们敢于幻想。

（3）学会多维思维。要学会从三维的空间和一维的时间观察和理解人与环境，善于从关系中认识自己，知道自己在环境里处在怎样的网络位置上。这种多维的取向并非是要你去尝试各种职业或各种生活方式，而是要你从个性的种种要素上充分地鼓励自己、培育自己，挖掘自己的潜力。

精明强干才会得到器重

我们想在公司里干出名堂，首先得博得老板的赏识，让他刮目相看。

不过在平凡的工作中得以表现的机会少之又少，如果事事都听从老板的安排，只知道一味地按部就班执行老板吩咐的人，这种机会几乎等于零。因为任何事都听从老板指派，工作没有灵活性与创造性的人，很难做出突出的业绩。这样的员工自然得不到老板的重视，别说升职加薪，能保住饭碗就算不错了。

出其不意，灵活机动地想到老板前面，把工作干得漂亮，能够为公司创造高效益的员工，自然不能与一般员工同日而语，地位与职位都将会有较大的提升。

在老板眼里，利益永远是第一位的。只有永远的利益，没有永远的老板。

老板对你重用，那说明你能为公司创造价值，否则，老板就要考虑是否还要留用你了。如果想牢牢地抓住现在这个饭碗并获得更好的待遇，就得让老板依赖你、离不开你。

因此，我们就不能有半点松懈，得处处高标准、严要求，认真工作，全力以赴做好每件事，并不断提升自身的能力与素质。积攒的资本越多，你的含金量就越高，此时，老板会像对待金元宝一样对你爱不释手。

史蒂芬大学毕业后，到一家著名机械制造公司工作。虽然一技在身、勤劳肯干，但是并未得到公司的重用。在他工作后的第二年，公司产品质量出了问题，许多订单纷纷被退回。眼看公司将蒙受巨大的损失，公司董事会紧急召开会议商议对策。当会议进行一大半仍未见眉目时，史蒂芬闯入会议室，提出要直接见总经理。

在会议上，史蒂芬对这一问题出现的原因做了令人信服的解释，并且就工程技术上的问题提出了自己的看法，随后拿出了自己对产品的改造设计图。

这个设计非常先进，恰到好处地保留了原来机械的优点，同时克服了已出现的弊病。总经理及董事会的董事见到这个新员工如此精明在行，便询问他的背景以及现状。史蒂芬当即被聘为负责生产技术问题的副总经理。

原来，史蒂芬刚来的时候，被指派到一个小车间工作，并未得到他想要的职位。可是他并没有因此产生情绪，而是认真工作，他相信只要自己努力，一定会得到认可。

在工作之余，他细心查看了整个公司各部门的生产情况，并一一做了详细记录，发现了所存在的技术性问题并提出了解决的办法。他花了近一年的时间搞设计，获得了大量的统计数据，为最后一展才干奠定了基础。

在社会上，能够做好例行工作的人很多，但是在公司面临难关的时候能够有所贡献的人却很少。能做在公司关键时刻解决问题的人，可以显示出自己的价值，从而得到重视与重用。

很多人的错误在于对于工作没有一个正确的认识，仅仅把完成本职工作当做最终的目标。只是为了工作而工作，很少花心思在钻研上面，只是不出错误地把分派的工作做好就算是完事大吉。他们不再学习，不再研究业务。

没有哪个老板喜欢雇用死板工作的下属。老板喜欢能够给自己带来惊喜的员工，这样的员工往往会运用自己的智慧和才干，把工作做得比老板预想的都好。

老板希望自己的员工能够主动研究更多的业务和知识，把知识用到工作上，不需要督促，主动把工作效率提高。越是卖力的员工，老板越喜欢。

有些人常想，工作反正完成就行了，干好了一分钱不多拿，干不好也不少一分钱，何必给自己找苦吃呢？于是得过且过，工作只要说过得去，不出错就没有什么问题。其实，这种想法是大错特错。要知道，不努力工作的后果就是你可能被别人替代。因为你这样的工作态度，不会给你带来任何进步。

不卖力工作的结果，就是会被炒掉。

被炒鱿鱼也怪不得老板，毕竟他不是仁慈的上帝，他没有义务因同情而给你一份工作。利益永远是排在第一位的，老板首要考虑的是赚钱，如果你这棵树上没有了金元宝，老板不会白白地养这棵树，迟早要将你拔掉。

这样的人在工作中是很被动的，他们没有选择老板的权利，只有被人挑来拣去的下场。只有努力付出、能出色完成工作的人才能做到游刃有余，他们有足够的实力选择老板，完全可根据自己的需要选择老板，他们永远不用担心失业，因为还有好多老板争着要这样的员工呢。

“做事做得好，干活干到老”和“让自己有价值”这两句话之间并没有矛盾。价值要体现在关键处，要在一个至关重要的地方突然爆发出来。永远干得好，就会一直干下去。若让人觉得，你只有做庸碌工作的才能，就算干到累死，你也没有爬上高处的那一天。

训练一颗思考的大脑

这个世界不缺能干活的人，缺的是会思考的人。一个有思想、会思考的人，才是一个力量无边的人。

所有计划、目标和成就都是思考的产物。为什么有的人成就了伟业，有的人却碌碌无为地平庸了一辈子？成功的机会无处不在，只是她更青睐于善于思考的人。别人成功了，我们却没有，并不是别人运气好，而是他们善于思考，对这个世界多了份观察，对自己的生活多了份思考。

善于思考是解决问题的利器。解决问题能力强的人都特别善于思考。思考是成长的唯一方法，思考是人类作为高级动物的特征。卓越的人经常思考，在思考中得到成长，在思考中找到工作的方法，在思考中领悟工作的快乐，解决问题的能力也在思考中得到进一步的提升。

无论是在工作还是在生活中，善于思考的人都容易成为优胜者。

美国有一家生产牙膏的公司，产品优良，包装精美，深受广大消费者的喜爱，每年营业额蒸蒸日上。记录显示，前10年每年的营业增长率为10%～20%，令董事部雀跃万分。

不过随后的几年里，业绩却停滞下来。董事部对业绩表现感到不满，便召开全国经理级高层会议，商讨对策。

会议中有名年轻经理站起来，对董事部说："我手中有张纸，纸里有个建议，若您要使用我的建议，必须另付我5万元！"总裁听了很生气，说："我每个月都支付你薪水，另有分红、奖励。现在叫你来开会讨论，你还要另外要求5万元。是不是过分了？"

"总裁先生，请别误会。若我的建议行不通，您可以将它丢弃，一分钱也不必付。"年轻的经理解释说。"好！"总裁接过那张纸后，看完，就允诺说会后会签一张5万元的支票给这位年轻经理。那张纸上只写了一句话：将现有的牙膏管口的直径扩大1毫米。总裁马上下令更换新的包装。

试想，每天早上，每个消费者挤出比原来粗1毫米的牙膏，每天牙膏的消费量将多出多少呢？这个决定，使该公司随后一年的营业额增加了30%。

在试图增加产品销量的时候，绝大多数人总是在大力开发市场、笼络更多的顾客方面做文章。如果你转换一下脑筋，增加老顾客的消费量，也能够达到同样的目的。

许多人都能够有所发现，但是要让这种发现产生价值和被别人承认，便需要深厚的基础知识和相应的能力支持了。一个善于思考的人能够从另一个角度看问题，见人之所不见，善于突破常规，这就是创造。一流的员工往往深谙此道，二流的员工则时常忽略此道。

值得一提的是，成功不是唾手可得的，也不是胡思乱想就能得到的。真正的思考是一件很痛苦的事情。要知道，思考的果实虽甘甜，但是思考的过程却很苦涩。苦就苦在它需要大量的调查研究，掌握第一手资料，需要坚持不懈地总结积累经验，需要博览群书不断“充电”……而要做到这些，无不需要耐得住寂寞，需要“闹”中守静，放弃安逸的念头，牺牲许多娱乐，有时还要精简交往，压缩一切不必要的应酬。另外，思考也贵在坚持，贵在于“勤”，要多思考，常思考，养成勤思考的习惯。

打破常规，展示创造力

成功者是那些能够摆脱条条框框的束缚、有所突破的人，这种人是各个公司都急于网罗的对象。

在一家公司里，总经理总是对新来的员工强调一件事：“谁也不要走进8楼那个没挂门牌的房间。”他没有解释原因，也没有员工问为什么，他们只是牢牢地记住了这个规定。

又有一批新员工来到公司，总经理重复了上面的规定。这次有个年轻人小声嘀咕了一句：“为什么？”

“不为什么。”总经理满脸严肃地说，依旧没有任何解释。

回到岗位上，年轻人在思考着总经理的这个令人费解的规定。其他人劝他别瞎操心，遵守这个规定，干好自己的工作就行了，但年轻人执意要进入那个房间看个究竟。

他轻轻地敲了一下门，没有反应。再轻轻一推，虚掩的门开了，只见屋里有一个纸牌，上面写着——把这个纸牌送给总经理。

闻知年轻人擅闯“禁区”的同事劝他赶紧把纸牌放回房间，他们会替他保密的，但年轻人拒绝了，他拿着纸牌走进了15楼总经理的办公室。

当他把那个纸牌交到总经理手中时，总经理宣布了一项惊人的决定——“从现在起，你被任命为销售部经理。”

“就因为我拿来了这个纸牌吗？”年轻人诧异地问。

“对。等这一刻我已经等了快半年了，相信你能胜任这份工作。”总经理自信地说。

果然，销售部在年轻人的带领下工作搞得红红火火。

这个例子说明勇于走进某些禁区，打破条条框框的束缚，会寻找到意想不到的机会。因循守旧、维持现状、不敢创新的人，只会在原来的地方打圈。

瑞士斯沃琪集团的创始人之一兼首席执行官尼古拉斯·海耶克，极其成功地重塑了瑞士破产的钟表产业，使之重新成为一个价值数十亿美元的钟表帝国。海耶克这样建议我们：“你的时间的确需要规划，但永远不要百分之百地规划它。如果那样的话，你会扼杀了自己的创造性冲动。”

在工作中，许多员工抱着坚守岗位的态度，一切因循守旧，缺少创新精神。他们认为创新是老板的事，与自己无关，自己只要把分内的工作做妥即可，除此无他。

这种思想实在要不得。要知道，谁也不比谁强，谁也不比谁差。你所拥有的，别人同样也拥有。如何能够突围而出高人一筹？你务必突出自身创造力。

发挥创新行为不仅对公司有利，也对你本人的形象、声誉、能力和前途有利。无论创新的意念是否被老板接纳，进行得是否顺利，都能显示出你对公司的热诚和责任感。

成败得失并非关键，重要的是那份勇于尝试的精神，能够有助于你获得老板的认同。

综观事业上取得成功的人，他们一般都不是那种从常规思路去考虑问题的人，而是能够站在创新的立场上考虑各种问题的人。

总之，创造性的眼光可以使你摆脱本行业的条条框框，接受其他领域中的优秀思想。当你尝试从不同的角度看事物时，创新的智慧常会让你得出独到的见解，再加上进一步的整理和分析，必然令老板大为信服。

可是，并非随便地想一下就能完成一件工作。唯有靠平时的努力所体会出来的心得，才能想出有价值的构想。“工作的创新”需要从自己所负责的专门工作中或从其相关工作中摸索，这样就容易找到自己的方向，也能设定目标。漫无目的地左顾右盼，就不能找到创造的构想。

你可能在担忧：自己的构想很可能和别人的一样，或者现在所想的事别人早就做过了。别人从前做得失败了，或是已经做到了某一程度。那么，你该怎么办呢？你可以向前辈请教一下。若你得到的答案是“从前并没有人做过”，那就表明这是一个值得做的计划；若别人告诉你“这以前好像有人做过”，那么你应该先参考别人所做的，然后再拟定方针。

在这种情况之下，别人往往会告诉你一些消极的意见：“这件事恐怕做了也是白做。你不管花费多大的心力，也不会有结果的。”假如是大家都认为会成功的事，他们早就自己做了。到现在还没有人做，那是由于大家都认为这是件吃力不讨好很难成功的事情。

可是，正因为如此，这件事才更有它的价值。你能够找到这样的目标肯定是一件值得庆幸的事，并进而做出一点成绩，这或许是别人无法达到的成绩。你也就是最先进入这个新领域的人，而这一点正让你成了与众不同的人。

遵守规则，但更要敢于突破。规则天生就是为了打破它的人而存在的，突破规则可以让你获得用遵守规则难以获得的东西。但是，规则为了保证它的完整性会对突破者进行反噬，因此在规则开始发动反噬之前，利用规则保护自己，或者将反噬的目标引开。最重要的是：你已经得到了这些东西，或者说你已经到达了一个全新的高度，这很重要。

500强工作法：工作着，创新着

身为企业中的一名员工，你所具有的创新能力将直接影响着你的升职加薪。在工作中间，那些没有创新能力的员工将会很难发现那些隐藏在问题之中的突破点。

王涛是3M公司的一名工程师，一次他到一家汽车组装厂去送货，他看到一名技工正在为车身喷涂双色漆。双色调油漆是喷涂车身的一种工艺，其效果看起来非常时尚，但是操作过程非常困难：工人们在操作过程中为了不让第二种颜色覆盖整辆车身，不得不用胶将一张纸贴到车身上。这种方法的效果却并不理想，有些纸在还未喷涂完油漆前就脱落了，有些则无法在油漆完成之后拿下来。而且那些被纸贴过的地方，总会在油漆干了之后留下难看的凸起痕迹。

应该怎样解决这个问题呢？王涛看了眼前的一切，一个制作遮蔽胶带的想法立刻浮现在他的脑海里。经过数次试验，这种遮蔽胶带的应用效果非常好。

于是，3M公司马上在市场上推出了这种遮蔽胶带，立即得到了众多汽车厂商的热力追捧。直到目前，这种遮蔽胶带仍然在喷涂作业中有着广泛的应用，它的发明者王涛也因此获得了丰厚的奖赏。

从上面的例子我们不难看出，王涛在工作中间发现了技术上所存在的问题，并且通过自己的创新能力挖掘出了遮蔽胶带这桶“金”，为企业创造了巨大的市场商机，同时也为自己带来了丰厚的收入。

创新能力是一个人一生的资本，也是现代企业中众多优秀人物获取高薪、赢得领导器重的关键所在。比尔·盖茨曾无数次地谈到：“对于一个公司来讲，最为重要的就是一个员工的创造力。我们要做的事情就是招募那些世界上最聪明、最优秀、最肯干、最有创造力的人进公司。”

机会对于企业中的每一名员工都是平等的，只有那些有着超强创新意识的员工才能先人一步赢得加薪升职的机会；那些思想守旧，创新能力缺乏的员工，则只能是守株待兔般地静待机会了。试想，这样的机会又是何其的渺茫呢？

在美国的一家邮政所，年轻的邮务员查尔斯的工作就是分发信件。每天面对邮政所里堆积如山的信件，用传统的方法来分发既耽误时间而且效率也不高。查尔斯非常不满意现在的工作现状，在工作中他尽量尝试用新的方法对传统的工作方法进行改良。很快，他发明了一种把信件集合投递的方法，极大地提高了信件的投递速度。因此，查尔斯的薪水增加了。3年之后他成了这家邮政所的总办，并且最终升任为美国电话电报公司总裁。

可见，创造性地工作，争取做到最好，不仅会使你所在的企业受益，最大的受益者往往就是你自己。任何一家企业所渴求的人才不只是一个具有专业知识的、埋头苦干的人，而更需要的是积极主动、勤于思考的人。一个高绩效的员工不只是被动地等待别人告诉你应该做些什么，而是应该积极主动地去了解自己要做什么，并且认真地去思考，然后全力以赴地去完成。这种员工无论做什么都力求达到最佳境界，丝毫不会放过任何一个思考的机会，他们无一例外都是在工作中勤于思考的优秀员工。

我们如何培养创新能力呢？以下有几个方法不妨试试：

（1）对事物保持好奇心。对事物有好奇心的人往往能够从中找到自己的乐趣，也因此能够发掘自己的潜能，这样的人最容易突破常规有所创新。创新的驱动力就是好奇心，好奇心对原始创新是至关重要的。原始创新不是事先能够预料的，往往是在好奇心的推动下突发的一种创造性思维。

（2）不满足于现有的知识和技能。在工作中以一种敏锐的、全新的思想来看待身边的事物，不满足于现有的知识和技能，这样的思想在很大程度会增进其创新能力的开发。

（3）用心观察。用心观察对于培养创新能力也有重要的作用。善于发现原有事物的优缺点，在进行创新时才能够吸收原有事物的优点，避免原来存在的缺点。

（4）集中注意力。创新能力必须具备的一个要素是集中注意力，注意力集中的程度决定着思维的深度和广度。能够把自己的注意力集中到一件事情上，才能全心全意地去思考其中的问题。

（5）具备积极的心态。人逢喜事精神爽，在快乐和开心的状态下，心理和生理会有积极反应，思维就会很活跃。所以，为自己营造一个和谐的环境并保持积极的心态，对于创新能力的培养非常有意义。

创新对我们非常重要，我们必须重视自己创新能力的培养。尽管技术在不断地更新，时代在不断地发展，但是，不论什么时候，具有创新精神的人在任何时候都会是“香饽饽”，在任何情况下都能找到事情的解决办法，在任何地方都会遥遥领先于别人。

如果你想要达到事业的巅峰，成为一名受老板器重的员工，那么从现在起就把“工作着，创新着”作为自己的座右铭吧！

第 25 章

心态修炼：别让消极心态毁了你

【稻盛和夫：对工作从不爱到热爱？】1. 认清形势，下定决心！无论如何，必须得喜欢上自己的工作；2. 探求意义，挖掘乐趣；3. 全力投入，积极暗示；4. 保持率真，坚持不懈；5. 及时庆祝，表达喜悦和感谢；6. 爱我所做比做我所爱是务实的、通往最爱的最佳途径。

别让不良心态害了你

工作对你而言意味着什么？是一份维持生活的薪水，还是一份成就自己人生的事业？在我们的生活中，工作占去了一天1/3的时间，是人生的重要组成部分。有的人认为工作是为了衣食住行，是生活的代价，是不可避免的劳碌。而有的人则认为，工作是实现理想所必需的奋斗历程，是自己一生的事业。那么，你是出于哪种需求和愿望去完成自己的工作呢？

有人问三个砌砖的工人：“你们在做什么？”

第一个工人没好气地嘀咕：“你没看见吗，我正在砌墙啊。”

第二个工人有气无力地说：“嗨，我正在做一项每小时 9 美元的工作呢。”

第三个工人哼着小调，欢快地说：“我正在建造这世界上最伟大的教堂！”

不妨设想一下他们三位的命运。前两位继续在砌着他们砖，因为他们没有远见，不重视自己的工作，不会去追求更大的成就。但那位认为自己在建造世界上最伟大的教堂的工人，一定不会永远是个砌砖的工人，也许他已经变成了承包商，甚至变成了很有名气的建筑设计师，说不定他还会继续向上发展。因为他善于思考，他当时对于工作的热情已经明显地表现出他想更上一层楼。

你可能很不喜欢你眼下的工作，你从工作中得不到丝毫的乐趣，但这并不是老板或单位领导的错。老板没有逼着你来他的公司上班，领导也没有强迫你在他的手下吃饭。当初，是你主动应聘到了这家公司；或者，是你费了九牛二虎之力才挤进了这家单位。你的历史，是你自己写成的。

老板待你很刻薄，领导压根儿就没把你当人才看，那么，你就炒他们的鱿鱼好啦！如果你不想炒他们的鱿鱼，就说明他们可能还没你说得那么可怕，那么需要改变的是你自己。

一个人的做事态度决定他一生的成就。你的工作，就是你生命的投影。它的美与丑、可爱与可憎，全操纵于你的手中。一个天性乐观、对人生充满热忱的人，无论他眼下是在洗马桶、挖土方，或者是在经营着一家大公司，都会认为自己的工作是一项神圣的天职并怀着深厚的兴趣。对所干的事充满热忱的人，不论遇到多少艰难险阻，哪怕是洗一辈子马桶，也要做个最优秀的洗马桶人！

有时候我们应该站在老板或领导的角度换位思考一下，你挣人家的钱，拿人家的薪水就得给人家一个交代。这是最起码的职业素养，也是良心与道德的问题。如果你的员工偷懒懈怠，你有何感想？再从自己的角度想一想，如果你想做一番事业，那就应该把眼下的工作当作自己的事业，应该有非做不可的使命感。你也许认为自己志向远大，要做轰轰烈烈的大事，不适合做具体、琐碎的小事，可是你有没有想过，如果你连这些琐碎、具体的事情都做不好，你又怎么可能去做轰轰烈烈的大事呢？

假使你对你所做的事是出于被动而非主动的，像奴隶在主人的皮鞭督促之下一样；假使你对你所做的事感觉到厌恶，没有热忱和爱好之心，不能成为一种喜爱，而只觉得其为一种苦役，那你在这个世界上一定不会有很大作为。

一位中年人走进一家袜子店，一个年纪不到17岁的少年店员迎面询问到："先生，您要什么？"

"我想买双短袜。"中年人看到这位少年眼睛闪着光芒，话语里含着激情。"您是否知道您来到的是世界上最好的袜店？"中年人一愣，发觉自己从来就没有思考过这个问题，因为他的需求仅仅是一双短袜，走进这家商店纯粹就是一种偶然。

少年从货架上抱下一只只盒子，把里面的袜子展现在中年人的面前，让他鉴赏。"等等，小伙子，我只买一双！"中年人有意提醒他。"这我知道，"少年说，"不过，我想让您看看这些袜子有多美，真是好看极了！"

少年的脸上洋溢着庄严而神圣的狂喜，像是在向中年人宣讲他所信奉的宗教的玄理。中年人立刻对这个少年产生了兴趣，把买袜子的事情抛于脑后。他略犹豫了一下，然后对少年说："我的朋友，如果你能一直保持这样的热情，如果这份热情不只是因为你感到惊奇，或因为得到了一个新工作——如果你能天天如此，把这种热心和激情保持下去，不到10年，你会成为著名的短袜大王。"

不管你的工作是怎样的卑微，你都应当以一种艺术家的精神投入其中。

世界上没有卑微的工作，只有卑微的工作态度。只要全力以赴地去做，再卑微的工作也会变成最出色的工作，就像希尔顿说的那样："世界上没有卑微的职业，只有卑微的人。"

这就是问题的症结。如果你只把目光停留在工作本身，那么即使从事你最喜欢的工作，你依然无法持久地保持对工作的热情。而如果在拟定合同时你想的是一个几百万的订单，搜集资料、撰写标书时你想到的是招标会上的夺冠，你还会认为自己的工作百无聊赖、枯燥无味吗?

工作满意的秘密之一就是能"看到超越日常工作的东西"。一旦心情愉快起来就会全身心投入，本来你觉得乏味无比的事情就会变得妙趣横生。这正是工作的本质所在。

假使你决意做每一件事都能竭尽全力，你对于工作就不会产生厌恶或痛苦的感觉，一切全视你的精神和你的态度。充沛的精神可以使最卑微的工作变得趣味横生，颓废的精神可以使人对于最高尚的事务产生厌恶的感觉。

通用公司的人力资源负责人曾经这样说："我们在分析应征者能不能适合某项工作时，经常要考虑他对目前工作的态度。如果他认为自己目前的工作很重要，我们就会觉得他很重要，即使他对目前的工作不满也没有关系。这个道理很简单，如果他认为他目前的工作很重要，他对下一项工作也可能抱着'我以工作成就为荣'的态度。我们发现，一个人的工作态度跟他的工作效率确实有很密切的关系。"

就像你的仪表一样，你的工作态度也会对你的领导、同事、部属以及你所接触的每一个人表现出你的内心世界、你的价值取向。

这也就是说，你认为你是怎样的人，你就会变成怎样的人。因为你的思想不知不觉会使你变成你所想的那样，你对工作没有热情，表现得很消极，那你就不可能在工作上取得任何成就。如果你认为你很虚弱，条件不足会失败等，这些想法会注定让你平平庸庸地过一辈子。

反过来，你如果认为自己很重要、有足够的条件，是第一流的人才，自己的工作也确实很重要，那么你很快就会迈上成功之路。

换工作不如换心态

人生是一个自我管理的过程，没有谁要求谁、谁约束谁，如果把良心和道德当做负担，那么势必是一次漫漫旅程。良心和道德是命运的底线，也是人生的风向标，同时也是我们与生俱来的财富。

每一份工作都会让你学到一些宝贵的经验，它们将是你人生成长过程中最重要的资源。因此，当你苦闷难当萌生退意准备跳槽时，不妨先转换一下自己的态度，以全新的角度审视自己的公司、自己的工作、自己的老板，或许跳槽的想法就会打消。

人在职场，换几份工作是正常的，但是，每一次换工作是否都为你带来正面的效应，是否对你的价值提升有所帮助（当然不仅仅只是体现在薪酬的提高上），这是你跳槽前必须深思熟虑的问题。遗憾的是，许多人盲目地跟着潮流走，只看到别人越跳越好，只看到新工作、新公司、新老板的好，却没有深思。其实最应该深思的是自己，反思一下自己的工作态度吧，如果你很草率地放弃原本熟悉的工作跳到一个完全陌生的环境，很有可能会陷入进退维谷的处境之中。

多数人在事业不如意时常常不知追根究底，不知找出自己的问题所在，总是期待环境或者他人能根据自己的意愿而改变。一旦期望落空，失望与沮丧便会涌上心头，情绪就会跌入低谷，进而产生转换门庭的想法。对此，建议跳槽之前先自我反省一下，也许你会发现，转换对工作的态度与认知才是解决问题的最根本的方法。

研究人员发现，转换工作的想法不外乎以下几种原因，看看自己属于哪一种情况并对症下药，消除不良心态。

（1）薪水过低。要知道，你的薪水待遇往往和你的付出成正比。如果你能全心全意地付出，尽心尽力地做事，相信你的老板或主管绝对不会视而不见。此外，你工作所得的回报除有形的货币以外，还有一些隐形的收入，譬如获得了良好的人际关系，能力技术得到了提升，获得了丰富的工作经验，等等。这些隐形的收入，价值是不可估量的。

（2）怀才不遇。你的专长得到了发挥吗？在现在的公司究竟还有没有发展空间？对于这些问题，你不仅要认真思考，必要时候还要和老板多多沟通。俗话说得好，“天生我才必有用”，要做到人尽其才必须和老板多沟通，让老板真正了解你。千万不要做有才华的穷人，整日里哭丧着脸，总是有怀才不遇的感叹。人有多方面的天赋，而且要做一行爱一行，用心做好每一件事，这样才能有更多发展的机会。

（3）不被理解。你是否觉得经常不被理解？仔细想一想，这种分歧多半并非老板的原因，可能是你自己太固执己见的结果，也可能是没有充分表达自己的想法的原因。如果你能站在老板的角度更全面地思考公司的发展问题，也许视野会更开阔些，也许能看到的问题会更客观一些。如果这还不能说服你自己，那就试着去适应公司的发展规划，适应公司的文化和老板的行事风格。选择一个好时间，把自己的想法说出来，也许老板并不像你想象的那么固执。

（4）工时过长。如果你觉得工作时间太长，不妨先问问自己究竟是工作效率太低还是业务量过重？如果是你的工作效率太低，那么正确的工作态度是努力提高自己的技能，更加投入地学习和自我提升。如果是你的业务量过重，则应主动寻求老板的支持，最好能提出具体的解决方案，而不是逃避和抱怨。

（5）心中不满。如果你总是觉得心里不痛快，想一想，究竟是自己太褊狭，还是整个公司的氛围的确太差？如果你不能从心理上解决问题，跳到任何公司都不会有好果子吃。当你和老板或同事之间关系紧张时，不要总是站在自己的角度去思考问题。换个角度去想，就能看到另一片天空。试一试用自己的宽容大度和幽默来改善工作气氛吧！

（6）训练不足。如果你总觉得你得不到更多的锻炼，那多数是你的问题。每个工作都有挑战性，只是看你是否擅于发现而已。在工作中是否能获得提升，培训和教育十分重要，但这往往取决于你的态度。当然，一个优秀的老板、一群和睦的同事，可能要比死板的教育训练更让你舒服得多。

（7）升迁不畅。如果你总觉得没有什么前途，你根本看不见升迁的希望，问题到底出在哪里？最近公司有没有人获得升迁？如果有，你就要深度思考一下了，究竟是老板任人唯亲还是你的能力的确不佳？不要胡思乱想，先入为主地认为他人的升迁不过是靠拉关系得来的，要努力去发现那些自己所不具备的优秀品质和卓越的能力，并将自己所存在的问题一一改正。

（8）交通不便。如果你觉得交通是你工作不顺畅的最大问题，难道你不可以早点起床吗？不可以改变晚睡的习惯吗？早起的鸟儿有食吃，只有勤劳才会有收获，这是一个最基本的成功法则。每个人都有惰性，但是这不应该是你懒惰的理由，你应该转变那些错误的观念，让自己勤奋起来。一个不断奋进的人，应该以工作为中心来转换居住的地点，而不是以自己的居住地为中心来寻找工作。

（9）前景不乐观。如果觉得你在这一个公司里前景极不乐观，是基于什么样的原因？俗话说，经济一片大好时有赔钱的公司，经济不景气时也有赚钱的公司。公司的好坏难道跟你没有一点关系吗？你也是公司的一分子，不是吗？更何况公司或行业的前景需要有专业而冷静的判断，而不应该被当成逃避责任和压力的借口。多问问自己是否真的尽心尽力了。往往是在经济衰退、公司经营业绩不佳时，最能体现员工的能力和忠诚度。你是那一个员工吗？

（10）不被肯定。如果你总是觉得不能被肯定，这种不肯定的感觉让你难受极了。你想没想过，你为什么没有被肯定？是你真的怀才不遇，还是你根本就高估了自己的能力？孤芳自赏只会让你在职场中越来越孤独。试着多和老板谈谈自己的想法，尽量多参加一些重大项目，也许你就能从不被肯定到被肯定。

轻视工作会让你一无所获

在我们的社会生活中，每份工作都有它的价值。你在这个世界上找到什么样的工作，你便会过上什么样的生活。工作是我们赖以生存的基础，是陪伴我们安然行走在人生大道上的重要保障。因此对我们来说，一切合法的工作都值得我们去尊重，一切值得我们尊重的工作都有它不容轻视的价值。

现为通泰电子集团首席执行官的约翰·克林斯顿在向外界介绍他的成功秘诀时说：“我并不认为自己有多么优秀，我只是经常对自己的员工强调：在公司中无论你是什么身份，干着什么样的工作，无论是CEO还是普通员工，都必须记住一点，否定自己的劳动是个巨大的错误，只有看重自己所从事的工作才会有发展。”

我们知道，一个人认为自己是怎样的他便会朝着他认为的那个方向发展。你认为自己的工作很卑微，没有前景，每天工作只是为了糊口，于是你对工作缺乏热情，甚至消极怠工，自然不会成功。同样，你认为自己能力有限，不能承担重任，因此在工作上只是不马虎行事，而从不去积极进取。这些想法就注定你只能成为公司的二流员工，平平庸庸地过一辈子。

反过来，如果你认为自己很重要，自己的工作亦非常重要，便能在工作中不断总结经验，接收到一种积极的心理信息，这会帮助和促使你把工作中的每一件事都做得更好。一件做得更好的工作意味着更多的升迁机会、更多的薪金、更多的权益，以及更多的发展空间。

因此，一个人尊重自己的工作其实就是尊重自己。

著名的管理咨询专家蒙迪·斯泰尔在为《洛杉矶时报》所撰写的专栏中曾经说道：“每个人都被赋予了工作权利，一个人对待工作的态度决定了这个人对待生命的态度，工作是人的天职，是人类共同拥有和崇尚的一种精神。当我们把工作当成一项使命时，就能从中学到更多的知识，积累更多的经验，就能从全身心投入工作的过程中找到快乐、发现机会，从而取得成功。当然，拥有这种工作态度或许不会有立竿见影的效果，但可以肯定的是，当‘轻视工作’成为一种习惯时其结果可想而知。工作上的日渐平庸虽然表面上看起来只是损失了一些金钱和时间，但是你的人生将留下无法挽回的遗憾。”

奎尔是一家汽车修理厂的修理工。从进厂第一天起，他就开始喋喋不休地抱怨：修理这活太脏了，没本事的人才干这样的活，一天到晚累个半死，浑身上下没一处干净地方，真是丢死人了。

如此，奎尔每天都在这种抱怨和不满的心情中度过。他认为自己的工作是一份很低等的工作，只是日复一日地在为一点可怜的工资出卖苦力。因此，他便慢慢地变得消极怠工，当同他一起进厂的同事将眼光盯着师傅手上的“活”时，他却窥视着师傅的眼神和举动，稍有空隙便偷懒耍滑，应付手中的工作。

几年过去了，当时同他一起进厂的三个工友，各自凭着自己的手艺和工作的劲头，或升职做了他的上司，或另谋高就有了自己的事业，或被公司送进大学进修。只有他，仍旧在抱怨声中煎熬，仍然做着被自己蔑视的修理工。

奎尔的行为所造成的结果难道是一种偶然吗？不是，相反，这是一种必然。作为员工，你幼稚地认为你对工作的轻视目光会瞒得过老板的视线。老板们或许并不了解每个员工的具体表现、熟知每一项工作的细节，但他能当你的老板，或者因为经验，或者因为曾经在某方面卓有成效的努力，一定有他超出一般的能力和见识。你轻视他给你的工作，他自然也会根据你的工作态度来设定你在公司的未来。这一点毋庸置疑。

在我们身边，像奎尔这样的人并不少见。他们不尊重自己的工作，不将工作看成是创造人生事业的必由之路和发展人格的主力，而把它视作衣食住行的供给工具，认为工作是生活的代价，是无可奈何、不可避免的劳碌。这样的错误观念将他们的人生和事业都定格在一种永远被动的生活方式里，使他们不愿意奋力崛起，努力改善自己的生存环境。对他们来说，只有体面的工作才是真正的工作，只有从事高薪的工作才能使自己致富。岂不知任何伟大的工程都始于一砖一瓦的堆积，任何耀眼的成功也都是从一点一滴开始的。这一砖一瓦、一点一滴的累积，都需要他们在工作中以尽职尽责的精神去完成。

好岗位、好工作人人趋之若鹜，普通琐碎的工作人人唯恐避之不及，但好工作和好岗位是从哪里来的呢？什么样的工作才算是好的工作呢？

亨利和阿尔伯特是同班同学，两个人大学毕业后恰逢英国经济动荡，他们都找不到适合自己的工作，便降低了要求，到一家工厂去应聘。恰好，这家工厂缺少两个打扫卫生的职员，问他们愿不愿意干。亨利略一思索，便下定决心干这份工作，因为他不愿意靠领取社会救济金生活。

尽管阿尔伯特根本看不起这份工作，但他愿意留下来陪亨利一块儿干一阵子。因此，他上班懒懒散散，每天打扫卫生时敷衍了事。一次，两次，三次，老板认为他刚从学校毕业，缺乏锻炼，又恰逢经济动荡，也同情这两个大学生的遭遇，便原谅了他。然而，阿尔伯特内心深处对这份工作抱有很强的抵触情绪，每天都在应付自己的工作。结果，刚干满了三个月，他便彻底断绝了继续干这份工作的念头，辞了职，又回到社会上，重新开始找工作。

当时，社会上到处都在裁员，哪儿又有适合他的工作呢？他不得不依靠社会救济金生活。

相反，亨利在工作中抛弃了自己作为大学生——高等学历拥有者的身份，完全把自己当作一名打扫卫生的清洁工，每天把办公走廊、车间、场地都打扫得干干净净。半年后，老板便安排他给一些高级技工当学徒。因为工作积极、认真勤快，一年后他成为了一名技工。尽管如此，他依然抱着一种积极的态度，在工作中不断进取。两年后，经济动荡的局面稍稍稳定后，他便成为了老板的助理。而阿尔伯特此时才刚刚找到一份工作，在一家工厂当学徒。但是，他认为自己是高等学历拥有者，应该属于白领阶层。结果，在自己的工作岗位上仍然把活干得一塌糊涂，终于在某一天又回到街头，再次去寻找工作。

今天工作不努力，明天努力找工作。一个不轻视自己工作的人，工作中任何一件琐碎和不起眼的小事都会成为他成长和锻炼自己的机会。一个尊重自己所从事工作的人，根本无须为他的未来担心。

平凡的是工作岗位，平庸的是工作态度。无论你从事的工作多么琐碎，都不要看不起它。要知道，所有正当合法的工作都是值得尊敬的。只要你诚实地劳动，就没有人能够贬低你的价值。你在工作中所能收获到的一切，完全取决于你对工作的态度。

珍惜现在的工作机会

一些人只知道享受好的工作环境，要高薪、坐高位，却抱着消极的态度对待自己的工作，轻视自己的工作。这种人，无论对自己还是对公司而言，都是失去价值的人。

有许多人在寻找发挥自己本领的机会。他们常这样问自己：“做这种乏味平凡的工作，有什么希望呢？”可是，就是在极其平凡的职业中、极其低微的位置上藏着极大的机会。只有把自己的工作做得比别人更完美、更迅速、更正确、更专注，调动自己全部的智力，从旧事中找出新方法来，才能引起老板的注意，从而使自己有发挥本领的机会，满足心中的愿望。所以，不论月薪是多么微薄，都不该轻视和鄙弃自己目前的工作。

在工作和生活中，有时候会碰到一些并非我们职责范围内的工作，只要我们站在公司的立场上，为公司着想，而不是置身事外采取观望态度，那么，我们所做出的努力就会得到回报。在现实中，我们难免要遭遇挫折与不公正待遇，每当这时，有些人往往会产生不满，而不满通常会引发牢骚，希望以此引起更多人的同情、吸引别人的注意力。从心理角度上讲，这是一种正常的心理自卫行为。但这种自卫行为同时也是许多老板心中的痛，牢骚、抱怨会削弱员工的责任心，降低员工的工作积极性，这几乎是所有老板的一致看法。

合理的要求是锻炼，不合理的要求是磨炼，你要有一个平凡的心态。

抱怨的最大受害者是自己。在现实世界中，有太多人虽然受过很好的教育并且才华横溢，但在公司里长期得不到提升，主要是因为他们不愿自我反省，总是对工作抱怨不休。

工作中时常会有这样的情况：一项任务交代下来后，如果上司不追问，结果十有八九会不了了之；有些事情，如果上级不跟踪落实，就很难有令人满意的反馈；还有的人面对上司布置的工作常常只会睁大眼睛，满脸猜疑地反问上司："怎样做？（这事我不知道啊）"

还有不少人自命清高、眼高手低，他们动辄感到被老板盘剥，自己是在替别人卖命、打工，是别人赚钱的工具。因而在思想上产生了严重的抵触情绪，聪明才智没有用来思考如何十全十美地做好上级交给的工作，而是整日抱怨，把大好的光阴和大把精力在蹉跎中白白浪费掉了。

这一现象，在一些刚走出校园进入社会的人身上尤为突出。他们总对自己抱有很高的期望，认为以自己的学识和才干，应该从事些体面的工作，获得重视。

事实上，刚刚跨入社会的年轻人由于缺乏工作经验，无法被委以重任，工作自然也不是他们所想象的那样体面。然而，当老板要求他们去做应该负责的工作时，他们就开始抱怨起来："我被雇来不是要做这种活的。""为什么让我做而不是别人？"这样他们对工作就丧失了起码的责任心，不愿意投入全部力量，敷衍塞责，得过且过，将工作做得粗陋不堪。长此以往，嘲弄、吹毛求疵、抱怨和批评的恶习将他们卓越的才华和创造性的智慧悉数吞噬，使之根本无法独立工作，成为没有任何价值的员工。由此看来，一个人一旦被抱怨束缚，工作不尽心尽力，在任何单位里都是自毁前程。

提及抱怨与责任，有位企业领导者一针见血地指出："没有人因为喋喋不休地抱怨而获得奖励和提升。想象一下，船上水手如果总不停地抱怨：这艘船怎么这么破，船上的环境太差了，食物简直难以下咽，以及有一个多么愚蠢的船长。这时，你认为这名水手的责任心会有多大？对工作会尽职尽责吗？假如你是船长，你是否敢让他做重要的工作？

一旦你受雇于某个公司，就应该珍惜目前的工作，对工作竭尽全力！

心态归零，坚持改善

有一个篮球明星，曾经红极一时，后来沦落到一家洗车店里打工。老板要求他在擦车时摘下冠军戒指，以免将车划伤，但遭到了他的拒绝。他说，那枚戒指是他剩下的唯一荣耀，如果把它拿走，他就会崩溃。结果他被洗车店解雇了。

有一个股民，一开始的时候几乎没有什么钱，后来炒股发了家，就对此神魂颠倒。但是一次选择失误，所有的钱被套住，他又回到了起步时候的情况，情绪失控就跳楼自杀了。

有一个老板，自己创业，白手起家，企业做得很大。但是一次决策失误，企业一下轰然倒下。老板们无法面对这种情况，觉得自己无法再过普通人的生活，便意志消沉地混日子，最后抑郁而终。

上面这三个人经历不同，但有一个共性，就是成功了一次之后再成功第二次却很难。让他们回到起跑线上心态上便承受不了了，总是还停留在过去的成功之中。

这些人缺少一种叫做"归零"的心态。什么是归零心态呢？就是无论你现在是底层员工还是公司老板，永远把自己放在一个很低的位置上，一切从零开始，永不满足自己的现状。

为什么惠普女总裁卡莉·菲奥莉娜说过"惠普离破产还有12个月"？为什么三星总裁李健熙说过"除了妻儿，什么都要变"？这些企业家给我们的启示是，如果你的心态不归零，始终觉得自己足够好了，那你就很容易被竞争所击败。

瓦雷让是法国西部的一个著名商学院的学生，在校期间非常活跃，表现也十分优秀。不过，最近他的工作让他十分郁闷。他觉得，他所从事的工作和当初的想象差别太大了，这不是他希望的工作，他要寻求改变。

“经理，我感到这份工作和我当初的想法有些差距，这不是我希望的工作，我要辞职。”周一的早晨，瓦雷让把自己的辞职信放在了总经理的办公桌上，一脸的沉重。

“哦？你当初怎么想的，现在又是在做些什么呢？”总经理说。

“我觉得，我的能力可以承担更大的责任，而不仅仅是这些琐碎的日常工作。”瓦雷让说。

“嗯。不错，小伙子。你很有潜力，但你应该正视你的缺点。我来告诉你，昨天你给我的市场研究报告，总共有12处错误，很多错误都是致命的。你知道这些错误是什么么？”总经理问瓦雷让。

“怎么可能？那可是我费了很大的力气完成的！”瓦雷让说。

“瓦雷让，你现在的错误可以由我来给你修改，如果我有错误的话就会直接给公司带来损失。你知道咱俩换换职位会有什么结果么？手中的事情都做不好，怎能去承担更大的责任？瓦雷让，我明白你的想法。你在大学校园里，呼风唤雨，风光无限；到了公司，你就是一个新兵，是一个普普通通的员工，你的能力可以在平时工作中体现。到了一个新的环境，你就需要有新的心态。初入职场，你必须忘掉校园里的表现，无论是优秀的还是糟糕的。把你的心态归零，是你顺利工作的第一步。你的辞职信暂时放在我这里，如果你在明天上午之前还是坚持你的想法的话，我可以答应你的要求。”总经理说。

“经理，对不起。我想我应该收回我的辞职信。”瓦雷让说。

很多的研究生、博士生像瓦雷让一样“出身名门”，在大学里也是有口皆碑的好学生，但是到企业里面却吃不开，甚至找不到工作。因为这些人从一毕业就没有把自己的姿态放低，不能接受从底层认认真真地做事情，总是以为自己就应该获得重用，事实上他们还差得很远。

如果你也遇到了这样的问题，不要抱怨你的老板对你的才能视而不见。

把心态归零，从小事做起，总会有一天，你的老板会说你既有才华又值得信赖，交给你更多的责任。

另外有很多老员工，他们在公司拼搏了很多年，帮助企业取得了发展，有的人还是企业的“开国元勋”。但是企业发展好了，这些人反倒满足于现状，抱着“吃老本”的心态混在公司，稍有不如意，就摆出老资格的姿态发脾气，增加了企业管理上的难度，变相增加了管理成本。结果企业不是越做越好，反而越做越差。

还有一些精英，有着多年的行业经验、出众的个人能力、卓越的业绩以及良好的业界口碑，被企业挖去做经理人。但是，过去只能意味着结束，如果过于看中过去，过去也就成了包袱。也许正是这样，太多不适应新环境、临场发挥失常的职业经理人，最后抱憾离去。

这些人都没有很好的做到心态归零，所以他们只能取得暂时的成功，却无法将小的成功变成大的成就，不能让自己从优秀走向卓越。

心态归零，是为了更好地前进，为了取得更大的成功。心态的每次归零都将是一个自我完善的过程，一个自我提高的机会。让我们时刻保持清醒的头脑，为下次进攻做更好的准备。我们时刻会面临着新的工作环境，会遇到新的问题，这意味着我们过去的辉煌已经结束，必须时刻为新的开始做好准备。

如何做到归零心态呢？就是把每一天都当作崭新的开始，把自己的姿态放到最低，坚持不懈地改善。永远不要去想你已经有多好，而是眼光紧盯你下一阶段的更大的目标。永远不要去想别人有哪些缺点，而是想自己还有哪些不足。

商业环境日新月异，当别人都在拼命进步的时候你还在“原地踏步”，等于把机遇拱手让给了别人。如何让成功从一句空话变成现实？答案就是：心态归零，坚持不懈地改善。

比别人多做一点点

无论你是管理者，还是普通职员，若能抱着“比别人多做一点点”的工作态度，你便可以从竞争中脱颖而出。你的老板、同事和顾客会关注你、信赖你，你从而也会拥有更多的机会。

一位成功推销员在总结自己成功经验时说："你要想比别人优秀，就必须坚持每天比别人多访问5个客户。"

"比别人多做一点点"，多简单的一句话，却是很多事业成功者的取胜秘诀。

现实生活中，大多数人更愿意找些借口来搪塞，而不是努力成为优秀者。因为他们觉得自己必须有巨大的付出才能够成为优秀的人，而找个借口搪塞为什么自己不全力以赴让自己变得优秀，对他们来说，那可真是不用费什么力气。

真正的成功是将勤奋和努力融入每天的工作、生活中的一个过程。著名投资专家约翰·坦普尔顿通过大量的观察研究，得出了一条很重要的原理：多一盎司定律。盎司是英美重量单位，一盎司相当于1/16磅，在这里以表示一点微不足道的重量。

所谓"多一盎司定律"，意即只要比正常多付出一丁点就会获得超常的成果。坦普尔顿指出：取得中等成就的人与取得突出成就的人几乎做了同样多的工作，他们所做出的努力差别很小——只是"多一盎司"。但其结果——所取得的成就及成就的实质内容方面，却经常有天壤之别。

我国著名企业海尔的产品合格率之所以能达到一个很高的水准，其秘诀就是运用了"多一盎司定律"。

由于电冰箱对当时的消费者来说是家庭中的大件，许多家庭买来之后都放在房间的显要位置。基于此，海尔对冰箱的各项技术指标的要求均高于国家标准，其中主要的七项指标实测值均优于世界发达国家水平。为满足当时用户对高档家电的特殊需求，海尔对外观、噪音等的要求特别严格。如冰箱外观，国家标准要求是1.5米以内看不出划痕，而海尔的要求则是0.5米以内不得看出划痕；噪音国家规定为不超过52分贝，海尔的内控标准为不超过50分贝，加强了自身的"修炼"。

在工作中，有很多时候需要我们"多加一盎司"。多加一盎司，工作可能就大不一样。尽职尽责完成自己工作的人，最多只能算是称职的员工。如果在自己的工作中再"多加一盎司"，你就可能成为优秀的员工。我们应该为自己确立这样的工作标准：对自己的要求要适当地高于老板对你的要求。做到这一点，我们就一定能把工作做好。

当亨利·瑞蒙德在美国《论坛报》做责任编辑时，刚开始时他一星期只能挣到6美元，但他还是每天平均工作13~14个小时。往往是整个办公室的人都走了，只有他一个人仍旧在工作。“为了获得成功的机会，我必须比其他人更扎实地工作，”他在日记中这样写道，“当我的伙伴们在剧院时，我必须在房间里；当他们熟睡时，我必须在学习。”后来，他成为了美国《时代周刊》的总编辑。

美国著名出版商乔治·W.齐兹12岁时便到费城一家书店当营业员，他工作勤奋，而且常常积极主动地做一些分外之事。他说：“我并不仅仅只做我分内的工作，而是努力去做我力所能及的一切工作，并且是一心一意地去做。我想让我的老板承认，我是一个比他想象中更加有用的人。”

“多一盎司定律”可以运用到人类努力的每一个领域中。这“一盎司”把赢家跟一些入围者区别开来。在朝气蓬勃的高中足球队中，你会发现，那些多做了一点儿努力、多练习了一点儿的小伙子成为了球星，他们在赢得比赛中起到了关键性的作用。他们得到了球迷的支持和教练的青睐，而所有这些只是因为他们比队友多做了那么一点儿努力。

在商业界，在艺术界，在体育界，在所有的领域，那些最知名的、最出类拔萃的人与其他人的区别在哪里呢？答案就是多勤奋、多努力那么一点儿。谁能使自己“多加一盎司”，谁就能得到千倍的回报。

多做一点儿是一个良好的习惯。你没有义务做自己职责范围以外的事，但是你可以选择自愿去做，来驱策自己快速前进。率先主动是一种极珍贵、备受看重的素养，它能使人变得更加敏捷、更加积极。如今在公司里，每个人的工作内容相对比较确定，未必有许多“分外”之事让我们去做。而且，当一个人已经完成了绝大部分的工作、付出了99%的努力，再“多加一盎司”其实并不难。但是，我们往往缺少的却是“多一盎司”所需要的那一点点责任、一点点决心、一点点敬业的态度和自动自发的精神。

比别人多做一点儿会使你最大限度地展现你的工作态度、最大限度地发挥你的天赋，让自身不断升值，成为一个真正优秀的人。

欲速不达，忌心浮气躁

职场前辈经常这样教育年轻人："小伙子要沉得住气，看准时机，不要心浮气躁的。"这句简单的话是前辈人生经验的总结，因为他们明白任何事情都需要看准时机，心浮气躁是成不了事的。

浮躁是工作最大的敌人，无论你要获取幸福快乐还是要获取成功，你需要拭去心灵深处的浮躁。心浮气躁的人总是心神不宁，情绪表现得很急躁，做事也会很盲目冲动。这些人总想着事情能够按照他的意愿，想怎样就怎样，从来不去好好努力奋斗以实现自己的心愿。

对于刚进入职场的年轻人来说更该如此。新人刚走向社会，看到周围的老总、经理们感觉很羡慕，想着自己要是也能这样就好了。工作了一段时间后，发现自己在公司无足轻重，可有可无，心里就盘算着："算了，在这儿是没什么发展了，还是撤吧。"才工作没多久就离开了，然后频繁地换公司、跳槽。这是年轻人走向职场中最忌讳的一点。原因也在于年轻人对于自己的未来没有信心、没有把握，心中茫然不知所措，很容易浮躁。其实年轻人需要注意的是，一个刚离开学校走向职场的人对于公司的贡献是很少的。公司不像学校，学校有责任照顾每位学生，公司则完全为自身的利益考虑，那些公司的领导者哪位不是为了公司的发展做出了巨大的贡献，否则如何能让员工听从他们的调度？只有发挥自己的能力，为公司做出了一定的贡献才能得到公司的看重。与其浪费时间频繁跳槽于各家公司，不如先想清楚自己适合从事什么工作，然后努力进入这个行业静下心来好好学习、工作。

浮躁的人总是希望把自己手上的事迅速完成，结果在做的时候考虑不周、丢三落四，最后事情是完成了，但是不尽如人意。浮躁的人根本没办法集中自己的精力，总是分神去想别的事情，这样自然是不能把手上的事情做好。其实只要沉下心来，事情自然做起来就会很有效率。很多人都有这样的感觉，在一天中快要下班时心情浮躁，心里只想着要下班了，工作完全没有心思做。

心浮气躁的人往往为了一点不顺心的小事而大动肝火，乱发脾气，最后事情没有解决，反而伤人伤己。更加值得注意的是，这还会使人的身体受到损害，“怒伤肝”，这是中国传统医学的结论。现代科学也从病理上发现生气的人体内会产生很多对身体有害的化学物质。

浮躁是一种病态的心理，这也是个人失去生活重心所致。现在人们的问候语中“你换工作了吗？”和以前“你吃饭了吗？”一样平常，工作不顺心就跳槽，社会上这样的人越来越多，被戏称为“闪跳族”。闪跳族们在求职、失业、求职中反反复复，最后越来越茫然，变得没有追求。

浮躁造成的危害还有很多，把它看成一个恶疾尽力摒弃它吧。人们做事最重要的就是平心静气，碰到一点不顺心的就心浮气躁是要不得的，踏实地工作学习，努力做好自己，财运的改变也许就会在你认识并改变自己浮躁心理的那天降临。

500强工作法：少一些如果，多一些如何

经常看到一些员工悔恨地对自己说：“如果我没有做这或那就好了……如果当时的环境不那么糟糕，我肯定能把这项任务做好……如果别人不这样不公平地对待我的话……如果主管给我安排一个简单易操作的项目的话……如果大家都能够很好地配合我的工作的话……”就这样从一个不妥当的解释或推理转到另一个，一圈又一圈地打转，却于事无补。不幸的是，世上有不少人喜欢失败后这样为自己找“如果”。

20世纪70年代中期，卯木肇担任了日本索尼国际部部长。上任不久，他被派往芝加哥开拓美国市场。当卯木肇来到芝加哥后，他吃惊地发现，索尼彩电竟然在当地的寄卖商店里布满了灰尘，无人问津。如何才能改变索尼彩电这种滞销商品印象，改变销售的现状呢？卯木肇陷入了沉思……

一天，卯木肇驾车去郊外散心。在归来的路上，他注意到一个牧童正赶着一头大公牛进牛栏，而公牛的脖子上系着一个铃铛，在夕阳的余晖下叮当叮当地响着，后面是一大群牛跟在这头公牛的屁股后面温顺地鱼贯而入……

此情此景令卯木肇一下子茅塞顿开，他想，一群庞然大物居然被一个小孩儿管得服服帖帖的，为什么？还不是因为牧童牵着一头带头牛。索尼要是能在

芝加哥找到这样一家“带头牛”商店来率先销售，岂不是很快就能打开局面？

卯木肇立即从寄卖店取回货品，取消削价销售，在当地报纸上重新刊登大幅广告，成立特约维修部后去找芝加哥市最大的一家电器零售商马歇尔公司。通过种种办法，卯木肇把索尼彩电送进了马歇尔公司，有了马歇尔这只“带头牛”开路，芝加哥的100多家商店都对索尼彩电“群起而销之”，不到三年，索尼彩电在芝加哥的市场占有率达到了30%。

没有“如果”，只有“如何”。如何才能让索尼彩电成功登陆美国市场？卯木肇积极地寻找办法，索尼彩电最终成功地打入了美国市场，从滞销到畅销。所以，遇到困难和问题，遭受失败和挫折以后，把心态放在“如果”上面是解决不了任何问题的。

“如果”是一种假设、虚拟的，只是一种想象，多半不能实现。而只有想“如何”，在麻烦或甚至于灾难降临时才能毫不推脱立刻找寻最佳的解决办法。“如果”的设想和借口没有用，“如何”的回答才能解决问题。只要多想想“如何”去做，而不是纠缠于“如果”式的各种借口中，克服困难，走出失败，就大有希望。

工作中遇到困难的时候，最为关键的是要想到“如何”二字，即如何摆脱困境，如何从失败中奋起，如何解决自己面临的问题。那么，摆脱困境的方法都有哪些呢？

1. 换一番思维，换一片天地

“山重水复疑无路，柳暗花明又一村”。一扇门关上，另一扇门会打开。世界上没有死胡同，关键就看你如何去寻找出路。有一句话说得好，“横切苹果，你就能够看到美丽的图案。”当你在工作中遭遇困境的时候，学着换一种眼光和思维看问题，多尝试从不同的角度去思考问题，才能够化逆境为顺境、化问题为机遇，能够找到反败为胜的机会。

2. 积极思维——把危机变成转机

在中文里，“危机”这个词是由两个字组成的，“危”字的意思是“危险”，“机”字则可以理解为“机遇”。通常，保守胆怯的人习惯性地只看到“危险”，而看不到“机遇”；那些胆大心细，善于把握机遇的人却能拨开危险的迷雾抓住机遇，而抓住机遇离成功也就不远了。

古今中外有很多生动的例子表明了这样一个道理，危机之中蕴含转机，出现危机可能正是取得发展与进步的大好时刻。所以，要能够在危机中看到转机，变被动为主动。

3. 主动反省——在问题中成长自我

如果你没有勇气离开陆地，那么你永远都无法发现新的海洋。如果你没有胆量接受生活的洗礼，那么你永远也无法在问题中获得成长。逃避问题和障碍，它就会困扰你一辈子，所以要经常问自己："我如何能利用这次挫折而有所创造？我如何能从这种状况中得出些好结果来？我如何能再从头干起，重整旗鼓？"

另外，理想的反省时间是在一段重要时期结束之后，如周末、月末、年末。在一周之末用几个小时去思索一下过去7天中出现的事件。月末要用一天的时间去思索过去一个月中出现的事情，年终要用一周的时间去审视、思索、反省生活中遇到的每一件事。

自我反省的时间越勤越有利。假如你一年反省一次，你一年才知道优缺点，才知道自己做对了什么、做错了什么。假如你一个月反省一次，你一年就有了12次反省机会。假如你一周反省一次，你一年就有54次反省机会。假如你一天反省一次，你一年就有365次反省机会。反省的次数越多，犯错的机会就越少。

一个从不犯错误的人是懦夫，一个总是犯错误的人是傻子。一个人要拥有成功的人生，就要学会在失败和错误中学习成长。在这里有几条从错误中学习的方法可以供你参考：

（1）诚恳而客观地审视周遭情势。不要归咎别人，而应反求诸己。

（2）分析失败的过程和原因。重拟计划，采取必要措施，以求改正。

（3）在重作尝试之前，想象自己圆满地处理工作或妥善处理问题时的情景。

（4）把足以打击自信心的失败记忆一一埋藏起来。它们现在已经变成你未来成功的肥料了。

（5）重新出发。

（6）一个希望从错误中学习并期待成功的人，可能必须反复实践以上步骤，然后才能如愿达成目标。重要的是每尝试一次，你就能够增加一次收获，并向目标更前进一步。

第 *26* 章

自我提升：重视八小时以外的生活

【如何提升个人专业能力】1.写文章，多发表个人见解，增加个人思考机会；2.大量看书，自学，但一定要选好书；3.多和圈里高手交流，听君一席话胜读十年书，遇到不懂的多请教；4.建立个人文件管理系统，不断整理自己的原创；5.参加系统学习，找到短板，快速学习；6.实践，大量实践。

创造机会，用学习代替拼命

俞敏洪曾经给新东方的员工们讲过一个真实的故事：

有一个学生，刚从一所很普通的学校毕业，没有太大的优势，英语也比较一般，他到新东方求职，被安排了一份收发耳机的工作。他接受了这份工作，每天派发耳机的时候他就想，如果自己能在做好工作之余再把英语练得比以前好一点，没准能得到更好的机会。于是，他一边认真仔细地工作，一边旁听老师们的授课。这样过了两年，他的英语水平突飞猛进，而且，在旁听很多老师授课的时候，他也在不知不觉中掌握了很多教学技巧。他觉得自己比以前成长了很多，应该够资格也够能力上讲台讲课了。

于是，他找到俞敏洪，提出自己要当英语老师的想法。俞敏洪吓了一跳，他想一个收发耳机的人怎么有能力当英语老师呢？这个人很执拗，他坚持一定要俞敏洪试着听他讲一回课。

俞敏洪抱着试试看的心理给了他一次机会，结果发现，这个人跟两年前相比真的大不相同，不仅英语水平精进很多，而且在授课技巧上也很有自己的风格。于是，俞敏洪批准了，这个收发耳机的人真的成了新东方的授课老师，后来还成了新东方的名牌老师，再后来又成了新东方一家分校的校长。

没有人给他提供机会，但他从一个落后者抓住了机会并让自己成为了一个优秀者，给自己创造了机会。

2011年1月，新一年的华为大学干部高级管理研讨班开课了。和很多公司一样，华为也对自己的员工进行培训。但与其他公司不同的是，华为对自己员工的培训并不是免费的，学费也不是象征性地收一点，而是全额缴纳。

华为为什么要这么做？原来，不免学费为的就是以此将自主学习的员工从员工大军中筛选出来，不喜欢学习的员工是断然不会为这样的事情“破费”的。至于学费高昂，为的就是让交了学费的人心疼，这是一笔“巨款”，交了学费不学习这笔钱就浪费了，学费在这里起到了一个有效的督促作用。然而，华为大学的昂贵并不只有这些，任正非明确表态：“以后的收费标准可能会越来越高。交学费、停薪就是要让你有些心痛，有痛的代价你才会更努力。”

推行这样一种企业的学习方式，华为又意在何方呢？华为正处在不断发展壮大的过程中，企业需要越来越多的人才来进行支撑。“我们要从过去的培养制和苦口婆心的培育方式，转变成你爱学就学，不学我们也不会给你穿小鞋。我们关键是看你工作干得好不好来确定你的去留，而不是看你爱不爱学习。历史上不好好学习最后成了伟大人物的例子很多，学习不要强求。”任正非如是说道。主动学习方式筛选下来的大多都是精英级别的人物，华为需要普通员工，但未来的道路上更需要这类精英员工。

用这样的方式设立华为大学，任正非的目的有三个：第一就是提升员工的实际工作能力，将这种能力转化为企业的效能，提升效益；第二，有偿办学的模式，能够将员工的学费作为改善企业大学办学条件的资金，让学员与时俱进的同时，企业大学自身的教学能力也能够有相应的提升；第三，这是华为吸纳优秀员工为未来进行干部储备的最好方式，相当于为管理层进行人才推送的服务。

企业有责任对员工进行培训，但企业培训与学校培训有着本质的区别，那就是企业的天职不在于培养，而在于以薪水的形式让员工为企业创造价值。所以，作为员工，应该用有别于学校教育的眼光来看待企业培训。

并不是每一个企业都像华为一样，有着这么系统的岗内培训系统；并不是每一个企业都能以华为这样的视角来考虑员工的价值提升。更多的时候，我们面对的岗位需求是：有能力就上，没能力就靠边站；你愿意花钱，也没有地方给你进行培训。这种情况下，就要求我们员工自己对自己进行时时充电，让自己时时刻刻处于“有竞争力”的优势下。只有这样，才能在面对机遇的时候一举将其握在手里。

用学习代替拼命，用知识改变命运。在很多时候，主动学习就是在自造机会，就是在开始一段追求卓越的旅程。

研究发现，在进行“有效充电”的时候，要着重注意两个问题：

第一，学会挤出时间学习。一般来说，八小时的工作时间里不应该成为私人专用的大块“充电”时间，否则就有“假公济私”的嫌疑。我们应该充分利用的是那些零碎的非工作时间，比如在车上时、在等待时可用于学习，用于思考，用于简短地计划下一个行动，等等。而且步入工作之后，这种零碎学习应该成为主要的学习方法之一。因为零碎时间内学的东西内容少，容易被记住，因而也就腾出了大量的整块时间做相对专业的培训。

第二，千万不能有急功近利的心态。追求成功没有错，但是不可以急于求成，幻想在最短的时间里在各个方面都取得成绩，老板会给自己一个重要的领导岗位，急功近利只会让自己失去耐心。这样一旦自己在短期内的努力没有马上得到回报，甚至遇到困难，就会无所适从、抱怨怀疑，甚至失去坚持下去的动力，觉得工作没有了前途，这样的心态永远都不会得到回报。

掌握专业知识，提高自身素质

在当今这个注重效率的时代，时间就是金钱，效率就是生命。对于企业来说，效率如何决定着企业的兴衰成败；而对于个人来说，效率如何决定着个人能否成功。没有高效率的员工只能在工作上花费更多的成本。任何一位员工，要成为优秀员工，就要向专家学习，提高工作效率。

要想提高工作效率，你可以从多个方面入手，但首先是提高自己的专业知识技能。有专业知识的专家总是比普通人更能够发现生活中的问题，而且他们能够利用自己的专业知识找到解决问题的方法。对于员工来说也一样，掌握更多的专业知识和技能，能够让你的工作变得更加得心应手。这要通过学习和实践来实现。所以你要争取更多的培训机会，不断学习新知识，并通过工作来提高自己解决实际问题的能力。

学习专业知识，提高自身素质，是应对职场变化最有力的法宝！善于学习可以让你在各种变化中应付自如——无论是分配给你一个紧急任务，还是反复要求你在短时间内成为某个新项目的专家，都可以帮你顺利完成！

俗话说："磨刀不误砍柴功。"平常积累的经验和知识看似用处不大，当变化发生时，别人可能会手足无措，而那些平常善于学习的人才能胸有成竹。

当市场运作正常、企业处于平稳发展的时候，知识量多的员工与平常不学习的员工相比可能看不出有什么大的优势，可是当变化如飓风一般袭来时，如经济危机、公司裁员、评比提升、业务拓展等变化，知识积累丰富的员工就会像放在口袋里的锥子，优势就会明显地脱颖而出。

企业中，尤其是世界知名的企业中，几乎每一个员工都是经过精挑细选、战胜无数的竞争者才得到某一工作的机会。一粒黄金放在沙子里很容易被人认出来，可是如果人人都是黄金，那么如何才能在这样的环境里凸显自己呢？

答案很简单，大家都站在同一高度，你要想使自己看得远，唯一途径就是垫高自己——也就是通过不断的学习来丰富自己。只有这样，才能在情况发生变化的时候处变不惊，胜人一筹。

学无止境！

这不仅对学生如此，对每个员工亦然。学习不是一天两天或者某一个阶段的事情，而是应该贯穿于整个工作过程中，贯穿整个生命的事情！

微软在录用员工的时候往往注重的是员工的其他综合能力而不仅仅是一纸文凭，新员工刚入公司首先被告知的就是：在微软，文凭唯一能代表的就是你前三个月的基本工资。

众所周知，学习能增长我们的智慧，能更好地与职场飞速发展趋势相适应。但是，你有没有想过，你赖以生存的知识、技能会随着岁月的流逝而不断地折旧，它就像大海的波浪一样，不管前浪多么汹涌澎湃，马上就会被随之而来的后浪所淹没。在风云变幻的职场中，脚步迟缓的不愿继续汲取知识的人瞬间就会被甩到后面。

对于知识的不断发展、更新，除非你与时俱进，不断地学习和提高自身的工作技能，否则就不能跟上职场的发展需要。

为了使员工不间断的学习新知识，微软甚至每三个月就进行一次全体的岗位轮换，让所有员工从事和原来完全不同的工作，这样所有的员工都必须时刻学习以适应新的工作需要，而整个企业也处在知识更新迅速、活力永在的情形当中。

说到底，学习能力就是一种工作能力。一个不善于学习的人，一个不知道自己该学习什么的人，往往工作能力也很糟糕。

在现在的职场上，不管你从事的是哪一种行业，没有知识总是愚蠢和可怕的，不继续深化知识和技能更是可悲的。

随着社会科技的不断进步，如果你止步不前、不愿学习，你将永远生活在社会的最底层，你会一直地做着那些最机械的、最单调、最简单的重复性工作，而那些技能性的、技术性较强的工作因为你的无法胜任而与你无缘，这同时也就意味着你的升迁、加薪是一个遥遥无期的梦想。

随身携带一本书，终生学习

我们身边不乏这样的人：当你建议他去学习的时候，他会叫苦连天，称太累了没有时间，精力不够。总之，他不学习的理由永远比要学习的理由多一些。然而，我们必须认识到，这是个瞬息万变的商业世界，每个人都如逆水而行的小船，不进则退。未来的职场竞争将不再是知识与专业技能的竞争，而是学习能力的竞争。因此，保持学习的状态，不断提升自我，将不仅仅是我们走向成功、追求卓越的必由之路，而且是保存实力、继续生存的唯一选择。

众所周知，我们赖以生存的知识、技能和车子、房子一样，会随着岁月的流逝而不断折旧。美国职业专家指出，现在职业半衰期越来越短，所有高薪者若不学习，不出5年就会变成低薪者。当10个人中只有1个人拥有电脑初级证书时，他的优势是明显的；而当10个人中已有9个人拥有同一种证书时，那么原来的优势便不复存在。“流水不腐，户枢不蠹”，一个人只有保持不断学习、终生拼搏的状态，才能跟得上社会的变化，才不至于被时代淘汰。

系山英太郎，一位在日本政商界呼风唤雨的显赫人物，30岁即拥有了几十亿美元的资产，32岁成为日本历史上最年轻的参议员。2004年《福布斯》杂志全球富豪排行榜上显示，系山英太郎个人净资产达49亿美元，排行第86位。

他的赚钱秘诀何在?

系山英太郎回答道：“善于学习是制胜的法宝。”

系山英太郎一直信奉“终身学习”的信念，碰到不懂的事情总是拼命去寻求解答。通过推销外国汽车，他领悟到销售的技巧；通过研究金融知识，他懂得如何利用银行和股市让大量的金钱流入自己的腰包……即使后来年龄渐长，系山英太郎仍不甘心被时代淘汰。他开始学习电脑，不久就成立了自己的网络公司，发表他个人对时事问题的看法。即使已是年迈之人，系山英太郎依然勇于挑战新的事物，热心了解未知的领域。正是凭借终身学习，系山英太郎让自己始终站在时代的潮头。

在风云变幻的职场中，善于创新、充满活力的新人或者经验丰富的业内资深人士不断地涌进你所在的行业或公司，你每天都在与几百万人竞争，因此你必须不断提升自己的价值，增加自己的竞争优势，保持终生拼搏的劲头，否则你将无法保持现有职位，更别提会有什么发展了。正如科学家钱伟长所说的："学习是终身的职业。在学习的道路上，谁想停下来就要落伍。"

李嘉诚虽然逐渐衰老，但依然精神矍铄，每天要到办公室中工作，从来不曾有半点懈怠。据李嘉诚身边的工作人员称，他对自己业务的每一个细节都非常熟悉，这和他几十年养成的良好习惯密切相关。

李嘉诚晚上睡觉前一定要看半小时的新书，了解前沿思想理论和科学技术。据他自己称，除了小说，文、史、哲、科技、经济方面的书他都读，每天都要学一点东西。这是他几十年保持下来的一个习惯。他回忆说："年轻时，我表面谦虚，其实内心很'骄傲'。为什么骄傲？因为当同事们去玩的时候我在求学问，他们每天保持原状，而我的学问渐渐增长，可以说是我一生中最为重要的。现在仅有的一点学问都是在父亲去世后，几年相对清闲的时间内每天都坚持学一点东西得来的。因为当时公司的事情比较少，其他同事都爱聚在一起打麻将，而我则是捧着随身携带的《辞海》或老师用的课本自修起来。书看完了卖掉再买新书。每天都坚持学一点东西。"

李嘉诚能有今日的成就，绝非偶然。李嘉诚靠着自己的勤奋努力在商场上纵横驰骋，终成霸业。每天都坚持学一点东西，使他没有被快速发展的时代抛在后面，也使他有足够的智慧应对商场中的各种风险。正如萧楚女所说的："人永远是要学习的。死的时候，才是毕业的时候。"无论身处职场与否，我们都要活到老、学到老，方能跟得上时代的节奏。

很多管理学家都认为，真正的文盲不是不识字、没有文化的人，而是没有学习能力、没有教养的人。人们的智力相差无几，行业竞争的白热化，要想在行业竞争中立于不败之地，不仅要学习书本知识，更需要在社会这所大学中多向值得我们自己学习的人学习。

每天以最佳的状态投入工作

每天精神饱满地去迎接工作的挑战，以最佳的精神状态去发挥自己的才能，就能充分发掘自己的潜能。你的内心同时也会变化，变得越发有信心，你的价值也越发得到别人的认可。

良好的精神状态是你责任心和上进心的外在表现，这正是老板期望看到的。所以就算工作不尽如人意，也不要愁眉不展、无所事事，要学会掌控自己的情绪，让一切变得积极起来。

年轻人刚进入职场，给上司留下良好的印象肯定对自己的事业发展是有利的。那么怎样给上级留下良好的印象呢？其中重要的一条，也是不难做到的一条就是：早到晚走。

《商业周刊》曾经对知名的企业家做了一次专访。其中有一个人谈到他成功的秘诀，凭借的全是实践他祖母的一句话："要当那个早晨第一个到办公室、晚上最后一个离开的人。"这句话听起来很简单，但当你仔细琢磨后，才能体会它的深刻意义。

在星期一早上，职员们通常比平常来得晚，而且显出精神不振的样子，好像大家都不喜欢星期一来上班。如果你能比其他人都早到一些，并且穿着很精神，再喝一杯浓咖啡，即使只是趁别人还没有进办公室之前查查自己私人的电子邮件或者整理一下办公桌，都会让自己提早进入一周的工作状态。同时跟周围的人比起来，你的精神状态一定显得更加积极，这无疑会给上司留下突出的印象。

你即便不能第一个到办公室，也不要当那个姗姗来迟的人，来得晚当然会给上司留下工作不积极的印象。

你就算不能最后一个下班，也不要在所有人都还埋头工作时第一个离去。即便你的工作效率可能真的比别人都高，你也应该帮助今晚必须要加班的人，问他有什么需要你帮忙的，就算你到头来什么都使不上力，你的心意也会让人感动。在此过程中，你一定要有诚意。你得记住，个人的成功离不开团体的成功，工作是需要合作的。如果让团队里其他人成绩不佳，上司不会认为你的能力比其他人高强，反而会怀疑你干得少而且没有团队合作精神，也就是缺乏责任感。

更糟的是，如果你第一个离开办公室，第二天发现你昨天的工作犯了些错误，任何人都会想：你早早下班赶着去约会才对工作心不在焉的。到时你浑身是嘴也说不清。

查理·琼斯提醒我们："如果你对于自己的处境无法感到高兴的话，那么可以肯定，就算换个处境你也照样不会快乐。换句话说，如果你现在对于自己所拥有的事物、自己所从事的工作，或是自己的定位都无法感到高兴的话，那么就算获得你想要的事物，你还是一样不快乐。"

所以要想变得积极起来完全取决于你自己。在充满竞争的职场里，在以成败论英雄的工作中，谁能自始至终陪伴你、鼓励你、帮助你呢？不是老板，不是同事，不是下属，也不是朋友，他们都不能做到这一点。唯有你自己，才能激励自己更好地迎接每一次挑战。

所以奉劝年轻人，在工作时要神情专注，走路时要昂首挺胸，与人交谈时面带微笑……会让老板觉得你是一个值得信赖的人。愈是疲倦的时候，就愈穿得好、愈有精神，不要让人看出你的一丝倦容。如果是女性的话，不妨化个全妆，这样做会给他人带来积极的影响。

总之，每天精神饱满地去迎接工作的挑战，以最佳的精神状态去发挥自己的才能，就能充分发掘自己的潜能。你也会变得越发有信心，你的价值也会越发得到别人的认可。

不要满足于尚可的表现

不要满足于尚可的工作表现，要做得更好，你才能成为不可或缺的人物。现在的很多企业中，普遍存在着这样一种人，他们认为自己什么都做了。当任务完成得不理想时，他们习惯说："我已经做得够好了。"工作中习惯于说自己"做得够好了"的人是对工作的不负责任，也是对自己的不负责任。每个人的身上都蕴含着非常大的潜能，如果你能在心中给自己定一个较高的标准，激励自己不断超越自我，那么你就能摆脱平庸，走向卓越。

小赵在一家大型建筑公司任设计师，常常要跑工地、看现场，还要为不同的老板修改工程细节，异常辛苦，但她仍会认认真真地去做，毫无怨言，她给自己立下了一条规则——“要做就做好，否则就不做。”

有一次，老板安排她为客户做一个设计方案，时间只有三天。接到任务后，小赵看完现场，就开始工作了。三天时间里，她都在一种异常兴奋的状态下度过。她食不甘味，寝不安枕，满脑子都想着如何把这个方案做好。她到处查资料，虚心向别人请教。三天后，她把设计方案交给了老板，得到了老板的肯定。因工作认真，现在小赵已是公司里的骨干。老板不但提升了她，还把她的薪水翻了三倍。

后来，老板告诉她：“我知道给你的时间很紧张，但我们必须尽快把设计方案做出来。如果当初你因此推掉这个工作，我可能会把你辞掉。你表现得非常出色，我最欣赏你这样工作认真的人！”

任何一个老板都希望自己能拥有更多优秀的员工。在工作中，老板根据员工在平时工作中的表现来决定给谁升职或者加薪，是一件很平常的事。因此，如果你想使自己在工作中不断升值，首先要放弃的是“拿多少钱，做多少事”的想法。这个道理很简单，你觉得自己只拿了1000元的工资，便只做1000元的事，反过来，你的老板则会因你只是在做着1000元的事，而只给你1000元钱的工资。促成这种平庸“交易”的最大原因，便是你没有给你的老板提供为你加薪和升职的理由，但你若拿1000元的钱，却做了10000元的事，那情况自然会有很大的不同。

彼得现在是一家公司的老板，以前他只是一个普通的推销员。

他奋起的动因是他在一本书上看到的一句话：每个人都拥有超出自己想象10倍以上的力量。在这句话的激励之下，他反省自己的工作方式和态度，发现自己错过了许多可以和顾客成交的机会。于是，他制订了严格的行动计划，并付诸每一天的工作当中。两个月后，他回过头看看自己的进展，发现业绩已经增加了两倍。

数年以后，他已经拥有了自己的公司，在更大的舞台上检验着这句话。

每个人的潜力都是无穷的，如果你现在仍觉得自己表现平平，你的潜力一定还没有得到很好的挖掘。如果你满足于自己在工作中尚可的表现，你也只能落入平庸者之列。事实上，面对激烈的竞争，即使甘于平庸，也不一定能获取平庸所需的安逸。

美国成功学家拿破仑·希尔曾经聘用了一位年轻的小姐当助手，替他拆阅、分类及回复他的大部分私人信件。当时，她的工作是听拿破仑·希尔口述，记录信的内容。她的薪水和其他从事相类似工作的人大约相同。有一天，拿破仑·希尔口述了下面这句格言，并要求她用打字机把它打下来："记住：你唯一的限制就是你自己脑海中所设立的那个限制。"

当她把打好的纸交给拿破仑·希尔时，她说："你的格言使我获得了一个想法，对你我都很有价值。"

这件事并未在拿破仑·希尔脑中留下特别深刻的印象，但从那天起，拿破仑·希尔可以看得出来，这件事在她脑中留下了极为深刻的印象。她开始在用完晚餐后回到办公室来，并且从事不是她份内而且也没有报酬的工作。并开始把写好的回信送到拿破仑·希尔的办公室来。

她已经研究过拿破仑·希尔的风格，因此，这些信回复得跟拿破仑·希尔自己所能写的完全一样，有时甚至更好。她一直保持着这个习惯，直到拿破仑·希尔的私人秘书辞职为止。当拿破仑·希尔开始找人来补这位秘书的空缺时，他很自然地想到这位小姐。但在拿破仑·希尔还未正式给她这项职位之前，她已经主动地接受了这项工作。由于她在下班之后，以及没有支领加班费的情况下，对自己加以训练，终于使自己有资格出任拿破仑·希尔属下人员中最好的一个职位。

而且不只如此，这位年轻小姐的办事效率太高了，拿破仑·希尔已经多次提高她的薪水，她的薪水现在已是她当初来拿破仑·希尔这儿当一名普通速记员薪水的4倍。她使自己变得对拿破仑·希尔极有价值，因此，拿破仑·希尔不能失去她这个帮手。

这就是会工作的表现。正是这位年轻小姐对自我的严格要求，使她脱颖而出，名利双收。

满足自己的尚可表现，是你通向卓越的最大障碍。事物永远没有"够好"的时候，只有把它"做到最好"才能真正成功。无论客户、上司还是老板，真正存心挑剔你的时候并不多，他们提出的要求大多迫于某种正当的需要。上司怕工作质量影响业绩，老板则更是迫于市场的巨大压力而鼓励员工不断上进。他们无法对市场说"我已经做得够好的了"，因此也希望你不要对他们说"我已经做得够好的了"。市场是无情的，你有时可能只比竞争对手稍逊一点点就会被淘汰出局。

当你在工作中积极进取，把尚可的工作成绩当成前进的基石，不断提高自己，你的一切都会随之改变。

再忙也要抽空放松休息

现代人兴忙，满世界就听到一个“忙”字。大人们忙赚钱，小孩儿也同样身不得闲，就连离退休的爷爷奶奶辈也要忙于发挥余热，或养身保健或吟诗作画。

“革命尚未成功，同志仍须努力”，社会要发展、人类要进步，忙是自然要忙的。然而，这绝不是人生的全部。人生不仅需要工作，也需要休息；不仅需要忙碌，也需要休闲。我们不能无休止地忙，人生如果没有休闲，就像一幅国画挤满了山水而不留一点空隙，缺乏美感。人生没有悠闲，就不能领悟、体味、享受人生，所以忙碌中要学会偷闲。

泰戈尔在《飞鸟集》中写道：“休息之隶属于工作，正如眼睑之隶属于眼睛。”不会休息的人就不会工作，只有休息好了，才能更好地工作，才会有更好的生活。如果一味地、盲目地去忙，连革命的本钱都搞垮了，那人生也就没有忙的意义了。

人生就像登山，不是为了登山而登山，而应着重于攀登中的观赏、感受与互动，如果忽略了沿途风光，也就体会不到其中的乐趣。人们最美的理想、最大的希望便是过上幸福生活，而幸福生活是一个过程，不是忙碌一生后才能到达的一个顶点。

一张一弛，乃文武之道。工作也应该有张有弛，应该忙中有闲。人生就像一根弦，太松了，弹不出优美的乐曲；太紧了，容易断。只有松紧合适，才能奏出舒缓优雅的乐章。

俗话说：“磨刀不误砍柴工。”悠闲与工作并不矛盾。处理好二者的关系，最重要的是能拿得起、放得下。工作时就全身心投入，高效运转。放松时就放松，把工作完全放在一边，不要总是牵肠挂肚，去钓鱼、去登山、去观海，想干啥就干啥。

其次就是工作休闲应该搭配得当，不能忙时累个半死，闲时又闲得让人受不了。可以隔三差五地安排一个小节目，比如雨中散步、周末郊游等。适时地忙里偷闲，可以让人适时从烦躁、疲惫中及时摆脱，为了更好地工作而积蓄精力。

总之，为了更好地工作，为了美好的生活，我们一定要学会忙里偷闲，有时休息比工作更有效。

踏上漫漫的人生旅程之后，我们要努力从忙碌中释放自己、善待自己。年轻的岁月很容易流失，而未来道路却依然漫长，只要我们适时休息一下，我们以后的人生一定会更精彩！

500 强工作法：自我投资，别忘充电

大家都知道浙江商人很多，做生意方面在国内也是赫赫有名的。浙江卡森实业有限公司董事长朱张金当初学了几个俄语单词：一、二、三、四、五、好不好、多少钱、行、没问题，拿了个计算器就去俄罗斯做服装生意。因为有语言障碍，做生意过程中遇到不少困难。之后，他跑到欧美做生意，也由于不懂英语吃了不少苦头，因为听不懂别人说话，相当于一个聋子一样。

1999年冬天，他到美国参加一个皮革展销会。一个加拿大的商人向他推销landcows（死牛皮），40美元一张。他不知道landcows这个单词是什么意思，他认为死牛皮的英文肯定是deadcows，所以landcows肯定是好皮，心里暗自高兴，觉得这个价格实在太便宜了，其实只有死牛皮才是这么便宜的价格。于是他非常高兴地飞往加拿大看货，结果大失所望。landcows的意思是死牛皮，就这样，他为了一个小小的单词跑了这么多路。从此，朱张金意识到自己的文化水平非常欠缺，很多知识都不够用，做生意遇到了很多困难，决心要学好外语。英语磁带成了他出差旅途的伴侣。

现在他能与外国客商单独、直接进行交流，能用一口流利的英语给老外介绍企业的状况、产品等。从2003年公司进入了外国市场后，他在欧洲开设了20多家家具产品连锁店，实现了中国民营企业在海外发达国家建立直销零售商场零的突破。

不管是老板还是员工，无论你处于什么职位，在工作中只有不停地学习，你才能获得事业上的发展与成功。

知识是一个成功人士的最大资本，知识的占有量从某种程度上可以体现员工的才华和能力。而对知识的渴求和孜孜不倦地学习，则可以帮助你提高自己的竞争力，从而获得更加丰厚的报酬。在实际工作中，一个优秀的人是不会放过任何一次学习机会的，即使自己掏腰包接受再教育也在所不惜，因为他们知道“时刻充电”其实就是自我加薪。

比尔・盖茨曾经说过：“一个人如果善于学习，他的前途会是光明的。而一个良好的团队，要求每一个组织成员都是那种迫切要求进步、努力学习新知识的人。”据有关调查数据显示，在北京约有六成以上的年轻人在业余时间选择了再学习。无疑，对个人而言，从薪水角度出发，不断给自己充电也是一项不断完善自身、逐渐提高个人收入的系统工程。

任何人都不可能在瞬息之间就取得巨大的成就，只有像李嘉诚这样持之以恒地去学习，每天都坚持学习一点新东西，每天进步一点点，养成这种勤于学习的良好习惯，这样才能够增长知识，从而提高自己的判断、分析等各方面的能力，为自己赢得高薪打下坚实的基础。

随时随地进行学习，经常为自己充电，是确保个人拿得高收入、赢得老板赏识的重要原则。一个人的知识储备越多、经验越丰富，其工作起来也就越会游刃有余。在激烈的竞争中，如果一名员工缺乏知识，也就如同士兵在交战过程中失去了枪支一样失掉了应战的本钱。

那么，对于一个在职人员而言，怎样才能达到有效的充电呢?

1. 明确目标，找准方向

了解本行业的最新动态是什么，了解自己到底需要什么，保持高度的职业敏感性，时刻关注自己所处的行业对人员技能的需求的改变，认真研究这个领域内对人才的标准和条件，比如学历、专业背景、工作经验等一些实质性的要求。而你和这些要求有多大的差距、有什么不同，才能对症下药，找到自己最薄弱的地方下手，确定自己充电的方向。

2. 充分利用好公司组织的培训

随着信息时代新知识的膨胀性发展，企业管理者意识到企业内部人力资源必须通过不断地开发，企业员工所具有的知识与技能才能完成再生及再利用，否则这种“易耗型资源”将会随时消耗殆尽。在高工资之外，人们更渴望公司提供培训教程。很多企业都会针对自己公司的情况给员工创造培训的机会，而且很多企业想要从自己内部提拔一些有能力的人。所以如果想要在公司有所发展就千万不能落后，要趁此机会好好给自己补充知识。

3. 充电不是考取一大堆证书

现在分工的细化能大大地提高工作效率，所以，企业更需要的是某个领域内的人才，不是只拥有一大堆各个行业证书的人。所以，千万不要为了学习而忽视工作，而使得实际工作业务水准以及工作能力没有多大的进展。

4. 充电就是要有毅力和决心

坚持是最重要的，唯有坚持才能够成功。有些人总是充电前自信满满，给自己设计了人生方向，也制定了一套可行方案，可是学习过程中只要遇到一点困难就想放弃，总是寻找各种客观条件来给自己找理由。如此，这样的人总是把时间浪费在思考学什么上面，可是一想好，没多久就又退缩了，反反复复，最后什么都没学成。

在工作上，你要看到自己在知识上的欠缺和不足，并积极行动起来，迎头赶上。一个人吸取知识的有效途径就是随时随地进行学习，用新知识、新观念来充实自己的头脑。要学会把知识变成能力，用知识丰富想象，善于灵活运用所掌握的知识去参与竞争，提高自己的工作效率，从而使自己有更高的收入。

参考书目
REFERENCE

1.《水煮三国》，成君忆著，中信出版社，2003年07月出版。

2.《细节决定成败》，汪中求著，新华出版社，2004年02月出版。

3.《方法总比问题多》，吴甘霖著，机械工业出版社，2005年01月出版。

4.《忠诚胜于能力》，邱庆剑著，机械工业出版社，2005年01月出版。

5.《请给我结果》，姜汝祥著，中信出版社，2006年01月出版。

6.《可以平凡 不能平庸》，刘兴旺著，新华出版社，2006年01月出版。

7.《一生成就看职商》，吴甘霖著，机械工业出版社，2006年01月出版。

8.《责任胜于能力》，宿春礼、周韶梅主编，石油工业出版社，2006年01月出版。

9.《成为企业最受欢迎的人》，袁文龙著，中华工商联合出版社，2006年05月出版。

10.《你的工资从哪里来》，吕国荣编著，机械工业出版社，2008年01月出版。

11.《工作就是责任》，周永亮、李建立著，机械工业出版社，2008年01月出版。

12.《没有任何借口》，施伟德著，中共中央党校出版社，2009年04月出版。

13.《胜任才是硬道理》，施伟德著 陈书凯编译，中共中央党校出版社，2009年05月出版。

14.《自动自发》，（美）阿尔伯特·哈伯德著，天津科学技术出版社，

2009年06月出版。

15.《老板不在自动自发》，邢群麟、张琦主编，中国财富出版社，2009年10月出版。

16.《工作重在到位》，吴甘霖、邓小兰著，新华出版社，2010年01月出版。

17.《三个月成为一流员工》，吴甘霖、邓小兰著，中国商业出版社，2010年08月出版。

18.《不抱怨的世界》，（美）鲍温著，陈敬旻、邢爽等译，湖南文艺出版社，2011年08月出版。

19.《工作就要日事日清》，涂画著，中华工商联合出版社，2011年08月出版。

20.《你的礼仪价值百万》，周思敏编著，中国纺织出版社，2012年01月出版。

21.《赢在执行（员工版）》，余世维著，北京联合出版公司，2012年07月出版。

22.《企业就是你的船》，王一琴著，中华工商联合出版社，2012年04月出版。

23.《你的效率是整理出来的》，张一弛著，中国商业出版社，2013年11月出版。

24.《工作就是解决问题》，永谊著，北京邮电大学出版社，2014年01月出版。